国学经典文库

图文珍藏版

中国古代逸史

阅华夏千年风云变幻 观峥嵘岁月人物风流

马昊宸 ◎ 主编

中国逸史

线装书局

民间轶事

弱女申屠希光如何为夫报仇

南宋时候,福建一带虽然还算宁静,但由于金人的不断南侵,整个国家却战事不断,民不聊生。

当时的福建威武军长乐县有一个叫申屠希光的女子,她的父亲申屠虔,以诗礼传家,渔耕为业,不慕荣华富贵,但求苟全性命于乱世。申屠希光有一个哥哥申屠希侃,一家人父慈子孝,兄友妹恭,和乐融融。申屠希光是远近知名的孝女,也是远近知名的美女,更是远近知名的才女。

与此同时,威武军侯官县有一个穷书生董昌,他家里十分贫寒,母亲早亡,十四岁的时候,父亲又一病去世。他的后母一向尖酸刻薄,为人凶悍。为了躲避如狼似虎的后母,图一个耳根清净,董昌于是外出游学,一味埋头读书。

董昌游学来到了长乐县,申屠希光听说了他的名声,又看了哥哥特意为她找来的董昌的诗词,不禁暗自倾心。于是她的父亲申屠虔就亲自找到董昌,说明来意,董昌也早就听闻了申屠希光的才女之名,立刻欣然应允,就这样成就了一段美满姻缘。

结婚之后,夫妻俩恩爱非凡。董昌决定带着申屠希光回到家乡。于是,申屠希光随丈夫董昌回到了侯官县。在侯官重新举行婚礼的时候,其他的事情都非常顺利,亲友邻居们都很喜欢这个美丽多才而且知书识礼的新娘子,只有董昌的后母十分不满,可以刁难,不肯出来受礼。本来,董昌夫妻应该再去请的,但是董昌为人一向十分不羁,竟没有去理会,徐氏心中更加痛恨,从此,天天寻事聒噪,捉鸡骂狗,一股怒气发在新娘子申屠希光的身上,申屠希光不在意她乱闹,只是和颜悦色,好言劝解,不与她一般见识。

董昌娶了个如花似玉又贤淑刻苦的妻子,许多人都羡慕不已。但是也有一些心怀不轨的人,听到申屠希光的才情与美色,不禁垂涎三尺。当地有一个很有权势的好色之徒名叫方六一,本来就是一个纨绔子弟,自从见到申屠希光后,就天天在董昌家的房前屋后乱转,有意无意地想和申屠希光接近,希望能够一亲芳泽。申屠希光发现这个人总是不怀好意,就有意的远远避开他。为此,方六一非常愤恨嫉妒,他曾经愤愤地对别人说:"董昌何物小子,怎么能消受这样的绝代佳人!"

方六一下定了决心,一定要得到申屠希光这个少见的美女。于是,他就在与董昌有仇的长舌妇姚二妈的帮助下,逐步展开一场有计划的阴谋。

他先送了一份重礼给董昌,董昌见送礼的人自己不认识,以为是认错了人,准备把礼物退回去。方六一却说了许多恭维话,一阵推让,硬逼着董昌收下了礼品。没有办法,董昌到第二天也只好备了几样礼物去答拜,送的也不过是些书、文、扇之类,根本不能与方六一送的重礼相提并论,方六一也都收下。就这样一来二去,方六一终于如愿的与董昌套上了交情。董昌为人诚恳率直,见方六一这样小心克己,便认定他是个好人,日亲日近,竟视为莫逆之交。

方六一见董昌上了自己的圈套,不禁心中暗喜,准备下一步行动。方六一买通一批强盗,叫他们诬告董昌策划谋反,又在自己所在县的衙门买通一批衙役,要他们不断地向县老爷吹风,说董昌谋反,让县老爷先入为主。再假捏地方邻里人的口气,做一个证据说董昌常和一些异言异服的外地人来往,行踪诡秘,举动叵测,终于一举告倒董昌,把他抓进了县衙大牢。方六一又通过衙役放出风声,说是衙里还要捕捉董昌的余党,吓得董昌亲族中个个潜踪匿影,就连仆人也走得一个不剩。他则仍然每日出入董家,做出一副为董昌的案子不停奔走的样子。

方六一怕事情久了会露出破绽,又花了一大笔钱,买通各路关节,将董昌火速送到泉州害死了。可怜董昌临死之前,还把家里的事托方六一好好照顾。

董昌死后,方六一又假惺惺地装出一副为朋友两肋插刀的样子,极力为董昌鸣冤。董家的亲族故旧,对于方六一的鼎力相助都感恩不已,申屠希光在这个悲痛万分的时刻,也被方六一蒙蔽住了,还十分感激他的帮助。

幸亏申屠希光的哥哥在家乡听说了一些关于方六一用计害死董昌的流言,赶来把这个消息告诉妹妹。申屠希光本来早就知道方六一的为人,这时经过哥哥一点醒,顿时如梦初醒。

方六一还不知道自己的阴谋已经败露了,派人来向申屠希光求婚。申屠希光为了给丈夫报仇,忍辱负重,答应了他的要求。

在新婚之夜,申屠希光见到了几个曾经在自己丈夫的案子中做假证的人来喝喜酒,更加明白了事情的真相,愈发坚定了她报仇的决心。

当天夜里,正当方六一性急难耐的想占有这个让自己日思夜想的美人时,申屠希光手中暗藏的一柄利刃一下子刺穿了这个阴险狠毒之徒的心脏。接着,为丈夫报仇的怒火在申屠希光的心中燃烧,她觉得单杀一个方六一还不解恨,又连着把方六一的两个保镖兼帮凶——诱杀,然后又杀死参与害死丈夫的姚二妈,再杀死方六一的儿子。她本想杀尽方家所有的人,但一连杀了五个人后,气力用尽,便把方六一的头割下来,装在事先准备好的皮袋中,提着它,来到董昌的坟前,把方六一的头摆上去,拜了几拜,放声大哭,最后哭累了就睡在丈夫的坟墓上。

第二天一大早,县衙接到方家的报案循着血迹寻到坟上,她站起来,把身上抖了一抖,没有惊慌和恐惧,跟着捕役们安安静静地走了。

申屠希光死后,一些好心的人就把她和丈夫董昌葬在了一起。

守宫砂为什么害死了何芳子

在古代,人们常常在女人的手臂上点上一颗鲜艳的红痣,用来验证女人们的贞操,这就是"守宫砂"。"守宫"其实就是大家常见的"壁虎"。据说,古代人用瓦罐一类的东西把抓到的壁虎养起来,天天喂给它丹砂,吃到七斤丹砂的时候,就把它捣烂,用来点在女人的肢体上,只要没有发生性关系就终身不灭,一有性生活则立即消失得无影无踪。这种方法最早起源于礼教规范渐渐严格的宋代。

这种守宫砂据说非常灵验,但是却只能用在未结婚的女子身上,已婚妇女是不灵验的。在宋代由于这种方法刚刚开始流行,许多人并不了解其中的各种事项,结果闹出了许多笑话,也弄出了许多是非。妙龄少女何芳子就是受了这"守宫砂"之累,成了这种习俗的受害者。

何芳子本来是后蜀政权兰台令史何宣的女儿,宋朝灭了后蜀,何宣因为不愿意投降宋朝,被宋军杀死,年幼的女儿何芳子一下子由一个养尊处优的官家小姐沦落民间,后来成了四川万县的一个土财主林宓的第五房小妾。这时她刚刚十八岁。

宋朝的军队进入了四川以后,宋太祖赵匡胤下令选拔地方上的人才出仕为官。这个土财主林宓也用钱买了一个官职。按照规定,他必须到当时的首都汴京去朝见皇上,接受宋太祖的面试,等待任命。

林宓除结发妻子外,还有五位如花似玉的侍妾,最小的侍妾就是何芳子。何芳子是位千金小姐,人既长的秀丽端庄,读的书也很多,很有一股迷人的气质。在她的人生蓝图中是希望找到个如意郎君,比翼双飞,最终想不到却嫁给了一个比她大十几岁的乡间土财主,还要和一群庸脂俗粉天天争宠斗气,她本无意于这种无聊的争斗,但由于她年轻貌美,知书达礼,气质高贵,从来不掺和那些女人的争风吃醋,反倒使得林宓天天粘着她,冷落了那些女人。于是那些女人就结成统一战线,处处与她为难。何芳子嫁给林宓以后不但没能过上比较安稳的日子,反而事事不如意,受了不少苦。

林宓这时准备动身前往汴京,家中的所有事物都已经交代妥当了,唯独对自己这些年轻貌美的侍妾放心不下。他的一个道人朋友就给他想了一个馊主意,从江湖术士的手上购买了一些守宫砂,如此这般地把用法交给了林宓。林宓听后如获至宝,回家之后一一亲自点在妻妾们的臂膀上。

轮到何芳子点守宫砂了,她心不甘情不愿地拒绝了这种近似屈辱的做法。她认为从一而终、守贞固节是女人理应遵守的本分,根本不必一定要有任何形式上的约束,倘若由于被迫而守贞实在没有什么意义。尽管何芳子振振有词,但就是秀才遇了兵,有理说不清。林宓怎么也听不进去,而那些不怀好意的妻妾们这时也莫不以怀疑的眼光看着何芳子,露出幸灾乐祸的神情。何芳子实在拗不过,只好在自己的手臂上也点上了那么一点红。

那些女人们自林宓离家之后,一个个小心翼翼地保护着她们手臂上红豆般大小的守宫砂痣,不敢洗涤,不敢擦碰。何芳子却痛恨它,好像那是涂在她身上的一个污点,她满不在乎,照样的沐浴洗涤,不久,守宫砂竟然消失得无影无踪。这一下,那些俗气十足的女人终于找到了攻击的借口,讽刺她、嘲笑她,甚至公开骂她偷人养汉,更有不辞辛劳的,夜夜躲在何芳子的窗下偷听,随时准备捉住淫妇奸夫，准备看看何芳子勾引的男人到底是谁。

半年以后，林宓已经奉派在汴京任职，就派人前往蜀地把一妻五妾一同接来京城。当天夜晚，林宓就迫不及待地在灯下一一检视妻妾们的守宫砂，当看到何芳子时，那带着得意笑容的脸顿时僵硬下来，一怒之下，当即就给了何芳子两记耳光，问她这是为什么？何芳子把头低着，脸上没有一点表情，牙齿紧紧地咬着嘴唇。林宓火冒三丈，下令严刑拷打，何芳子自认不仅行动上没有越轨，就是感情上也不曾越轨，抵死不肯承认自己有什么情夫。那一记一记的鞭子，把何芳子希望的心一点一点地敲碎，她彻底绝望了，当晚留下一封血泪交织的遗书，自缢而死。

那个糊涂无情的林宓却以为何芳子是羞愧而死，对何芳子以死剖白的遗书根本看也不看就撕成了碎片，草草地就把何芳子埋掉了事。林府死了个小妾的事，第二天便在开封沸沸扬扬地传播开来。以往林宓在万县财大势大，打死一名奴仆或冤死一个侍妾，只要花些银子，摆平家属和各种关系人，便可不了了之，然而现在却是在天子脚下的汴京城，这个人命关天的大事可就非同小可了。主管京城治安的开封府听到消息，立即加以侦察，第一步就是开棺验尸，结果发现何芳子皮开肉绽，全身都是鞭打的伤痕。接着就是提林宓前来审问，林宓无法隐瞒，只好一五一十地把事情经过讲出来。于是，判官用林宓所剩下的朱砂，点染在三名妇人臂上，然后把一条活壁虎放在其中一人的手臂上，瞬间就把那些守宫砂舔得干干净净了。事实上，守宫砂点在处女的手臂上，经过数日不加洗涤，就可以深入皮下，再经擦拭或洗涤都不会抹去，而且愈见鲜艳，但一经房事，颜色就自行褪去，但是对于已经成婚的女性来说守宫砂就毫无用处，何芳子是受了莫大的冤枉。开封府尹判何芳子是清白的，林宓则因为滥用私刑，逼死侍妾，被免去官职，并加以重罚。

后来，这件案子闹得很大，连中央专管刑狱的大理寺也启动了，就在大理寺准备重判的时候，林宓神秘地死去，那个给他提供守宫砂的道人也投湖自杀了。

当时听说了这件事的人们都非常同情何芳子的遭遇，可怜她含冤蒙屈的死在异乡，于是就有人发起建了一座"贞女庙"。这座庙自宋代到现在，历代加以重修，千年以后，至今河南开封城南仍有此庙，人们也叫它"守宫庙"，意思是纪念这个千年以前因为"守宫砂"而冤死的无辜女子。

火炮起源

鸦片战争中,帝国主义用火炮的狂轰滥炸打开了中国的大门,这是中国近代史上的耻辱。不过谁又曾料想过,那些带给我们屈辱的火炮,却是我们中国人自己的发明。那么,这个在中国近代史上令洋人在中国土地上耀武扬威的火炮究竟是怎么起源的呢?

中外学者都认同中国是世界上最早发明和首先使用火炮的国家。日本著名的兵器史学家由马成甫先生,经过对世界各国有关火药发明和火器制造的文献资料进行详细对比鉴定之后,发表了《火炮的起源及其流传》一书。他在这本书提出了这样的观点:中国是世界上最早发明和首先使用火

火炮

炮的国家,要比欧洲至少早3个世纪。由马成甫先生这种观点也是大多数学者所认同的观点。不过,对于火炮是在什么时候,又是怎么样在中国产生的这个问题,中外的学者们根据不同的史料,就产生了很多不同的观点。主要有以下几种看法:

大多数学者所认同的观点是火炮产生于北宋,这也是最令人信服的说法。《中国兵器史稿》的作者周纬就认为,在北宋时代,中国军营中已经产生了制造火药规模比较大的作坊,制作方法也很成熟,所制的火炮在战场上已能有效对付敌人。这种说法不是凭空捏造,在《金史》中就有相关的描述:"火药发作时,声音震耳欲聋,火药所发的热力能达到百亩以上。无论是人还是牛皮,都迸碎小缝裂开,一点痕迹都没有。"可以很明显地看出这时的火炮威力已经很大了。另外,在北宋时,曾公亮等人曾经撰修了一部《武经总要》,其中也证实了在北宋时,我国制成了世界上第一批火球类火器,也就是火炮的事实。这本《武经总要》介绍:北宋年间所研制的火炮种类很多,开始时有火球、引火球、蒺藜火球、烟球等,这些火炮的性能和作用是基本相同的。其中,毒药烟球是在球壳烧裂

后喷散毒气,使敌军人马中毒,口鼻流血,丧失战斗能力;蒺藜火球是在球壳烧裂后,将铁蒺藜布散在地上,从而达到阻碍敌军人马行动的功效。到北宋末年,人们又创造出了"震天协""霹雳炮"等爆炸力比较强的武器。震天协是一种铁火炮,它比较先进,是因为它的外壳是铁壳,而不再是纸或布壳、皮壳,铁壳的强度当然要比纸、布、皮大得多。点燃火药以后,蓄积在炮里的气体压力就大,爆炸威力就强。霹雳炮可以发出大量烟焰熏灼敌军,大多使用在攻城战中,一旦发现敌军挖掘地道攻城时,守城者在城内相应的地方,向下挖掘洞穴,对准地道,再用火锥将火球的球壳烙开,引着火药,掷向地道内烧裂,产生霹雳声响,并用竹扇簸其烟焰,熏灼敌军。这些关于火炮的记载说明,北宋时期的兵器研制者,已经巧妙创造出火炮,这种新的作战武器产生了很大攻击力,既能增强射远冷兵器的杀伤、摧毁威力,又能增加火器作战距离,使从来都是刀光剑影的战场上,从北宋后出现了火炮的爆炸后弥漫的硝烟和震耳欲聋的爆炸轰鸣声。

也有人说,火炮产生于公元前六百多年。像恩格斯就在《美国新百科全书·炮兵》的条目中曾经写道:"据帕拉韦德行在1850年法国科学院的一个报告中所引证的中国某些编年史的资料来看,中国在公元前618年就有了火炮,但是直到公元1232年才大量使用火炮。"不过这种说法的支持者不是很多。

还有学者称火炮产生于唐。宋朝学者路振写有《九国志》,他在这本书中就提到了,在唐哀帝天初元年(904年),郑有攻打豫章(今江西南昌)的时候,发起了飞火,把城门烧掉后,郑有率壮士从火中冲进城去,浑身都被烧伤了。后来五代末、北宋初的方士许洞解释说:飞火就是火炮。

不过也有人对上面的说法都不同意的,他们所持有的看法是:元代时,我国才发明了火炮,出现了用铜或铁铸成的那种统称"火铳"的筒式大炮。火铳内因为装填了火药和碎铁,所以威力非常,人们尊称它为"铜将军"。现在保存在历史博物馆的最早的"铜将军",就是元朝至顺三年(公元1332年)所制造的,长35.5厘米,重6.94公斤,铳口内径10.5厘米,铳镗深为铳身的0.8倍。这管"铜将军"是现今世界上发现的最早的铜炮。

从以上的种种观点可以看出,学者们对于古代火炮概念的理解有很多的不同,所以也就针对火炮发明的时间提出了许多不同的看法,这使得火炮如何起源的问题成了千古之谜。

算盘起源

中国是算盘的故乡,在计算机已被普遍使用的今天,古老的算盘不仅没有被废弃,反而因它的灵便、准确等优点,在许多国家方兴未艾。因此,人们往往把算盘的发明与中国古代四大发明相提并论,认为算盘也是中华民族对人类的一大贡献。然而,中国是什么时候开始有算盘的呢?从清代起,许多计算学家对这一问题进行了研究,日本的学者也对此投入了不少精力。由于缺少足够的证据,算盘的起源问题直至今天仍是众说纷纭,莫衷一是。归纳起来,主要有三种学说。

一是清代数学家梅启照等主张的东汉、南北朝说。其依据是,东汉数学家徐岳写过一部《数术记遗》,其中著录了十四种算法,第十三种即称"珠算",并说:"珠算,控带四时,经纬三才。"后来,北周数学家甄鸾对这段文字做了注释,称:"刻板为三分,其上下二分以停游珠,中间一分以定算位。位各五珠,上一珠与下四珠色别,其上别色之珠当五,其下四珠,珠各当一。至下四珠所领,故云'控带四时'。其珠游于三方之中,故云'经纬三才'也。"这些文字,被认为是最早关于珠算的记载。但是一些学者认为,此书描写的珠算,充其量不过是一种记数工具或者只能作加减法的简单算板,与后来出现的珠算,不能同日而语。

二是清代学者钱大昕等主张的元明说,即算盘出现在元朝中叶,到元末明初已普遍使用。元代陶宗仪《南村辍耕录》第二十九卷《井珠》,引当时谚语形容奴仆说:"凡纳婢仆,初来时曰擂盘珠,言不拨自动;稍久,曰算盘珠,言拨之则动;既久,曰佛顶珠,言终日凝然,虽拨亦不动。"后人称此为"三珠戏语"。把老资格的奴婢比作算盘珠,拨一拨动一动,说明当时的算盘已很普及。宋末元初人刘因的《静穆先生文集》中有一首以《算盘》为题的五言绝句:"不做翁商舞,休停饼氏歌。执筹仍蔽篾,辛苦欲如何。"这也是算盘在元代出现的明证。至于明朝,永乐年间编的《鲁班木经》中,已有制造算盘的规格、尺寸,还出现了徐心鲁《算珠算法》、程大位《直指算法统宗》等介绍珠算用法的著作,因此算盘在明代已被广泛使用,这是毫无疑问的了。

随着新史料的发现,又形成了算盘起源于唐朝、流行于宋朝的第三说。其依据是：一，宋代名画《清明上河图》中，画有一家药铺，其正面柜台上赫然放有一架算盘，经中日两国珠算专家将画面摄影放大，确认画中之物是与现代使用算盘形制类似的串档算盘。二，1921 年在河北巨鹿县曾挖掘到一颗出于宋人故宅的木制算盘珠，已被水土淹没八百年，但仍可见其为鼓形，中间有孔，与现代算珠毫无两样。三，刘因是宋末元初人，他的《算盘》诗，与其说是描写元代的事物，还不如说是宋代事物的反映更为确切。同样，陶宗仪的"三珠戏语"所见元人谚语中已有算盘珠之说，也反映出"是法盛行于宋矣"（《四库全书总目提要》"算法统宗"条）。四，元初的蒙学课本《新编相对四言》中，有一幅九档的算盘图，既然在元初已为训蒙内容，可见已是寻常之物，它的出现，至少可上推到宋代。此外，宋代的算盘从形制看已较成熟，没有新生事物常有的那种笨拙或粗糙。因此，较多的算学家认为，算盘的诞生还可上推到唐代。因为宋以前的五代十国时期战乱不断，科技文化的发展较为滞缓，算盘诞生于此时的可能性较小。而唐代是中国历史上的盛世，经济文化都较发达，需要有新的计算工具，使用了两千年的筹算在此时演变为珠算，算盘在这时被发明是极有可能的。

算盘是中华民族宝贵的文化遗产，有关它的起源却争论了上百年，无法统一。但愿有更多的有志者投入进一步的探索与研究，早日得出科学的结论，以告慰于古人，无愧于后代。

指南针发明

指南针是利用磁铁在地球磁场中的南北指极性而制成的一种指向仪器，是我国古代的四大发明之一。然而，关于它的"身世"，却是不解之谜。

我国是最早发现磁铁指极性的国家。早在战国时期，就利用磁铁的指极性发明了指南仪器——司南。《韩非子·有度篇》里有"夫人臣侵其主也，如地形焉，即渐以往，使人主失其瑞，东西易向，而不自知。故先生王立司南，以端朝夕"的话，"端朝夕"就是正四方的意思。《鬼谷子·谋篇》里也记载说，郑国的人到远处去采玉，就带来了司南去，以便不迷失方向。司南是用天然磁石琢磨成的。样子像勺，圆底，置于平滑的刻有 24 个方位的"地盘"上，基勺柄能惯。东汉的王充，在他的《论衡·是应篇》中曾说："司南之榴，投之于地，其指南"。

指南针

由此可见,司南是最早的磁性指导仪器,被视为指南针的祖先。

然而,有学者认为,天然磁石磁性不强,在琢制成司南的过程中,容易因打击、受热而失磁,加之它与地盘接触转动摩擦的阻力比较大,难以达到预期的指南效果。同时,当时的人很难定出磁石的南北极,如不按北极方向制勺,则勺纵有磁性也不会指南。

可是指南针为什么要制成勺形,而不能制得更简单些呢? 于是,就有了第二种观点——指南鱼是指南针的前身。持此观点的学者认为,目前发现的关于磁性指南仪器的最早的明确记载是北宋曾公亮著的《武经总要》中的"指南鱼"。该书卷十五所记指南鱼的制法是:"用薄铁叶剪裁,长二寸,宽五分,首尾如鱼形,置炭火中烧之,候通赤,以铁铃铃鱼首出火,以尾正对子位,蘸水盆中,没尾数分则止,以密器收之。"书中的记载虽然寥寥数语,但是却包含着丰富而合乎科学的道理。其人工磁化方法的创造,在磁学的发展史上是一件大事,它是指南针发明的前导。批南鱼本是作为陆战中指示士兵在夜战中辨别方向的简单仪器,经改制成指南针后在 11 世纪用于航海,从此以后,"舟师识地理,夜由观星,昼则观日,限晦则观指南针"(朱彧《萍州可谈》)。因此《武经总要》被看作是研究指南针发明史的重要资料。

上述两种观点各有其理,尽管持第一种观点的人多一些,但无论是司南还是指南鱼都只是指南针的前身,并不是其本身确定无疑。目前关于指南针的早期文字记载,主要有以下几条:北宋仁宗庆历元年(1041年)《茔原总录》卷1中有"丙午针"的记载。虽然没有明确提出是什么针,但从上下文的字里行间可以断定是磁针无疑,说明当时已将磁针与罗经盘配套,作为定向仪器。《梦溪笔谈》卷24中也明确指出指南针是一方姓人家首先发明和使用的。并且详细记述了水浮、置指甲上、趾腕唇上和悬丝等四种指南针的装置方法,以及各种方法的长处和缺陷,使人们对当时的指南针有一清晰的认识。从上述资料可知,指南针在11世纪时已是常用的定向仪器,有多种装置方法。如果把指南针的发明时代上溯到10世纪的唐末或五代,也是不无根据的。如王赵卿(约10世纪末)曾留有"虚危之间针路明"的诗句《古今图书集成》卷655);佚名的《九天玄女青襄海角经》(约900年)中说:"今之象古,以正针天盘,格龙以缝针地盘。"(同上卷651)这里所说的"针路""正针""缝针"极有可能就是指南针与罗经盘配套定向的术语。

指南针究竟何时发明,其前身又为何物,还有待于进一步挖掘和发现。

最早的纸币

八百多年前的北宋,产生了不仅是我国而且是世界上的第一代纸币。纸币的产生不仅是人类货币金融史上的一大进步,而且也体现了当时高度的科学文化水平,在世界文化史上占有重要地位。历史上最早的北宋纸币的印版(俗称钞版),历经几百年的风雨,现在仍然保存完好,它被人们誉为是中国货币文化宝库中的一颗明珠。

不过在最早的北宋纸币的印版发现以后,中外历史学家、钱币学家和货币史学家却对这种北宋纸币印版的名称问题产生了不同的意见,先后存在官交子、钱引、盐引、小钞和私交子等五种不同意见,这些名称的不同,实际上归根结底的区别就在于纸币的造处是哪里,纸币究竟是官府所造,还是私商所造?

最早的北宋纸币的印版整体呈现长方形,在纸币的上半部,顶端是十枚钱币图形,图形下面有"除四川外,许于诸路州县公私从便主管,并同见钱七百七十陌流转行使"的文字,下半部是一些古代人物的图案。这些纸币的印版上既没有说明纸币的名称是什么,也没有说明纸币的面值是多大。

　　20世纪初,针对北宋钞版究竟是何种纸币的印版的问题,中外学者进行了深入的研究和探讨。20世纪30年代,日本著名学者奥平昌洪就在他所写的《东亚钱志》中说,最早的那种北宋纸币的印版其实就是南宋时所流通的纸币"会子"。后来,我国钱币学家王荫嘉提出自己的观点,说最早的北宋纸币的印版不是南宋的纸币"会子",而是北宋在四川地区流通的纸币"交子"。这种看法被人们普遍接受,从此最早的北宋纸币的印版是北宋纸币"交子"的印版的说法就确定了。可是这种"交子"究竟是北宋的那种纸币呢?

最早的纸币

　　新中国成立后,国内学术界又进行了多次讨论,有人称最早的北宋纸币的印版是北宋的"官交子"或者是"钱引",也有人提出了"盐引"的说法。可是无论是北宋的"官交子"或者是"钱引",还是北宋的"盐引",这一时期,人们关于最早的北宋纸币的印版的论述,都没有提出令人信服的证据,说得都很含糊。

　　到了20世纪80年代,我国的货币史研究者们对北宋的纸币问题加强了研究。货币史学者李埏在1983年时,在杂志上发表文章,提出自己的观点说,北宋的钞版是一种名为"小钞"的纸币的印版,所以最早的北宋纸币叫"小钞";而同年,另一位学者叶世昌在杂志《中国经济问题》上,也发表了这方面的文章,同意李埏的最早的北宋纸币是"小钞"说法,他还指出小钞是北宋末年的全国性纸币,最早的北宋纸币的印版就是崇宁五年"小钞"的印版。另外他还举出几点原因:第一,四川以外地区流通的纸币不是交子,而是小钞,钞版写了除四川外,所以只可能是小钞;第二,在北宋的钞版上印有"同见钱七十七陌流转行使"字样,正好符合宋代以七十七文为陌的省陌制度,说明北宋的钞版是一线一贯(也就是面值的意思)的小钞;第三,关于崇宁五年所发行小钞可能只是临时性的措施,所以没有正式的纸币名称,也就不用奇怪这种纸币上没有印上纸币名称了。两位学者关于北宋的钞版是一种名为"小钞"的纸币的印版的说法，虽然证据还不很充分，但是突破了对钞版讨论的原有范围，所以引起了学术界的注意。但是有学者指出，钞版是小钞的见解是不成立的，因为根据南宋谢采伯在《密斋笔记》里的记载，小钞的文字图案与钞版的文字图案是完全不相同的。可是小钞的发行应该也不是一成不变的，钞版的文字图案与在《密斋笔记》里记载的小钞的文字图案不一致，并不一定代表着和北宋发行的所有的小钞的文字图案不一致，所以这种反驳是不严谨的。

另外也有人认为钞版是"私交子"。在 1984 年，乔晓金和卫月望两位学者刊发了一篇文章《宋代钞币"官交子""会子"质疑》，其中他们提出了最早的北宋纸币的印版是"私交子"的说法。他们说："北宋钞版与私交子或私钱引接近，但绝不是官家发行的官交子或官钱引。因为它缺少封建官府典章文物的严肃性，丝毫没有官造文书的气息，更不是小钞。"两人在这篇文章中，还将记载有官交子格式的历史资料列举出来，和最早的北宋纸币的印版的格式做对比，来证明最早的北宋纸币的印版不是官交子，而是私交子。不过钞版上的文字用的是命令口吻，而在封建社会，命令语气只可能是来自官府，不可能出自私商，这与钞版是私交子的结论是相互抵触的。另外北宋年间，私交子一般在四川发行；而钞版上却写着"除四川外"等文字，表明这种纸币在四川以外地区流通的，这两者也是有矛盾的。

从以上的这几种说法看来，每种说法都有一定道理，但是也都有不完善的地方。目前，学者们仍然在寻找着证据，期待着解决中国货币文化史上这个货币之谜。

蒙汗药是用什么做成的

在《水浒传》中，曾经多次提到一种强效的麻醉剂"蒙汗药"，这种麻醉剂喝下去能让人晕睡过去，毫无知觉，而后梁山好汉们就开始"作案"，这种使用蒙汗药的方法让他们在与宋朝官兵斗智斗勇的过程中屡屡得手。梁山好汉的智囊军师吴用，曾经带领了几个弟兄巧用蒙汗药，从一队几十个宋兵的手中智取生辰纲；而母夜叉孙二娘在孟州道卖的药酒，里面用的也是蒙汗药。宋代时，这种蒙汗药看起来时常使用,不过到现代它已经不常为人所知,人们很少有人熟知这种蒙汗药究竟是用什么做成的? 对此也进行了种种猜测。

有人说蒙汗药的主要成分是曼陀罗花。曼陀罗是一种有毒的一年生草本植物。夏秋季节开花,花冠呈漏斗状。许多古医书记载,该花有致人昏睡的功效。这种麻醉剂主要用途在于服用后致睡以阻止针灸疼痛以及缓减伤痛。宋代窦材所写《扁鹊心书》中即有麻醉剂"睡圣散",其主要成分是曼陀罗花。南宋周去非在《岭外代答》中则记载:在广西,曼陀罗是生于山野之间的一种草药,数量极多,曼陀罗的叶子肥大,开白花,结的果实很大,像茄子一般大小,表面覆盖小刺。人服后就会昏睡过去,没有知觉,但不会伤人性命。广西的窃贼们常把它弄来,晒干后磨成粉状,偷偷放在别人所要吃的东西里,那人便沉睡过去,贼便可大胆地偷取那人的财物。这些医书的详细记载说明,到南宋时,以曼陀罗花作为麻醉药用于针灸治疗已经相当普遍。很多人已经知道曼陀罗花的奇特功效,而那些绿林好汉,使用曼陀罗花制成的蒙汗药来偷盗财物也就不足为奇了。

也有一种说法,押不庐是构成蒙汗药的主要成分。南宋周密在《癸辛杂识续集》中有关于押不庐的记载:"回回国之数千里,地产一物极毒,全类人形,若人参之状,其酋名之曰押不庐。取出晒干,别用他药治之。每以少许磨酒饮入,则通身麻痹而死,虽加刀斧不知也。至三月后,别以少许药投之即活"。押不庐,李时珍《本草纲目》也曾予以著录。看来,产于阿拉伯国家的押不庐可能就是《一千零一夜》中哈里发用的麻醉药。显然,这种药在宋代曾传来我国。

还有一种说法,草乌末是蒙汗药的主要成分,草乌是中医常用的药物,药力很重。据现代科学分析,草乌中含有乌头碱,乌头碱对人体的各种神经末梢及神经中枢具有先兴奋后麻醉的作用,某种程度下相当于毒药。《国语·晋语》中记载,公元前7世纪晋国的骊姬企图除掉嫡出的太子申生,而让自己的儿子夷齐做太子,于是就在酒中放入"鸩",在肉里掺上"堇"送给太子说,让太子献给晋献公。晋献公饮前祭地时发现这酒中有毒,很疑惑,骊姬把肉喂狗,把酒让小臣喝,果然全都中毒了,骊姬依计马上进谗言给晋献公,说太子申生要谋害其父,晋献公一怒之下废了申生,立夷齐为太子。明朝定王朱橚所写的《普济方》中也载草乌末为主料,主要是伤病治疗时麻醉之用,由此看来,以草乌末为蒙汗药的主要成分。

可见，蒙汗药之谜，虽然解释颇多，但至今仍无十分可信的答案，有待继续探究。

民间传说的"疯僧扫墓"是怎么回事

千百年来，岳飞被看作是历代忠臣良将的代表，他以"精忠报国"的精神不知感召了多少人。他智勇双全，爱国爱民，治军有方，极力主张"扫尽胡尘，把金瓯重补"。金军的将领十分地畏惧他，都说"撼山易，撼岳家军难"，可见岳飞的盖世神威和凛凛正气在当时就十分受人敬仰。然而，南宋高宗和宰相秦桧却将岳飞视作眼中钉、肉中刺，他们卖国求荣，为了向金人求和，连连发出十二道金牌将岳飞逼回，最后文设计将岳飞害死在狱中。不仅如此，秦桧因为手握重权，又积极议和，所以凡是主张抗金的文臣武将都以不同名目遭到了他的毒手。秦桧的这种顺我者昌、逆我者亡的做法遭到了世人的仇恨。中国民间创作了许许多多的以痛恨秦桧为主的戏剧，有元代著名剧作家孔文卿所创作的《地藏王证东窗事犯》、明代戏曲家李梅实所创作的《精忠旗》、晚明时所创作的《精忠记》及《岳母刺字》，其中以元代的《地藏王证东窗事犯》的创作最为有名。

《地藏王证东窗事犯》之所以取这个名字，是因为秦桧准备诬杀岳飞时，曾经事先在东窗下与人密谋过，剧中地藏王来证实了秦桧的恶行，所以人们把这次谋杀案称为《地藏王证东窗事犯》。这个戏里有一折叫《疯僧扫墓》，是这部戏曲中十分重要的一节。传说秦桧杀掉岳飞、岳云和岳飞的部将张宪以后，人们十分气愤，对这个罪大恶极的坏蛋，人人都想得而诛之，义士施全曾经刺杀过秦桧，但是施全刺杀没有成功，反而被秦桧的手下人捉住杀掉了。临刑前，施全面不改色地大骂秦桧："我虽然没能一刀宰了你，死后也要变成厉鬼，捉拿你，油炸刀劈，为冤死的忠魂报仇雪恨。"秦桧经过这次谋杀后，非常恐惧，整日茶饭不安，就到灵隐寺去烧香拜佛，希望老天保佑。

可是秦桧到了庙中，还没有拜神，却看到墙上有一首自己写的诗，他十分吃惊，急忙大问："什么人写了此诗？"庙里的老和尚就把写诗的和尚找了过来，原来写诗的这个人是庙里的烧火和尚。老和尚慌忙介绍说："这个烧火和尚早些时候就已经疯疯癫癫了，万望大人见谅。"秦桧也不答话，只是看着疯和尚说道："我只道是怎样一个疯僧，原来是这样的一个疯僧"。疯和尚也看看秦桧，说："我只道怎样一个秦桧，原来是这样一个秦桧"。秦桧怒了："什么规矩？你怎能擅自喊我的名字？你可知道我是谁，我是当朝宰相。"疯和尚哈哈大笑："没错，你可是个上瞒天子，下欺群臣的大奸臣啊……"秦桧问："墙上的诗是你写的吗"？疯和尚说："是你做的，是我写的。"

秦桧这时似乎看出了这和尚有些来历，于是便问他："你知道我的来意吗？"疯和尚就说："你的来意很简单，只是因为受了惊恐，所以来到寺里"。秦桧问他："你手里拿的什么？"疯和尚说："是里通的外国吹火筒"。秦桧又问他平常做什么功课，他却说："没什么功课，有功的都杀了。"秦桧又叫他把功课拿出来，疯和尚就从身边的口袋里掏出一张纸给秦桧，上面写着："久闻丞相理乾坤，占断朝纲第一人，都为群臣朝北阙，堂中埋没老元勋，闭门杀死忠良将，塞上欺君虐万民……"秦桧没话可以说了，疯和尚却渐渐十分生气，说："你在路上遇到施全就该死了。"这几句话看着是答非所问，可是把秦桧说得心惊胆战，只好说："这个和尚有些累了，快拿份斋饭给他。"斋饭端出来，疯和尚把它倒了，接连端了两次，疯和尚全都倒了。秦桧十分生气："你不吃就算了，为什么坏了我两份斋饭？"疯和尚更是气愤不已："我只坏了你两份，你就十分恼火，可你怎么不想想你坏了他们三个呢？（指秦桧杀了岳飞父子及部将张宪）"后来疯和尚又给秦桧呼风唤雨，说那雨是秦桧屈杀岳飞父子老天垂的泪；那风是朱仙镇上黎民的怒气。原来这疯和尚是地藏王的化身，地藏王在古代社会里是正义的化身，表达了人们对千古忠奸的判断。本来秦桧就心情慌乱不安，想到庙里来求神，可是却反被疯僧搅得十分恐惧，有些不寒而栗了。昆曲《疯僧扫墓》的剧作者常常以独立一折来演出，自从这一剧曲被创作出来，就受到了所有那些热爱正义、痛恨邪恶的人们的喜爱，一直流传到今天。

民宅为何改为"包公祠"

宋朝时，在四全县城内有座包公生祠。在古代生祠是为活人所建造的祠，明朝的魏忠贤就曾经为自己建造生祠，受到了人们的唾骂。不过这座包公生祠不同寻常,它是老百姓将自己的房子让出来,专门为包公所建造的生祠,这充分体现了人们对包公的爱戴与尊敬。那么这座包公生祠是怎样建起来呢?

包公祠

传说四全县的青石街上住着个刘财主。这刘财主娶妻刘氏多年,夫妻俩十分恩爱,刘氏只生有一个女儿,父母十分喜爱,视为掌上明珠。一家三口的日子过得十分甜蜜。谁知好景不长,不久刘财主的结发妻因病去世了。而刘财主自从发妻死后,心灰意冷,终日郁郁不乐,无心经商,生意也日渐冷淡,眼看着一天天萧条下去。

刘财主的亲朋邻人实在看不惯,就常来劝他,还托人给他介绍说媒,刘财主后来又续娶秋霞。这时原妻前女,也许配高要乡人为妻。秋霞1十月怀胎,生有一子,取名刘继宗,刘财主晚年得子,心中十分欣慰,更是十分喜爱这个儿子。可是刘财主鉴于自己年事已高,便与秋霞商量,欲招侄子刘之三来府上代理家务,秋霞也觉儿子还小,丈夫的这主意可行。于是选个黄道吉日,摆酒燃炮,招侄刘之三到家。可是刘财主这侄儿刘之三,本来心术就不正,来到刘家后,又见刘家资产雄厚,堂弟年幼无知,认为机不可失,常在背地里偷窃刘家财物,拿去吃喝嫖赌。时间一长,他越偷越多,越偷越大胆。

一次,刘之三赌钱再次输了一大笔的钱,债主逼得很急,慌乱之下竟然到叔父刘财主的房中去偷窃稀世珍品水晶枕。正当刘之三摸到水晶枕快要出门的时候,恰巧被叔父刘财主撞见。刘财主顿时将他一顿怒斥,之后就把他赶出刘府遣回家乡,并告诉他永远不准再入刘府。刘之三十分恼火,因而对叔父怀恨在心。

在刘财主家中寄居的,还有刘财主的一个外甥姓林名振鹏,在县城学堂读书。林振鹏为人谦谨，又知书达礼，刘之三走后，刘财主便唤他来管账目，振鹏把账目整理得井井有条，刘财主对他很是信任。可是花落花开，几度沧桑岁月过去，刘财主年老体弱，渐渐病重。弥留间，就召林振鹏到床前嘱咐道："振鹏呀，舅父病久日深，这次看来是难以活命了，看在你娘的面上，望你日后帮我助理家政，照料弟弟长大成人，继宗室，立基业，我在九泉之下也是可以放心了……"振鹏跪在床前，泣不成声："舅父不用担心，外甥定当按您的话去做，你就放心去吧！"刘财主几日后就逝去了，林振鹏帮舅母料理罢后事，一面继续攻书不歇，一面帮助料理内外家务，舅母安心抚育幼子，一度相安无事。

可是刘之三却不安好心，他见刘财主死后，便找机会将他的儿子刘继宗毒死了，然后诬告林振鹏与秋霞伤风败俗，毒死继宗企图谋夺刘氏家产。糊涂县官受了刘之三重金贿赂，也不作调查，便令衙差前往刘府把林振鹏和秋霞拘捕入狱，听候处理。秋霞失去独子刘继宗，本来就已经悲痛欲绝。如今又受这种侮辱，为表清白之躯，她拜祭丈夫之灵后，就上吊自杀了。林振鹏家人深知他平日的为人，料想他也不会做出这种伤天害理的事情，于是家里人林泉清，便到县衙击鼓鸣冤，不料糊涂县官却下令左右打五十大板，逐出衙门。林泉清气鼓鼓地回到家中，心里十分不服气，伤好后，就日夜兼程地赶到端州府，递上了状词，状告四全县官贪赃枉法，屈死人命。包公接到报案，决心亲自去巡四全，将此案弄个水落石出。

第二天，包公脱了官服，平民打扮来到四全县。先向左邻右舍了解了林振鹏与刘之三的为人，又细查得知刘继宗被毒害之日，刘之三曾到过刘家，与继宗在院内玩球戏耍，并给继宗吃了他随身携来的蒸饼。包公马上就叫部下张龙、赵虎二人去当地城内的药铺一一查问，没多久就查明刘之三曾到"百草药房"购马钱毒药一包，说是回家毒鼠之用。包公见人证物都已经明确掌握，当下便在四全县府城衙门开堂办案。大堂之上，包公一拍惊堂木，命王朝、马汉带上人犯刘之三，并传刘家僮仆及"百草药房"伙计出堂作证。在人证、物证俱在的情况下，刘之三只得伏首画押。由于案子审理得非常清楚，所以包公命令王朝、马汉抬出狗头铡，把杀人犯刘之三当堂开铡，平息民愤。刘振鹏当堂释放，按照刘财主遗嘱判定代管财主全部家业，另外糊涂县官由于受贿枉法，玩忽职守，被削职为民、赶出衙门。后来，林振鹏学有所成，考中举人，为感激包公大恩大德，他特地请人刻木像,在宅中供奉,并且在宅中挖井,来告诉子孙后代饮水思源,不忘包大人救命之恩。

林振鹏以后做官,也别营家宅,干脆将刘家作为包公生祠供奉,日夜香火不绝,人们便把宅中的那口井称为包公井。

南宋末为何"生子不举"

南宋时期,朝廷偏安于江南,虽然当时东南地区,特别是以太湖流域为中心的江浙地区,属于经济发达、生活较富庶的地区。可是这一地区,特别是在较贫穷的农村,却长期存在着"生子不举"的怪现象,实在是让人匪夷所思。

其实,"生子不举"的现象在南宋以前就有。不过在南宋前,"生子不举"只是民间的迷信活动。当时,民间风俗里说五月初五生子不吉利,所以"不举"即指扔掉所生的男孩子。而到了南宋,"生子不举"已经不再单指五月初五生子不举,而是已演变成为一种与中国传统生育观相悖的生育习俗。生子不举的"子",也不再特指儿子,而是更为广泛地包含了男孩子、女孩子在内的所有刚刚出生的婴儿。

孟子曰:"不孝有三,无后为大"。这一子嗣观,是中国传统生育观的基础与核心,由古代的宗法制度所产生,并且还引发了由此产生的以生为德,以孝为本,多子多福的观念。到了宋代,理学成为社会的主流,人们对于子嗣问题就更加重视了。除了传宗接代,延续香火之外,宋代的法律规定,凡属无子的身丧户绝者,其全部资产,除给予在世诸女或出嫁诸女一部分外,其余全部没官,所以宋朝人很重视子嗣。可是,在宋代的南方农村里,却长期存留着生子不举的现象,从北宋仁宗时产生到南宋一代,一直是屡见不鲜。这种现象分布在福建路、两浙路、荆湖南北路、江南东西路等地,其中又以建州、处州、汀州、南剑州、邵武军、建宁府、衢州、严州、鄂州、岳州、信州、饶州等地最为严重。

宋代的生子不举,虽也有迷信成分存在,但已不占主要地位,而更突出地表现为以人为的因素来控制家庭人口增长的特点。这种生子不举现象,没有任何政府的强制,而是完全出于贫苦农民的自发行为。它作为与传统生育观相悖的一种生育习俗,其存在时间之长,分布范围之广,不仅对当时的人口繁衍产生了严重影响,更对当地农村经济发展迟缓,男女性别比例失调等现象产生了一定的影响。

可是为什么在南宋会出现这种"生子不举"的怪现象呢?

造成生子不举现象的最主要的原因,是由于农民的贫困。宋代福建、两浙、荆湖南北路、江南东西路所属农村地区,农民绝大多数生活在贫困之中。造成农户贫困的原因,除了自然地理条件的不利,还有其他原因。当时存在的身丁钱的征收,与生子不举现象就有直接关系。产生于五代时期的身丁钱是在东南一带实行的一种税收政策。宋朝建立以后,规定男子二十成丁,六十为老,人户每岁按丁输纳钱米和绢,总称身丁钱。在这一重赋之下,贫苦农民往往采取隐瞒丁口的办法来逃避身丁钱的征收。另外,随着南宋土地私有制的进一步发展,农村土地兼并更为严重,土地越来越集中于少数官户、富家之手,也是使农民愈加贫困。再加上宋代的杂色差役名目众多,按照每户人家的男丁数额捐钱的任务又特别繁重,如果遇上旱涝灾伤或盗贼侵扰,农民就更加困不潦生,根本没有办法养育很多子嗣。

造成生子不举现象多生多育和无节制的生育的原因还有生子不举便是对无节制生育的报复。宋代的妇产科学较前代已有很大发展,对于妇女的产育、保健已有了许多措施,并已正式从内科中分离出来。可是由于民间迷信,认为堕胎或如何避孕都是不祥之举,甚至认为堕胎要遭灾,这种观念在宋代的民间影响很深,所以人们在既无法不孕,又无法不生的情况下,则只有采取"生子不举"的下策。既然生子不举是在多生多育的基础上产生的,那么就不仅是女婴,男婴多了也要不举。

除了以上一些最主要的原因之外,传统的影响,地方的民俗,财产继承关系的制约与生子不举现象也有直接的关系。在自然经济条件下,财富积累手段有限,兄弟越多,家产越分散,家产越分散越易为所兼并。这是农村中富有阶层存在生子不举的现象的重要原因。另外,在普通农民家庭中,他们能养活的孩子有限,所以首先要考虑孩子的性别,以保证他长大后要成为家庭中新生的劳动力继续投入生产,也能为本姓继续传宗接代。因此,保留一到两个男孩便成为理所当然,可是对于无节制生育下来的其他孩子就无法养活了。

"生子不举"现象对南宋社会产生了很不利的影响。由于不举子之家主要是客户和下户,是农村中耕种土地的主要劳动力,至南宋中后期,很多人沦为佃仆,这部分人口增长得缓慢,特别由于身丁钱的征收,直接影响男口的增长,也限制了农村新生劳动力的补充。另外,男女性别比例失调的结果,必然会引起一系列的社会问题。一方面是男子无妇可娶,另一方面拐骗买卖妇女现象即随之产生。除此之外,由于女性人口比例的减少,使南方农村妇女的早婚率较高。"生子不举"现象也对南宋政府产生了负面效应。本来南宋疆土减半,税源就比北宋减少了许多,再加上连年兵战,南宋政府的财政需要比以往任何时候都更加紧迫,可是南宋社会中劳动力缺乏,身丁税征收不上来,兵源问题更是难以解决,这一切都和南宋农村社会中存在的"生子不举"有关。

女尼为何遁入空门还偷情

南宋高宗绍兴年间,在临江县青石镇郊外的女贞庵中有一个年轻貌美的尼姑,名叫陈妙常。她出身于临江的官宦之家陈家,从刚生下来就体弱多病,陈妙常的父母十分喜欢这个女儿,于是就给她找了很多医生看。当时,有位和尚来给她看过,说陈妙常命犯孤魔,不能在人间存活下来,如果要想活命,就只有遁入空门,才可能克住孤魔。陈妙常的父母听从了和尚的话,就将她舍入空门,然后陈妙常就削发为尼了。陈妙常在女贞庵中每天诵经礼佛,不自觉已经长大成人。在诵经礼佛的闲余时间,陈妙常经常好学不倦,才十多岁,她就不但诗文俊雅,而且还兼工音律。陈妙常长大后,越来越漂亮,尽管穿着宽袍大袖的袈裟,但还好像仙女下凡。后来她与南宋初年的大名士张于湖结成姻缘。

张于湖,淮西人,进士出身,是南宋初年的大名士。相传,他曾在抗金名将张浚的席上赋一首《六州歌头》的词,张浚听罢,有感于怀,为之罢席。全词如下:

长淮望断,关塞莽然平。征尘暗,霜风劲,悄边声,黯销凝。追想当年事,殆天数,非人力;殊泗上,泫歌地,亦膻腥。隔水毡乡,落日牛羊下,区脱纵横。看名王宵猎,骑火一川明,笳鼓悲鸣,遣人惊。

念腰间箭。匣中剑,空埃,竟何成!时易失,心徒壮,岁将零。渺神京,干羽方怀远,静烽燧,且休兵。冠盖使,纷驰骛,若为情。闻道中原遗老,常南望翠葆

·宋元逸史·

图文珍藏版

旌。使行人到此,忠愤气填膺,有泪如倾。

　　当时,张浚的抗金北伐军在符离溃败,南宋统治集团又准备重新走向妥协投降的道路,张浚立刻上书反对议和,还召集山东、两淮忠义之士到建康去,张于湖的这首词在急促的节拍中传达出奔腾的激情,并通过关塞苍茫、名王霄猎、壮士抚剑悲慨、中原遗老南望等一幕幕鲜明的场景,正好反映了抗金的激奋心情,所以张浚为之罢席。

　　张于湖中进士后,曾经奉旨出任临江县令。当他到达临江县境的青石镇时,看到景色特别优美,就宿在镇外山麓的女贞庵中,准备歇息两天,然后走马上任。

　　当时,正是初秋季节,晚上风清月白,张于湖就信步走在这月下花间。这时,在这寂静的茫茫夜色里,突然穿来了铮铮琮琮的琴声,张于湖慢慢走过去,不觉眼前一亮,月下只见一位女尼正在焚香弹琴。这位女尼正值妙龄,姿态秀逸,眉目如画,酷似瑶池仙子。他心中不禁有所感觉,就吟词一首:

　　误入蓬莱仙洞里,松荫禅房睹婵娟,花样年华最堪怜;瑶琴横几上,妙手拂心弦。

　　云锁洞房归去晚,月华冷气侵高堂,觉来犹自惜余香;有心归洛浦,无计到巫山。

　　这个月下抚琴的尼姑正是陈妙常,她当时心还在佛界,所以就没有理会,只是边弹边唱:

　　清净堂前不卷帘,景幽然;湖花野草漫连天,莫胡言。

　　独坐黄昏谁是伴,一炉烟,闲来月下理琴弦,小神仙。

　　这首词的意思就是自己心情恬然,只是愿意修佛念经。张于湖碰了一个软钉子,再加上这又是自己即将上任的地方,自然不便相强,所以就急急抽身而退,第二天早晨就前往县城,办起公来。可是他仍旧是惦念着女贞庵中的妙龄女尼,就告诉了自己一个来临江县游学的同窗好友潘法成。张于湖大叹"人在宫中,身不由己"的苦水,潘法成则听得心旌摇曳,决心达成老友的心愿。

　　潘法成认为女儿家削发为尼,妙龄女郎长伴青灯古佛,总会有一段不同寻常的经历,再不然就是遭遇到巨大的打击或痛苦的折磨,否则好端端的何不穿红戴绿,享受女性黛绿的年华,以及恋爱嫁人,迎接充实而幸福的人生呢?

于是，潘法成就问陈妙常："人言，非经大难，不入空门，姑娘才貌才人，何事看破红尘。"陈妙常答道："人思病时，尘心自减；人想死时，道念自生。皈依佛门，乃获永生，又何必一定要经过大难呢？"看来潘法成要比张于湖高明了许多，先是若无其事地接近了妙常女尼，然后再与她互谈心曲。一日晨起，潘法成兴致勃勃地踱往东厢去找妙常女尼，说是夜来填词一阙，烦请斧正。陈妙常接过松花笺，只见上面写道：

清风明月女贞庵，方外地；物我两忘好修行，活神仙。

绝世容颜琼姬态，倾城国；淡妆全无半点俗，荆山玉。

这词用辞典雅，字迹秀逸，一半写佛地，一半形容人物。陈妙常看了，十分欣赏，从此也就对这潘公子多了一份好感。两人很快成了好朋友，甚至不拘常理起来，潘法成有时进入陈妙常的禅房，妙常女尼也不怪罪。直到有一天，潘法成无意间看到了陈妙常夹在经卷中的一阙艳词：

松院青灯闪闪，芸窗钟鼓沉沉，

黄昏独自展孤衾，欲睡先愁不稳。

一念静中思动，遍身欲火难禁，

强将津唾咽凡心，怎奈凡心转盛。

潘法成看后，知道妙常女尼已经动了凡心，所以就给张于湖牵线搭桥，最后促成了一段美好姻缘。

天妃妈祖身世

天妃，是我国沿海地区从南到北都崇信的一位女性神灵，南宋时期逐渐兴盛了起来。相传她不仅能保佑航海捕鱼百姓的平安，而且还兼有送子娘娘的职司。天妃，也称天后、天后圣母，在民间常俗称为海神娘娘。不过，在福建、广东、台湾一带称呼她为妈祖，山东荣成地区又称呼她为归山娘娘。自明清以来，天妃妈祖还逐渐取代龙王的地位，独享了航海者的香火。另外，对于她的崇奉，不仅在我国沿海地区长盛不衰，而且还传到南洋及海外的侨胞之中。

根据文献记载，宋徽宗宣和年间，给事中路允迪出使高丽，在半路上遇到了风暴，多方神灵救护，最后免于灾难。于是，朝廷敕令为这位当时还不太盛传的天妃立祀。南宋绍兴年间,高宗下令封天妃为灵惠夫人,后来又晋封为灵惠妃。元代人也十分尊奉这位神灵,加封为护国明著天妃。到清代,康熙皇帝将她加封为"天后"。清朝的百姓对天妃妈祖的信奉虔诚至极,他们纷纷传说,船民或渔民在海上作业时,如果出海遭遇风浪,情况十分危急的时候,只要人们喊这位神灵的名字向她求救,她一定会迅速地派红灯或神鸟前来搭救,使人们幸免海难。虽然历经宋、元、明、清朝代更迭,哪一朝的民间都为她建庙立祠,还定期举行祭祀。天妃妈祖究竟是何方神圣,怎么会得到各地百姓对她如此的崇信?

关于天妃妈祖的身世,有人说她是温州方士林灵素的女儿,甚至说这位女神是由林灵素的三个女儿化身而成。还有人说她本是闽海中梅花所的平民百姓,姓蔡,因为父亲受冤而死,蔡女就为父投海而死,化作海神,后来被封为天妃。又有人说她是兴化莆田(今属福建)人,家里屡世居住在循洲屿,是都巡检林愿的第六个女儿,出生的时候就很神异,好像神仙下凡一样。她的兄弟们为了生计常常冒险出海,每次遇到风暴,她就闭上眼睛、灵魂出窍,前去搭救。后来成年,竟然居家不嫁,于是她不到三十岁就死了。死后,人们说她化作了海上的神灵,常常救人于危难之中。另外,人们也有说她是生在唐玄宗天宝年间的,也有说她生于五代时期,不过说天妃妈祖生于北宋朝代的要多,要么说她生于北宋太祖时,要么说她生于宋徽宗时。还有,人们对天妃妈祖的出生地点也进行了很多猜测,从福建到浙江,相隔两省,有十几个地方。对于天妃妈祖的身世,可谓是众说纷纭,莫衷一是。

关于天妃妈祖的身世,就目前所见的资料来看,在南宋洪迈的《夷坚支志》最早记载了她的事迹。在"浮曦妃祠"一条中记载说,南宋绍熙年间,有一名福州人郑立之,从番禺乘船越海回乡,途中路过莆田境内浮曦湾时,曾经停船到当地的海神夫人庙里告求救护,后来与他同行人在乘坐的贼船上都受到了劫掠,独独他幸免于难。还有,在"林夫人庙"一条称,在兴化郡莆田县的境内有海口一地,原来曾经有林夫人庙,也不知道是哪一年立的,庙宇不是很广大,可是十分灵验。凡是买卖商家出海去,一定都会到庙中祈祷,求取天妃妈祖的保佑后,才敢出行。如果路上在大洋上遇到恶风,立刻跪下来求拜,神仙每次都会出现并且抚平波浪。近世学者根据《夷坚支志》的记载,对天妃妈祖的来历和身世进行了一些推测,他们说天妃妈祖信仰的起源,不是在南宋才兴起,而应当是在北宋或更早一些，最先兴起于福建莆田一带，此后才扩展到各地。到了元代，由于政府重视海运，所以百姓出海频繁，他们崇奉海神，民间也一向有信奉天妃的习俗，官、民双方都极其重视对此神的祭祀，无形中提高了天妃妈祖的地位。可是，从元代以后关于天妃妈祖的文献纷繁复杂，人们对此加以附会，便形成了多种说法。不过，这些传说并不能视为信史，天妃妈祖的来历和身世究竟如何，人们仍然在讨论和研究。

西湖繁华自南宋

杭州西湖是我国著名的景点，每年都吸引众多游人前往参观。其实杭州西湖在秦汉以前，只不过是个与江海相连的浅海湾，没有什么特别的地方。到了唐朝，白居易任杭州刺史，曾经主持治湖，修筑了白堤，将西湖分割成上湖与下湖，并使得上湖（即今西湖）环境美化，才形成了风景区。不过西湖在唐朝时并不著名。直到南宋时西湖才真正繁华起来，成为天下一大名胜景区。

绍兴八年（公元 1138 年），南宋定都临安城（今浙江杭州）后，皇亲国戚、官僚地主、富商豪贾都争相临安城内兴建庭院，一百多年间修建了散落在临安城内的大小花园不计其数，可供观赏的风景园林也多了起来。在宋朝人祝穆所写的《方舆胜览》中就记载了平湖秋月、断桥残雪、雷峰夕照、南屏晚钟、苏堤春晓、曲院风荷、花港观鱼、双峰插云、三潭印月（苏堤三塔）、柳浪闻莺等这西湖十景。在《武林旧事》卷三《西湖临幸》和宋末学者吴自牧的《梦粱录》中都不约而同地提到西湖景色别具风格，亭台楼阁建造巧夺天工，那些宫廷教坊乐部时时莺歌燕舞，西湖四时景色均不相同，但都别有一番回味在其中。宋高宗就特别喜爱西湖风景，而偏安于江南一隅的美景之中，忘记了抗金大事。当时宋人有诗提到"山外青山楼外楼，西湖歌舞几时休"。淳熙年间，孝宗皇帝经常陪着逊位的高宗皇帝游幸西湖。一次，孝宗经过西湖断桥时，看到桥旁一爿小酒店素雅清洁，于是就和太上皇帝进去小坐片刻，结果看到店内素屏书上写了当朝太学士俞国宝的一手《风入松》词：

"一春长费买花钱，日日醉湖边。玉骢惯识西泠湖，

骄嘶过，沽酒楼前。红杏香中歌舞，绿杨影里秋千。

东风十里丽人天,花压鬓云偏。画船载取春归去,

余情在,湖水湖烟。明日再携残酒,来寻陌上花钿。"

当时,孝宗看后,就特别地称赞,还为此给俞国宝升了官。当时宋人还说南宋统治者乐不思蜀,"暖风熏得游人醉,直把杭州作汴州"。其实,杭州园林的人工景致,哪里是汴州京城所比得了的呢?不过由于西湖是人工湖,所以它的疏浚工程也是十分严肃的一个问题。南宋第一任临安知府张澄刚刚上任没多久,就发布条令严禁对西湖包占种田或向西湖中倾倒粪土,栽种荞麦;还专门调配出府属厢军二百多人去疏浚池湖,可是当时沿湖人家并不听从这样的法令,仍旧在西湖中浣衣、洗马、倾倒废物,弄得西湖大堵。此后,每一任临安知府上任都要将西湖的疏浚工程当成一件大事来抓。

与西湖同时天下闻名的还有西湖旁边的灵隐寺。灵隐寺在宋朝特别受到朝廷的重视。宋真宗景德四年,赐名为灵隐景德寺。到天圣二年时,章懿太后为给仁宗皇帝祝寿,就下御旨赐给灵隐寺一万三千亩庄田。南宋年间,临安成为一国都城,位于京师的灵隐寺更加是备受关注。宋高宗绍兴五年,赐名"灵隐山崇恩显亲禅寺";孝宗本人好佛,对临安城的寺庙大加扶持,灵隐寺当然更是声名日益显赫;宁宗皇帝时,朝廷对江南的各个寺院品评地等,以前名不见经传的灵隐寺竟然列于赫赫有名的金山寺之后,名居第二。灵隐寺内殿堂有十多座,寺内僧人也很多,竟然达到将近两千人。

灵隐寺的香火日盛更与西湖遥相辉映,共同满足了偏安于东南一隅的南宋君主与大臣们那腐朽而懦弱的灵魂的需求,他们安生于这样的一种湖光水影中,他们又平静于这样的一种烟雾缭绕间。最终,这样的美景与香火都在继续,而这样一个朝代却湮灭了。南宋统治者的苛要现状,日思享乐才构造了杭州西湖华美、清丽的风景,也使得杭州从此成为闻名全国的风景名胜地。

遗臭万年的说法

遗臭万年的说法说的是南宋的大奸臣秦桧,他生活在北宋已经灭亡,金人横行中原,南宋偏安江南的特殊历史时期。

秦桧自幼颖悟,才华过人,并且人很机敏,能屈能伸,在乡塾中常为一些富

家子弟所驱使。每当同窗学友郊游或聚饮时,秦桧总是被指派去凑集钱款、采买蔬菜酒食,由此得到"秦长脚"的谑号。对于同学们那些不无嘲弄的打趣,秦桧总是默默忍受。只有一次酒酣耳热之际,听到有人呼唤"秦长脚",他才生气地说:"尺蠖之曲,以求伸也!"也就是说尺蠖之所以曲,是为了能伸长的原因,人们这才知道原来秦桧藏而不露,城府很深。

在秦桧步入仕途后不久,汴京城就被金人攻破,徽钦二帝被掠到五国城,北宋灭亡。当时任宰相的奸臣张邦昌趁机投降了金朝,还顺应金人的要求,提出要文武大臣们立自己为皇帝。张邦昌这个大奸臣,已经臭名远扬了,天下豪杰怎么会同意让他做皇帝呢,一定会群起攻之的。可是当时朝中的大臣畏惧张邦昌的权势,谁都不敢说什么。这时,年轻气盛的秦桧却站出来反对说:"宋朝的天下本姓赵,而不是姓张,应当从姓赵的人中选一个合适的人当皇帝。"在文武百官们没人敢说一句话的情况下,原本名不见经传的秦桧却在朝堂上公开反对当时最有权势的人,这件事让秦桧变成了人们心中的民族英雄,更是让宋高宗赵构感激涕零,秦桧凭借一句话便捞足了政治资本。

当时,张邦昌气得面如紫茄子,一句话也说不出来。后来张邦昌在金人的大力支持下,最终还是登上了皇位。为报复秦桧,张邦昌勾结金人将秦桧一家老小都押到北方陪二帝坐井观天去了。

1127年5月,金人的傀儡皇帝张邦昌果然像秦桧预料的那样无法再继续当皇帝了,只好灰溜溜地退位了。徽宗的第九个儿康王赵构在南京(河南商丘市)即位,这就是南宋的开国皇帝宋高宗。金人为了消灭南宋政权,几次派大兵南犯中原,但都受到了南宋军民的顽强抵抗,在对金的战争中,南宋反倒越来越强大。金朝看到使用武力一时难以奏效,于是就改变了策略,用议和为幌子,引诱朝中的主和派,使南宋政权从内部分化瓦解。

再说秦桧到了金国,施展了两面派的做法,他在徽钦二帝和被俘的文武官员面前,竭力表现自己是大无畏的英雄。可在金人面前,却极尽阿谀奉承之能事,最后受到金太宗之弟完颜昌的宠信,成为金人的走狗,开始打着忠臣的旗号而死心塌地为金人卖命。1130年(建炎四年),完颜昌带领金兵又一次南下进攻南京时,就把秦桧和他的一家老小带到了南宋境内,然后下令班师。秦桧被巡逻的宋朝水军所捕获,战士们由于看到他和他的家人都穿着金人的服装,当时就准备杀死他们。秦桧吓得大叫："千万别杀我，别杀我，我是御史中丞秦桧。"士兵果真把手中的刀放下来了，原来士兵早就听说过大忠臣秦桧的故事，既然是忠臣，怎么能杀呢？于是，秦桧被带到了临安（浙江杭州），高宗赵构一听说竟然亲自步出金殿相迎。这时，秦桧面对南宋君臣，当然不能说是完颜昌送他回来，而是撒谎说在北方杀了看守自己的人，逃回来的。秦桧杀敌返宋的事故，一时轰动了朝野，上自高宗，下至老百姓都为南宋有这样一位英雄而欢欣鼓舞。

不过，当时有许多文武大臣都对秦桧心存疑问，他们十分怀疑秦桧的动机，因为秦桧和许多文武大臣同时被金人带到北方，为什么只有他一人能跑回南方？可是，如果金人故意让秦桧回来搞破坏的话，为什么让他的家小全部回来呢？人们无法解释这些事情，也没有证据说秦桧所说的是假话，所以就只好相信了秦桧的话。

秦桧获得高宗赵构信任后，第一件事就是为南宋确立了以和为主的基本国策，高宗听过秦桧侃侃之谈后，兴奋异常，说："朕以为秦爱卿是满朝文武中的对我最忠实的，朕自从见到他后常常高兴得无法入睡。有了他，朕何愁江南不宁呢？"

然后，秦桧就开始一步一步执行自己的削弱南宋政权的计划。他的手段主要有三种，首先北和金人。绍兴九年，秦桧一手导演了南宋向金称臣、割地赔款的丑剧。金人除了要求南宋每年纳贡 25 万两白银、25 万匹绢不说，还要南宋君臣向金使跪拜，连高宗本人都觉得面子上无光，无法办到。但是，办事圆滑的秦桧向金使请求，自己以宰相身份代替高宗率领满朝文武跪拜。金人也没多坚持同意了，高宗心怀感激地同意照此办理。结果，满朝文武泪流满面地受了这一奇耻大辱。其次上制高宗。他勾结高宗身边的近侍和医官监视高宗的一举一动，经常给高宗搜罗一些古玩、珍珠、美女，使高宗不理朝政。等高宗发觉自己受制于秦桧时，已经没有还手之力了，只好听之任之。第三下排异己。身为宰相的秦桧因为要坚持既定的投资国策，所以，对于抗战派的文武大臣都极尽打击迫害，著名的大将岳飞、张宪、岳云、牛臯等被害，韩世忠、张俊等被剥夺兵权，严重地削弱了南宋的抗金实力。

绍兴二十五年，秦桧病死，高宗仍然对他情有独钟，还加封他为申王，谥号忠献。可是，四方士民早已经恨透了他，所以纷纷拍手称快。在他死后，历朝历代的正义之士都到他的坟墓上去便溺，他的墓也被形象地称为遗臭，有诗为证：太师坟上土，遗臭遍天涯。遗臭万年的说法由此而来。千古罪人秦桧就这样永远被钉在历史的耻辱柱上！

"拐子马"究竟指什么

在岳飞的孙子岳珂所编写的《鄂王行实编年》中曾经详细记载了岳飞大破拐子马的事情：金朝的大将兀术训练了一支强劲的部队，这支部队作战十分奇特，都穿着厚重的铁甲，以三个士兵作为一联，三人中间用韦索（皮绳）贯穿，人们都把这种作战方法叫拐子马，又称做铁浮图。他们排排连起来，像一堵墙般前进，所以宋朝官军一时对这种打法手足无措，不能抵挡。直到在绍兴十年（公元1140年），岳飞在郾城战役中，命令步兵持长斧冲入金阵，专门斫伤金军的马足，从而使拐子马丧失了进攻的威力，岳飞和岳家军创造了大破"拐子马"的奇功。从岳珂的记载看来，"拐子马"其实就可以解释为"穿着铁甲的连环骑兵"，也就是连环马。

清朝以前，无论官修还是私修的史书以及野史通俗小说，对于"拐子马"的解释都是沿用"穿着铁甲的连环骑兵"这种说法，"拐子马"也就成了妇孺皆知的一种作战形式。可是到了清代乾隆皇帝时，他组织文人以自己的名义编纂《御批通鉴辑览》时，才发现对"连环马"的这种解释十分不合情理，于是就写了以下的一段"御批"，指出："北方人在使用马匹时，特别对马匹的控纵便捷十分看重。如果是三匹马紧相联络，三匹马的能力或许有所参差，跑起来势必会前后受制；另外，三个骑兵相连，有人勇敢，有人胆怯，如果三人相连，怎么能保证勇者不为怯者所累呢？这个道理十分明显。以兀术那样一个战阵娴能的将领，怎么肯这样来自相羁绊来受制于人呢？可能宋人在作战时，总是看到金兵列队齐进，所向披靡，其势不可挡，所以才浮想联翩妄加'连环马'的名称的。"清朝乾隆皇帝对"连环马"旧说的批驳，可以说是很切中要害的，也非常具有说服力。只是对"拐子马"究竟指什么，人们仍旧不是很明确。

我国现代著名的宋史专家邓广铭在他所写的《有关"拐子马"的诸问题的

考释》一文中,曾经对"拐子马"究竟指什么这个问题做了详尽的考证。他指出:"拐子马"的称呼,首先不是出自金人之口,也不是南宋军队的说法,而是由当时全国部队中"河北签军"说出来的。所谓的"河北签军",是指从河北地区的汉族民户中被金人强征入伍的年轻士兵。因此邓广铭教授推断,"拐子马"一词应该是汉族语言而不是女真语言。接着他分析史籍得知,在北宋人的习惯用语中,常出现"拐子"一词,在后来保留下来的北宋人的私人笔记中,不仅发现有"拐子马",还有"拐子城""两拐子"等词。他们所说的"拐子城",就是指城门外的两道对立的垣壁,是用来拱卫城门的;所谓"两拐子",是指城门的左右两翼。因此,邓广铭教授推断:"东西拐子马",实际上就是设置在正面大阵两侧的左右翼骑兵。他还推测说,在北宋灭亡后,"东西拐子马"这一北宋人的语词,仅仅保存在中原与华北地区居民的口语中,至于南渡的军民则不使用,这证明这种说法没有被带往南方去。所以南宋中后期的南宋军民是不知道"拐子马"是什么玩意的,这时他们听到北方人说"拐子马",于是望文生义地杜撰出了岳珂所说的那种解释。

至于在《鄂王行实编年》中,岳飞首破"拐子马"的说法,人们认为是出自岳珂自己的杜撰。岳珂认为,从金人起兵以来,拐子马的战术战无不胜,攻无不克,直到岳飞才解破了这种战术的弱点,大破金兵阵营,从郾城之战后,"拐子马由是遂废"。但是有学者考证出这种说法并不严谨。据史料记载,在郾城之战之前的大仪镇之战和顺昌城战役,宋军都采用了斫"拐子马"马足的战术,可是这两次战役岳飞并没有参加。而在郾城之战二十多年后,在史籍中仍然记载有金兵使用"拐子马",即设置在正面大阵两侧的左右翼骑兵。所以说,破"拐子马"并不是岳飞的创举,这种说法只是岳珂为他的祖先增加的光荣。

关于"拐子马"的争辩,人们大都认为已经得到了解释,但是这究竟是否是历史上"拐子马"的真实含义,却很难说清楚。

八字军是怎样建立起来的

南宋朝廷建立起来以后,金军加紧向江淮地区进攻,意图将南宋小朝廷扼杀在摇篮之中,金太宗还下令金兵务必要活捉赵构。

虽然金兵此次进攻声势浩大，可是，宋高宗却好像吃定了求和乞降的念头，只是与奸臣们整日寻欢作乐，也不准备练兵反击，更谈不上有收复失地了。

在这样危急的时刻，宋朝的臣子们一个个相继都投降了金国，与宋朝为敌，为金国卖命。公元1130年，南宋的济南知府刘豫就投降了金朝，他甚至请求金朝让他当皇帝，建立傀儡政权，极力表示要死心塌地为金国办事。金国一听，喜从心来，马上答应了刘豫的请求，让他在济南大名府即位做皇帝，国号大齐。南宋百姓得知刘豫投降大金国，还做了傀儡政权的皇帝，人人都气愤不已，都骂他是没有气节的卖国贼。

宋朝的君王欢歌作乐，宋朝的臣子卖国求荣。就在这种国将破，家将亡的时刻，黄河南北的百姓自发地组织起来，建立了一支支义军，在全国各地勇敢地抗击金军的进攻，使金军的进攻受到了极大的阻力。这些抗击金兵的义军主要是由当时社会底层劳动人民所组成，当时在中国北方是全民皆兵，像农民、逃兵、小商人、小工匠，甚至和尚和道士都参加了抗金战争。并且这些百姓的抗战受到了抗击金军的著名将领李纲和宗泽的支持。李纲与宗泽积极联系各路起义军，发给起义军钱粮、武器，还把起义军编为正规军队，这使抗金义军的战斗力大大提高，也有效地阻击了金兵的南下。

王彦的八字军就是在这样的历史背景下建立的。王彦既聪明，又会打仗，曾经做过宋朝都统制一类的官，参加过北宋末年的抗辽战争，后来又参加了徽、钦二帝时候的政府官兵的抗金战争，并且他在抗金战争中还立了战功。可是不久，金兵占领了汴京城，掠走了徽钦二宗，北宋灭亡，金兵还抢占了宋朝北方的许多领土，王彦的家乡太行山一带也在被占领之列。金兵在新占领的土地上烧杀抢掠，无恶不作，太行山的百姓就自发组织起来反抗金兵的侵略，王彦因为作战富于计谋与勇力，所以被推举为八字军的首领。

王彦十分爱护部下，能与士兵同甘共苦，受到了士兵们的尊敬和爱戴，他们死心塌地地与王彦一起攻打金兵，阻挡金兵来犯。八字军在王彦领导下，纪律很严明，作战也都非常地勇猛。八字军士兵的脸上都刺有八个字："赤心报国、誓杀金贼"。这八字是用针一下下刺上去的，刺的时候疼痛难忍，还要涂一种墨防止掉落，表示八字军要与金兵对抗到底。金军十分痛恨八字军，更加痛恨八字军的首领王彦。一次，金军统帅把他的部下召集在一起，让他们去攻打王彦的八字军,这些金军部将平日里攻城掠地,战攻赫赫,可是一听王彦的大名,全都跪在地上磕头求饶起来,一边磕头,一边还说:"王都统的营地实在是坚硬似铁,我们只是平常武将,实在没有办法攻破它,您就放了我们吧!"金军的将领一看部将全部都这么说,又从平日里王彦所率八字军的作战来看,也觉得攻打王彦营地的计划不太可行。可是,八字军已构成了金兵在北方的威胁,如果不狠狠手打击一下八字军,唯恐节外生枝,金军灭亡北宋的成果会前功尽弃。于是金军的首领派出了另外一支精锐骑兵,要求这支骑兵切断八字军运输粮食的通道。金兵出兵的消息立刻就传到了王彦耳中,他稍加分析,便带领起义军去拦截出动的金军,又把这些金兵杀了个片甲不留,临走时还抢了金兵大量的武器与马匹。金军偷鸡不成反蚀米,白白损失了一支骑兵,受到宋朝百姓的耻笑。

当时,宋朝的抗战派大臣宗泽仍在汴京留守,他一听说王彦又打了胜仗,就马上派人邀请王彦到汴京来共商攻打金军计策,还请他亲自到汴京指挥战斗。宗泽十分欣赏王彦的才华,于是写了一份奏书,向宋高宗汇报王彦率领八字军攻打金兵取得胜利的事情,他还恳请宋高宗召见王彦,大力抗金。可是宋高宗并不召见王彦,也不询问八字军抗金的事情,他只是封给王彦个御营平寇统的空头衔,就匆匆派人去和金兵议和去了。王彦听人说御营的主帅曾经投降过金兵,他怎么能与这样的人为伍,他很生气,不愿就职。于是就向朝廷假装称病请辞罢官。后来,大将军张浚也很欣赏王彦的作战才华,于是让王彦做了自己军队的前军统制,王彦就带领一部队伍前往四川和陕西作战。这样,王彦所领的八字军就分在东西战场分别与金兵用战。在北方除了八字军,还有红巾军、五马山义军和梁山泊水军等抗金义军,他们勇敢地坚持与金人作战。红巾军有次偷偷去攻打金军的营地,还差点把金军的左副元帅宗翰活捉回来,金兵从此就特别害怕红巾军,他们出动几万大军前去攻打红巾军,但始终没有消灭。

金兵始终无法渡江攻打南宋,不只是南宋官兵的力量,也是像八字军这样的百姓义军极力抗争的结果。

为什么说"撼山易,撼岳家军难"

岳飞,字鹏举,河南汤阳人,他出身于农民家庭,从小与寡母相依为命。他的母亲是个识大体的人，省吃俭用将他送到教师家里读书，还让他与同乡有武艺的人学习，岳飞年少时受到了良好的教育，所以成年后成了一个有勇有谋的人。北宋末年，国家危急，岳飞参加了保家卫国的抗击金人的战争。北宋灭亡后，岳飞先跟随八字军一齐战斗，就多次在战斗中立功。岳飞曾在战斗中把金军大将拓跋耶一把抓下马来，还用自己的长枪刺杀了金军营中武功高超的黑风大王，由此岳飞声名大振，让金军极其害怕。

公元 1127 年 9 月，金将兀术率领军队南侵，在南宋土地上烧杀抢掠，无恶不作，还让宋高宗疲于逃命。作为南宋的大将，岳飞十分愤慨，径自带领军队，在广德拦住金兵，与金兵大战六回，把金兵打得大败，于是金兵吓破了胆，再也不敢轻易迎击岳飞和岳飞带领的军队，金兵暗地里都管岳飞叫"岳爷爷"。

公元 1133 年，叛徒刘豫在黄河流域建立起伪齐政权，在金人的授意下开始进攻南宋，南宋派岳飞前去讨伐那个被南宋百姓恨之入骨的卖国贼刘豫。岳飞发誓一定要给气愤的南宋百姓一个交代，他鼓励部下奋勇杀敌，不把刘豫打败，就不回江南。岳飞带领的军队士气空前高涨，纷纷争先恐后地杀向敌人，刘豫部队师出无名，士兵们个个灰心丧气，所以南宋军队很快就夺回了六郡土地，将兀术和刘豫打得毫无还手之力。

公元 1139 年，南宋与金国订立了"绍兴和议"，和议规定宋金之间，金为君宋为臣，金国把中原陕西等原属于宋朝的土地"赐"给南宋；南宋再每年送交金国 25 万两银子与 25 万匹绢布，金国将宋徽宗与郑皇后的棺材送还南宋，高宗的生母韦贤妃送还南宋。这一和议的签订让宋高宗以为从此可以高枕无忧，安享太平盛世了。

可是，公元 1140 年 5 月，金国人却违背了和议规定，金将兀术再次率领大军前来攻宋。南宋的朝野上下都很气愤金兵这种出尔反尔的小人伎俩。南宋朝廷派出了岳飞带领军队去河南和金军作战。岳飞明白这一仗的重要性，如果打输了，金军不仅会继续向南进攻，南宋也面临着亡国的危险。

岳飞十分重视这次战争，他事先做了周密的准备工作，为的就是打败金军使宋朝扬眉吐气。他将部队分为三路，他首先派一位名叫梁兴的起义军首领回到太行山区，领导起义军和向北进攻的宋军一起攻打金军。接着又派了大将牛皋、杨再兴带领一支军队向北进攻，准备夺回河南的土地。岳飞自己和他的儿子岳云则带领不多的宋军守卫在河南的郾城,准备和金军的主力决一胜负。

因为精良的部队都被岳飞派出到各地收复失地,岳飞身边只有很少的一些军队。可是兀术的金军看起来却十分厉害。这次兀术带领十多万大军前来,一定要和岳飞见个高低。这十余万大军里,有一万多名的"拐子马"和三千多名"铁浮图"。"拐子马"的意思就是打仗的时候,从两边包围的骑兵,这些骑兵都非常英勇善战。"铁浮图"的意思就是铁塔兵,这些士兵经过特别的挑选和训练,个个身材高大,力气也很大,武艺高超,箭法精准,头上戴了铁盔,身上还穿着两层铁甲,真是刀砍不进,枪刺不透,就像铁塔一般坚硬,所以人们就把这样的士兵阵列起名"铁浮图"。这"铁浮图"和"拐子马"可以说是兀术率领的"常胜军",攻击力特别强,打了不计其数的胜仗。这次,兀术就要用他们来打败岳飞的岳家军。

岳飞的军队看到兀术的人马气势汹汹的样子,有点害怕。这时岳飞叫他们不用害怕。针对兀术的战阵,岳飞采取了灵活的战术。他首先吩咐一部分士兵们打仗时不要再骑马,都要步战,还把军斧绑在长杆上,专砍敌人的马腿,让敌人都从马上摔下来。他又吩咐另一部分士兵都带上一把带有一个钩子和一个弯镰钩的镰枪。打仗时等敌人从马上掉下来了,他们负责砍掉敌人的脑袋,镰枪的作用是先用钩子把敌人的铁盔钩下来,再用弯镰割掉他的脑袋。决战的那一天,南宋军队就用这个办法把金军的"铁浮图"和"拐子马"打了个人仰马翻。岳飞挥动八十多斤的大锤把兀术打得一下子就跑开了。大将杨再兴打仗特别勇猛,他一个人杀了几百个金兵,即使是身上负了十几处伤,还一直坚持杀敌,并且越战越勇。这一战把兀术的"铁浮图"和"拐子马"杀得血流成河,尸积如山。

兀术十分恼火,但是他不甘心就这样灰溜溜地回去。于是他一直在寻找机会伺机报仇。没有多久,岳飞又出营到郾城北面察看地形,金军突然出现,包围住了他。岳飞马上就要提枪出战,岳飞身边的卫兵唯恐主帅有事,都不让他上阵。岳飞却不顾士兵们的反对,就提了枪出去杀金兵,并且比平日里更为勇猛,士兵特别受感动,一个个都奋力地保护主帅。岳飞所带的少量人马再次把金军打败了。

兀术对于自己的再次失败,还是很不甘心,他不愿意就这样败给岳飞,就又发动了十二万大军向岳家军进攻。岳飞在战前曾派杨再兴去探听敌人的情况，不料杨再兴只带了三百名骑兵，却碰到了金军的数十万人的大队人马。兀术叫杨再兴投降，杨再兴严词拒绝，冲入了金兵当中，杀死了金军很多人。兀术就下令金兵把杨再兴射死了，准备继续前进进攻岳飞。后来，张宪和岳云带领大军赶到，把金军打败了，金军只好往回逃走。岳飞听到杨再兴战死的消息十分悲痛，发誓要为他报仇。接着他又率领军队赶到朱仙镇，在那里又把金军杀得大败，兀术手下的人都很害怕岳飞，纷纷逃走了，不敢再为兀术卖命。

岳飞带领着岳家军把金军打得就像丧家之犬，金军的将士只要听到岳家军来了，就吓得掉头往回跑，他们都说"撼山易，撼岳家军难啊。"

为何称金钱巷为"小御街"

宋徽宗时期，京师人将汴京城内的金钱巷称为"小御街"，那里是妓院聚集的地方，怎么会和皇家有瓜葛呢？这都是因为那里有一个名噪天下的妓女李师师。

传说李师师不仅美貌超人、艺压群芳，而且侠骨柔肠，结交了不少的风流才子、达官贵人，风月场上人称"飞将军"，像词人周邦彦、晁冲之等都拜倒在她的罗裙之下。著名词人秦观还专有《赠汴城李师师》的诗作：

远山眉黛长，细柳腰肢袅；

妆罢立春风，一笑千金少。

归去凤城时，说与青楼道；

看遍洛阳花，不似师师好。

当时汴京城传遍了李师师的名字，徽宗皇帝很想去会一会这个名冠京师的李师师。可是，皇帝嫖妓这可是祖宗家法中所不允许的，万一走漏风声，一定会闹得全天下风言风语，徽宗皇帝的颜面何存？不过徽宗皇帝原本就是个风流公子出身，宫中那些妃子，他早就感到索然寡味了，他才不管什么颜面，什么家法，就给手下人透了信。那些奸臣如童贯、王黼等人猜透了皇帝的心思，就开导徽宗皇帝说："陛下您可以稍稍化装一下，遮掩了行人耳目就可以了。并且他们设法不让李师师接待外人，这样就不会走漏风声了。"徽宗皇帝十分高兴，于是在一个黄昏的傍晚，打扮成一个生意人模样，乘着一顶轻便的小轿子，童贯等人装作随从，神不知鬼不觉地就进了金钱巷。到了李师师的门楼前面，只见往日车马云集的李师师住所，今天显得格外清静，原来宰相王黼一伙人早就把一切打点得顺顺利利，他特意关照李师师不要接待外人，说是晚上一个朋友要来一睹芳颜。宰相的话谁敢不听，于是李师师只能静静地恭候宰相的那位"朋友"。不一会儿，徽宗皇帝就来到了李师师房内，与李师师客套一番，自称姓赵在外地做生意，这次来京因为久慕师师的芳名所以前来讨扰，李师师也向皇帝道了万福，然后请他们在正厅入座，这时徽宗皇帝和李师师各自打量着对方。李师师果真名不虚传，风韵袅娜多姿，又丝毫不矫揉造作，实在是"出淤泥而不染"，言语不俗气。李师师也觉得面前之人跟一般嫖客相比，有一种说不出的气质。双方说了些不关痛痒的话后，李师师就照例开宴席款待客人，酒过数巡后，李师师拨弄丝弦，演唱几支小曲，声声柔美之中带着哀婉，更使人生出无限爱怜，徽宗听着又连饮数杯，飘飘欲仙。

到夜阑人静，皇帝并无要走的意思，王黼放心了，他把李师师悄悄叫到身旁低声说："我这位朋友可是位稀客，你要好好招待，日后会有你好处的。"临走时冲她诡异地一笑，就与其他人告辞离去，顺便还在李师师的院子外边布置了一些便衣的禁卫人员。李师师也是聪明的人，她从王宰相的口气与神情中马上就猜出来人是谁，不过不敢肯定。于是这一夜李师师便与皇帝双双入账同床共枕，自然如鱼得水，只可惜春宵苦短，不知不觉天色已亮，徽宗这才想起要赶回去上早朝，连忙起床穿衣，临走想起身无分文，于是解下随身用的丝帕递给李师师说："你拿丝帕到童贯那里领取赏钱。"李师师连忙下跪笑着说："臣妾谢主隆恩。"徽宗发现自己说露了馅，也笑了起来："不必多礼，过两天再来看你。"这才动身回宫。

两天之后的黄昏，徽宗果真再次来到金钱巷李师师处，这一次还有一段诗词典故。原来李师师与周邦彦十分投缘，周邦彦每隔一两天就来相会李师师，这天周邦彦刚刚在李师师的屋里坐定，就透过竹帘看到了走进院子的皇帝，他不禁全身发抖："在这种场合碰见皇帝，我还能活命吗？"可是眼看这皇帝就要进来了，周邦彦来不及问情况，马上趴进了床底下。皇帝从外面掀帘而入，也不知房中还有他人。李师师正要下跪，皇帝却说："你我二人之间，不要有这么多礼数。"说罢,还拿出一颗鲜美的橙子要李师师吃,说是用快马专门从江南刚送来的,两人在床上缠绵温存,周邦彦在床下又想笑又觉得有些吃醋。他在床下窝着不敢动,直到皇帝走后周邦彦才从床下钻了出来,他向李师师追问了事情的原委,写了《少年游》一词来讽刺皇上:

并刀如剪,吴盐胜雪,纤手破新橙。锦帐初温,兽烟不断,相对坐调笙。低声问向谁家宿?严城上已三更,刀滑霜浓,不如休去,直是少人行。

周邦彦是当时有名的文人,他填的新词,酒楼妓馆的歌儿舞女往往争相演唱,所以周邦彦的这首《少年游》很快就唱开了。后来渐渐传到了皇帝的耳朵里,他越想越觉得是在说自己,不禁龙颜大怒,把蔡京叫来说:"快把周邦彦给我办案!"蔡京也弄不明白出了什么事,他派人查了吏部的档案,才知道周邦彦在开封府下面的一个县当酒税官,于是马上找来开封知府,要他调查一下周邦彦的政绩,开封府报告呈上说周邦彦勤于职守政绩显著。蔡京也没招了,就要这个人想点办法,将周邦彦贬官治罪。开封府实在为难,问蔡京怎么回事。蔡京急了只好说:"你别再问了,我不明白,是皇帝一定要治他的罪。"开封府只好找了罪名,将周邦彦发配边疆,并勒令立即出城。周邦彦知道是那首《少年游》惹下的大祸,于是赶来向李师师告别,自然千言万语难诉一腔离愁。当天,徽宗再次临幸李师师,李师师乘机向皇帝求情并劝说皇帝饶恕周邦彦,皇帝为了讨好李师师,这才让周邦彦官复原职。

时间久了,皇帝对李师师越发喜欢,而李师师又不入宫,所以皇帝只好三天两头往这里跑,没过多长时间,皇帝嫖妓的事就成了市民们街谈巷议的谈资了,金钱巷也被人戏称为"小御街"。

《清明上河图》的遭遇

《清明上河图》是北宋著名画家张择端的不朽之作。《清明上河图》以其宏伟壮阔的画面,真实地描绘了北宋宣和年间,汴河及其两岸的风貌。长卷分为三部分:第一部分画晨曦初露,郊外河边道上一支负重驴队,缓缓走来,行过在城道上。寂静村头,略呈寒意,房屋稀落,嫩柳初放,渐见抬轿,骑马行列来到都城边沿。第二部分描写汴河之上交通穿梭往来的繁荣景象。当时汴河乃是全

国交通枢纽，各地形形色色的船只来往栖息于其上，而于汴河之中，有一巨大的

《清明上河图》（局部）

拱桥连接着两岸的陆上交通，其桥无墩无柱，以木质结构对跨两岸；坚固优美，犹如彩虹飞渡，故称"虹桥"。虹桥上下车过船经，经过重要的交通要道。人们前呼后拥，熙熙攘攘，桥上车水马龙，各种姿态神情被描绘得惟妙惟肖，精彩至极。这是一个紧张忙碌的画面，是画卷的高潮部分。最后一部分是描绘市区街景的。进入城门，街道纵横交错，歌楼酒肆，茶坊店铺，脚店门诊，干、农、工、商、僧、道、医、车、船工、妇孺，无所不至，各行各业，应有尽有。街上行人，稠密繁拥，摩肩接踵，来往不绝，一直延至"赵太丞家"，方才结束。全卷所绘人物五百多个，牲畜五十多只，各种车船二十多艘，房屋众多，结构严密，有条不紊。技法娴熟，用笔细致，线条遒劲，凝重老辣，反映了高度精纯的绘画功力和出色的艺术成就。同时，因为图中所绘为当时社会实景，为后世了解、研究宋朝城市社会生活提供了重要的历史资料。

《清明上河图》问世以后，受到了历代鉴赏家的珍视，成为宫廷皇室、达官贵人、收藏家甚至阴谋家追猎的对象，人们都为能得到其真品而感到荣耀。

最早收藏这幅名画的是北宋徽宗皇帝赵佶。赵佶对绘画、书法都很有研究，也深知《清明上河图》的艺术价值，因此，对《清明上河图》格外珍爱，专门用他所特有的瘦金体为此画题写了"清明上河图"五字，并盖上了他的双龙小印。

金人攻陷汴京之后，徽宗皇帝被金人掳往北国，此画也就流落到民间，在许多人手中辗转流传。

元朝建立之后，《清明上河图》再次被收进皇宫，藏入皇家藏珍阁中，后被赵宗室后人、翰林院学士、著名书法家赵孟頫从藏珍阁中秘密抽出，潜送老家湖州，之后以假充真，用摹本替代藏于藏珍阁。

二百多年后，《清明上河图》真迹又从赵氏家族手中流落到苏州。

明朝嘉靖年间,宰相严嵩得知此图收藏在员外郎王振斋手中,便派蓟门总督王忬去找王振斋购买此画。王振斋惧怕严嵩的权势,又舍不得交出这幅画,于是便找名家临摹了一幅送给了严嵩。严嵩不知道这是一幅假画,公开炫耀,被一位曾经装裱过此画的装裱师看破。装裱师遂告诉了严嵩。严嵩得知受骗,怒不可遏,随即以"欺相"之罪抓捕了王振斋。王振斋受刑不住,招出真迹藏在他的舅舅陆治手中,严嵩又利用权势,从陆治手里获得了真迹,可怜的王振斋则最后死在狱中。严嵩以权势掠取真迹的内幕王忬是最清楚的。嘉靖三十八年,王忬于雁门战败,严嵩乘机以"治军失机"的罪名将他杀掉,达到了灭口的目的。为了一幅图,两人被杀,明末清初戏剧家李玉根据这一史实,编写了《一捧雪》传奇并被搬上了戏剧舞台。

后来严嵩逐渐失宠势倒,其子被处斩,府邸被封,财产被查抄,《清明上河图》第三次被收入皇宫。

明隆庆年间,因皇宫失火,《清明上河图》被成国公朱希忠得到,后辗转易主,以后又被一内臣窃得,藏于御沟石缝之内。画藏御沟之时,恰逢天降暴雨,沟内水涨,淹及石缝,待到雨停水退,画已被浸泡得不成样子,这幅名画就这样受损失传了。

不过这时在民间还流传有另一幅张择端的《清明上河图》真迹。那是北宋灭亡,张择端南渡以后,因思念故园,又重新绘制的一幅《清明上河图》。到了清朝乾隆年间,这幅《清明上河图》真迹被湖广总督毕沅买到。后毕沅因获罪被处死,家产被抄没入宫,这幅《清明上河图》被收入皇宫。

辛亥革命后,清朝最后一位皇帝溥仪被逐出紫禁城,溥仪离开皇宫时盗出的大批文物珍宝中就有《清明上河图》真迹。

溥仪在伪满洲国当了"执政"之后,又将此画带到长春,存在伪皇宫东院图书楼中。1945年日本投降后,此画流落民间。1946年长春解放,解放军的一位干部通过地方干部收集到了这幅《清明上河图》真迹。现这幅张择端南渡后重新绘制的真迹收藏在北京故宫博物院。

由于《清明上河图》是一幅传世名画,历代名画家竞相临摹,出现了不少摹本,其中不乏临摹水平较高的,赝品达到了乱真的程度,很难辨别其真伪。

关于《清明上河图》的真伪,自明清以来就有传闻。清代的两本小册子《识小录》和《消夏闲记》，都提到一位叫汤勤的裱褙匠识破《清明上河图》赝品的故事。《识小录》写汤勤装裱一幅《清明上河图》时，发现图中有四个人在掷骰子，其中两颗骰子是六点，还有一颗在旋转，这个掷骰子的人张着嘴叫"六"状，希望也出现一个六点。汤勤认为，开封人呼"六"字是用撮口音，而画中人都是张着嘴叫"六"字，这是福建人的口音形状，他由此怀疑这图是伪作。《消夏闲记》中记载，汤勤在装裱该画时，发现画中有只小麻雀的两只小脚爪是踏在两片瓦角上的，他认为原作者绝不会出现这种现象，这肯定是临摹者的败笔。但汤勤这个人，名不见经传，所以也有人怀疑这些说法是否真有道路。

其实，真伪与否只是收藏者一种慰藉，无论是真品，还是赝品，后人都能从中领略到当时汴梁京都的繁荣和整个宋朝时期社会的繁荣景象。

《清明上河图》描绘的季节

北宋著名画家张择端创作的《清明上河图》是我国古代风俗画的杰出代表，是我国古代艺术遗产中的伟大作品之一。它问世以来就受到了上至皇帝、下至文人学士的称赞和珍藏。就是这样一幅名画，人们却搞不明白它上面的景色究竟是春天的景色还是秋天的景色，名虽题为"清明"，但细看画面，却又觉得其中场景似乎不是春天，这怎么解释呢？

这幅描绘北宋都城的珍贵绘画《清明上河图》现在收藏于北京故宫博物院。在5米长的大画卷上，栩栩如生地描绘了都城汴京的热闹情景。当时汴京城的人口约100万，商业极为繁荣，街上商店林立，可以看到有许多买卖东西的行人。在这幅画中描绘了各种职业的大约七百个人物形象。全方位地表现了当时汴京城的繁华景象。

可是这幅《清明上河图》原画上却没有画家署名，后人相传是张择端所做，也只是由于后来金人张著在卷后写了题跋："翰林张择端，字正道，东武人也。幼读书，游学京师，后习绘事。本工界画，尤嗜于舟车、市桥、郭经，别成家数也。"张著的跋文中还引《向氏评论图画记》说，张择端有《清明上河图》及《西湖争标图》，因此，《清明上河图》的名称开始确定下来。并且自此画问世以来，从金代以来，至20世纪80年代，人们对画中描绘的是清明时节，从未有异议。元代杨准曾说明此画卷题签的是宋徽宗赵佶,并盖有小印。明朝李日华在其《味水轩日记》中记载,此画卷不但有宋徽宗的瘦金体题签、双龙小印,并且有他的题诗,其中有"如在上河春"之句。明人李东阳也在一首跋诗中写道:"宋家汴都全盛时,万方玉帛梯航随。倾城仕女携儿童,清明上河俗所尚。"这些都说明后人认为《清明上河图》所描绘的清明时节的景色是毋庸置疑的。近代艺术史家郑振铎、徐邦达、张安治等学者,也是这样认为的。郑振铎先生说:"时节是清明的时候,也就是春天三月三日,许多树木还是秃枝光杈,并未长叶,天气还有点凉意,可是严冬已经过去了。"不但认为是清明时节,而且把"三月三日"这个具体的日子也肯定下来。张治安先生在其《中国古代美术介绍丛书·清明上河图》一书中,肯定此画是描绘"在清明节这一天城郊人民种种活动",因为画面上描绘了"一些清明的风俗,如上坟、探亲、轿上插柳枝、大店铺装饰了'彩楼欢门'等"。

但是 1981 年《美术》第二期所载孔易宪先生《清明上河图的"清明"质疑》,第一个对画中描写清明节提出异议。孔氏除对上述跋文及《味水斩日记》提出了自己的看法之外,并特别就画面中所描绘的内容提出了八点质疑,下面做出简介:一、画卷的开始,画有一队小驴驮着木炭从小路而来。"这是画家首先告诉读者,这是秋天,冬日不久来临,这些木炭是东京准备过冬御寒用的。"秋季营运冬季货物比较合理,商人早在春天营运冬季货物,在时间上来说太早了,不符合经济规律。二、画面有一农家短篱内长满了像茄子一类的作物,赵太丞家门口垂柳枝叶茂盛,还有画面上出现了光着上身的儿童,这些都不可能是清明时节的事物。三、画面中有乘轿、骑马者带着仆从的行列,好像是上坟后回城。但孔文分析了拿着扇子、光着膀子等人物形象之后认为,"这群人虽然有上坟扫墓的可能,倒不如说它是秋猎而归更恰当。因为,上坟四季皆有可能,就插花而言,春秋二季都能解释得通。从画面种种现象来看,说是秋季更符合实际些。四、画上有好几个持扇子的人物形象,除个别上层人物有可能用扇子表示风雅外,一般群众持扇应该说是夏、秋季节用于驱暑、驱蚊。如果这画卷画的是清明时节,感觉不大对头。五、草帽、竹笠在画面上多处出现。孔易宪认为"草帽、竹笠是御暑、御雨的东西,图中既不下雨,这肯定是御阳用的,根据当时东京的气候,清明节似无此必要,这是值得我们怀疑的。"六、画面上有一处招牌上写着

"口暑饮子"这样的小菜摊。孔先生认为"如果'口暑饮子'中的'暑'字不错的话,这足以说明它的季节。"七、在虹桥的南岸、北岸桥上有几处摊子上放着好的瓜块。孔先生认为可能是西瓜。八、画面上临河的一家酒店,在条子旗上写着"新酒"二字,这是画家明确地告诉读者,画的是中秋节前后。孔先生查证了资料,两宋间无清明卖"新酒"的记载,而《东京梦华录》却有中秋节前,诸葛亮店皆卖"新酒"的记载。至于"彩楼欢门"。根据宋代孟云老的《东京梦华录》记载,东京酒店的"彩楼欢门"系永久性的,并非清明特有的标志。另外,孔先生认为《清明上河图》中所说的"清明"二字是《东京梦华录》中所提到的汴京"清明坊"这个地名。

在孔宪易先生的文章发表以后,邹身城先生又连续发表了《"清明上河图"为什么不绘春色绘秋景?》等一些文章。认为"清明"既非时令,亦非地名。画面涉及沿河数里几处街道,并不局限于郊外一个地点。邹先生说画面所显示的是秋色而不是春光,画中人物带扇子的达十余人之多,似乎不像是北国春寒的清明,倒像带有几分"秋老虎"的余热。画中几个孩子光着上身在街头嬉戏,倘若真是清明时节,那么孩子们光着身子会冻坏的。更应注意的是在河岸巡边小贩摆摊的桌子上,陈列着切开的西瓜,这断乎不是"清明"节的物候!在打谷场上,设置有碾谷用具,象征着秋收在望。看来,人们把"清明"两字误解了。我国的词语大多一词多义,"清明"一词并非限于"清明节"一种含义。原来这里所说的"清明"不是实指清明节,而是称颂"太平盛世",加强歌功颂德的渲染,用来作为进献此画的颂词。正如《东京梦华录》所记:"太平日久,人物繁阜,垂髫之童,但习鼓舞,斑白之老,不识干戈……举目则青楼画阁,乡户珠帘。雕车竞驻于天街,宝马争于御路。全翠耀目,罗绮飘香。"画面绘的正是"八面争辏,万国咸通"的太平景象。《后汉书》有"固幸得生于清明这之世"的活,"清明"即意味着治平。所以画家就有"清明"一词,画龙点睛,表达这幅画的主题。作者又说画家选取秋色而不绘春景的原因是由于汴城八景,向来以"汴水秋风"居于首位。《东京梦华录》写得很清楚:汴河是东京主要河道,东南货物均由此入城。张择端为了反映汴京的人物繁阜,秋色迷人,特选取汴河秋景入画,实在是别具匠心的。正由于这样,所以画中店铺林立,酒店、茶馆……做客熙熙攘攘,充分反映了汴京工商经济的繁荣。与此对照,纸马店前门庭冷落,没有一个顾客光顾,丝毫看不出一点清明节上坟祭祖之类的迹象。这也透露出画家张择端立意是描绘汴河的升平景象,与清明无关。孔宪易、邹身城两位先生提出了众多理由,虽然还是不能推翻"清明节"春景说,但是他们对《清明上河图》这幅写实画中风俗的研究确实是一个突破。现在学术界已有一些学者接着做这方面的研究,相信不久真相就会大白于天下的。

白蛇的传说

我国家喻户晓的民间四大传说之一的"白蛇传",叙述的是宋代药店店员许仙与感恩图报的蛇仙白素贞那感人至深的爱情悲剧。"白蛇传"以其艺术形象的鲜明生动,传说情节的曲折优美,数百年来一直深深地打动着人们的心。可是,在白蛇传说研究中却一直存在着这样一个热门话题,那就是:"白蛇"的传说是怎么来的呢?

最早纪录白蛇传说的是明代才子冯梦龙在其编写的《警世通言》一书中所选编的《白娘子永镇雷峰塔》。明清以来,也出现了不少关于白蛇传说的戏文,如清朝乾隆三年,松江黄图秘的《雷峰塔传奇》;安徽方成培的《雷峰塔》以及《宝卷》《义妖传》等,都是以冯梦龙的"白蛇传说"为蓝本和依据的。那么,冯梦龙的依据又是什么呢?"白蛇传说"究竟是怎么形成的呢?

大部分白蛇传说的研究学者认为,我国自古代就存在着的蛇妖故事以及崇拜龙蛇的民俗,是"白蛇传说"起源的基础。根据《清平山堂活本》所收集的《西湖三塔记》中说,南宋孝宗年间,临安府(今浙江杭州)的青年奚宣赞在一年清明节游览西湖时,救了一位名叫白卯奴的迷路女孩。女孩白卯奴的母亲白衣妇为了酬谢奚宣赞,就为此举办了一桌宴席,席间拿了人心为他下酒,同时还与奚宣赞同住达半月之久。可是,时日不长,白衣妇就厌恶了奚宣赞,想要杀掉他取其心肝出来。女孩白卯奴念在奚宣赞的救命之恩上,把他救走了。奚宣赞侥幸逃回家里,将这件事的原委告知了他的祖父奚真人。奚真人用道法将白衣妇等三人变回原人形。原来,白衣妇是一条白蛇,那女孩白卯奴为鸡妖,和白衣妇母女同住的黑衣祖母,则是水獭妖。奚真人化缘,将三个妖怪镇压在西湖三石塔下。后代学者罗永麟指出,"白蛇传说"就是根据这则蛇妖传说改编过来的。

而学者戴不凡则写有《试论白蛇传故事》一文,他在这篇文章中指出,在《净慈寺志》(杭州丁氏八千卷楼刊本)中记载有宋朝时,在雷峰塔附近的净慈寺就出现过会变女人的害人妖精的事,《白蛇传》可能源于此。

还有学者从民间传统文化民俗风尚中寻找"白蛇传说"的渊源。学者陈勤建在他所写的《白蛇形象中心结构的民俗渊源及美学意义》一文中认为,《山海经》《帝王世纪》《竹书纪年》等这些先秦及秦汉的古籍中曾经纪录过大量的人蛇合体的形象,像女娲和伏羲都是人首蛇身;在伏羲氏系统中还存在着一大批龙蛇,如长龙氏、潜龙氏、居龙氏、降龙氏、上龙氏、水龙氏、青龙氏、赤龙氏、白龙氏等等。所以,白蛇传说很可能就是源于这些远古的民俗传说。

还有学者认为,"白蛇传说"是由真人真事演化而成的。他们指出,从白蛇传说的内容来看,与现实生活是极为密切的,并且据说上海还有许姓人氏,自称是白素贞的后代,还举出家谱为例,不过他们的家谱早已毁于战火,没有原本了。

另外,也有胡士莹学者主张"白蛇传说"源于唐朝,他在著文《白蛇故事的发展——从话本〈白娘子永镇雷峰塔〉谈起》中说,唐朝出现的传奇小说《白蛇记》中就描写了唐宪宗元和二年,陕西平民在长安市东遇见一个身穿白色孝服的美丽少妇,接着就被勾引到少妇家里与她共同逍遥享乐三天,哪里知道,第四天那平民回家后竟意外卧床不起,最后身体逐渐消失,只化作了一摊血水。后来,家人前去寻找那少妇的家,原来少妇却是蛇妖所变。

还有一些学者根据国内外的蛇怪故事,说白蛇传说是"借印度流传的故事而把中国旧有的各种片断传说或掌故组织起来,联系起来,使它成为一个有系统的有生命的鲜活故事",只不过是中国旧闻与印度神话的结合体而已。

关于"白蛇传说"的由来,学者们还在继续讨论,不过这是没有一个确切解释的,也许它将成为永远的历史之谜。但"白蛇传说"永远也是我国宝贵文化遗产的一部分。

红楼女子喜嫁卖油郎

自古红颜多薄命,许多容貌出众,才识过人的优秀女子都被迫沦落风尘,成了受尽欺凌侮辱的红楼名妓。她们表面上被士人富商环绕着,吹捧着,好像过着优越的生活,实际上却也只不过是这些有钱人的掌中玩物而已。所以,每一个被迫沦落风尘的女子,最渴望的就是能够赎身从良,找个能够知己惜己的一生伴侣了。但是这种愿望却并不是每个人都能实现的,无数风尘女子在这片罪恶的欲望之海中痛不欲生地挣扎着,最终被强大的黑暗所吞噬了。不过,在无数不幸之中,也有着一些例外的情况,在这些情况中,弱女子终于遇到一个真心爱护自己的如意郎君,于是历史上就有了一段段这样的佳话。莘瑶琴就是那些不幸沦落风尘的女子中,最终得到了一个安稳宁静生活的幸运女子。

南宋年间,杭州妓院有个才艺容貌都很出众的花魁娘子,她的原名叫莘瑶琴。莘瑶琴很小的时候,就在战乱中和父母走散了,几经周折被卖进了杭州的一家妓院。当她长到十四岁时,出落的美艳异常,人人都说她的美貌能勾人魂魄。许多有钱的人都争着想做她的第一个入幕之宾,最先摘取这朵名花。但是,莘瑶琴只想做一个青倌人,卖艺不卖身,说什么也不肯接客。后来,贪财的鸨母就找了个机会把她灌醉,把她的初夜卖给了一个姓金的员外。莘瑶琴第二天醒来时知道了真相,痛不欲生,同行的其他姐妹却劝她说,既然事情已经到了这一步,再抗拒也没用了,接客;才能找到一个如意之人好尽早从良,而且也可积攒一些银两为将来赎身做准备。于是,莘瑶琴只好任命,从此不再反抗,无奈地接受了自己这种悲惨的醉生梦死的生活。因为她才艺双全,不久就被称为红楼"花魁",成了杭州城内顶尖的名妓。

这时,杭州城外有个开油店的朱十老,他收养了一个从汴京逃难来的小厮,名叫秦重。朱十老给他改名叫朱重。如今这个朱重已经长到了十七岁,成了一个勤劳朴实的小伙子,他每天都帮朱十老榨油卖油,非常能干,朱十老也很喜欢这个一直跟在自己身边的孩子。但是,朱十老有个使女兰花,却因为曾经向朱重示好被拒绝而对朱重心怀怨恨,她和伙计邢权相互勾搭,用尽方法挑拨离间,终于让朱十老将朱重赶了出去。

朱重从此只好走街串巷以卖油为生,日子过得非常辛苦。有一天,他到钱塘门外的昭庆寺去卖油,恰好寺中要做九昼夜的功德法事,来的人很多,所以他一连九天都挑油到昭庆寺来卖。到了第九天,秦重卖完了油,正坐在寺前的一块大石头上歇息,忽然看到一位美若桃李的女子从寺中走出来,他都看呆了。

后来他四处打听，才知道那个美貌女子就是杭州城有名的花魁娘子。朱重知道，凭自己的身份是没办法再见到这位绝色美女的，但是他又始终不死心，每天更加辛勤的工作，一分一钱地积攒银子，一年以后，他终于攒到了十来两银子。用这十两银子，他买了一身体面的衣服，又拿着剩余的银两来到莘瑶琴所在的妓院。但是莘瑶琴这样的名妓是相当忙的，每天都有应酬，朱重去了十几次都扑了空。后来。连最无情的鸨母都被他的痴情感动了，就让朱重在莘瑶琴房中等她。

莘瑶琴晚上回来时，又喝醉了，一进屋就和衣而卧。朱重就在她身边躺了一夜，除了为她盖被、倒茶之外，就是欣赏她的花容月貌，没有一点侵犯她的意思。第二天莘瑶琴知道了这件事，非常感动，沉浮在妓院中的她从未见过如此诚恳老实的男子。于是她芳心暗许，给了朱重二十两银子让他去做生意。

这时，朱十老染病在床，邢权与兰花深夜卷走了柜中的银钱。朱十老这时才想到朱重的好处，想找朱重回来。朱重也不计前嫌，又回到了老人的身边，用莘瑶琴给他的银子做本钱，重新做起了生意。后来，朱十老的病越来越严重，不久就死了。朱重一个人忙不过来，便招揽了一位从汴京逃难来的中年汉子和他的妻子阮氏。这位中年汉子名叫莘善，正巧就是花魁娘子莘瑶琴幼年走失的父母，但是这时朱重还不知道。

杭州城中有个吴八公子，人品恶劣，一向对莘瑶琴垂涎。有一天，他强行把莘瑶琴带至湖中船上，想要轻薄。莘瑶琴平时就很反感他，死不从命，吴八公子就脱了她的绣鞋和缠脚布，让她自己走回去，想羞辱她。要知道，那个时候女子的小脚是不能随便给人看见的。莘瑶琴倍感羞辱，痛不欲生之时，正巧碰到了路过此处的朱重，朱重就把她送了回去。莘瑶琴从此对他更是欣赏有加，就连鸨母也觉得他是个难得的忠厚之人。后来，莘瑶琴拿出了自己多年的积蓄，让秦重为她赎了身。他们两人在成婚之时，莘瑶琴又得以和失散多年的父母相认，真是双喜临门。在那些红尘女子的归宿中，莘瑶琴恐怕是很幸运的一个了。

济公和尚的原型

济公和尚是民间传说中的扶危济困、抱打不平的传奇式人物。虽然他在正史中几乎没有出现过，但是他在老百姓中影响很大。相传济公和尚平常总是一副蓬头垢面、衣衫不整的尊容，他虽然是和尚，但是从来都不守佛戒，非常喜欢酒肉，整天疯疯癫癫地游戏人间，时隐时现，非常神秘。不过由于他扬善除恶，罚一劝百，所以一直受到劳苦大众的爱戴和尊崇。在我国宋朝的许多寺庙中都供有济公的塑像。他的面部表情十分有趣。从左边看，愁眉苦脸得好像没钱买米一样；可是从右边看，却笑容可掬；从正面看，更是有趣，他的左半脸摆着哭的样子，右半脸却在大笑。现在在杭州虎跑风景区，还保留着济公殿、济祖塔等遗迹。民间也有关于济公的歌谣："济颠济颠，非凡非仙，打开荆棘林，透过金刚圈。眉毛厮结，鼻孔撩天，烧了护身符，落纸如云烟，有时结茅宴坐荒上颠，有时长安市上酒家眠。气吞九州，囊无一钱，时节到来，奄如脱蝉，涌出利市，八万四千。称叹不尽，而说偈言。呜呼，此所以为

济公和尚画像

济颠！"这段民间的歌谣充分体现了济公和尚的性格特征，因此一直传诵到今天。

歌谣中所说的"济颠"，就是济公和尚。《辞源》上有关于他的介绍说："济公，是宋代著名的僧人，在公元1129年，出生于天台县（今属浙江省），出身不详，俗姓李，名道济，整日假装发狂，不修边幅，不饰细行，饮酒食肉，游戏人间，四海为家，人们都认为他癫癫狂狂，所以人送称呼'济颠'，开始时，他在灵隐寺出家，后来因为济公实在行为怪异，又多次违背佛戒，所以灵隐寺的和尚都十分厌恶他，将他赶了出去，济公于是移到净慈寺。到公元1202年，济公和尚无病圆寂，活了七十三岁。"这样看来，历史上一定是有济公这个人。但是也有人认为，《辞源》上关于济公和尚的介绍资料是来源于明代人所写的《西湖游览志

余》，而《西湖游览志余》只是野史一类的书，并不是严肃记史的史著，所以可信度是很低的。

另外，还有大量有关济公的民间传说，像《红情难济颠》《济公大师醉菩提全传》《济颠禅师语录》《评演济公传》以及二百四十二回的《济公全传》，都把济公和尚写成一个颇具传奇色彩的人，这更使济公充满了神秘色彩，人们真的很难相信世界上真有这么个亦凡亦仙的僧人。

济公虽然是和尚，但是从南宋以来，各种各样的僧门著作中却都没有关于济公的记载。《佛记统记》是佛界比较权威的一本书，里面记载了中国历代名僧四百四十一人，可是从中却找不到济公的姓名。那么，济公是不是人们凭空捏造出来的虚构人物呢？人们经过考证，历史上是有济公这个人的，不过济公不是宋朝的和尚.而是出生在南北朝时期的宋，历宋、齐、梁三朝的高僧宝真。在《花朝生笔记》中曾经记载有高僧宝真的情况。宝真和尚，俗姓为朱，因为年少时家里贫穷，所以年龄还不满十岁，就到建康道林寺出家为僧。他本来只是平常寺僧一人，可是后来，他在十分偶然的情况下向西域来的名僧良耶舍学习了禅法，竟会法力增加，在建康城小有名气。只是到了宋明帝泰始初年，宝真却突然疯癫起来，人们都不清楚是什么原因，他每天光着脚丫子，穿着破烂的僧衣，蓬头垢面，吃住无常，好像一个乞丐一样，有时还口中念念有词，也不知道他在自言自语些什么，人们都很笑话他。到了南齐武帝建元年间，他变得更加令人不可思议，有时一天也不进一粒米，一滴水，可是神情、面色都像往常一样。人们将宝真和尚的怪异举动报告了齐武帝，齐朝君臣都感到十分神奇，后来齐武帝把他请进宫里，可是进宫时，宝真和尚竟然一变分为三人，让齐武帝十分惊讶，认为他是仙人下凡。宝真和尚运用法术现出地狱里的情况，让齐武帝看到了自己的父亲在地狱受刑的情景，于是齐武帝就下令要大幅度减轻百姓赋税，还将那些像锥刺、刀割的酷刑都消除了。到了梁朝时，精通佛学的梁武帝久闻宝真和尚的大名，他十分尊敬宝真和尚，即位后立刻将宝真和尚请进宫里，并且要宝真收他为弟子，立宝真和尚为梁朝"国师"。他特地下诏并且传谕宫人，谁都不许禁止宝真和尚的活动，也不许丝毫怠慢他，要任由他自由进出宫廷。宝真和尚一下子变得高在万人之上，无比荣耀，不过宝真和尚对于这些人世间的荣誉，一向不太注重，只想终日逍遥自在。史载在天监五年，江南大旱的时候，宝真和尚曾经代皇帝祈雨,十分灵验,祈雨当天就下起了瓢泼大雨。宝真和尚后来在宫禁后堂无病圆寂,终年九十七岁。宝真死后,人们为了纪念宝真和尚修建了有东南巨刹之称的南就灵谷寺,其中的宝公骨塔就是他的墓场。宝公骨塔上刻有《宝公菩萨十一时歌》,是书法家赵孟頫(读音同甫字)的手笔。人们猜测由于宝真和尚用吴侬软语喊出来就像济颠,后来民间百姓干脆就直呼他为"济公颠和尚"。不过由宝真变为济公,也仅是一种猜测。或许济公只是没有被载入正史罢了,但他在历史上的影响远远超过宝真,从这一点来看,也许济公和尚不是民间虚构的人物,也是真正存在的。

武当内家拳的创始人是谁

中国武术源远流长,从春秋战国时期起,经过不断地演变、发展,形成了众多的门派。其中最著名的门派有"少林外家拳"和"武当内家拳"两派。前者起源于我国佛教禅宗发源地少林寺,讲究搏人,攻击色彩很浓;后者则起源于我国道教圣地武当山,重在御敌,防守为主。

在太极拳、武当剑、玄武棍、三合刀、龙门十三松等众多武当门派中,又以内家拳最为有名。据说,武当内家拳的始祖是张三丰。可是历史上曾经出现过三个张三丰,那么,究竟哪个张三丰是武当内家拳的创始人呢?

有人说是宋代张三丰。清代著名学者黄宗羲在给曾是明末的下级军官王征南写墓志铭时提到过宋朝的张三丰,他说:少林拳勇名扬天下,然而要旨在于搏人,敌人有机可乘的为张三丰。张三丰为武当丹士,曾受(宋)徽宗召见。有一天夜里,突然梦到玄帝教授他拳法,到天明,单枪匹马杀贼百余人。从此,张三丰声名大振,三丰的拳术,百年以后在陕西流传,而其中以王宗最为著名。所以黄宗羲在这篇墓志铭中明确指出,武当内家拳起始于宋代武当丹士张三丰。为什么在王征南的墓志铭里会提到张三丰和武当内家拳呢?原来墓主王征南是武当内家拳的高手,参加过反清斗争,失败后隐居在家,他深得内家拳的真传。黄宗羲敬佩王征南人品正直,豪爽朴实,于是与他结为好友,并把儿子黄百家送到他的门下习武,成为王征南的掌门弟子。黄百家深得王征南器重,功夫大有长进,后来总结恩师所传,写成了《内家拳法》一书,成为武当派的权威著作。所以宋朝张三丰的说法有一定的可信之处。

那么张三丰是怎样创造内家拳的呢? 有人考证说,宋代的张三丰创造内家拳的过程和五代宋初的著名道士陈抟有关。陈抟,字图南,自号扶摇子,又号希夷先生。他一向在华山隐居修道,精通修养和还丹之术,著有《无极图》《指玄篇》等秘籍,所以这些考证者认为陈抟才是内家拳的创始人。只不过陈抟把内家拳传给了弟子,虽然自成一派,但是影响不大。等到宋朝张三丰时,才将内家拳普及彰显开来,所以张三丰成为内家拳的创始人,可是陈抟的名字却被人们淡忘了。

还有人说,张三丰就是内家拳的创始人,他是根据各种动物的动作习性创作出来的。在南岳国师文进所编著的《太极拳推手各势详解》中说:"那次,树上有喜鹊在院中急鸣,地上有长长的蟠蛇,喜鹊和蟠蛇相互争斗,历时长久,喜鹊从上面左右攻击蟠蛇,蟠蛇则摇着尾巴来避开喜鹊的攻击,张三丰从两个动物的斗争中悟通了以静制动,以柔克刚的道理,所以仿太极变化而命名,此太极拳定名之由来也。"之后由太极拳而结合少林拳术创造了武当内家拳术,用于防身。在《武当拳术秘诀》《内家拳法》都说"武当拳脱胎于少林""张三丰原来精通少林拳术,后来推陈出新,自创拳术,称为内家拳。"

还有人说,张三丰当年苦练武功的时候,日夜思寐,有一天竟然在梦中受到仙人指点,从此开创出了内家拳。

从以上说法看,"宋代张三丰"一说,似乎是确凿无疑。不过有人在考察《神仙鉴》的记载时,却发现黄宗羲是把南朝刘宋时期的道士张三峰,当成了北宋末年的张三丰。而这两人当然并非一人。另外如果再从其他史料细加推算的话,如果张三丰将武功亲自传给了明代淮安的王宗道(而不是王宗)的话,那张三丰也就活了三百岁,这远远不符合人体的生理规律。所以反对"宋代张三丰"一说的人指出可能是黄宗羲听信了某种传闻异辞,误以为张三丰果真是宋代人,《王征南墓志铭》有关张三丰的记载是不确切的。

还有一种说法是张三丰是明初人。据正史记载,元末明初的张三丰是辽东懿州人,名全一,道号玄玄子,号三丰。他不修边幅,所以人送绰号"张邋遢"。当年他拜终南山火龙真人为师,练成了一身绝技。不论冬夏,只穿着一衲一蓑。张三峰的饭量极大,数升斗一会儿就吃光了。读三教经书,过目成诵。日行千里,游处无痕。后人对他有描述,著有《张三丰全集》,里面说明代的张三丰确实是个能文能武的道家奇人,不过他的本名不叫张三丰,只是附会宋代游方道士张三丰的名字,精研拳术,进一步发展了武当功夫,才使武当内家拳成为著名门派的。另外,在洪武年间,明太祖朱元璋曾经派遣使臣到处寻找张三丰,不过屡访不得。到了永乐年间,明成祖朱棣也想见见这位世外高人,就派了贴身内侍带了玺印书信和银钱再次寻访张三丰,不过也是无功而返。再到后来,成祖朱棣下令重建武当宫殿庙宇,建庙工程浩大,完成后赐额"遇真宫",里面塑了张三丰像。一时间,武当山声名大振,香客云集,张三丰被供奉为神仙,名闻遐迩,武当功夫徒众多时达到万人,得到了空前的发展。从皇家的记载来看,这种说法有一定的说服力。

还有一些民间的著述里也证实了明代张三丰是武当内家拳的创始人,《武当山志》说:"明代张三丰隐居在武当山,是内家拳之祖。"在《道经源流》也说张三丰"好道善剑",门徒很多,统称之为"三丰派"。《淮安府志》说:"永乐改元……越三年,太宗文皇帝思见张三丰其人,以'景云'言对,即日遣使乘传召见。文华殿奏对,称旨给全真牒,足迹遍天下,年七十卒。"在《太和山志》中说:"明洪武年间,张三丰在此(即武当山遇真宫)结庵修炼……"

第三种说法说武当内家拳的创始人是金代张三丰。这个记载也是来源于正史,并且和张三丰是明初人同一出处,这实在是令人感到奇怪。根据《明史.张三丰传》的记载:元初,张三丰与刘秉忠是同一个老师,后来在鹿邑的太清宫学道。学道期间没有记载任何史料,所以不可考。到天顺三年,英宗赐诰,赐通微显化真人号给张三丰,然而之后就不知道他的行踪了。按照这样推算,张三丰到明初时应该有一百五十多岁了,张三丰究竟有没有活那么大的岁数,谁都说不清楚,不过人们好像一般不太认同金代张三丰的说法。

综上说法,看来明朝张三丰是武当内家拳创始人的说法获得了大多数人的赞同,不过世事已久,真实情况究竟如何已经很难说清楚了。

火箭起源轶事

火箭是一种杀伤力很强的武器,这种武器的工作原理是:利用燃料燃烧时所产生的气体的反作用力将它推向前进,从而产生强大的攻击力。关于火箭的起源,在现在的学术界中,存在着三种不同的说法:第一种说法是火箭是起源于中国的北宋时期,在北宋后逐渐传播到世界各地;第二种说法是火箭起源于印度,这种说法是英、法学者在18—19世纪所提出来的,他们认为在公元前3百年,印度就已经发明出了"火枪"或"火箭",这要远远早于世界上的其他地区;还有第三种说法是在公元1488年,宋朝人丘璿(也就是道士丘处机)在他自己的著作《大学衍义补》中所提到的,他认为火箭起源于拜占庭,而那些火药、火器则是在公元6世纪时从中亚传入中国的,英国的汉学家梅辉认同这一观点,并且他还认为中世纪的拜占庭帝国和希腊已经可以用火箭发射。

在众多关于火箭起源的说法中,学术界中占主流地位的观点是火箭起源于中国。其实火箭利用反冲力前进的原理,中国在北宋时期就掌握了。在火药发明之前,"火箭"并不是现代意义上的火箭,而是一种专用于火攻的箭,箭头附着油脂、松香、硫磺一类易燃物,将这些易燃物点燃后,再用弓弩发射出去,这种"火箭"的杀伤力要远远好于一般的弓箭。火药发明之后,箭头上附着的就不是简单的易燃物了,而是环绕箭杆绑附着的一个球形火药包。对于这种附有火药包的"火箭",人们在使用之前先点着球形火药包的包壳,然后用弓弩发射至敌阵,燃烧着的包壳很快就引燃了火药,可以小面积烧伤敌军人马。

北宋时,我国出现了一种和现代火箭的发射原理一致的火药箭。这种火药箭不再需要弓弩发射,而是利用火药燃烧喷射气体产生反作用力,将箭头射向敌方,就可以大面积杀伤敌人。北宋靖康元年,金兵南侵攻到汴京城下,尚书右丞李纲在汴梁保卫战中,就使用了这样的火箭,当时这种火药箭已经十分先进,可以能大面积杀伤金军,有效地抵挡了金军的猛烈进攻。这样的火箭,是在箭杆上绑着类似爆竹一样的火药筒,上面有引火线。将引火线点燃后,药筒里的火药燃烧,热气流立即冲出药筒,这时由于火药筒的尾部已经封口,所以气流向后喷射,热气流动产生了反作用力,推动火药筒向前运动,火箭就飞入了敌军阵营之中,立刻杀伤无数金兵,十分厉害。

到了明代,火箭的品种增加了很多,各种各样的火箭被制作出来了,火箭的装置也大大改进,使用更是十分广泛。在明代的著名军事著作《武备志》中,作者就绘制有各种样式的火箭图:有同时发射10支箭的"火弩流星箭",有同时发射 32 支箭的"一窝蜂",还同时发射 49 支箭的"四十九矢飞廉箭"和同时发射 100 支箭的"百矢弧箭""百虎齐奔箭",这些火箭比宋朝已做了很大的改进。它们把箭装在筒里,把每根箭上绑着火药线,再将每根箭上的火药线连在一根总线上,使用时只需要燃烧总线,就可以燃烧所有的火箭,等到各箭的火药筒一齐射出去,杀伤力是非常大的。

《武备志》这本书中,还记载了一种名叫"火龙出水"的两级火箭,这是尤其值得关注的。当然这种两级火箭只是两级火箭的雏形,但是"火龙出水"却是世界上最早的多级火箭。根据《武备志》的记载,"火龙出水"这种两级火箭,一般是取一段 5 尺长的竹筒,把里面打通磨光后,在竹筒的一端安装木制的龙头,在另一端则安装木制的龙尾,竹筒身就是龙身。龙头向上,龙尾向下,龙腹内装有几支火箭,将火箭的药线连在一起,再把火箭的总药线连在龙身外的火箭筒底部。使用时,点燃龙身外前部的两个火箭筒,龙身就按一定的弧线在空中飞行。当前部的两个火箭筒(第一级)燃烧完时,就产生接连效应,引起后部的两个火箭筒(第二级)继续燃烧。等到箭筒里的火药燃烧完,就引出龙腹内的火箭,飞射出去杀伤敌人,这在当时是很先进的。明代火器研制家赵士桢为保证火箭的发射质量,还研制成功了火箭发射装置——"火箭溜"。"火箭溜"是滑槽式的装置,这种滑槽式的装置有效地保证了火箭能沿着目标方向飞行,很像近代火箭导轨的样式,它成为我国古代火箭发射技术的又一重大飞跃。

火箭的发明就是这样一步步由粗糙起步,发展到现代的水平的宇航技术中能"一冲入天"的水平。假如我们现在回过头看北宋时那种火箭的雏形,就可以体会到在古代,科学技术的进步是多么的不容易。

苏东坡与佛印的交往轶事

苏东坡和佛印是好朋友,两个人都聪明机智,在一起总有说不完的乐事,讲不完的笑话。佛印做了和尚以后,仍旧经常和东坡一道游山玩水,吟诗作对。留下了许多脍炙人口的幽默轶事。

一天,东坡和佛印又出去游山玩水,不知不觉就走到一座寺院游览。走进前殿,看见两尊神态威猛的金刚神像,东坡问道:"这两尊金刚,哪一尊重要?"

苏东坡与佛印

佛印随口答道："自然是拳头较大的那一尊啊！"两人走进后殿，看到观音手持念珠，东坡又问："观音既是菩萨，为什么还要数手里的那串念珠呢？""噢，"佛印说，"这个嘛，她也像凡人一样祷告呀！""那么他向谁祷告呢？"苏东坡装作大惑不解的样子，再次问佛印，佛印呵呵一笑："他向观音菩萨祷告呀！"苏东坡紧追不舍："他自己便是观音菩萨，为什么要向自己祷告呢？"佛印忍俊不禁地笑着说："这是求人不如求己嘛！"于是，两人开怀大笑起来。

佛印虽然做了和尚，但是却不受佛门清规戒律的束缚，仍然非常洒脱，常与东坡一起无所禁忌地饮酒吃肉。一次，佛印和尚听说东坡要到寺里来，便叫人烧了一盘东坡爱吃的红烧酥骨鱼。鱼刚端来，东坡恰好走到门外。佛印听到东坡的脚步声，想跟他开个玩笑。正好旁边有一只铜磬（佛寺中钵形的乐器），于是顺手就把鱼藏进磬中。

苏东坡早就闻到鱼的香味了，满以为又有鱼肉吃了。可是进来一看饭桌上竟然没有鱼，可是香案上的铜磬却倒扣着，一下子就明白是怎么回事了。可是他却佯作不知，坐下来唉声叹气，一副闷闷不乐的样子。佛印感到奇怪。他知道东坡一向是个笑脸常开的乐天派，就是被皇上贬官也从来没有皱过眉头，可是今天这是怎么啦？所以不由得关切起来："大诗人，为何愁眉不展呀？""唉，佛印禅师，你是有所不知，早上有人出了一个上联，要我对下联。整整想了一朝，才对出四个字，所以心烦。"佛印半信半疑地问："不知是什么对联，怎么会这么难，那上联怎么写？""向阳门第春常在。""还以为是什么呢，苏东坡又在卖关子?"佛印听了,心中暗自好笑:这副对联早已老掉了牙,谁不知道啊,你苏东坡是在存心耍我啊!不过佛印想看看苏东坡的葫芦里到底卖的是什么药,于是就若无其事地往下问:"那你,对出哪四个字呀?"东坡故意一字一顿地念了出来"积—善—人—家……"佛印不假思索地大声接着说:"庆—有—余"

东坡实在忍不了了,哈哈大笑起来,说:"既然磬(谐音庆)里有鱼(谐音余),为什么不早早拿出来尝尝呢?"佛印这才知道中了东坡的圈套。两人拊掌大笑,开怀畅饮一番。

又有一回,东坡命下人用姜葱等配料,做了一盘清蒸鲈鱼。刚要举筷,突然看见窗外有个人影一闪,东坡一猜就是佛印来了。心想:这个和尚倒是十分有口福,等我来耍一耍他。于是赶紧将鱼放到碗橱上面。

佛印在窗外向屋里看,早已将这一切都看在眼里了,却只当什么也不知道。东坡不露声色地笑脸相迎,招呼佛印上坐,问道:"大师不在禅堂念经,却来这里为何?"佛印一本正经地答道:"贫僧有一个字不会写,今天特来请教。"东坡也是一时大意,没想到其中有诈,就连忙说:"不知和尚所说是哪个字呢?""就是你姓苏的苏字呀?"东坡眉头一皱,深知佛印学问渊博,绝对不至于连"苏"字也不会写,里面定有玄妙,就装作认真的回答:"啊,这苏字嘛,是上面一个草头,下面左边一角鱼,右边一束禾。"(苏字的繁体写法)。佛印却装作真的不知道一样,问东坡:"可是我记得不是要把那条鱼放在上头吗?"东坡忙说:"那可不行。"佛印哈哈大笑起来,指着碗橱上面说:"既然鱼不能放在上头,那还不赶快拿下来呀。"东坡这才恍然大悟,原来又被捉弄了一回,也跟着哈哈大笑起来。

东坡生平最喜欢吃的就是猪肉。后来他贬到黄州(今湖北省黄冈县)时,曾经戏作《食猪肉》打油诗一首:"黄州好猪肉,价钱等粪土。富者不肯食,贫者不解煮。慢着火,少着水,火候足时它自美。每日起来打一碗,饱得自家君莫管。"佛印是东坡的老友,深知东坡喜食猪肉,而且特别喜爱吃那种烧烤的猪肉。所以,东坡每次来寺,佛印都以烧肉招待。

一天,佛印一早就买了几斤上等好肉,烧得红酥酥的,还打了几瓶琼花露名酒,专门等东坡前来,两人要痛痛快快地美餐一顿。可是谁知等到东坡应邀来到时,烧好的猪肉竟然不翼而飞。有人说,是小和尚看见猪肉烧得那么好,实在嘴馋得要紧,于是便偷偷地吃掉了。也有的人说:"某位施主看见了,批评说:

'和尚吃肉,有污佛门圣洁,叫人拿走了……'"佛印很尴尬,实在有点过意不去,抱歉地对东坡说:"烧肉真的吃不成了。但这回我可没把肉藏在磬里啊!"东坡二话没说,乐呵呵地吟了一首小诗,赠给佛印。诗云:

　　远公沽酒饮陶潜,佛印烧猪待子瞻。

　　采得百花成蜜后,不知辛苦为谁忙。

中国古代逸史

明朝逸史

马昊宸⊙主编

线装书局

帝王逸事

朱元璋活剥人皮

朱元璋当了皇帝以后,时常回忆起以前受到贪官污吏的欺压残害,百姓不堪其扰,以至于激起民变,爆发了大规模的农民起义的事。于是他处处留心,就怕他的官员不好,官逼民反。因此他查办贪官污吏的手段格外严厉,甚至不惜活剥人皮以示惩戒。

朱元璋杀贪官也有一个标准,凡是贪污够 60 贯钱的,就可以定为杀头的死罪。60 贯钱在当时并不是一个太大的数目,折合成银子也就是十几两。历代的帝王很少为了这么一点钱而诛杀大臣。但是朱元璋一向主张严刑峻法,用非常残酷的手段去惩罚贪污的官员,以警戒其他的在职官员。那时,衙门左侧都建一座小土地庙,地方上发现了贪官,就在土地庙前把犯罪官员处死,再把皮剥下来,然后用干草塞入皮中,制成人型,摆放在公堂的一侧,以警告下一任的官员。有的官员在公堂上办公,身后就有好几个前任官员的干尸。这该是一种什么样的心情啊?所以当时一度没有人敢出来做官。不过朱元璋的态度也强硬的很,才不担心没有人做官,看谁顺眼了,让你做官你就得做,想不做都不行,如果躲起来,就追到你家去杀你,非逼出来做官不可。这种土地庙因为常剥人皮,老百姓都管它叫剥皮场。不过,因为官员都害怕受到这种惩罚,不敢欺压盘剥百姓,所以虽然杀了很多人,老百姓反而拍手称快。

有个叫郭桓的人,是国家征收赋税的高级官员,他仗着权势,盗卖军粮,越干胆子越大,到最后竟然把国家军用粮仓中三年的积蓄盗卖一空。那时全国一共有 13 个省,其中 12 个都和他有勾结,几年之内贪污的粮食竟多达 2400 万担,相当于国家一年的财政收入。事情败露后,朱元璋非常生气,把郭桓处以重刑,但是这个案子越往下查,牵连的人就越多,连朱元璋自己都被吓了一跳。不过,他还是狠下心来,决意要把这些违法的官员都杀光,哪怕是天下就此反了,

图文珍藏版

他也要一杀到底。结果这一刀下去,足足杀了几万人。

明初的时候,承袭了元朝的陋习,官场上贪污受贿成风,怎么惩罚也止不住。朱元璋是个意志非常坚定的人,他下定决心要做的事就一定要做,在执行自己的决定时,无论遇到什么情况,都心如铁石,决不动摇。在严惩贪官的这个问题上也是如此。他对犯罪的官员毫不留情,这样杀来杀去,一连杀了好几年,官场的风气开始好转起来。明朝能维持270年的统治,和朱元璋的严惩贪官是分不开的。为了监视臣民,他派了大批的亲信去民间访查,自己有时也出宫去微服私访,了解民情。为了防止官员私自涂改账册,他还命令把一至十的简写数字改成大写,这种方法一直沿用到今天。

洪武十五年时,又发生了震惊全国的"空印案",这就是朱元璋自己发现的一个官场舞弊案件。事情是这样的:朱元璋有一天下朝,觉得没什么事可做,就一个人到处逛,结果就信步走到了户部,想了解一下国家财政收支账目核算的情况。这时户部的官员和各省来的计吏都在低头核算账目,一个个眼睛紧盯着手中的算盘和账本,谁也没发现皇帝就站在身边。朱元璋站了一会儿,见大家都在认真算账,心里非常高兴,没说什么就走了。谁知刚走到门口,就听到有两个人争吵起来,仔细一听,原来是户部的一名官员和一个计吏在争吵,户部官员说那个计吏的账目不平,计吏很不服气,两人便因此争吵起来。最后,只听那个户部官员指着账目大声说:"不平就是不平,钱粮数字差一分都不行,你这个册子一定要重做!"朱元璋听到这里很高兴,心里暗暗称赞那个负责任的户部官员,想:"要是朝中的官员都能像这位官员一样认真为朝廷办事,那就好了。"

朱元璋觉得很有趣,下午趁空闲时间就又去了一趟,这一次可看出问题来了。他去的时候碰巧又碰上了上午发生争吵的那个计吏和户部官员在说话。只见那个计吏把一本新的账目递给那位官员,说:"册子重做好了,您再算算吧!"户部官员接过去翻了翻,用算盘算了算,就笑着说:"这回好了,平了。"朱元璋一直在一边听着,越听越觉得奇怪,越听越觉得不对,脸上的笑容消失了,眉头也拧了起来。他快步走过去,一把抓起那本账册翻了翻,然后转头问那个计吏:"你们那个省离京师有多少路程?"那计吏一看是皇上,马上跪倒回答说:"有三千多里。""那你上午回去,怎么下午就回来了呢?你骑的是什么马,跑得这么快?"计吏一听这话,吓得"嘣嘣嘣"连磕了三个响头,不敢再隐瞒,连忙答道:"小人没回去。""没回去? 那这账目上的大印是哪来的?"朱元璋瞪大眼睛,厉声逼问着。这一逼问,却将那计吏吓得脸色刷白,说不出话来。

原来,每年全国各省都要把地方的财政收支报到中央的户部,而地方的账目都是由县到州到省再到中央,这样一级一级地呈报上来,到了中央由户部一项一项核算清楚,完全相符了,才算了结。这样层层上报难免会出错误,不相符的便要重新造册,还要再盖上原衙门的大印才算通过。但是各省离京城远的有六七千里,近的也有几百里,如果要重新造册,必须回到原省,这样一来一回,远的要一两个月,近的也得好几天,怎么可能迅速地来回一趟呢? 所以为了节省在路上来回的时间,各省的计吏来京城之前都准备好盖了大印的空白文册,遇到账册数目不符时,就在预先准备好的空白文册上修改重填。朱元璋了解到这一弄虚作假的情况后,大开杀戒,上上下下不知杀了多少人。历史上把这一事件称为"空印案"。

根据史料的记载,明政府副部以下,河南直隶一省的大小官员,因为贪污罪名死于监狱或被判决做苦工的,每年都有几万人。严惩贪污本来是一件好事,但是问题在于没有严格的法律依据,被指控犯了贪污罪的官员是不是真的贪污并无法断定,许多人都是在严刑峻法之下被屈打成招的。不过,比死刑更为严重的是追赃。贪污的人处死了,他贪污的赃款也必须要追回来,于是这个人的家就要被抄,如果这家的财产不足以补上贪污款项,就用严刑逼供,很多人一受刑,为了少受皮肉之苦,就胡乱说寄放在谁家了,于是这一家也会被无辜牵连。如果仍然不够足额,那一家在拷打之下也只好再供出另一家。这样辗转牵引,即使是千里之外素不相识的人,都会成为窝主,家破人亡。这恐怕又是一心想惩贪官、保百姓的朱元璋未能料到的了。

朱元璋借皇后生日治官员吃喝之风

明朝开国帝王,明太祖朱元璋出身卑微,白手起家,他是一位遭受过很多的苦难的人,所以他一生崇尚节俭,极力反对腐败和奢侈。

明朝洪武年间,适逢全国灾荒,百姓生活很艰苦,而一些达官贵人却仍然花天酒地。朱元璋决定自上而下整治一番挥霍浪费的吃喝风,只是一时又难于找到合适的时机,他冥思苦想,终于想出一个好办法来了。

皇后生日那天,满朝文武官员都来祝贺,宫廷里摆了十多桌酒席。朱元璋吩咐宫女们上菜。首先端上来的是一碗萝卜,朱元璋说道:"萝卜、萝卜,胜过药补。民间有句俗话说'萝卜进了城,药铺关了门'。愿众爱卿吃了这碗菜后,百姓都说'官员进了城,坏事出了门'。来,来,来,大家快吃。"朱元璋说着带头先吃起来,其他官员也不得不吃。

宫女们端上来的第二道菜是韭菜。朱元璋说:"小韭菜青又青,长治久安得民心。"说完朱元璋又带头夹韭菜吃。其余官员也跟着夹韭菜吃。

接着,宫女们又端上两碗别的青菜,朱元璋指着说:"两碗青菜一样香,两袖清风好臣相。吃朝廷的俸禄,要为百姓办事。应该像这两碗青菜一样清清白白。"吃法与上次一样,皇帝先吃,众官仿效。

吃完后,宫女们又端上一碗葱花豆腐汤。朱元璋又说:"小葱豆腐青又白,公正廉明如日月,寅是寅来卯是卯,吾朝江山保得牢。"

朱元璋动筷后,众官也就抢着吃了。

吃完后,众官员以为下面可能就是山珍海味了,殊不知等了好久,宫女们就是不端菜来了。朱元璋见大家情绪有点紧张,于是宣布说:"今后请客,最多只能'四菜一汤',皇后的寿筵就是榜样,谁若违反,定严惩不贷。"接着宣布散宴。

朱元璋惩治腐败向来是令出必行,谁若违反定严惩不贷,他曾实行"剥皮实草"的办法惩治那些贪官,就是将贪污得多的官员论罪治死,然后剥去其浑身皮肤,装上稻草和石灰等东西充实起来做成人样,放到继任官员办公的地方,以警示其继任官员不要贪污,不然那个"人皮稻草人"就是地的榜样,因此官员们都很害怕朱元璋的法令。

传说自那次宴会后,文武众官宴会无一敢违例,吃喝方面的廉俭之风开始盛行。

朱元璋的教子之道

明太祖朱元璋一生南征北战,艰苦创业,终于灭亡了元朝,建立起大明王朝,成了著名的一代开国皇帝。他出身于最下层民众,深知生活的艰辛,得到江山已是如此不易,想守住江山更是难上加难,因此他非常重视对后代的教育,希望能保住朱明王朝万世不易。

朱元璋的前半生都在战争中度过,没有时间和精力去教育子孙,一直等到他称吴王,定都南京后才终于安顿下来,这时对儿子的教育才提上议事日程。为了使儿子了解他创业的艰难,体会生活的艰辛,使儿孙能够更好地继承守护这份基业,而不是耽于安逸富足的生活,朱元璋想尽一切办法让他的儿子了解这些情况。他的长子朱标自他自立为吴王后就立为世子。在朱标只有十三岁时,为了让他熟知民间的疾苦,朱元璋命他返回凤阳老家去祭扫祖坟。朱标临行前,他向儿子道出自己的良苦用心。他告诉儿子:"古代的贤王都是从小在民间长大,都深知小民生活的艰难,所以即位之后都能勤俭持政,爱护子民。但是他们的后代都生长于富贵乡中,不知民间疾苦,当了皇帝后任意挥霍,盘剥人民,最后导致亡国之祸。这是你应该牢记的教训。你也是从小在生长富贵的环境里,习惯了安逸的生活。现在我让你回老家一趟,这一路上道路遥远,正可以使你知道旅途的劳顿。一路上也可以观察百姓的生活状况,察知民心的好恶。"朱标遵照他的命令,很好地完成了这次长途的考察旅行。

洪武元年,朱元璋称帝,他立朱标为太子,并且把他的儿子全都封了王位。但是为了对皇子们继续进行教育,他没有让儿子们离开自己到各自的封地去,就怕皇子一旦离开自己的管束荒废了学业。他从全国请来最好的老师,让他们教皇子们读书,也请武艺高强的壮士教他们习武。为了日后皇子们不至于对将来的政事、战事一无所知,他还派他最信任的功臣宿将担任皇子们的师傅,也让他们培养起感情,以便于以后皇子们更为顺利的接管政事。他尤其重视对太子朱标的教育培养,派给他的老师都是最好的名臣大将,例如开国功臣中文臣之首的丞相李善长,武将之首的大将军徐达,还有以文才出众而闻名的大学士宋濂等人。他总是嘱咐这些功臣宿将要严格的教导辅佐太子,培养太子作为一个合格君王的道德品行。出于居安思危的考虑,还要让太子娴于军事,以防将来用兵时不致手足无措。直到洪武十年以后,当皇子们年纪渐长,学识已成的时候,他才陆续让他的成年儿子们到各自的封地管理政事。果然不负朱元璋所望,他的每个儿子就国后都表现不俗,都很精明强干,文韬武略使人赞叹。这在历代开国之君的后代中都是极为少见的,不能不归功于朱元璋的教导有方。

朱元璋对太子的教育更是格外用心,而且很善于结合日常生活中的小事对他进行教育。有一次,朱元璋带着朱标到郊外去,还特意叫人带太子到沿途的农民家中去看一看,看他们吃的是什么食物,用的是什么器物,住的又是怎样的房子。等太子回到宫中,朱元璋才语重心长地对太子说:"你看农民生活是如此艰苦,他们身不离田地,手不离犁锄,辛苦劳作一年下来,也不过是住在茅草屋里,吃的是粗茶淡饭,这已是好年景了。而国家的一切费用都是从他们身上出的。所以特意让你去看一看,就是要让你知道,以后凡是吃穿用度,都要想到农民生活的艰辛,要尽可能地使他们免于饥寒。如果不想着农民的辛苦,而只顾自己贪图享乐,老百姓就更加没有活路了!那样天下就会怨声四起,国家就不能安稳了。"

后来,太子年纪渐长,能够帮助他处理政务了。为了减轻自己的负担,也为了让太子日后当上皇帝后能对政事驾轻就熟,朱元璋命令一切政务都先交给太子处理,然后再呈报给自己过目检查。他这样做的目的就是想让儿子在接班前就有一些处理国家事务的经验,从而成长为一个有作为的名君。他曾经告诉朱标:"从古至今,创业的君主都历经艰险,饱受辛劳,深知人事务理,所以能够处事公允持正,无所偏颇。而守成之君是在富贵环境下长大的,如果平时不多加体验练习,以后执政就难免会出现错误。因此,我才特意让你每天临朝,练习处理政事。"他还特别指导儿子要做到"仁、明、勤、断"这四个字。并解释说:做到了仁,就不会失之于粗暴;做到了明,就不会为奸佞所惑;做到了勤,就不会沉溺于安乐;做到了断,就不会教条刻板的去执行法律,这正是朱元璋为君多年的经验总结。他对自己的接班人的教育真可谓是周到细致,无所不用其极,朱标也确实没有让他失望,在朱元璋和众多老师的悉心栽培训练下,他睿智而聪敏,处事果决,为人宽厚,博得了举国上下的称赞。尽管在有些事情上,他和朱元璋存在着一些分歧,但是总的来说,朱元璋对这个儿子还是比较满意的,毕竟这是他倾尽后半生的大半精力教育出来的优秀接班人啊!可以料见,如果朱标日后登基当了皇帝,必定能成为一个有道明君。可惜的是朱标还未即位就得病死去了,朱元璋曾经因此痛不欲生,他的一生心血就这样付之东流了。后来继位的朱标的儿子建文帝,因年轻不足以服众,而且缺乏治国经验,几年后就爆发了"靖难之役",演出了一场叔侄相残的惨剧,这不能不说是朱元璋一生中最大的悲剧了。

朱元璋分南北榜

我国的科举制度最早产生于隋唐,此后,它就成为历代封建王朝选拔人才的重要渠道。每一个举行科举考试的王朝都是在自己国家的全部疆域之内举行公开、公正的考试,凭借考生的成绩高低来选拔人才。这"公开""公平""公正"应该是科举考试的精神内涵所在,但是有时候因为种种的原因,这三个评判标准并不一定能得到贯彻,有时是因为人为的主观因素,也有时是因为一些客观环境的因素而迫不得已地扭曲了这些原则。明太祖朱元璋在晚年就曾经做过这样一件违背了考试规则的事。

从朱元璋即位之初,为了网罗天下的人才为己所用,安抚多年战乱之下不安定的民心,朱元璋很快就重新举办科举考试。几年之后,他又颁布了明确的科举考试的章程,规定了考官人数和评定举子成绩的标准。每隔三年举行最高等级的科举考试,届时全国各地的考生们都聚集在京城,参加统一考试,然后根据考生的文章评出成绩,逐一颁给学位。这种做法本来是符合公平原则的,但是在洪武三十年的这次科举考试中,朱元璋却一反常态,搞了一个区分南北榜的考试,不以成绩为取士标准,而改以地区为取士的标准。这样做又是为什么呢?

洪武三十年的这次会试本来进行得很顺利,但是发榜的这一天却发生了骚乱。骚乱的原因是这次上榜的所有举子都是南方人,居然连一个北方人都没有,这在历次的考试中是非常少见的。在当时明王朝的首都南京城里,落选的北方举子们成群结队的涌向负责科举考试的吏部衙门,要求吏部的官员对考试的结果做出解释。他们认为这次的主考官也是南方人,所以在考试成绩上弄虚作假,故意偏袒南方举子。这一下南京城里顿时乱成一团,南方人和北方人即使是素不相识,见了面好像也变成了不共戴天的仇人,城里时常出现因此打架斗殴的情况。负责维护京城治安的军队迅速开进城里,想设法平息这场骚乱。可是他们可以用武力制止暴力行为,但却不能改变南北方人之间的对立情绪,反而还加剧了这种情绪。这件事很快传到了皇帝朱元璋的耳朵里,他马上派人

国学经典文库

中国古代逸史

·明朝逸史·

图文珍藏版

前去安抚那些闹事的北方举子,向他们保证说皇帝正在调查此事,一定会给大家一个满意的答复。情绪激动的举子们这才慢慢散去了。然后,朱元璋就找来这次考试的主考官刘三吾了解情况。

原来,刘三吾并没有在试卷上做什么手脚,举子们的考试成绩都是真实的。南方的举子确实考的都比北方举子好。朱元璋也知道刘三吾一向刚正,不是会因私枉法的人。他相信刘三吾对考生成绩的判断,但是为了平息北方士子的愤怒情绪,朱元璋要求刘三吾从北方的举子中挑选几个来一并上榜。不料刘三吾这次真是倔过了头。这个老夫子认为自己的评判是公正无私的,毫无错处,所以他拒绝更改考试成绩,使成绩本来较差的北方士子上榜。朱元璋听了大发雷霆,认为刘三吾实在不通时务,气的把刘三吾赶了出去。他还把其他的几位考官都撤了职。北方举子听说了这个消息都大声欢呼,要求皇帝为他们主持公道。

不久之后,朱元璋再次派其他官员去重新审定这次考试的成绩。可是当他再次听取复审报告时,却发现真有几个不怕死的大臣。这些被派去复审的官员其实都很清楚皇帝的意思不过是为了给北方士子一个交代好下这个台阶。但是这些正直的学究们却仍然坚持北方士子的考卷确实不如南方士子的。他们的最后结论竟然和原来的主考官刘三吾的结论一模一样。这下朱元璋勃然大怒。他指责官员们互相包庇,有意蒙蔽自己,一气之下把这些官员都革职下狱,严加拷问。结果这件事情越做越过火了。这些无辜的官员最后定罪时竟然被与十几年前发生的胡惟庸案联系在一起,全部被处以死刑。

后来,朱元璋亲自主持,重新举办了一次考试。这次的考试结果与前一次截然相反,入选的 61 名士子全部都是北方人,一个出身南方的都没有。看来朱元璋为了平息北方人的不平情绪,从一个极端走向了另一个极端。从此以后,为了避免这样的事件再次发生,朱元璋立下规矩,此后的科举考试,南北分卷考试,最后按南方 60%、北方 40% 的标准取士,以求通过这种方法来使南北方人仕的官员人数大致相同。因此,此后的科举考试并不单以成绩取人了,而且加入了地区的因素,并且形成了一种约定俗成的制度。

其实朱元璋对待那些官员的手段虽然是过分了些,但是他这么做实在有不得已的苦衷。当时虽然明朝建国时间已经不短,但是因为朱元璋是从南方起兵成势的,北方的士子在很长时间里仍然不信任这个政权。而为了消除这种疑虑,选拔北方的人进入政府做官无疑是一种最好的办法。他虽然知道南方因为经济发达,文化教育的水平也确实比北方高,但是他却不能让每一次入选的人都是南方人。这样一来岂不是朝中全是南方人在做官?这样对于国家的统一和稳定极为不利。所以他只能采取这种分南北取士的方法,使南北两地的官员人数渐趋平衡,以保持国家的长治久安,也算是用心良苦了。在这次的事件中,不能说是朱元璋正确还是死难的大臣正确,因为他们遵循的是不同的原则。那些宁死也不肯改变自己意见的大臣用生命坚持了科举考试的公正原则,他们的勇气是非常令人敬佩的。而朱元璋的选择则是从国家政治的角度出发的变通方法,也不能说他没有坚持公正就是错的,只能说这是情势所逼罢了。

武宗不做皇帝当将军

明武宗朱厚照,是明朝的第十个皇帝。他是孝宗张皇后所生,因为是三代以来唯一由皇后所生的嫡子而受尽宠爱,二岁时就被立为皇太子。他聪敏好学,举止有度,深受孝宗的喜爱。因此,当有的朝臣向皇帝报告说,太子闲暇时极喜骑马射箭,他也并不以为意,反而认为太子是居安思危,勤加练习而已。然而朱厚照这种幼年好武的个性,在他十五岁当了皇帝以后更加变本加厉,成了明朝有名的好武皇帝,甚至不当皇帝,一心只想当将军,死后被大臣们赠了一个"武"字作谥号。

武宗最喜欢的武将是江彬,他的好武就与这个人有非常紧密的关系。江彬得宠,是因为他英勇善战,而且还曾经救了武宗一命。武宗非常希望亲自带兵打仗,驰骋疆场,但又没有机会,于是只好在他的"新家"豹房中养虎养豹,以此取乐。有一次,武宗又在豹房搏虎,忽然老虎凶性大发,向他逼来。幸亏随侍在旁的江彬奋勇抵抗,才在万分危急之下救了武宗一命。事情过后,武宗虽然死要面子的坚持声称自己本不用江彬来救,但还是暗自感激和欣赏他。从此以后,江彬步步高升,圣眷日深,无人能及。武宗在宫中建内教场,由江彬率领兵将组成的四镇兵,武宗则亲自率领由宫人太监组成的中军。两军在宫中日夜操练,喊杀声震天。这些内禁军全都穿着一种黄罩甲。这种服装在当时还成为一种时尚,富家大户都在绫罗绸缎外面再套上这种黄罩甲,官员们更是人人必穿去朝见皇帝。

江彬又多次向武宗提出宣府乐工多美人,可以去宣府观察边情,遇到有小规模的边境战争,还可以一尝亲自跃马沙场的快感。于是武宗不顾大臣们的反对动了出巡的念头。正德十二年八月初,武宗带着江彬、钱宁从德胜门偷偷溜出,直奔居庸关。到了昌平,大臣们得知消息,纷纷追了上来,请求皇帝回京,武宗全不理会,迅速前行。到了居庸关时,却遇到了一个把他气得跳脚的人物——张钦。张钦当时正任居庸关的巡关御史,他生怕皇帝轻易出关,重演几十年前英宗被俘于土木堡的情景,因此就是面对九五至尊的天子,张钦也抱着一颗必死的决心,端坐在城门之下,拒绝为皇帝打开城门。他也传下严令,劝开关者要被处斩。于是这君臣二人就一直僵持在城门之前,从清晨到深夜。武宗简直要被这个胆大包天的臣子气疯了,一气之下,就要命人将张钦处斩。但是这一耽搁,在后面紧追的大臣们已经到了,全都力劝皇帝回京。武宗见人越聚越多,请他回銮的谏疏也像雪片一样飞来,他早就领教过这些大臣的顽固,知道恐怕只有把他们全都杀了,自己才能顺利出关。无奈之下,他只好答应取消西巡,但是仍在京郊纵马游荡了几天才返回京城。群臣这才放下一直悬在嗓子眼的心。

可是谁也没有想到,年轻而任性的皇帝并没有放弃出巡的念头。在他回京的半个多月之后,趁着张钦出关巡视之机,又偷偷地带人连夜出城,直闯居庸关,守关将士无人敢挡,这一次终于顺利出关了。可是他心里仍旧不踏实,一边纵马疾驰,还一边连连回头张望,生怕张钦突然从后面追上来。这年九月,武宗终于到了梦想已久的宣府,这里有江彬早就替他盖好的镇国公府。他住在这里,每日纵情驰骋,再也没有大臣政务打扰,只是一心游玩,领略宣府不同于内地的风景。他还经常带着人在深夜闯入百姓家里,见到美貌女子,拉了就走。他很喜欢这种"抢人"的游戏,认为惊险而刺激。上梁不正下梁歪,士兵们也行为放纵,常闯入民家强要酒食,甚至把百姓家的窗子拆下来当柴烧。武宗还给自己起了个新名字,叫"朱寿",又封这个"朱寿"为总督军务威武大将军总兵官,封镇国公爵,统帅六军。大臣们全都上书抗议武宗的这种做法,有人质问皇帝说:"这个朱寿是谁?我怎么从来没听过这个名字?"也有人说:"陛下为什么好好的皇帝不做,偏要屈尊当个将军呢?"可是不管谁说了什么,武宗也一概不以为意,仍旧我行我素,若有大臣把他惹急了,他就当众把这个人打一顿赶走,立意要当这个将军镇国公。

他在宣府的时候,有一次真的遇上了蒙古人进犯。武宗高兴得手舞足蹈,直说终于有一个大展雄才的机会了。他积极调动布置军队,兵分几路去进攻来犯的敌人。这一战还打得十分激烈,一昼夜间,来往大战了一百余回合,终于凭借着军队人数上的优势打退了敌人的进攻。这一战,一共杀敌十六人,而明军却死了五十二人,重伤五百六十三人,武宗也险些在混战中被敌军俘获。但是武宗却仍然认定自己打了一个大胜仗,兴高采烈地向京师报捷,还朝的时候还大肆庆功。他还得意扬扬地向朝中大臣们夸耀说,自己亲手杀死了一个敌人,俨然是一个得胜还朝的大将军的派头,真是让人哭笑不得。

从此以后,武宗又多次巡幸宣府,乐此不疲,在宣府镇国公府里居住的时间比在京师中还要长。后来,他又动了南巡的念头,名义上是派镇国公到泰山祭礼祈福,实际上却是想借机去江南游玩一番。这当然又遭到了满朝大臣的强烈反对。武宗大怒,上百名大臣在午门外被罚跪五日,又用廷杖打死了十几个大臣,数十人被投进监狱。正在君臣对峙的紧张时刻,江南传来宁王朱宸濠叛乱的消息,武宗大喜过望,马上抓住这个机会下令亲征。他率领着大军缓缓前进,沿途还到处搜罗美女,就这样刚走到涿州,江西就传来捷报,巡抚王守仁已经收复南昌,活捉朱宸濠。尽管叛乱已经平息,武宗却仍旧慢悠悠地到江南转了一圈,玩够了才开始返京。就在返京途中,贪玩的武宗独自划船,不慎落水,差一点儿被淹死了。虽然被跟随的人救了上来,身体却从此虚弱不堪,骑在马上都会摔下来,三个月以后就一命呜呼了。这位荒唐的皇帝把国家当玩具,把战争当儿戏,不想当皇帝,一心只想做将军,不但搅乱了国家,也玩掉了自己的性命。

嘉靖皇帝用处女血炼丹

明世宗嘉靖皇帝崇信道教,一心想得道成仙,至少要长生不老。道家讲求清心寡欲,嘉靖皇帝明明做不到这一点,却还总是宣称自己不好女色,可是就官方史籍中所记载的有名字的妃嫔就多达六十多个,恐怕在明代的皇帝中也算是首届一指了。不仅如此,他还总是抱怨宫中使女太少,不够使用,总是找各种借口在全国各地采选年轻美貌的女子入宫做宫女。这些女孩子入宫后,运气好的被皇帝看中,宠幸一时,就脱离了宫女的行列。其他的一般女子就只能被人任意役使。可是,这些宫女们,尤其是年幼的宫女,还有一种谁也想不到的特殊的身份,她们还是皇帝制药之后的"药渣"。

嘉靖皇帝最宠信的道士是一个江西人,叫邵元节。嘉靖皇帝非常信任他,专门为他建造了显灵宫,为自己祈福。嘉靖十五年,嘉靖皇帝对这个邵元节的宠信似乎到达了极点。这一年,嘉靖皇帝已经登基十五年了,他年已三十,尽管宠幸的后妃无数,可是却一直没有生下皇子。一个皇帝到了这个时候还没有继承人,国家政局就会发生动荡,所以嘉靖皇帝心里非常着急。他在皇宫中建立斋宫,让邵元节入宫祈祷,由文武百官亲自轮流进香。后来,邵元节请求回山里继续修炼,临走之前告诉皇帝说不必为子嗣的事烦心,因为上天念皇帝信道心诚,所以皇子指日可生。嘉靖皇帝听了当然是喜出望外,最巧的是,邵元节走后不久,嘉靖宠爱的阎贵妃真的生下一子,接着,其他的几个妃子也相继生下皇子。嘉靖皇帝因此对邵元节感激不尽,马上派人把他请回宫来大加赏赐。可是没多久,这位被嘉靖皇帝深信为"神仙"的邵元节就得病死去了。他临死之前,向皇帝推荐了他的朋友陶仲文。

这个陶仲文的骗术更为高超,他知道嘉靖皇帝一心盼望的事除了生下皇子以外,还有一件被他念念不忘的事就是想得到长生不老的仙丹妙药。他一入宫,就从这件事下手,设法博得嘉靖皇帝的欢心。他向皇帝推荐一种被称为"元性纯红丹"的丹药,据他说服下此药以后就可以长生不老。嘉靖皇帝听了信以为真,马上派人去各地采集炼制丹药的必备药材。不过,这副药的药材易得,药引却难得。这"元性纯红丹"其实就是我们后来所说的"红丸",也被称为红铅丸,只是一种特殊的春药而已,但是在服用后短时间内确实能够使人觉得精力大增,气血两顺。这红丸的制法非常特别,必须用处女首次月经来潮的经血来做药引。把收集来的处女经血盛在金或银的器皿中,再加上半夜起身采集来的第一滴露水,再加入乌梅等各种药物,连煮七次,使药浓缩成粘稠状态,这时在加进乳香、没药、辰砂、松脂、等其他有凝固剂作用的东西,以火提炼,最后炼制成一粒粒的丹丸:不过,这种药还必须以晨起采得的露珠或是女子初为人母的乳汁调服才能奏效。

所以，为了炼制这种"仙药"，嘉靖年间先后在各地选取年纪在十岁到十四岁之间的少女一千多人入宫候选。根据世宗朝的官方实录记载，嘉靖二十六年，皇帝以皇子公主就国时所需宫女必须提前训练为理由，命令礼部从京城周围地区挑选十一岁到十四岁的少女三百人入宫。嘉靖三十一年又选了三百女童入宫。这是两次大规模的选童女入宫。后来又陆续地从各地选人，例如嘉靖三十四年，选民间女子十岁以下的一百六十人入宫。四十三年又再次大规模选入三百名少女。在这期间，还陆续有小规模的选少女入宫的事情。这些年幼的女孩儿进宫之后先要接受严格的检查，确保她们确实是处女无误。然后她们才有资格成为皇帝制药的"药引"。

这种"元性纯红丹"炼成以后，嘉靖皇帝就开始长期服用，根据史书记载嘉靖死前的病状：脸色灰暗，四肢麻木，性情暴躁，喜怒无常等特征来判断，他正是因为长期服用这种"仙药"，而造成了慢性汞中毒导致死亡。看来，这灵丹妙药不但没能使他长生不老，反而要了他的命。

可是在嘉靖皇帝还活着的时候，却是万万料不到自己会有这一天的。陶仲文因为向他献上这副仙方，也和以前的邵元节一样被他奉为"神仙"，还赐给陶仲文"忠孝秉一真人"的称号。从此以后，凡是陶仲文的请求，他都是有求必应。陶仲文死的时候，嘉靖皇帝还为之大为悲痛，伤心不已。这糊涂的皇帝怎么就不仔细想想，如果陶仲文真的是神仙，他又怎么会死呢？而如果陶仲文不是神仙的话，他又从哪里弄来的仙方可以让自己长生不老呢？如果他早想通了这一点，恐怕会活的长久一点，不会死于丹药之毒了。

嘉靖皇帝喜爱"玉龟仙芝"

明世宗嘉靖皇帝朱厚熜在明朝的皇帝中一向以崇信道教而著称。他封自己为"紫极仙翁"，整日身穿道袍，在宫中开办道场，还痴迷于追求长生不老之方。此外，他还极为醉心于瑞祥之兆，相信是上天赐福给自己。于是满朝阿谀奉承的大臣都纷纷投皇帝所好，君君臣臣上演了一出"玉龟仙芝"的闹剧。

嘉靖三十七年，因平倭无功受到指责的胡宗宪，为了讨好嘉靖，将一只在舟山捕获的白鹿献上。其实,毛色全白的鹿只不过是动物的一种变异,诸如"白虎"之类,算不得什么珍禽异兽,仅是世间少有罢了。嘉靖却以为这是上天赐给他的瑞祥之物,如获至宝,赶忙在玄极宝殿、太庙举行了隆重的告庙礼,并亲临两处,告谢天神和祖宗,百官也都顺着他的心意纷纷称贺。一时闹得沸沸扬扬,好像过节一样热闹。胡宗宪见圣心大悦,就又设法弄来两只白龟和五棵大灵芝献进宫来。嘉靖一高兴,就提拔了胡宗宪的官职,并赐给他若干银币和金鹤衣。龟鹤都是长寿的象征,灵芝则是传说中的长生不老之药,嘉靖皇帝以为这龟与芝都是老天恩赐给他的吉祥之物,肯定能保佑他长生不老,国运亨通,于是将这两样东西命名为"玉龟仙芝"。献"瑞祥"能如此讨好皇上,又得赏赐又封官,谁不乐意为之呢?从此以后,编造瑞祥的马屁精就纷纷冒出来了。

这年八月的一天,嘉靖突然在几案上和被子里发现了一粒金丹和一只桃子。他连忙询问是谁放的,可大家都回答说不知道。那么这当然就是从天上掉下来的啦!嘉靖赶忙跑到太极殿去拜谢天帝,又跑到太庙去禀告祖先,让他们知道他得天独厚,即将长生不死了。最巧的是,不久之后,宫里养的白兔生了两只小兔,白鹿也在同时生了两只小鹿。嘉靖把这几件事联系起来,以为天眷非常,大喜过望,下诏修了迎恩醮。官员们纷纷上表称贺,宫里熙熙攘攘,朝廷上下一时忙得一塌糊涂。

自此以后,地方督抚大吏争上祥瑞,一时间吉祥之物层出不穷。满朝重臣都明知这些愚蠢的举动都只是讨取嘉靖欢心的骗人把戏,可是谁也不敢说明,只是在暗中讪笑不已。就在满朝文武大臣都缄默不言的时候,明朝有名的大清官,性格爽直的海瑞站了出来,他事先准备好了一口大棺材,叫人抬到宫门外,又把家人都遣散,然后向皇帝上了一封直言进谏的奏折。他的奏折写得很不客气,直接说天下的人早都不满意皇帝的所作为了。大家都说世宗的年号"嘉靖"实际上是"家家净",意思是说皇帝整天胡闹,搞的天下民穷财尽,家家户户什么也不剩了。他还指出皇帝一心想长生不老,可是传授给他长生不老之术的道士陶仲文自己却在前不久死去了,既然连他自己都不能长生不老,皇帝又怎么能长生不老呢?这明显是在欺骗愚弄皇帝啊!海瑞对皇帝追求迷信吉祥瑞兆的行为最为不满,因为各地官员为了满足皇帝的这种迷信心理,都不惜劳民伤财,浪费了无数人力物力去寻找祥瑞,如果实在找不到,就要假造一个让皇帝高兴。这种做法对皇帝、对国家究竟能有什么好处呢？海瑞还一针见血地指出，仙桃天药，更是荒谬怪诞的东西，根本不能相信。凡是桃子都要靠人采摘才能得到，而药物更是必须有人制造才能得到，现在皇帝无缘无故的就得到了，难道是老天爷长了手给皇帝送来的吗？还是"仙"桃"仙"药自己长了脚，主动跑到皇帝的桌上、床上的呢？这不是明摆着的无稽之谈吗？这都是皇帝身边的奸邪小臣为了迷惑欺骗皇帝而弄出的手段啊！

得了祥瑞，满心兴致的皇帝听了海瑞的一顿臭骂，就像热火盆上一下子被浇了一瓢凉水，气得要发疯了，马上跳着脚命令身边的侍卫赶紧去抓这个胆大包天的老头儿。当他从身边的太监那里知道，海瑞已买好了棺材等死，反而犹豫了，难道海瑞真的就不怕死吗？到最后，他也没有杀掉海瑞，只是一直把他关在监狱里。也许这时嘉靖皇帝自己心里也十分迷惑吧。没过多久，嘉靖皇帝就病危了，他在临死之前，才叹着气说："也许海瑞的话是对的吧？"直到临死，他才终于明白了这一切都是身边的人想方设法编来骗他的。而自己却都毫不犹豫地相信了。这可真是愚蠢至极啊！不过，他这时才明白过来，已经太晚了。

万历皇帝贪财

中国历史上的皇帝形形色色，许多人都有着奇怪的癖好，有的爱美女，有的爱书法，有的爱睡觉，有的爱钱。明神宗朱翊钧，即万历皇帝，就是中国历史上出了名的爱钱的皇帝。他没有什么特别的理由，只是单纯的喜欢收集金银财宝，就像西方文学作品中的守财奴一样，恨不得把全天下的财富都抓到自己手中。当然他花钱的时候也很多，例如他给皇子们举办婚礼，一次就从国库中支取白银九百三十四万两，外加袍服费二百七十多万两。有一次，他花了二千四百万两白银用来购买珠宝，花费真是相当惊人。但是他花费的这些还是不如他聚敛的钱财多。收集金银和奇珠异宝似乎成了万历皇帝的特殊爱好。

万历皇帝贵为天子，在那个时代，整个天下都是他的，天下的财富还不是任他随取随用。但是万历皇帝却似乎并不这么想，他一定要用实实在在的钱充满自己的私人钱库才觉得心安。为了达到敛财的目的，他无所不用其极，想出了许多荒唐的点子。例如他常常挖空心思，找出各种借口命令政府部门向他进贡钱财。他的妃子生了一个女儿,户部和光祠寺就必须向他献上白银十万两以示庆祝。公主出嫁,则要讨取数十万两银子作为嫁妆,若是皇子娶妻就要献的更多。

他还大力提倡官吏们向他"进奉",用这种秤称斗量的方式来表示忠心。谁进奉的钱多,就加以重用。于是官员、太监纷纷用这种进奉的方法讨好皇帝。官员们若触犯了他的龙颜,他最喜欢用的惩罚方式就是"罚俸",即剥夺官员们的工资,因为这样可以省下一大笔钱,当然这只是对罪行不重的官员们施行。若是罪行严重的,当然就要使出他的另一个绝招——抄家。本来抄家的做法历代都有,但不同的是,历代封建王朝抄家后所得的财产都要"充公",即登记造册,成为国家的公共财产。但是万历皇帝的抄家却是把全部所得归自己所有。这样作法最早用于对付曾经竭尽全力辅助他的内阁首辅张居正和内监总管冯保。这两个人都是陪伴他度过他的前十年皇帝日子的人。在张居正死后,有人弹劾张居正,万历皇帝就趁机下令抄了张成正和冯保的家,从中得到了不少甜头。从此这抄家的势头就变得一发不可收拾了。他曾经私下里得意地对身边太监说,用这个办法捞钱简直比从国库中支取还容易,他当然乐此不疲。

不过他也不是完全不好商量,官员们犯了罪,如果主动的向他献上金钱,他也就"宽宏大量"地放人一马,但若是谁执迷不悟,那就别怪他不客气了。有个叫张鲸的太监,犯了欺君的大罪,按律当斩,但是由于他很机灵,及时向万历献上了一大批金银财宝,居然就大事化小,小事化了了,不但没有被治罪,反而还升了官。当时有的朝臣针对这件事直接向皇帝上书,说他以天子之尊而接受了内臣的贿赂,实在不成体统。皇帝非常生气,马上就治了这个官员的罪。

万历皇帝的"节源开流"后来发展到了极致。到万历末期,全国的府县有三分之二的地方官职位空缺,有人老了,死了或是罢了官,那个职位就从此空缺着,不再派新的官员去上任。朝中的六部是国家实际上的最高行政机构,但是到后来也只有三个部有尚书主事,国家的最高决策机构有一段时间只有一个人在任上。皇帝拒绝向这些空缺的职位派遣新的官员,这样就可以节省下一大笔支出了。不过这种办法却使国家机构几乎陷于瘫痪,全国的官吏减少了一半以上。这是"节流"的办法。至于"开源",万历皇帝想出的办法是派大批太监充当"矿监"和"税使",大肆搜刮民脂民膏。这就是历史上有名的"采榷之祸"。

这些矿监凶横无比，他们名义上是开矿增加税收，但实际上根本不去勘探，开采，而是随心所欲地指地为矿。被指中的人家灾祸临头，只有献上金银珠宝方能摆平，否则就被强拆房屋，掘地翻圃，甚至抢掠家产，侮辱妇女，胡乱杀人。有的则借口找矿，挖坟掘墓，搜取陪葬品。这简直是明火执仗，比强盗还甚。当时有个叫陈奉的矿监，是万历矿监中最臭名昭著的一个。他出使荆州和兴国州，常借口巡视到处殴打官吏，抢劫行人，引起民愤。一次他在巡查途中被数千群众围打，逃回荆州后，上疏皇上，诬陷当地官府煽动叛乱，历万不问青红皂白，马上派人查办。

到了后来，矿监遍布山西、山东、陕西、四川、云南、福建、广东、湖北等地，全国百姓深受其害。

万历三十年，万历皇帝一病不起，以为自己将死，想死后留个好名声，于是下了遗诏，停了矿税。不料，几个小时后他又奇迹般地活了过来。他睁开眼的第一件事就是赶紧派人去内阁收回遗诏。前前后后去了二十多拨人传达皇上口谕，说矿税万万不能停。结果，"采榷之祸"始终没能废除。

万历四十八年，万历临死之前下的遗诏中，又提到了停矿税的事，然而，一切都为时太晚了。明王朝已经衰弱到无以复加的地步。尽管他死后，明王朝又维持了二十几年的统治，但是许多学者认为，明王朝的衰亡实际上就是从万历时期开始的。

熹宗不做皇帝做木匠

明熹宗朱由校是明代的各个皇帝中比较奇怪的一个，他并不像他的祖辈们一样，或是贪恋女色，或是追求长生不老，又或是一心想掌握更大的权力。熹宗的心思单纯得多。他十六岁登基，二十三岁就生病死去了，在做皇帝的这七年中，他完全是一个还没有长大的孩子，只想做一些自己喜欢做的事，而不是做一个整日受人约束的皇帝。

他的这种天真虽然并没有错，但是却因此毁了国家。许多人都承认，如果他不是一个皇帝的话，一定会是一个出类拔萃的优秀木匠。

朱由校是一个心灵手巧的孩子，他对制造木器有非常浓厚的兴趣，凡是刀锯斧凿、雕刻上色,甚至是创新设计,他都能信手拈来,毫不费力。他常常自己雕刻一些小人、小玩具或是小动物,每一个的造型都惟妙惟肖,栩栩如生。小人的表情都各不相同,小动物的形态各异,好像都是实体微缩了似的。他派身边的太监把这些木雕拿到市场上去卖,总是能卖到很高的价钱,熹宗也因此更加高兴,工作也更加废寝忘食,往往干到半夜也不休息。他还让身边的太监做他的助手,

明熹宗朱由校

为雕刻完成的作品涂漆上色。久而久之,他身边的太监也都受到他的影响,一个个变成了能工巧匠。他最得意的作品是一整套的护灯小屏。在长不盈尺的天地里,他用一双巧手雕刻出生动逼真的花鸟鱼虫、人物走兽,例如《寒雀登梅图》之类,真是巧夺天工。这套作品他让太监拿到市场上去卖,要价就是十万两,可是仍然有人抢着购买。熹宗高兴了也常常精雕细琢地做一些精美玉章,赐给身边的大臣、太监。

熹宗不只是玩一些小玩物的雕刻,他还想做一个出色的建筑师。凡是他看过一眼的木器用具、亭台楼阁,都能照原样制作出来。他曾经在宫中仿照乾清宫的样式,做了一座微缩模型宫殿,高不过三四尺,但曲折微妙,巧夺天工。后来他终于在现实中过了一把建筑师的瘾。天启五六年间,朝廷对紫禁城的三座主殿太和殿、中和殿、保和殿进行了大规模的重建工程。熹宗皇帝在工程中大显身手,从起柱到上梁,再到外部装饰,他都亲临现场,仔细指导,高兴了,还会当场脱掉外衣,挽起袖子,和工匠们一起大干一场。有时他心血来潮,还在宫中建一些小巧别致的房屋,内设精密的机关。建成后他总是高兴得手舞足蹈,对自己的作品很是得意,找来身边所有的人一起欣赏。时间一长,他的兴趣过去了,就派人立刻毁掉,再重新建造别的花样,总是在建了拆、拆了建中玩得乐此不疲。至于建这些没有用处的房屋需要花费多少金钱,就不是他关心的问题了。即使是按照他的设想,需要在门上安装一颗宝石做门环,也毫不犹豫地照样去做,力求做到完美无缺。等到房子被拆掉的时候,这些贵重的材料就和其他的一些建筑垃圾一起被废弃了,宫中的太监有许多人都借此发了大财、

熹宗还发明了中国最早的喷泉。宫中的人都叫这种喷泉为铜缸水戏，这在当时可是天下一绝。那时宫中都用铜缸或是木桶盛水饮用，他就在这些盛水的容器下方凿一个孔，在里面设置机关，用机关操作，缸中的水就飞散出来，有时泻如瀑布，有时又散若飞雪，最后变成一根玉柱，打击放在缸外面的许多小木球，木球就浮在水尖上，随着水的喷吐而跳跃不已，久久不息。每回玩这个游戏时，熹宗都和他的嫔妃们一起在旁边观赏，随侍的妃子和宫女都拍手赞叹，对皇帝钦佩不已。这肯定是熹宗最高兴最得意的时候吧？

熹宗还喜欢看一种水傀儡戏。当时的梨园子弟用木头雕刻成海外四夷、仙人仙山、将军士兵等各种形象，用这些雕出来的人物演戏。熹宗的木雕手艺比那些专业的雕刻工匠还要高超，他也经常雕一些演戏用的人物，男女不一，形象各异，上面全涂上五彩油漆，一个个栩栩如生。这种水傀儡戏就是在一个水池里添满水，水中放置各种游鱼，在事先做好的小木人脚下安置一块小木板，使之浮在水面上。小木人的脚下浸在水中的一部分还安着走过场的竹板，通过机关可以在水池外控制。演戏时在水池周围围上布帘，旁边的艺人在暗处操纵机关。木人在水面上移动，再随着动作配上声音，就成了一台精彩绝伦的好戏。那时熹宗最喜欢看的是一些热闹有趣的剧目，像《孙悟空大闹天宫》《八仙过海》《东方朔偷桃》《三保太监下西洋》等等，演得活灵活现，惟妙惟肖，十分新奇有趣。

熹宗还有其他许许多多的优秀作品，总之凡是当时木匠会做的一切手艺，熹宗都很精通，而且比大多数专业的工匠做得更好。如果他不是生在帝王之家，而是一个普通的百姓，以他出众的手艺，一定会成为当时的名匠。只可惜他的这种种巧思和手艺对于治理国家毫无帮助，反而因此荒废了太多的时间，让身边魏忠贤之流的太监趁机篡取了管理国家的权力，给国家造成了空前严重的灾难。他的这几年统治，使传承了两百多年的明王朝陷入了崩溃的边缘，他死后，没过多少年，明朝就灭亡了。

嘉靖皇帝徇私枉法

嘉靖皇帝在后代的史家评价中是一个"中材"之主，就是说他虽然称不上非常贤明果敢,但大体上还算明白事理,能够维持国家政局的稳定。但是在他统治的近半个世纪中,朝廷政治却有一个致命的弊病,那就是嘉靖即位之初的"大礼仪"之争留下的严重后遗症。

嘉靖皇帝是以外藩入继大统,成为皇帝的。他极力想为自己的亲生父母争得一个皇帝皇后的尊号,使他们死后享有无上的尊崇。但是大臣们不能同意皇帝这种在皇室血统之外另开一脉的做法,结果皇帝和大臣之间发生了长达几年的严重对峙,就称作"大礼仪"之争。几年以后,这场争论最终以皇帝的胜利而告终,但是事情却并没有因此完结。朝臣因大礼之争分裂成两派,互相攻讦不断,皇帝也以在大礼中谁支持自己,谁反对自己作为亲近朝臣的标准。这样一来,嘉靖时期,本来清清楚楚、明明白白的事一旦卷入了这种无谓的党争,也会变的黑白颠倒、是非不分。湖广的奸民李鉴的官司就是一个典型的例子,他本来犯了死罪,应该被处以极刑,却因为官员之间的倾轧,而莫名其妙地保住了性命。

李鉴,是湖南长沙地方的一个恶霸强盗,他和父亲李华专门以抢劫偷盗为生。当地官员去抓捕他们父子,他不但拒捕,而且在杀死了去抓他的官员冯琳后逃之夭夭。冯琳的儿子又怒又悲,一状告到朝廷上,地方官府这才花费了很大力气抓住了李华,后来罪大恶极的李华就死在狱中。可李鉴却没有抓到,依旧在外整日以烧杀抢掠为生,搅的地方上不得安宁。当时的长沙知府宋卿派人四处缉拿,费了九牛二虎之力才抓到了他。经过严密的审讯,李鉴被判处死刑。地方上的百姓得知了这个好消息,都大大松了口气,可不久他又越狱逃跑了。朝廷下诏,责令地方官立刻将其捉拿归案。当时任湖广巡抚的席书,和宋卿有死怨,对他十分不满,总想找个机会整治他,这次就上疏弹劾他有赃私行为,疏中还谈到李鉴的案子,认为宋卿故意重判李鉴的罪。嘉靖帝于是派出大臣前往长沙推勘。这时,李鉴已经被抓获,招认了罪恶,自己也承认犯的是死罪。大臣们回朝后,以宋卿的审判准确无误上报。可是,这时的席书由于同张璁、桂萼等在"大礼仪"之争中,迎合了皇帝的心意,成了朝廷的新贵,升了礼部尚书,颇得皇帝宠信。于是他又上疏说:"臣由于礼仪得罪了广大朝臣,因此湖广的问官洗刷了臣所举劾的宋卿的劣迹,而将被宋卿冤枉的李鉴定为死罪。臣请求重新会勘此案,以辨明是非,开释无辜。"糊涂的嘉靖帝对这位新贵自然是言听计从,马上下令将李鉴押到北京,由刑部、都察院、大理寺三法司会审。刑部官员会同御史苏恩、大理寺杜鸾等人共同审讯李鉴之后，再一次确认了李鉴的罪行，联名上疏道："李鉴杀害官民、抢劫民财、烧毁民房的罪行，过去已经取得确凿证据，案件早经判决。此次会审，犯人再次供认不讳。"而席书一心一意证实他对宋卿的劾奏不虚，竟不惜为罪大恶极的死囚开脱，而且动辄拿'议礼'作为护身符。臣等以为，大礼本来出自陛下圣意，席书等人只不过一言偶合，便欲贪天之功，借以要挟陛下，压服满朝，实现其偏狭私欲，望陛下审察其居心。"三法司的奏疏送上后，嘉靖哪里听得进去？他已经认定是大臣们在和自己作对，所以有意说支持自己的席书的坏话，他仍然固持成见，偏袒席书，没有惩办李鉴的意思。因此，刑部尚书颜颐寿等，又请求将此案发还湖广再详勘。这次嘉靖皇帝更直截了当地说："李鉴的案子，既然席书说有冤，出面替他申理，想必一定有冤。不必再行推勘了，免去李鉴的死刑，发往辽东充军就是了。"由于皇帝偏信宠臣，竟将前后审讯结果，一概推倒。其独断专行，徇私枉法，可见一斑。在此以前的陈洸事件，也是他包庇"议礼"人物，屈法徇私的典型例子。陈洸原来是给事中，后调出为按察司金事。他也是张、桂派的"议礼"要人。但此人一生恶迹昭然，儿子犯了杀人死罪，妻子与人通奸，他也被判了个削职为民。这样的一个人，因为和自己政见相同，席书又不惜枉顾国法，向皇帝上疏替他鸣冤叫屈，说他是因为议礼得罪的朝中大臣，才被人攻击，罗织罪名，请皇帝赦免他的罪行。如同李鉴的案子一样，嘉靖皇帝再一次徇私枉法，不顾大臣们的强烈反对，下令免去了把陈洸削职为民的处罚，就连他那犯了杀人重罪的儿子也被免去死刑，改为发配边疆。就像这样，议礼成了两派大臣相互攻击挞伐的借口，本来判的明明白白的案子成了他们手中弄权的工具，这样的朝政又怎么会清明公正，自然是一路黑暗腐败下去了。

后宫逸闻

宁国公主牵衣索夫

燕王朱棣篡位当了皇帝以后，对建文帝的旧臣进行大肆地屠杀。这场屠杀为时甚久,牵连的人也很多,朱棣知道反对他的人很多,因此丝毫没有手下留情,一心想把不服从自己的人都杀光,哪怕是自己的至亲也不例外。这个故事说的就是朱棣用非常阴险狠毒的方式谋害了自己的妹妹宁国公主的丈夫梅殷。

宁国公主是朱元璋的马皇后所生,是朱棣的亲妹妹,一向最得父母的宠爱。朱元璋费尽心力给她挑选了一个如意郎君,就是梅殷。因为爱屋及乌的缘故,朱元璋很喜欢这个女婿,而且梅殷本人也知书达理,精明强干,武艺也十分高强,是一个文武双全的难得人才。所以,尽管朱元璋晚年生性多疑,梅殷仍是得到了岳父难得的喜爱和信任。逢年过节,公主夫妻总是一起进宫去,一家其乐融融,相处得非常和睦融洽。平时有空时,朱元璋也常和梅殷谈论兵法,论古说今。

朱元璋的年纪逐渐大了,身体也大不如从前,尤其是太子朱标突然得病去世,更是给了朱元璋一个重重的打击。后来,他又立朱标的儿子朱允炆为皇太孙,作自己百年以后的接班人。但是他又担心皇帝年幼,诸侯王手握重兵,会不听调遣。所以他时常嘱咐梅殷以后一定要尽心辅佐皇太孙。梅殷也把皇帝的嘱托牢记在心中。

朱元璋死了不久,燕王朱棣果然起兵谋反。他派了一个使臣去说服梅殷归降自己。这时正在镇守淮安的梅殷正在精心准备战斗,见到朱棣派来使臣,就命人割去了使臣的鼻子,然后把他放了回去。朱棣一见少了鼻子的使臣,立刻就明白了梅殷的羞辱之意,顿时恨得咬牙切齿。后来,朱棣一路南下攻陷了南京,建文帝不知所措,梅殷仍在淮安坚守,始终不肯投降朱棣。朱棣因此暗暗发誓,一定要找机会杀了梅殷才能解恨。

后来朱棣终于如愿以偿地当上了皇帝,但是梅殷还是孤守在驻地不肯投降。朱棣就命令妹妹宁国公主写一封信给梅殷让他回来。怕梅殷不从,他还强迫妹妹用鲜血写成血书,用以威胁梅殷。梅殷在军中接到妻子的血书,顿时慌了手脚,不知该如何是好。不由得捧着血书痛哭失声。无奈之下,他只好按照朱棣的命令带着血书回到南京城。到了皇宫之中,虽然景物依旧,但是却已物是人非,心中更是无限悲痛,自觉辜负了朱元璋对他的嘱托和信任。见了新皇帝的面,尽管朱棣其实一心想杀了梅殷,但是碍于妹妹的苦苦哀求,他已经答应宁国公主只要驸马回朝,就不杀他。所以这时不得不假装出笑脸,向驸马道:

"驸马辛苦了。"可谁知梅殷明知自己的处境很危险,仍是不愿服从这个以武力夺得皇位的人,他话中有话地答道:"不敢当,劳而无功而已。"话中之意自然是说没能阻止朱棣的谋反行为。朱棣一听,顿时火冒三丈,真想立时就杀了梅殷,但是他又不想当众食言,尽管心中很不是滋味,他仍是命令驸马回府好好休息。第二年,他找了个蹩脚的借口,撤销了驸马的护卫队,还把驸马的家人都发配到辽东去服苦役,就此把梅殷孤立了起来。公主暗中觉得情形越来越不好,好像有什么灾难即将来临似的。但是她总想着自己的亲哥哥答应了会饶过驸马的一条命。所以尽管心中起疑,她仍是按捺住心中的不安,总是劝说丈夫凡事不要强出头,尽量地顺着新皇帝的意思去做。她却不知道,朱棣这时早已定下了杀害梅殷的毒计,而且已经一步步地在进行着了。

永乐三年的一天早晨,梅殷像往常一样准时上朝。他也觉得大势已经不可挽回,就听从了妻子的劝告,不再故意忤逆新皇帝,每日只是上朝做个样子,什么事也不用做,回到家中整日喝闷酒,消磨时间,却不知新皇帝的眼中早已容不下他这个人了。这一天,当他正走在一座桥上的时候,就觉得身边挤上一群人来,这些身穿着锦衣卫的服装的人,故意把他挤下了桥栏,然后还靠在桥边哈哈大笑。梅殷不会游泳,在水中挣扎了很久都没有人敢下水去救,终于因为无人抢救溺水而死。这时候,在桥上把他挤下水的人见他在水中不再动了,才假装很着急的样子跳下水去把他捞了上来,可这时梅殷早已经气绝身亡了。之后,那些明目张胆杀人的人就以驸马自杀跳水而死的结果上报给皇帝。不料却被当时恰巧路过的官员揭发了事情的真相,认为他们是故意杀害了驸马。朱棣迫不得已,只好命令把杀人凶手处死。审问的时候,凶手很不服气,大声说:"杀死驸马是皇上的命令,为什么要杀死我们?"审问的官员一听。知道这里面另有内情,都不敢再审,匆匆命人打落了凶手的牙齿,让他们说不出话来,然后把他们斩首示众,并把这个结果上报给皇帝。朱棣还假装成刚刚知道的样子,显得十分悲痛,还赐给梅殷谥号"荣定"。

再说公主每日都在家中为驸马的安危担惊受怕。一天始终没见到驸马回府,就知道担心的事终于发生了。下午接到报告说驸马淹死了,凶手也已经被处死,她心里明白一定是朱棣命人杀死驸马的,就急忙赶到宫中。朱棣远远见到公主来了,就转身想走。却被公主拽住了衣襟。公主怒气冲冲地问他:"我的驸马呢？他到哪儿去了？"朱棣很不自在地回答："驸马被人害死了，我已经命人杀了凶手，为他报了仇了，你不要再自寻烦恼。"说完转身就走了，留下公主一个人呆呆地站在原地。

事情过后，朱棣把公主和公主的儿子都加升了爵位，想通过这些化解公主对他的仇恨，但是这又有什么用处呢？

王满堂被称为"浣衣皇后"

王满堂是明代正德年间霸州的著名美人，那时候妇道谨严，一般的女子都要受"三从四德"的束缚，尤其是未婚的闺女，必须是"笑莫露齿，话莫高声""大门不出，二门不迈"，天天锁在深闺，王满堂却是个特立独行的叛逆者。当然，这与她父亲的思想有关。王父是个专替人写状纸、打官司的讼师，虽说地位不高，却也见多识广，靠着一支利笔和一张巧嘴，也挣了不少财产，三教九流的人物接触多了，思想比较开放。王家就满堂这么个独生女儿，简直视若珍宝，一生下来，就一本正经地翻字典、测字，给她取了个响当当的大名——"满堂"，颇有几分男孩子的气势。王满堂长大后，模样儿俏丽，性格活泼，尤其是那双大眼睛，滴溜溜地似能说话，让人一看就甜到心里。王家对满堂十分娇纵，从不用"妇德""妇容"之类的条条框框来约束她，任她自由自在地进出嬉戏，快快乐乐地生活成长。

明武宗朱厚照十五岁登基做皇帝，玩心比谁都重。为了避开大臣和太后的纠缠，他索性搬到特建的"豹房"中。年轻的皇帝也是个好色之徒，搬进豹房不久就下令各州府进选美女，充实豹房。诏令下到各地方之后，经地方官们一加工，就说是武宗选妃，顿时在各地掀起了选美高潮。

选美使臣来到了霸州，稍一打听，得知了"霸州美人"王满堂的名声，就选中了她。王家得到这个消息后十分高兴，认为她这一去京城，做了皇帝的妃子，无疑是飞上了高枝作凤凰，从此家门荣耀，富贵无边。王满堂本是个十分开朗的姑娘，她不像别的女孩那样扭扭捏捏，初离家门远嫁总要哭哭啼啼，倒是满心欢喜地跟着使臣进京去了。一路上还盘算着到时怎样取悦于皇帝，或许能博得个贵妃之类的封号。

但是等王满堂到京城后,才发现天外有天,全国的美女集合到一起,万花丛中她并不显得特别夺目,加上她这时才十五六岁,毕竟是年纪太小了,芳艳自然比不过那些成熟的女人,因此落选了。

满心欢喜而来,伤心失望而归,王满堂心中充满着无限的委屈和凄凉。但是在途中夜宿驿馆时,她做了一个梦,梦中见到一位头环金光、身着金衣的仙人,告诉她说,将有个名叫赵万兴的人来聘她,此人贵不可言,千万不可错过。梦醒之后,王满堂心中的阴霾一扫而光,她不再为此番的落选而难过,认定自己终将与贵人相伴。贵人到底贵到什么程度呢?既然是贵不可言,那莫非就是皇帝了?这样一想,她兴奋难抑,恨不得插翅飞回家中,好等着那个叫赵万兴的贵人出现。回到家后,父母见女儿落选而归,先是有几分不快,王满堂神秘地把她在驿站做的那个梦告诉了父母,两位老人也觉得定有天命,只是时机未到,心情很快转好。

王父满世界地宣扬将有一位贵人来迎娶满堂,消息传出去后,一个颇有心计的年轻道士段长知道了,他平日里就听说过王满堂的艳名,早已垂涎三尺,一听说这段故事,他顿时计上心头。两天后,段长经过一番准备,化装成一个远地而来的过客,在黄昏时叩响了王家的院门,请求借宿一夜。他长得相貌端正,又表现的文质彬彬,王父便把他让进院来,一番客套后,来客自我介绍说叫赵万兴。一听这名字,王父心头一震,只说让客人稍候,自己转身跑进屋去告诉女儿和妻子,说是有贵人光临。经王父一说,王家母女也心情激动不已,殷勤地款待这位自称为赵万兴的贵客。

段长暗暗窃喜,表面上却不露声色,第二天一早还装模作样地要辞别王家去赶路。

王家三口慌了神,忙设法挽留,硬是强留段长多住了几天。这几天里,王家人经过密切观察,都认为这位客人不但仪表堂堂,而且头脑灵活,能言善道,处事得体,确有贵人之兆。于是,第八天的时候,王父亲自出马,动用三寸不烂之舌,说出要将女儿许配给客人的心意。王家主动许婚,段长不禁心花怒放,然而又故作镇定,矜持了一阵,才好像很勉强似的答应下来。不久,王家便为两人隆重的操办了婚事。

段长是个野心极大的人,得到了岳丈家的财产和美艳如花的妻子后,他又生出新的奢望，一心想循着王满堂的那个美梦，真正成为一个贵人。一番深思熟虑后。他开始实施他的梦想，首先，他托了昔日作道士时的一些同道友人，四处散播王满堂的那个奇梦。谣言很快散播开来，市井中都议论纷纷，都说王满堂生来就是皇后命，而她的夫婿"赵万兴"无疑就是将来的贵人，跟着他干，往后一定能获得荣华富贵。

如此这般，段长以"赵万兴"的名义成了家喻户晓的神奇人物，一批市井少年主动地投到他的门下，地方乡绅也纷纷支持他，大家都想跟着贵人，将来贵人得了天下，自己也能捞个一官半职的。渐渐地，段长手下聚集了一大批人马。他把人拉到附近的深山密林里，建立起一个山寨，并不断扩充发展，准备相机行事。

他们在山中也组织了武装，因有乡绅们资助，他们不必像一般山匪那样抢掠财物；因为自觉力量还不足，所以也还没有像起义军那样攻占城镇。这批人聚在山中，似乎更像一个秘密的宗教组织。但是，段长并没有放弃他的贵人梦，他命手下人在山中盖起了宫殿，把他们占领的那个山头自夸成一个王国，他自己则成了皇帝，并用了"大顺平定"的年号。同时，又封了随同上山的妻子王满堂为"大顺平定皇后"，还设了左右丞相、文武大臣，每逢三、六、九日，就在大殿上接受群臣的朝贺，还像模像样地讨论军国大事。王满堂这个自认为有皇后命的"霸州美人"，便这样做了个山中皇后，其实，充其量不过是个压寨夫人罢了。

段长的王国在山中自成一体，虽是有帝有后、有臣有相，但并没威胁到大明王朝的安全。然而，消息传到京城时，明武宗还是很不高兴，堂堂大明的天下，居然还有人敢称王称帝，这不是在藐视他吗？于是武宗命令当地官员派兵进山征剿。段长的武装力量与明王朝的势力比起来实在是太弱小了，当地官兵轻而易举就把他的王国捣平，并活捉了"皇帝""皇后"和众"大臣"。官兵在山中搜查时，看到茅草搭成的宫殿，自制的龙袍凤披，都不禁哑然失笑，这哪里能成造反的气候，不是如儿戏一般吗！

虽是闹剧一场，但因涉及忤君犯上之罪，地方官也不敢擅自断案，便把段长、王满堂等一千人犯解押到京城。明武宗在了解了全部案情后，除了感到好笑外，却又节外生枝，对王满堂产生了浓厚的兴趣。于是，由武宗做出了判决：段长及主要谋犯因逆君谋反之罪处死；其他附庸者因不明真相，属于盲从，不予追究责任；主犯之妻王满堂没入宫中。武宗原本是想将她收到豹房中，以满足他的淫乐之心；谁知刑部官员在执行诏令时，误解了武宗的意思，以为把王满堂以罪犯之妻的身份没入宫中，是要让她到宫中充当奴婢，以示惩罚，于是把她分派到宫中的浣衣局，做洗衣女去了。

武宗等了几天，没见到王满堂，经过追问，才了解到情况，便下令将王满堂由浣衣局调到了豹房来侍候自己。当年武宗选美时是见过王满堂的，但那时的她还只是一只没有成熟的青果，夹杂在众美女中间，不足以吸引武宗的目光。如今的王满堂，经过了几年的风吹雨打，已经长成一颗熟透了的水蜜桃，鲜艳欲滴，芳香诱人，大大勾起了武宗的胃口。王满堂本来就是个非常开朗的女性，当初嫁给"赵万兴"，只因为慕他的贵人之命，现在骗局揭穿，她也不怎么为丈夫的死而伤心。相反的，假皇帝现在换成了真皇帝，可是天上掉下来的馅饼，说不定还能成为真正的皇后！这样一想，王满堂高兴的不能自己，便在武宗面前，使出浑身解数，极尽娇媚风骚之能事，把武宗迷得神魂颠倒。

这时候，明武宗刚从江南游历归京，途中染病，本应该调养休息一段时间。可一下子又得了个千娇百媚的王满堂，让他怎么安静得下来，夜夜缠绵芙蓉帐里，颠鸾倒凤，直弄得他精疲力竭。温存于床笫之间时，明武宗曾多次戏称王满堂为皇后，并发誓将来要改立她为后。可这个诺言还没有来得及付诸实施，在王满堂进入豹房不到一个月的一天夜里，明武宗便在王满堂的怀中一命呜呼了！

武宗崩逝后，明世宗继位入主明宫。世宗派人清理豹房时，发现王满堂是个没有任何名分的女人，再进一步调查，又在浣衣局的名册中发现了她的名字，于是仍把她送回了浣衣局为奴。从此以后大家背地里就戏称她为"浣衣皇后"。可怜王满堂这个"霸州美人"，作了半辈子的皇后梦，最后却终于只能做一个"浣衣皇后"。

嘉靖皇后的悲惨遭遇

明世宗朱厚熜就是历史上有名的嘉靖皇帝，他不但迷信道教，还荒淫好色，把国家搞得一团糟，老百姓都戏称他的年号"嘉靖"就是"家家净"。

嘉靖当了四十几年皇帝,是明朝皇帝中除万历皇帝以外在位时间最长的一个。他的一生一共有三位皇后,每一位都是容貌出众,才识过人的女子,但是因为他们错嫁帝王,却没有一个能够善终,最终都悲惨地死去了。

世宗的第一个皇后陈氏是元城县学教训陈正的女儿,她长的端庄秀丽,楚楚动人,而且娴于史书。嘉靖当上皇帝的第二年,由他的伯母,孝宗的张太后做主选陈氏为皇后,两个青年男女成婚后非常恩爱。皇帝对陈皇后爱屋及乌,还把她的父亲封了高官,始终在朝廷上庇护他,还因此引起了其他朝臣的不满。

他们在一起度过了几年快乐幸福的生活。可是好景不长,就在嘉靖七年陈皇后已经怀有身孕的时候,她因为吃其他妃子的醋而惹怒了嘉靖,自己又伤心又害怕,以至于流产大出血而死。她死后,嘉靖皇帝又开始后悔自己对皇后过于严厉,再回想起以前两人形影不离的日子,心中十分悲痛。他以极为尊崇的最高礼仪安葬了陈皇后,并根据陈皇后一生受人敬仰的品行,赐谥号为"孝洁"。

世宗的第二个皇后是张氏,她本是一个锦衣卫军官的女儿,因为她温柔娴雅,对皇帝百依百顺,从不违逆皇帝的意思,因此得到了世宗的全心喜爱,被封为"顺妃"。陈皇后死后,她就被世宗立为皇后。世宗皇帝对精心制订朝廷礼仪有极大的兴趣,每次都亲自参与制订新的礼仪。张皇后满足了皇帝的这种爱好,总是兴致勃勃的陪同皇帝去参加一切必要的仪式,而且在这些仪式中表现出端庄得体的迷人风范,也因此更加得到皇帝的喜爱。可是她也不慎犯下了一个大错。本来世宗是由藩王身份得以入继大统的。入京之初,她的亲生母亲就和孝宗的张皇后(此时已是张太后),发生了冲突。世宗认为他的伯母张太后侮辱了自己的母亲,所以在当上皇帝以后想尽一切办法对张太后进行报复。当时宫中朝中的人都明白皇帝的这种心思,因此都不敢说些什么。张皇后心地十分善良,她很同情太后,因此贸然地向皇帝求情,请他善待张太后。世宗一听就勃然大怒,立即下令废去了张氏的皇后称号,无情地把她打入冷宫,全不顾多年的夫妻之情。两年以后,张皇后在被幽禁的地方郁郁而终。在她死后,严苛的嘉靖皇帝仍没有原谅她,没有给她举行任何的仪式就草草安葬了她。

世宗的第三个皇后方氏本来是他的宠妃,张氏被废之后仅仅九天,她就被立为皇后。与前两位皇后不同,方皇后是地地道道的南国佳人,容貌秀丽,温柔得体。但是她又同时具备了一些独特的气质，遇事果敢、镇定机智，是一个才色胆识兼具的奇女子。她的死却是因为她为皇帝立下了大功。

嘉靖二十一年的一天清晨，宫中发生了一场宫女企图谋杀皇帝的事件。嘉靖皇帝本性极为严苛，再加上他长期服用道士进献的丹药，具有明显的丹药中毒现象，暴躁易怒，喜怒无常。宫中的一些宫女不堪忍受皇帝突然而来的暴怒和残忍的刑罚，心中充满了对皇帝的怨恨。这一天，嘉靖皇帝睡在他最宠爱的曹端妃的宫中，清晨时分，宫中空无一人，大家都知道皇帝喜欢睡早觉，谁也不敢去打扰他。那些心怀怨恨的宫女以杨金英、邢翠莲两人为首，偷偷潜进皇帝安睡的宫中，见皇帝正在床上呼呼大睡。几个宫女拿出事先预备好的绳子，套在皇帝的脖子上，用力收紧绳套。

负责下手的杨金英实在是太紧张了，绳套怎么也收不紧，反而把皇帝惊醒过来，拼命挣扎，还呼救出声。旁边的宫女一看都急红了眼，都涌了上去，有的捂嘴，有的按手，有的按脚，希望尽快把皇帝置于死地。世宗被按在床上，脖子上的绳套越收越紧，很快就吐舌头、瞪眼睛，眼看就不行了。这时候，方皇后在自己宫中听到其他宫女的密告，惊得心魂俱散，马上带了身边的太监和侍女赶到曹端妃的宫中。杨金英等人听到有脚步声想逃走，可是皇帝还没有断气，杀红了眼的杨金英从头上拔出银钗，猛地往皇帝下体刺去，很快就鲜血淋漓。方皇后带人赶来的时候，看到的就是这副惨景。杨金英等人马上被逮捕。方皇后上前解开套在皇帝脖子上的绳索，让他身体放平，马上命人召来御医救治。闻讯赶回来的端妃看到这种情况也不禁惊呆了。方皇后又下令封闭宫门，没有她的命令谁也不准出入。

世宗这时已经昏迷不醒，奄奄一息了。太医赶来后，全力救治，总算保住了皇帝的性命。方皇后这才放下了始终悬在嗓子眼的心。转过头来，她马上下命拘捕其他的涉案人员。那些宫女深知必死无疑，就胡乱招供，把平日和自己有仇的人全都牵扯进来，说这些人事先全都知情。曹端妃也在被咬下水的人中。方皇后知道这件谋杀皇帝的事非同小可，为了迅速安定人心，她命令将端妃在内的所有人立刻凌迟处死，并株连九族。端妃在临死的时候大呼冤枉，方皇后这时也顾不得这么多了。

几个月后，世宗才慢慢痊愈了。他知道方皇后救驾有功，对她宠幸有加。

可是时间不长,他开始怀念端妃娇艳妩媚的倩影,觉得是方皇后借机杀死了自己的爱妃,心中对方皇后的感激也开始变成了怨恨,渐渐冷落了方皇后。几年后,方皇后居住的宫殿突然着起大火。火势很猛,封住了宫门。世宗却不让任何人去救火,只是远远地站在一边,像欣赏着焰火一样,怡然自得的观赏着火景。方皇后欲逃无门,和身边的太监宫女全部葬身火海。残忍冷酷的皇帝这才觉得为自己的宠妃报了仇。可怜方皇后竟然因为及时救了皇帝的命,反而得来了这样悲惨的下场。

张皇后处理家事国事游刃有余

明永乐二十二年,明成祖领军北征,攻打鞑靼部落。可惜他没有成功就在榆木川身染重病,弥留之际,拟定遗诏,传位给皇太子朱高炽。

明成祖的遗骸被很隆重地迎入北京皇宫内的仁智殿。皇太子朱高炽在成祖灵前即位,这就是明宗。二十多年来自他成为皇太子起,地位总是受到威胁,还差点被废,之所以能有今天,很大程度上归功于他的妻子张氏。所以他一登基就册立张氏为皇后,并立张氏生的长子朱瞻基为皇太子以示感激。

张皇后出生在永城,父亲叫张麒。洪武二十九年,朱高炽做了燕王世子。张氏成为燕世子妃;永乐二年,又做上皇太子妃。她一直恪守妇道孝道,一心侍候燕王夫妇,因此非常讨公婆欢心。

朱高炽生性善良,举止行为庄重,但是有时却很懦弱。明成祖看二儿子高煦勇猛干练,很像自己,所以想废了朱高炽而改立高煦,但又怕徐皇后和大臣们有意见。一次,成祖询问金忠,金忠认为万万不可,并援引古今废长立幼所造成的祸端来劝说成祖。成祖又问翰林院侍读解缙,解缙说:"皇太子孝顺仁厚,请陛下相信他!"解缙进一步劝说成祖,并且叩了一个响头道:"撇开皇太子且不说,皇上也得顾及好孙儿呀。"

朱高炽有一个十岁的长子,叫瞻基,是张妃所生,十分受成祖宠爱。张妃生下这孩子之前,成祖曾梦见朱元璋托梦给他一柄大圭,上面有"传之子孙永世其昌"八个字。瞻基满月时,成祖抱着他,还说他有太子之相,定会是个英明君主。瞻基十岁,聪明好学,很爱读书。想到这些,成祖便取消了废立念头。

然而，朱高煦和朱高燧还是不甘心，在朱高炽留守北京时，他们趁机向成祖进谗，说朱高炽的坏话。成祖生性喜爱武功，太子高炽却越长越胖，不能骑马射箭，成祖很不高兴，甚至下令削减太子东宫吃饭用膳的费用，要太子少吃多运动。

太子为人老实，对于两个弟弟的谗言根本没有放在心上。有人问及此事，他从容地笑着说："我无法顾及那么多，只知道努力尽孝道。"而汉王高煦，反倒做贼心虚。成祖调他去云南，要离开京城，他很是气愤，就和手下爪牙说："像我这样文武双全，还当不了皇上吗？"

一日，成祖命太子高炽和汉王高煦去拜祭祖先，太孙瞻基随行。太子太胖，脚又正好有病，只好让太监扶着走，这样还很不稳当。高煦在后嘲讽说："前面有人走不好路，后面的人可得小心了。"十来岁的瞻基急中生智说道："后面还有人知道小心呢！"高煦转身看是已被封为下一代皇位继承人的瞻基，于是便不敢再说话了。

成祖总与大臣们说到太子不好，可臣子们总是为太子说话，说太子人品好，有才能，定会是个好皇上。再加上太子妃张氏很得成祖宠爱，尽心尽力侍候成祖，还亲自为其做饭菜。受人之托的王贵妃，也是处处帮助太子。这样太子才未被废。

而汉王高煦则更加放肆了，竟要发动兵变篡夺皇位。他暗地里纠集了3000人，偷偷制造兵器，收养许多亡命之徒，任意屠杀大臣，骚扰京师，还演习水战。成祖发现后大怒，在朝堂上治了他的罪，把他关在了西华门，贬为平民。

太子知道后还去为高煦说情。成祖怒火中烧："我是因为你才忍痛割爱，你反而养虎为患，想害了自己不成？"太子哭着请求赦免高煦。于是成祖最后改让数名王府亲信抵罪，把高煦调去山东乐安州，让他立刻离开京城。

高炽做了皇上，重用贤能之人，减轻劳役和赋税，因此深得百姓拥护，全国太平无事。仁宗整天忙于国家大事，建造了弘文馆，还常与文人们讨论经史。他丝毫不恋女色，仅有谭妃一人。可惜好人不长命，只做了一年皇帝就去世了，死时48岁。

宣德元年，朱高炽的儿子朱瞻基做了皇帝，他就是明宣宗。皇后张氏成了皇太后，追随朱高炽自尽的谭妃被迫封为"昭容恭喜顺妃"。宣宗十分孝顺，军国大事总与其母后商讨。当时天下很安定，宣宗为母后办了个游宴会，地方官员进贡的虽然不是珍玉奇宝、只是一些蔬果野味，宣宗还是要先给太后品尝，然后才自己享用。

宣德三年，张太后过生日。文武百官前往庆贺，宣宗跟随太后游西苑，还有皇后、贵妃陪伴在一旁。万岁山上，宣宗为母后祝寿敬酒，太后很高兴，饮完酒，说："天下太平，我可以享受天伦之乐了。你做皇帝的如果能保证百姓安居乐业、没有饥寒之苦，我母子就可以经常这样了。"

宣宗点头受命。大臣们也为太后祝贺，直到太阳下山才尽兴而归。

第二年，宣宗又陪着太后祭拜先祖。宣宗骑马走在前面，到了清沙桥时，他下马亲手扶着太后的车向前走。百姓们沿着山陵两边，跪在地上迎接皇帝、皇太后，欢呼万岁。太后见此情景对宣宗说："百姓这么爱戴你，是因为你让他们生活富裕、太平。你一定要爱民如子，千万不要辜负他们对你的期望！"宣宗点头听命。

他们拜祭完毕、路过农舍时，太后下车，询问农妇生活得怎么样，还赏了钱币和食物给她们。村妇们很感动，献给太后自家种的蔬食果品，太后十分高兴地接受了，还亲口尝了一下，并且说："农家风味，一定得尝一尝。"

回宫时，他们见有农夫正在农田耕地，宣宗下马拿着农具，推了三次土，说："我才推了三次就不胜劳累，更何况长期劳作的百姓呢？"于是又赏给农夫许多钞币。一路上只要见到农户，都会给赏赐。

宣宗做了十年皇帝，于宣德九年得病去世，当时38岁。他的大儿子是朱祁镇，九岁的时候被立为皇太子，二儿子是朱祁钰。大臣们认为，皇太后会因自己的利益而改立自己的儿子；也有人怀疑，太子年幼，做不了皇帝；还有人说，皇太后已取金符要朱瞻善入宫做皇帝。内阁辅臣杨士奇担心地对杨荣说："我们都受到过先后的厚恩，理应尽心保护小皇子，扶助他治国。"

这时，景阳钟响起，皇太后在乾清宫命文武百官入殿觐见新皇帝。张太后凤冠霞帔，正坐上方，女官们佩刀执剑依次护卫太后两旁，新皇帝出来，众人下拜。太后说："这就是新皇帝，才九岁，希望大家尽心扶持！"众臣抬头一看，见是太子朱祁镇，都由衷地兴奋，三呼万岁，声声震天。朱祁镇即位，正统元年开始，史称明英宗。张太后成了太皇太后，孙皇后成了皇太后，弟弟朱祁钰被封郕王。

大臣们见皇上年幼,便要太皇太后垂帘听政。张太后拒绝了,她委任了五名大臣一起辅佐皇上。

太后十分严于律己。彭城伯张泉、都督张升是她的兄弟,太后禁止他们干预国政,只能在每月初一、十五两次入朝。张升贤能,杨士奇希望太后能重用他,但被太后否决了。

宫中有一太监名叫王振,奸诈狡猾,权欲很重。朱高炽当太子时他就当差,朱瞻基做了皇帝,他掌权东宫,英宗则由他带大,故英宗尊称他为先生。英宗做了皇帝后封他去司礼监,对他宠信有加。王振凭着英宗的权威干预国事,责罚大臣。太皇太后对此十分恼火,并将王振好一顿斥责,决定以太祖时干预朝政的内臣须处死的法令将王振处死。在英宗的一番求情之下,才保住了王振的命。以后几年,王振也老实了一些。

正统七年,太皇太后知道自己的病是不治之症,便将杨士奇、杨溥二人召进宫,问两人:"国家还有什么大事没有办妥?"杨士奇写了三道奏章,分三次递上。一是建文帝下落不明,但不可去其年号,而应撰写建文帝实录;二是成祖曾下令将收藏建文旧臣方孝孺等人的遗书的人,判为死罪。这一条应该取消;而第三道奏疏尚未送进宫中,太皇太后已经去世。

张太后被追封为"诚孝恭肃明德弘仁顺天昭圣昭皇后",与仁宗一起葬于献陵。

天启皇后对明王朝忠心耿耿

明熹宗朱由校是出了名的昏君,他十分宠爱太监魏忠贤和乳母客氏,结果弄得天下不太平,人民生活在水深火热之中,从而受到子孙后代的唾骂。而其皇后却贤淑有才,恪守礼节,所以文人称她是"有古贤后风"。

天启皇后姓张名嫣,字祖娥,是河南祥符县诸生张国纪的千金。天启元年,十六岁的熹宗朱由校要选后妃,全国各地十三岁到十六岁的少女都可参加,结果张嫣被选中了。朱由校的生母去世了,就由昭妃掌太后印,主持婚礼。张嫣身材苗条,才华横溢,深得昭太妃宠爱。但昭太妃并未自作主张,而是又挑选了王氏、段氏,让熹宗自己来选择。最后,张嫣被选为中宫皇后,王氏为良妃,段氏为纯妃。四月二十七日,朱张二人举行了隆重的婚礼。张国纪以女为贵,成为太康伯。

熹宗由魏忠贤和客氏抚养长大,所以魏、客二人的话对熹宗很管用。魏忠贤专权跋扈,蛮横无理,常常伙同客氏,哄骗熹宗。朱由校当了皇帝后不久便成为魏、客二人的傀儡。二人一里一外,狼狈为奸,掌握着明朝生杀予夺的大权。张嫣为人老实,不会拍马屁、讨魏忠贤与客氏的喜欢,因此从一开始她就与魏、客二人格格不入。

天启皇后

张嫣做了皇后,察觉了魏、客二人的不法行为,时常劝告熹宗,以期引起他的警惕。有一天,熹宗去找张后,见她正趴在桌上看书,问她是什么书,张后答道:"《赵高传》"。她用赵高比喻魏忠贤和客氏,让魏、客二人耿耿于怀,开始找机会陷害张后。正巧那时有个河南人孙二犯罪,被逮捕入狱,魏忠贤便收买孙二,要他谎称张嫣是他的亲生女,是张国纪的养女。孙二为出狱作了假证,魏忠贤于是到处散布皇后的假身世,要废掉她。可惜这个计谋太不可信,连熹宗也怀疑,魏白费了一番心思。天启三年,张后有了身孕,魏、客有意将心腹宫女派到皇后宫中,让她陷害皇后。她在给皇后按摩时,猛击张后腰部,导致其早产,生下了一个死的男婴。朱由校虽然没有了孩子,但夫妻的感情却始终如一。

魏忠贤三番五次地陷害张后都没有如愿,便开始打击张国纪,诬蔑张国纪有意谋反,以此来动摇张后的地位。魏忠贤的心腹太监王体乾劝他不要白费力气,这样做根本无法动摇皇上夫妻之间的感情。魏忠贤被迫放弃了。天启六年,有人写了匿名信,揭发魏忠贤及其党羽的恶行。魏忠贤怀疑是张国纪所为,便狗急跳墙,要冤杀张国纪,废掉张后,改立他的心腹魏良卿之女做皇后。魏忠贤勾结顺天府丞刘志选、御史梁梦环一起对付张国纪，熹宗迫于无奈只得罢了张国纪的官职，让他回乡。

天启七年八月，熹宗得了重病，危在旦夕。他做了七年皇帝，一直没有孩子，所以无人继承王位。有人提出让魏良卿之子即位再由张后垂帘听政，魏良卿参与政事，变朱家天下为魏家天下。张后看形势紧急，极力建议由朱由检继承王位。熹宗于是宣信王进宫，当面传位于他。信王再三推脱，惹急了张后，她不顾一切地从屏风后走出，流着泪对信王说："皇叔千万不要推辞，这事很急，你快快谢皇上吧。"信王只好接受，登上了皇位，他便是明朝最后一个皇帝，年号崇祯。

朱由检十分感谢寡嫂，便封张后为懿安皇后，给予皇太后的待遇，同时召张国纪回京复职。

张嫣那时只有二十二岁。

崇祯十七年三月十八日，李自成率领起义军攻占了北京外城。崇祯帝在逃跑之前砍死了袁贵妃和女儿，并让懿安皇后自杀。崇祯帝的周皇后也早上吊自尽了，崇祯逃不掉了，只好在煤山的一棵树上自缢而死。

三月二十日，起义大军占领了京城，四下寻找崇祯皇帝。结果没找到崇祯皇帝，却找到了躲在成国公朱纯臣家的懿安皇后。原来，懿安皇后当时并没有按崇祯帝的旨意自杀，而是混在宫女之中逃出皇宫，躲在了朱纯臣家。懿安皇后被李自成派人抬到了她父亲家中。李自成的部将李岩以前是河南杞县的举人，他的思想比较封建，因为同乡的缘故，便劝说懿安皇后以死殉国来追随熹宗，懿安皇后当天晚上便在家中自尽身亡，死时三十八岁。

天启皇后一直忠心爱国，在熹宗病重的关键时刻，她英明大胆地拥立信王为帝，扫除了魏忠贤阉党的势力。但挽救早已腐朽衰败的明王朝，显然不是张嫣凭一己之力便能成功的，她已竭尽全力了。也可以说，天启皇后比天启皇帝更加英明贤能，她得到的所有赞美，都是名副其实的。

政坛趣话

袁凯装疯弃官得活命

明太祖朱元璋为了使政府廉洁，政治清明，对手下官员的要求极为严格，一旦有不良之举便会被其诛杀，这也使他变得心狠手辣，对杀人习以为常，因他出身低微，生怕别人瞧不起他，所以还往往猜忌多疑。

在安定天下的大业基本结束后，朱元璋便大兴文字狱，大杀功臣。当初随他南征北战的文臣武将，除了汤和交权辞归故里之外，其他如常遇春暴病而卒，徐达吃鹅肉而亡，胡大海被苗人杀害，刘伯温被胡惟庸给害死，所以他周围的功臣几乎都被他杀光了。

可以说，整个明初时期，朱元璋的大小臣子们上朝时如同上刑场，很多大臣出门上朝前皆先安排后事，与妻儿洒泪而别。不过，在如此险峻的为官环境之中，却有一位大臣依靠自己装疯的藏晦之术，巧妙地瞒过了朱元璋的眼睛，保全了自己的性命，他就是当时的御史袁凯。

一次，朱元璋又要处决一些在他看来不法的人，他圈录了应该处决的囚犯让袁凯送给太子审核。虽然朱元璋施行的是暴政，但是太子在儒教的熏陶下，却积极主张施行仁政，因此就将囚犯名单删减了不少，但此举却惹得朱元璋很不高兴，就问袁凯：朕与太子哪个正确？

袁凯一听，感觉此话不好回答，这双方自己都得罪不起，弄不好就要掉脑袋。于是，他急中生智说陛下对囚犯处以极刑，从法律上说是正确的；而太子宽宥罪犯，说明太子心地仁慈。回答虽然巧妙，然而朱元璋素来猜忌多疑，苛暴寡恩，他认为袁凯是在耍滑头，从此以后只要见到袁凯就说他是个"滑头！"

俗话说"伴君如伴虎"，况且袁凯已不为朱元璋信任，在这种情形之下，稍不慎便会脑袋搬家。袁凯深知朱元璋凶残狠毒的秉性，于是想暗中寻找合适的机会，以便让朱元璋放他回家乡。

一次早朝时，袁凯诡称中风，一下子扑倒在地。同僚们见状慌作一团，纷纷在说应该请御医来看看袁凯的病情。

但是，朱元璋见了却表情冷漠，心想袁凯肯定是在装病，就说：既然中风了，肯定会失去知觉，现在就试试，看是真中风还是装中风。于是便残酷地命令侍从用铁钻钻袁凯的腿。这时袁凯拼命忍住痛，任凭侍从怎样在身上钻，他愣是像死人般一动也不动，仿佛身体没有任何反应，朱元璋这才相信袁凯是中风了，便让人把他抬出朝廷，送回家中。

但后来朱元璋还是觉得袁凯不是真病，也觉得他很有才，就常常念叨他，还对人说："东海跑掉了一条大鳗鲡，到哪里找回来呢？"于是就派人到他家去，起用他为本郡的儒学教授。

使者突然到来，袁凯不好推辞，就在酒礼上款待使者，但袁凯一会儿瞪着眼睛，注目细看使者，突然唱起了《月儿高》。这是与当时的礼仪场合完全不符的曲子，这样庄重的场合唱如此淫荡的歌曲，大概是只有发疯的人才会有的举动。使者回报皇上，朱元璋才认为袁凯真的疯了，便搁置下来，不再提起让袁凯当官的事情。

袁凯回乡后，知道朱元璋不会这样简单地就放过自己，为保全性命便装起疯癫来。袁凯用铁索锁住自己的脖颈，毁坏自己的形体，这样疯狂的举动大概不是正常人的举动。果然，朱元璋又一次派使者去袁凯家乡，看他究竟真疯还是假疯。袁凯事先得到消息，就准备了一个"真疯"的游戏迷惑朱元璋的使者。

袁凯让自己的家人将砂糖和黑炒面搅拌，在竹筒中挤出，做成狗屎状，摆在篱笆旁边，就像是路边野狗的粪便。使者来了后，袁凯故意蓬头垢面地跑到篱笆旁边，看到"狗屎"后，大叫"美味"，然后袁凯就捧着一堆堆假狗屎大吃，还不时发出"啧啧"的声音。使者看得恶心，而袁凯故意做出吃得很香的大为陶醉的表情。使者看到这样的情况，认定袁凯是真疯了。

使者回去复命将所见所闻回复朱元璋，朱元璋心想：这连狗屎都吃的人，应该真的是疯了，就没有再追问袁凯的事，袁凯才因之得以活命。

刘季箎明查断命案

建文朝的时候有个刑部侍郎叫刘季箎，他为人精明细心，对事情观察细致入微，性格又极为宽厚，深得皇帝和同僚们的尊敬与信任。那时候，他负责审核从各地报上来的案件处理结果。这些案件中因为各种不同因素的存在，常常出现一些冤假错案，如果碰上了一个糊涂不负责任的审核官员，只要他的大印一盖，犯人的最终命运就算已经被确定了，谁管你是不是被冤枉的。刘季箎却与众不同，在审核每一个案件的时候，他都会询问再三，详查案情，从不敷衍放过，直到确认审判结果无误，才最终允许结案处刑。因为他这样认真的态度，纠正了不少冤假错案，挽救了不少人的性命。

那时河阳的一个小旅馆里发生了一起命案，一个姓赵的旅客在夜里被杀了。县里主管案件的官员很快就来勘查现场，但是却找不到任何有用的线索。最后没有办法，就转而怀疑住在隔壁的姓朱的客人，说他谋财害命。他们不由分说地就把这个人带回县衙中严刑拷问，最后在各种酷刑的折磨下，这个人实在忍受不了了，就糊里糊涂的承认了杀人的罪行，承认自己是为了图谋赵某的钱财才动手杀了他，结果被县官判处了死刑。这个案子被上报到刑部请求批准执行，正好交到了刘季箎的手中，他仔细地看了几遍卷宗，总是觉得有什么地方不对劲，对下属说："这个案件实在有些说不过去。这朱、赵两人都是过往的旅客，以前素不相识，无冤无仇，姓朱的为什么要杀姓赵的呢？如果说是为了谋财，可是卷宗上写的这个赵姓旅客身上并没有多少盘缠，实在不值得为如此少的钱去杀人啊！这件案子定罪的证据不足，疑点太多，恐怕是另有内情。还是先批驳回去，让地方官员仔细查清楚了再来上报吧！"后来，案件被返回去，县官又继续认真查找线索，终于抓到了真正的杀人凶手，那个被定成死罪的人终于被无罪释放。

上面只是因为刘季箎的仔细审核把关而挽救了人命，有时他还亲自去侦破一些难解的命案，用巧妙的手法使凶手现出原形。扬州有一户人家，深夜里强盗闯了进来，杀死了主人，抢走了财物。凶手慌慌张张逃走的时候，不小心把作案的凶器留了下来。负责侦破这件凶杀案的地方官员一看到这把作为杀人凶器的匕首，不仅喜出望外，因为匕首的柄上清清楚楚的刻着拥有者的名字。这下子凶案立时可破，官员马上派人按照匕首上的名字去查找它的主人，却惊讶地发现原来就是被抢人家的邻居书生的。县官马上派人把这个书生捉拿归案，就以那柄杀人的匕首作为证据逼书生承认杀人劫财的罪行。书生却说什么也不肯承认，直说这把匕首在好几年前就已经丢失了，实在不知道是被何人得去。

但是县官根本就不相信书生的话，认为他是有意编造谎话替自己脱罪，命人用各种残酷的刑罚把书生折磨得死去活来。书生实在受刑不过，只好招认了抢劫杀人的罪行，被判处了死刑。

这个案件同样被交到刘季箎的手中，他很不满意负责官员处理此案的办法，他觉得单凭匕首上的名字就断定杀人凶手是谁，未免太过于武断了。书生一再辩解匕首早已经丢了，这也不是不可能的事。刘季箎想出了一个办法，他派两个精明的手下带着那柄匕首，到发生凶案的地点附近去明察暗访，想看看是不是有人曾经见过这把匕首。于是，不久以后扬州城里出现了两个行踪诡秘的卖刀人，他们拿着一把制作精美的匕首四处叫卖，但等到真的有人出价要买时，他们却又说什么也不肯卖了。他们就这样每天都在大街小巷里游走，直到有一天，一个七八岁的孩子好奇地走近来，还伸手摸了摸那把匕首，然后对这两个卖刀人说："我见过这把刀，我家也有一把一模一样的，我爹拿给我看过的！"卖刀人一听到孩子的话，顿时大喜，连忙哄住孩子，说想和他一起回家看看那柄一模一样的刀。那个孩子就高高兴兴地带着两个卖刀人回到自己家中。他的父亲一看卖刀人拿在手中的匕首，马上就吓得瘫坐在了地上，一句话也说不出来了。刘季箎派去的两个手下一见这幅情景，就知道自己绝对没找错地方，二话不说，拉起那个坐在地上起不来的人就直接送到了县衙里。经过连夜审讯，没费什么力气，那个人就俯首认罪，乖乖的交代了自己抢劫杀人的罪行。

就这样，刘季箎用巧妙的手段使真正的犯人自己现出了原形。类似的案件还有许多，举不胜举。刘季箎也因为他对案件的严谨态度和准确的判断力而被人尊敬的称为"青天"。

蒋瑶装糊涂造福扬州

明朝时的明武宗朱厚照非常爱玩，经常借巡游的名义到处游荡，他有一次到扬州游玩，扬州知府蒋瑶少不得要接待圣驾，因为是皇帝出巡，当时朝中卫队都跟着出发，需要在六个站停留，每个站所需民夫差役约一万人，商议这件事的官员准备把夫役都集中在扬州，弄得这里人心惶惶。

蒋瑶为人清廉方正，不肯横征暴敛来巴结皇上身边的那些小人，他考虑到这件事对百姓的惊扰和用度等多方面的因素，就只在每站设置 2000 人，轮流调遣迎送，比原来的计划要减少 4/5，因此其他的供应也都相应减少了。可以说蒋瑶做到了对皇帝的供应既不缺乏，又最大限度地减少了对百姓的惊扰。

当时明武宗宠信江彬和太监丘得这两个奸佞小人，他们仗皇帝之势对各地进行勒索，蒋瑶自然是他们的主要勒索对象，但蒋瑶不因他们的权势而动摇，都巧妙地给他们顶了回去。

有一天，明武宗外出游玩，碰巧钓到了一条大鱼，武宗开玩笑地说：这条鱼长这么大，真的很少见，至少值 500 两金吧！当时江彬也在，为了进行勒索，也为了要报蒋瑶不给贿赂的一箭之仇，当即请求皇帝恩准把这条大鱼赏给知府蒋瑶，但是要他付款买鱼。皇帝不想拂了江彬的意思，笑了笑就要把这条罕见的大鱼赏给蒋瑶，江彬则趁机勒索知府付款买鱼。

蒋瑶一看便知是小人江彬要暗害他，可不买又不行，怎么办？看来只能装糊涂了，他便说回家向老婆要银子，不久后他却拿夫人的首饰和绸缎衣服进献到皇帝面前说："微臣的府库里已经没有一串钱，所以没有办法多交，这些首饰衣服是贱内的，就暂时拿去充鱼资吧？"武宗看到他是一个穷酸的儒生，又见到他拿自己夫人的衣物来，便微微一乐，也没有去理会计较什么。江彬虽然恨得咬牙切齿也没有办法。

他们看到一计不成，又生一计。一天，掌权的宦官发出文书，索取胡椒、苏木、奇香异品各若干种，而这些东西本地没有，于是他们就想利用这个来刁难蒋瑶，勒索丰厚的贿赂。蒋瑶要置办这些贡品势必要花很多的钱，如果不置办就是对皇帝的不敬，同样可以定罪，因此，蒋瑶如果不想花太多的钱又不想被定罪的话，就只有贿赂他们了。但是蒋瑶坚决不贿赂这些宦官小人，因此江彬等人要蒋瑶到其他的地方去买来供应皇帝。

蒋瑶则又装糊涂说："自古以来，供应皇帝的东西都是本地的出产，从来没有从外地买来供应皇上的道理。这些单子上列的东西都是出产在异域和偏远的地方的物品，却故意要让扬州供应，我还不知道有这样的事情。"江彬等人非常愤怒，要蒋瑶自己去向皇上回复这件事情。

蒋瑶并不惧怕，他写上禀帖，回复皇帝说扬州不产这些东西无法供应，并在下面注明：某物产于某处，扬州地处中土，产于偏远地方的东西扬州无法供应。

因为蒋瑶写得有理有据,皇帝也没有责备他。

宦官们看到在富庶的扬州竟然没有捞到好处,非常不甘心,就又生出了一条计,一定要好好难为蒋瑶。于是那些宦官就奏明皇上要选宫女数百人,用来在皇宫伺候皇上,江彬等人要求要在民间进行选取。

蒋瑶不忍心惊扰百姓,就再次表现得很为难地对皇上说:"扬州的女子都很丑陋,而且大量逃亡,如果一定要按皇上的旨意办,那么只有臣一个女儿可以进呈皇上。"

明武宗知道他的为人,知他是为百姓着想,就下诏书不再选取宫女了。

王守仁主动让功得避祸

王守仁是明代的大学者、思想家、军事家,字伯安,号阳明,浙江余姚人,著有《王阳明全集》,他确立了儒家的心学理论体系,提出"知行合一"的观点,倡导道德意识与道德行为的统一。他的学说对破除理学的思想禁锢、解放思想、强调实践有巨大的作用和现实的意义,是我国哲学史上一个里程碑。

王守仁不但在学问上造诣极深,在处世待人上也极具智慧。明武宗时期,宁王朱宸濠反叛朝廷,王守仁遵照皇上的旨意率部队平息了这场叛乱,并擒拿了朱宸濠,将其囚禁在浙江。当时皇帝南巡,正留驻在南京。中官就偷偷地来找王守仁,对他说:"王大人,皇上此次要御驾亲征,来擒宁王。现在您先把宁王抓住了,等皇上来的时候,什么功劳也拿不到,这不是很损皇上的威严吗?我们都是做臣子的,应该处处为皇上着想啊。"

王守仁

王守仁不理会中官的意思,坚决不肯放宁王。中官见此计不成,只好另想其他的办法。于是,他就找了两个太监,到浙江假传圣旨给王守仁,"圣旨"的意思当然还是请王守仁放了宁王,等皇上亲自来的时候,再抓他。王守仁不相信,就要求看看皇上的圣旨,两个太监心里有鬼,害怕伪造的圣旨出了破绽,也就偷偷地跑了。

王守仁擒获宁王以后,作为与他一起来征讨的大臣江彬等人妒忌他的功劳,便散布谣言说:"王守仁开始的时候是和朱宸濠同谋的,只是后来他听说皇帝要御驾亲征,率军南下,他才擒拿逆贼,为自己开脱的。"江彬一伙还偷偷在私下里商量,要擒拿王守仁,一并向皇上请功。不久这个传言就传到了皇上的耳朵里,皇帝不信,于是才有上面所说皇帝要御驾亲征的事情。

王守仁的手下听说了这个消息就来向他报告,并请求是否要采取什么措施,以对付江彬这群坏蛋。王守仁听后也吓出一身冷汗,他镇定地想了想说:"这件事情如果按照皇帝的本意,或许还有所挽救,但是,如果有人在皇上面前进谗言,说我们的不是,那事情就糟了。"

王守仁思虑再三,决定找来皇帝派来的钦差大臣张永,把宁王移交给张永看管。然后写了捷报,让人送到京城,同时还声称此次捉拿宁王的功劳全在总督军门江彬,以此来阻止皇帝的江西之行,而自己则称病躲进了净祠寺。江彬一伙听到了这个消息,心中对王守仁的怒气消了许多,而且很感谢他将功劳推到自己身上,也就不再无端地散布谣言了。

张永回到京城后,便在皇帝面前极力称赞王守仁对皇上的一片忠心,以及在擒拿逆贼过程中让功避祸的意思。皇帝这才明白了是非,消除了对王守仁的怀疑并奖励了他。

戚继光立志"但愿海波平"

戚继光是明朝著名的爱国将领,他出身将门,受父亲教育影响从小喜爱军事,并立志做一个为国建功的文武全才的军人。当时,中国的沿海常常受到倭寇的侵扰,倭寇是指日本内战中的一些残兵败将,以及部分浪人和商人,从14世纪的元代末年到明代初年,他们经常驾驶海盗船只,在中国沿海一带打家劫舍,杀人放火。到了15世纪下半叶,倭寇越来越猖狂,他们与中国沿海一带的土豪奸商相勾结,有的甚至深入内地,攻陷州县,倭寇成了中国东南沿海的一大祸害。

戚继光十分痛恨倭寇的暴行,16岁时,他曾经写下一首诗:"封侯非我愿,但愿海波平。"意思是说,做官并不是他的愿望,他的愿望是祖国海疆的平静。17岁那年,他继承父亲的职务,开始了金戈铁马的军事生涯。

戚继光一上任就与倭寇交战,取得了很多的胜利。由于戚继光在山东抗倭寇有方,朝廷于明世宗嘉靖三十四年(1555)把他派往浙江任定海参将,这里是倭寇活动的中心地区,戚继光在这里组织了一支由农民、矿工组成的军队。他还根据中国南方沼泽

戚继光雕像

多,倭寇又惯于用重箭、长枪作战的特点,创造了一种"鸳鸯阵",这是和敌人进行短距离肉搏的战斗组合。在战斗中,戚继光的军队先以火器、弓箭作掩护,敌人进入100步之内发火器,进入60步内发弓箭,敌人再进的话,戚继光便用"鸳鸯阵"冲杀倭寇。

经过戚继光的严格训练,这支4000多人的新军军纪严明,精通战法,战斗中屡战屡胜,深受人民的爱戴,人民称这支军队为"戚家军"。

明世宗嘉靖四十年(1561),有倭寇数千人,驾100多支战船,大举侵犯浙江台州地区,戚家军闻讯后神速迎敌,在台州一带九战全捷,全歼敌人。从此倭寇闻风丧胆,数年之中不敢进行大规模的侵扰。

因为戚继光的英勇善战,军功卓著,很快得到朝廷升迁,并转战到福建、江苏、山东等地区。

在戚继光和其他将领的共同努力下,抗倭寇战争节节胜利,中国沿海地区日趋安定,经济也逐渐繁荣起来。戚继光在抗倭寇战争中建立了卓越的历史功绩,赢得了当时以至后世人民的称颂。在中国沿海许多地方至今仍有纪念戚继光的祠堂、雕像、纪念馆等,多年来人们都不忘缅怀他抗击倭寇的功绩。

何心隐因学说被杀于张居正

何心隐是明代学者。论学以"心"为万物本源,肯定人的物质欲望,认为对某些欲望应适当加以满足,反对道学家把人欲看成罪恶的说法。

张居正也是与何心隐同时代的一位名士,并且官居宰相。他出生在荆州江陵的一位秀才的家里,出生前他的曾祖父做了一个白龟梦。梦中的月亮落在水瓮里,照得四周一片光明,然后一只白龟从水中悠悠地浮起来。曾祖父认定白龟就是这小曾孙,于是信口给他取了个乳名"白圭",希望他来日能够光宗耀祖。

白圭的确聪颖过人,很小就成了荆州府远近闻名的神童。嘉靖十五年(1536),12岁的白圭报考生员,其机敏伶俐深得荆州知府李士翱的怜爱,他嘱咐小白圭要从小立大志,长大后尽忠报国,并替他改名为居正。

这一年,张居正补府学生。4年后,才高气傲的张居正又顺利通过乡试,成为一名少年举人。湖广巡抚顾璘对他十分赏识,曾对别人说"此子将相才也",并解下犀带赠予居正说:"希望你树立远大的抱负,做伊尹,做颜渊,不要只做一个少年成名的举人。"

明世宗嘉靖二十六年(1547),23岁的张居正中二甲进士,授庶吉士,随后入翰林院,当上宰相后,他策划并实施了明朝隆庆年间的改革,为挽救明朝岌岌可危的政权做出了不小的功绩。

有一次,何心隐到京师游学,住在了好朋友耿定向的家里。此时耿定向是朝廷的御使,与张居正同朝为官。一天,耿定向和何心隐正在厅堂内喝茶聊天,有下人禀报说翰林院张居正来拜见耿大人,何心隐听说张居正来了,赶紧放下手中的茶碗,一溜烟跑到后堂躲了起来。耿定向还没来得及问他原因,他就跑得无影无踪了。耿定向没有办法,他知道何心隐这个人性格特别,也就没和他计较,便出门迎接张居正去了。

张居正早就听说何心隐在耿家,于是进门就要求见一见何心隐。耿定向就派下人去请何心隐,何心隐却躲在自己房中,趴在床上,盖着被子,叫嚷着对仆人说:"哎呀,你告诉两位大人,就说我得了风寒,不便出去见客,请大人们原谅。"仆人便将何心隐的话带到。

耿定向心中纳闷：刚才他还好好的，怎么一听张居正来了，就突然病了。心想这里边肯定有原因，就对张居正说："哦，大人，昨天晚上我与何兄在花园赏月，估计着了风凉。"张居正也不强求，就和耿定寒暄了几句，随后就走了。

张居正走了，何心隐才从床上爬起来，耿定向问他："你为什么不见张居正啊？"

何心隐说："我怕他啊。"

耿定问："为什么啊？"

何心隐说："这个人将来一定能够掌握国家大权。"耿定向却不以为然。

何心隐就说："当年，分宜（明代内阁首辅严嵩）要灭道学而没有做到，华亭（徐阶，严嵩之后的内阁首辅）要兴道学也没能做好，能让道学兴盛和禁除的人只有张居正。这个人看透了我，他迟早要杀我啊！"

后来，张居正果然当了宰相，他认为何心隐的学说是异端邪说，对社会不利，而且何心隐也反对他的一些政治主张，给他添了不少麻烦，他便以何心隐聚众乱政的罪名逮捕了他，后来何心隐被湖广巡抚王之垣在武昌杀害。临刑那一天，"武昌上下，人几数万，无一人识公者，元不知公之为冤也。"他的被害是明代思想史上的一大损失！

王阳明平息叛乱

王守仁（1472~1528），字伯安，又称阳明先生，浙江余姚人。他是我国古代最大的主观唯心主义哲学家。他所创立的心学，在明代中后期曾风靡一时，一度几乎取代了程朱理学的地位，左右我国思想界一百余年，并影响到近现代思想的发展，他的思想在日本等地也有广泛的影响。

据传说他的母亲在把他生下来之前，怀十四个月，旁人都认为她怀的是一个怪胎。他的祖母在他降生的同时做了一个异梦，梦见一个天神从云端送来一个小孩，同时间，王阳明就降生了，所以就取名叫王云。可是，他到了五岁还不会说话，家里人都很着急，担心他是一个哑巴。但是后来他在街上遇到一个怪人，那个人在他背上拍了两下，为他改名叫王守仁，他就突然能说话了，而且聪明异常,学习东西非常迅速。

他在哲学上的成就举世皆知,但是许多人都不知道,他还是一个非常正统的封建官吏,一个运筹帷幄的军事家。

那时候在位的明武宗是明朝皇帝中十分荒唐的一个。他喜欢骑马打仗,总是在宫中指挥着太监宫女战作一团,玩着模拟战争的游戏。后来终于有了一个可以让他实践的机会,却被王阳明抢了先。

正德十四年(1519),明王朝的宗室宁王朱宸濠在江西南昌起兵谋反。当时王阳明正奉命去福建,本来根本没有平叛的职责。但他为了使当地百姓少受战火之灾,得到消息后,一面向朝廷报告,一面径自返回吉安,调兵遣将,准备迅速平息叛乱。

王阳明分析朱宸濠的军事行动可能有三种方案:第一种就是趁京师没有防备,率兵直驱京师;第二种就是沿江东进,夺得当年太祖兴兵时的首都南京;第三种则是保守的固守南昌。若朱宸濠采取第一种方案,在毫无准备的情况下,北京很可能失守。第二种方案则会使双方进入拉锯战的状态,长时间对抗之后才能最终解决。第三种方法则是最愚蠢的战略,只是等着朝廷的大军去包围剿灭而已。朱宸濠并不愚蠢,所以应该不会采取这种方针。但是他虽然野心勃勃的妄图登上帝位,实际上却又缺乏足够的决断勇气。基于这样的判断,王阳明估计他多半会采取第二种策略,先率兵进取南京。

对形势做出正确的预测以后,王阳明就全心投入了平叛的斗争。他传檄附近各州县,号召各地守官起兵平叛。为了使各州县有足够的备战时间,他又设法延缓朱宸濠的行动,派出士兵四处散播谣言,说朝廷已经派出大军,马上就要开到,届时将直捣叛军的老巢南昌。他又派人故意怂恿朱宸濠早日举兵东进,引起了朱宸濠的怀疑,反而畏首畏尾,不敢轻易行动。他手下的谋士多次劝他及早进兵攻取南京作为帝业之本,他就愈加怀疑,更加迟迟不肯发兵。结果,王阳明如此略施小计,朱宸濠就被拖在南昌不敢动弹,竟然乖乖地等了十几天,贻误了最佳战机。王阳明却在这十几天里调集了附近各县的人马,一共凑了近十万人,已经足够应付叛乱了。

这时,朱宸濠白白浪费了十几天的时间,知道自己中了王阳明的缓兵之计,不由得气地破口大骂。于是在七月一日这一天,下令留一万人马在南昌留守,其他的人全都随他率兵东进,想先进攻安庆,再夺取南京。王阳明调动好军队以后,并没有马上就带兵直逼南昌,而是先按兵不动,等着朱宸濠焦急起来,先露出马脚。现在机会终于到了。他一听说朱宸濠率大军东去,南昌守备空虚,即马上誓师,率大军北上直取南昌。朱宸濠曾在南昌城外驻扎了一小股部队,用来守卫南昌。王阳明带兵到来,毫不费力地一举就消灭了这支部队,直到南昌城门之下。守城的叛军没有料到朝廷大军到得这么迅速,都被吓破了胆,军队一下子溃散了。到了第二天,王阳明的军队已经占领了南昌城。

已经率军远去的宁王朱宸濠进攻安庆并不顺利,这时又听说南昌失守,不由得大惊失色。南昌是他祖上的封地,也是他起兵的后方基地。听到南昌失守的消息,他的第一个反应就是带兵回援。当他疲于奔命的赶回南昌时,军队早已经疲惫不堪了,与王阳明以逸待劳的大军一比,真是不堪一击。没有几日,朱宸濠就败退鄱阳湖。王阳明又用出火攻之计,一举俘获了亡命逃窜的朱宸濠,他的军队也随后被迅速消灭。

王阳明以迅雷不及掩耳之势,仅用了三十五天时间,就平灭了叛乱部队,在鄱阳湖生擒了宁王朱宸濠,表现了机智的智谋和卓越的军事才能,为巩固岌岌可危的明王朝立了一大功。

可是,他非但没有得到朝廷的嘉奖,反而招来宦官势力的嫉妒和陷害,连武宗也一度怀疑他参与了宁王的叛乱。幸亏后来他急中生智,连夜赶到钱塘,将朱宸濠交给太监张永,同时按照武宗的旨意,重新报捷,将平叛的胜利归功于武宗的"指示方略",维护了皇帝的面子,才保住了自己的身家性命。武宗本来想借这个机会大展身手的,却不想被王阳明抢了先,当然不会高兴,这是可以想见的。后来,张永揣摩了皇帝的心意,在献俘时故意把朱宸濠放掉,让武宗又"抓"了他一次,总算满足了他的心愿,才没有追究王阳明的"抢先"之罪。武宗死后,即位的世宗封王阳明为南京兵部尚书以示补偿。

吴履平息血案

明朝初年,在江西南康县作县丞的吴履是一个善于治狱、为当地百姓所称赞的好官。尤其难得的是,他不但善于治狱,还是一个"不忍置民于狱"的人,总是力图在违法事件发生之前，就做好疏导、化解的工作，使本来很严重的事情大事化小，小事化了。

当时南康县的县民王琼辉是一个豪爽仗义之人，他早就看不惯当地的恶霸罗玉成的所作所为。正巧有一天，罗玉成的家人在王琼辉家门前欺凌弱者，被王琼辉出来看到了，顿时激起了侠义之心，把这个罗家的恶仆抓到自己家中暴打了一顿。这下可捅了马蜂窝，罗家开始不依不饶，认为王琼辉是在太岁头上动土，未免胆子太大了。于是罗家以罗玉成为首，一下子纠集了家丁、族人、佃农等二三百人，成群结伙、提刀带棍的围住了王家的院子。这伙恶人仗着人多势众，不但把自己的仆人抢了回来，还把王琼辉绑在一棵大树上打得皮开肉绽、死去活来，这才扬长而去。

王家受此奇耻大辱，怎么可能善罢甘休呢？王琼辉的几个兄弟到县衙里状告罗玉成纠集暴徒行凶伤人。当时正巧南康知县不在府衙，就由县丞吴履受理这件事。吴履因为一向为官清廉，爱民如子，在当地百姓中威望非常高。他了解了事情的前因后果之后，马上命人把行凶的首犯捉拿到县衙大堂上治罪。但王氏兄弟却提出异议，要求把包围自己家宅的所有人全部治罪才肯罢休。他们还在公堂上咬破手指发誓，直说如果官府不能还他们一个公道，他们就要以牙还牙、以眼还眼，也带人进罗家，拼一个鱼死网破。

吴履深知这王家兄弟的脾气，知道他们为人仗义，好打抱不平，但是也非常粗率鲁莽，又很执拗，常常把助人的好事反而变成坏事。这时他见王家人已经失去理智，不能控制感情。在这种情况下，稍一处理不当，就会引起两个家族的暴力冲突，到时还不知要因此死伤多少人。就是事后冲突平息下来，也还要有许多人必须接受官府的惩罚，又要有很多人人头落地。吴履知道事态的严重后果，他绝不能让惨剧在自己的眼皮子底下发生而不予制止。

他把王琼辉单独叫来，反复对他说明利害关系，劝他要冷静行事，千万不能鲁莽。见王琼辉似乎很不服气，吴履就很平静地问他："那天只有罗家的人围住你家吗？"王琼辉答："不是，一共一千多人呢，大多不是罗家的。"吴履又问："那一千多人都动手打你、骂你了？"王琼辉回答说："也不是，动手的就是那带头的几个人，其他的人都只是凑凑热闹，瞎起哄而已。"吴履皱了皱眉头说："既然动手的只有几个人，你们兄弟就要动刀动枪的，非要血洗罗家不可，这样行吗？很多人根本和你无冤无仇啊！再说了，你也应该也知道众怒难犯的道理，如果罗家人也都像你们这样不要命地蛮干，拿刀拿枪的冲到你们家里去，他们家大势大，你们抵得过吗？到那时，你家的妻儿老小还有命吗？"听了这些话，王琼辉也不禁低下了头暗暗思索。吴履接着又说："真到了那时，罗家人杀光了你们家的人，然后我再来惩治他们，你又能得到什么好处呢？那时你想后悔都来不及了。还是听我的话，不要冲动蛮干，先回家去老老实实地等着，我一定会公正的处罚那些违法的人的。"

在吴履这样苦口婆心的劝导之下，王琼辉仔细一想，就凭自己家几个兄弟，实在不可能打得过罗家，到时非但报不了仇，反而还要白白的把命搭进去，得不偿失。想到这里，他才心甘情愿的跪在地上，磕头说："小民一定听大老爷的话，求大老爷为小民做主。"吴履这才满意地点了点头。他当场把带头打人的四个凶犯押上来，当着王家兄弟的面，每人重重地打了几十大板，又强令罗玉成向王家赔礼道歉，还命令他以后要约束家人，不准再寻衅闹事，否则一定要重重的严惩。如此一来，本来眼看着就要发生的血案，就在吴履的悉心排解之下平息了。

像这样大事化小、小事化了的例子还有很多，这已经成了吴履治理地方的指导思想。他长年累月的如此作法，在报告上级时实在显不出他的什么功劳，但是却及时挽救了不少百姓的生命，使他们免遭处罚。有时为了百姓的利益，他还不惜冒犯自己的上司。比如有一次，他的顶头上司南康知县周以中下乡去催缴税银，有两个大胆的农民骂了他几句。周以中因此大怒，马上派人去抓那两个骂他的农民。但是围观的人都挤在一起，实在分辨不出是谁说的。他抓又抓不住，查又查不出，直气得七窍生烟，下令把当时在场的百姓全都抓回去审问。百姓们一听，都惊恐万状，纷纷逃散。后来吴履巡查监狱，见到了被县令抓来的几个农民，他了解了情况后，知道这几个人是无辜的，马上就命人释放了他们，还嘱咐他们回家后告诉乡亲们不要惊慌，官府不会处罚他们的。周以中回来后知道了这件事，仍然十分生气，责怪吴履。吴履则不慌不忙的解释道；"冒犯您的只是一个村野狂徒而已，他们什么都不懂，您又何必生这么大的气呢？抓到那个人惩罚一下也就行了。他的乡人邻里又有什么罪？您一下子抓那么多人来，就不怕事情闹大了吗？万一因此激起民变，到时可就无法收拾了。"周以中听了吴履的劝告，发热的头脑才慢慢清醒过来，承认了自己的错误，还派吴履去安抚百姓,做好善后工作。

总之,吴履虽然不是什么知名的大官,但他把心思全放在百姓的身上,急百姓所急,想百姓所想,用自己的实际行动赢得了当地人民的热爱。只可惜大明朝像吴履这样的好官实在是太少了。

冯恩被称为"四铁御史"

明世宗嘉靖年间,朝廷中有一个刚正不阿、倔强如牛的御史冯恩,他因为上书直谏,触怒了皇帝和当朝炙手可热的大臣,险些被处死,但也从此博得了一个"四铁御史"的美名。

冯恩是明世宗嘉靖年间的南京御史。嘉靖十一年冬天,天空出现彗星,按照惯例,这种天象被视作上天对人们有所警戒,于是皇帝下诏要百官直言朝政弊端。冯恩应诏言事,指名道姓地列数大学士、尚书、侍郎、都御史等朝廷大臣二十人的邪正善恶。这封上疏重点抨击了大学士张孚敬、方献夫、右都御史汪鋐的奸恶。冯恩说张孚敬等人就是祸乱朝廷的"彗星":张孚敬是"根本之彗",汪锯是"腹心之彗",方献夫是"门庭之彗"。他还断言说:"三彗不去,百官不和,庶政不平,虽欲弭灾,不可得已。"

世宗看了这封奏疏大怒,马上将冯恩交与锦衣卫审讯,追究策划此疏的主使人是谁。冯恩每天都要受到严刑拷打,几次被打得死去活来,可他都以非凡的意志顶了下来,丝毫不改初衷。

第二年春天,冯恩一案被移交刑部审理。世宗想给他定个上疏诋毁大臣德政的罪名,处以死刑。刑部尚书王时中为他辩护说:"冯恩上疏评论大臣,毁誉参半,并非专一诋毁,不应处死,可以减等遣戍。"大臣违反皇帝的意向,使世宗极为生气,他说:"冯恩并非专攻朕所信赖的张孚敬等三人,主要是由于对前些年议定的'大礼'不满。这种仇视君主的行为,死有余辜! 你们刑部官员难道还想包庇他吗?"他立即下令将王时中撤职,侍郎闻渊被夺俸,郎中张国维、员外郎孙云被贬往边地任杂职。而冯恩竟在皇帝的强行要求下被判处死刑。

冯恩十三岁的长子行可,到朝堂伏地讼冤,日夜匍匐在长安街上,一见有朝官经过,就拉住轿马号哭求救,大家虽然都很可怜他,也都同情冯恩的处境,但是谁也不敢再违逆皇帝的心意,因此没有人敢站出来说话。这时汪鋐已经升任吏部尚书,新任都御史王廷相也以为冯恩的罪名定得不妥,请求宽宥,世宗根本不听。

到了"朝审"(朝廷大员会同审查已判死刑的重案)的时候,汪鋐以吏部尚书按例当主笔,面向东坐。冯恩被押上后,面向北面的皇宫方向跪着,而拒不向主审官汪鋐下跪,以此表示他对汪鋐的藐视与不屑。

汪鋐一看冯恩在公堂之上仍然如此大胆,快气疯了,命令左右的士兵强行拽着冯恩面向自己下跪。冯恩干脆站了起来,不肯下跪。吏卒们呵斥他,他却厉声怒斥,吏卒们反而被他的气势所迫,不敢再上前了。汪鋐没有办法,只好由他站在堂下,还十分凶狠地说:"你屡屡上疏,想要杀我,不想今天我却先杀了你!"冯恩怒目而视,说:"圣天子在上,你身为大臣,却想假公济私,杀死言官吗? 而且这是什么地方,你竟公然当着百官的面发泄私怨,也太肆无忌惮了!我死之后,也要变为厉鬼,惩治你这奸贼!"汪鋐又说:"你平日自称多么正直廉洁,可在监狱中却数次接受别人的馈赠,这该怎讲?"冯恩冷笑道:"患难相扶,这是古已有之的美德,岂像你招权纳贿,卖官卖爵!"接着又当着众官的面,揭露了汪鋐许多丑事。

汪鋐被冯恩骂得怒火中烧,情不自禁,掀翻案桌,上前揪住冯恩就要动手殴打,冯恩也毫不畏惧,骂不绝口。同审的都御史王廷相、尚书夏言,眼看着主审官与囚犯居然相骂相打,实在不成体统,急忙上前制止,汪鋐只得咬牙切齿地住手。但他依然不顾其他主审人员的意见,强行自作主张,给此案定了个"情真"的结语,判处冯恩死刑。

朝审结束后,冯恩被押出长安门,京城人士和百姓夹道争睹他的风采,很多人感慨地说:"这个御史,不但口如铁,而且他的膝头、肝胆、骨头都是铁铸的,不愧是一个钢筋铁骨的'四铁御史'。"

此时,冯恩八十多岁的母亲吴氏,去击鼓鸣冤,为儿子讨还公道。冯恩的儿子行可,刺血写疏,自缚阙下,请求代父服刑受死。世宗看了这些后,也动了恻隐之心,命有关法司再议行处。尚书聂贤、都御史王廷相都奏称以前判冯恩死刑所引用的律条,情节与法律不相合,判死刑太重了,应当引用"奏事不合"的条文,改判输赎还职。世宗认为太轻,最后改判了谪戍雷州,才算完事。而两个月后,汪鋐亦又因贪污太甚,被罢官。

冯恩外成六年,后来遇赦还朝。穆宗即位后,又录用他作大理寺丞,专门主管刑罚,直至致仕。

顾宪成开办东林书院

顾宪成,无锡泾里(今无锡县张泾)人,字叔时,号泾阳。因创办东林书院而被人尊称"东林先生"。顾宪成小时候家境十分清贫,他的父亲顾学开了爿豆腐作坊,但因家庭人口多,常常入不敷出,要向人借贷,他家住的房子很破旧,不蔽风雨。但是,艰苦的生活环境反而激发了顾宪成奋发读书的决心与向上进取的志向。他6岁就进私塾读书,既聪明,又刻苦,而且怀有远大抱负。他在自己所居陋室的墙壁上题了两句话:"读得孔书才是乐,纵居颜巷不为贫。"颜回,是孔子著名的学生,家里十分贫穷,但他不以为苦,师从孔子,刻苦好学,以学为乐。顾宪成以颜回自喻,表达了自己的苦乐观和贫富观,希望做一个知识的富翁。他还自撰了一副非常有名的对联:"风声雨声读书声

顾宪成铜像

声声入耳,家事国事天下事事事关心",表达了他在读书期间对社会的关注。

万历四年(1576年),27岁的顾宪成赴应天(今江苏南京)参加考试,他在应试的文章中指出:天下治理的关键在于用人得当,只有选拔、任用贤才,使之各司其职,这样才能使国家稳固、政治清明、民情安定。同时,顾宪成还强调朝廷要广开言论,虚心纳谏,以法治国,注意总结前代的经验教训以供借鉴,把国家的事情办好。由于顾宪成的文章立意远大,分析透彻,结果以第一名中举,从此闻名遐迩。万历八年(1580年)解元顾宪成赴京参加会试,又被录取在二甲

第二名，从此也就开始了他的仕宦生涯，投身到了社会激流中。

顾宪成带着强烈的政治热情踏上仕途，想为国为民做些有益的事。但当时政治黑暗，军事腐败，财政拮据，人民由于苛政暴敛，被迫反抗的事件也层出不穷。由于明朝国力渐衰，崛起于关外的满洲贵族也逐渐不服明朝中央政府的管束，并且逐渐构成对明朝的威胁。面对这种国势日衰的形势，顾宪成初入仕途，就不顾自己位微言轻，上书直谏，主张举用人才，评论时政得失，无所隐避。他先在户部、吏部任职，后外放桂阳（今属湖南）、处州（今浙江丽水）等地为官，后又奉调再入吏部，不管在什么地方、什么部门任职，他都不媚权贵、廉洁自守、正直无私、办事认真。

首辅张居正去世后，继任首辅王锡爵只知道在朝中一味迎合神宗，不能听取大臣的合理意见，弄得人心离异。一次，王锡爵对顾宪成说："当今所最怪者，朝廷认为对的，外人一定认为不对；朝廷认为不对的，外人一定认为是对的。"意思是责怪百姓心不向着朝廷。顾宪成针锋相对地回答："我看应该这样说，外人认为对的，朝廷一定认为是错的；外人认为是错的，朝廷一定认为是对的"，指出国事搞不好的责任在朝廷而不在下面，一语道破了朝廷当权者们颠倒是非、混淆黑白的真相。

万历二十二年（1594年），顾宪成任吏部文选司郎中，掌管官吏班秩迁升、改调等事务。时逢首辅王锡爵年老引退，明神宗便命吏部根据品望推选六七位能够胜任首辅之职的官员听候点用。顾宪成与吏部尚书陈有年不徇私情，拒绝请托，根据品望合拟了七人名单上报，请神宗亲裁。不料，顾宪成他们提名的人，都是神宗所厌恶的，神宗不由分说，指责吏部有"徇私"做法，在吏部的奏疏上批了"司官降杂职"五个字，就把顾宪成文选司郎中的职务给撤掉了。陈有年作为吏部尚书，上疏引咎自责，认为有责任也在自己身上，不能追究下属，恳请恢复顾宪成的文选司郎中职务。其他正直的大臣也纷纷上疏申救顾宪成，奏疏共达几百封。不料，神宗一意孤行，将有些上疏申救的官员外放、降调、削职，顾宪成则被革职为民。从此，顾宪成结束了十几年的官场生涯，以"忤旨"罪回到原籍无锡。

顾宪成孜孜国事，反而获罪罢官，朝野许多人士为朝中失去这样一位正直无私的官员扼腕叹息，也对顾宪成的品格十分钦佩，顾宪成的名望反而更高了。

国学经典文库

中国古代逸史

·明朝逸史·

图文珍藏版

由于顾宪成在学界和政界都有很高的声望,所以慕名来请教他的人很多。顾宪成不顾病体,不管其贫富贵贱,一视同仁,热情欢迎接待。后来,他看到来的人实在太多,小小的泾里镇上,连祠宇、客栈和自己周围邻居家都住满了客人,还容纳不下,就与长兄性成、次兄自成及弟弟允成商量,在自己住宅南边造了几十间书舍供来人居住,顾宪成的夫人朱氏给学生们烧饭做菜,使学生来了就像回到家里一样。泾溪南北,昼则书声琅琅,夜则烛火辉辉,一派夜以继日奋发攻读的景象。许多已有功名、才学亦高的学者也争相前来求教。

顾宪成在居家讲学的同时,还经常到苏州、常州、宜兴等地去讲学,经常与苏州、松江、常熟、太仓、嘉兴、宜兴等吴中学者聚会于无锡惠山天下第二泉畔研讨学术。在讲学活动中,顾宪成迫切感到必须具备一个固定的讲学场所,从而将分散的讲学活动变成一个有协调组织的统一活动,从而对吴地乃至整个社会产生良好的影响和作用。万历三十二年(1604 年),经顾宪成和吴地学者的共同努力,官府终于批准在无锡城东门内的东林书院遗址重建兴复东林书院。重建工程开始于这年四月十一日,至九月九日告竣,共用了 1200 多两银子。作为首倡发起人之一的顾宪成捐银最多,又去策动吴地官员和缙绅捐资助修,出了大力。顾宪成又亲自为书院讲会审订了宗旨及具体会约仪式,这年十月,顾宪成会同顾允成、高攀龙、安希范、刘元珍、钱一本、薛敷教、叶茂才(时称东林八君子)等人发起东林大会,制定了《东林会约》,顾宪成首任东林书院的主讲。顾宪成的讲学活动成为他一生事业的辉煌时期。

东林讲学是在特定历史条件下,适应时代、社会和学人的共同需要兴办起来的。它规定每年一大会,每月一小会,除了严寒盛暑外,定期会讲。这就将原来士绅的分散游学形式变为集中固定的有组织的讲学活动。而且书院不分尊卑、不限地区、不论长少、不收学费,只要愿意,均可参加,还提供食宿方便。讲授方式十分灵活,有时采用演讲方式,讲了一段时间后,就穿插朗诵一段诗词以活跃气氛、开发性灵,主讲者还随时回答提问。有时采用集体讨论方式,沟通思想、交流心得。

由于东林讲会开创了一种崭新的讲学风气,引起了朝野的普遍关注。一些学者从全国各地赶来赴会,学人云集,每年一次的大会有时多至千人,不大的书院竟成了当时国内人文荟萃的重要会区和江南讲学者遥相呼应。东林书院实际上成为一个舆论中心,这里的人们便逐渐由一个学术团体形成一个政治派别,被他们的反对者称为"东林党"。东林党与朝廷中的腐朽势力展开了殊死的斗争,东林书院的主讲顾宪成则以其卓越的思想气度成为东林党的精神领袖。

万历三十九年(1611 年)是朝廷规定的京察之年,即对朝廷官员进行考察调整。主持此事的东林官员叶向高等希望积极设法解除以往纷争,秉公办事,澄清吏治,使政治朝局焕然更新。但不料其他派别的官员联合起来栽赃陷害,把目标集中在东林官员身上,意图就是想将朝中正人搞倒,由他们来控制内阁大权。徐兆奎更是将朝廷纷争的全部责任推到东林官员头上,说国家吏治、人品、学术都因顾宪成的东林讲学而弄得败坏的不可收拾,污蔑东林借讲学之名,行结党营私之实,将功名利禄与学术气节统统混为一谈,弄得吏治人心大败。明神宗看了徐兆奎的奏疏后,对东林官员的提议不予采纳。这次京察,东林官员的努力没有实现。相反,一帮奸党因祸得福,都纷纷挤到各要津重地,不遗余力地捏造借口打击排挤朝中正人。被指控为"讲学东林,遥执朝政"的顾宪成处境艰危,东林书院的境况也开始走下坡路,与会人员锐减,已只有"二三真正如苍然隆冬之松柏"的君子前来听讲,讲事也逐渐凋零。

次年,一生忧国忧民的顾宪成走完了他 62 岁的人生历程。顾宪成一生,早年立志把求学与服务社会紧密结合,中年以后把讲学与议政活动结合起来,开辟了知识分子议政的风气。他的高风亮节和爱国至深的精神也一直在鼓舞激励着后人关心国事,热忱报国。

怪僧道衍辅燕王

怪僧道衍原本姓姚,因为随燕王起兵有功,燕王即位后赐他改名广孝。这个名字在历史上大大有名,他出生在长洲的一个医生家里,自幼就表现出了非凡的智慧。不过他的面貌长得却实在难看,史书上记载他长着一双三角眼,脸色蜡黄,形如病虎,看起来十分凶恶。那时有个很有名的相面术士,叫袁珙,一次无意间见到了姚广孝,从他的相貌推断出他日后必有异遇,而且嗜杀如命。在他大概十几岁的时候,有一天做了个奇怪的梦,醒来以后就坚持出家当和尚,取佛号为"道衍"。后来他又跟着一个叫席应真的道士学会了阴阳之术,也精通兵书。

朱元璋当皇帝的时候,因为听说道衍博学多才,精通儒家经典曾经召见过他,想封他官职。也不知道为什么,道衍没有接受皇帝的封赐,径自离去了。不过从他所留下的诗词和他日后的行动来看,恐怕他不是因为淡泊名利而拒绝任官,而是另有目的,现在还没有到他出山的时候。后来太祖的马皇后死了,为了使封在外地的王能够为母亲诵经祈福,朱元璋为每一位王子都选择了一位高僧,让他们陪伴王子回到封地,这时也许道衍觉得时机到了,终于参加了这次随侍高僧的选拔,也如愿地分给他未来的主子——封在北京的燕王朱棣。朱棣第一次和这位高僧见面的时候,也被他那与众不同的相貌吓一跳。道衍却通过他自身特异的相人能力,觉得这位年青英俊的王子身上有一股扑面而来的帝王之气,心里暗暗赞叹,知道自己找到了真正的主人。两人通过一番深谈,顿时觉得一见如故,道衍也知道燕王心怀异谋,毫不避讳直接表示,要送一顶白帽给王爷戴,言下之意自然是说要辅助燕王夺得帝位。燕王一听更是欣喜若狂,马上把道衍视为知己。在此之后,道衍就随着燕王回到了北京的封地。朱元璋这时恐怕做梦也想不到,正是被自己派去燕王身边的"高僧"成了日后燕王起兵谋反的重要谋士。

洪武三十一年,朱元璋撒手西去,皇太孙朱允炆登基作了皇帝,他很怕这些被封在边疆,手握重兵的皇叔们。即位伊始,就开始削减诸侯王的权势。一时间诸侯王人人自危。这时候道衍就向燕王进言说:"现在正是起兵建立大业的时候了"燕王心里有些犹豫,认为自己手里的兵力和武器不足,可是又不敢明目张胆的招兵买马。道衍就给他出了一个主意,让朱棣在自己的燕王府邸里偷偷地训练军队和制造武器。燕王住的本来是元时的宫殿,高墙深院。十分宽广,足以作训练士兵们的场所,外人也无从得见,高墙虽然能遮挡人们的视线却挡不住士兵训练时发的声音。道衍又想了个办法,让燕王在府第中养了许多鸡、鸭、鹅,这些家禽一天到晚不停地鸣叫,把军队训练的声音和制造兵器的响声都遮盖住了。就这样,燕王在自己的府中暗暗训练出一支训练有素,武器精良的精锐部队,成了他日后起兵夺天下的主力军。

当燕王觉得准备充分想起兵发难的时候,恰好遇到大雨,屋檐的瓦片都被打到地上,本来就做贼心虚的燕王心里不禁又有些迟疑。这时又是道衍出来劝解,认为无碍大局,反而是吉祥之兆,正说明大明王朝的"天"要变了,燕王这才安心地起兵反叛,以诛杀建文帝身边的大臣齐泰,黄子澄为名,发动了历史上有名的"靖难之役"。

燕王出师的时候道衍留在北京辅佐世子。在燕王率军临行之前,道衍送到城外。离别前,他跪在燕王马前,说有秘事相求。燕王问他到底是什么事要如此郑重。道衍回答说:"南朝有一个博士方孝孺,他的学问品德很好。您用武力攻破城池之日,他一定不肯投降。还请殿下千万不要杀他。杀了方孝孺,天下的读书的种子就绝了。"燕王听了这话,当时就答应了下来,也暗暗记在心里,后来南京城攻破时,燕王抓来方孝孺,开始确实没有杀他的意思,还想让他为自己起草即位诏书。可是性情坚贞的方孝孺誓死不从,终于激怒了燕王,使燕王违背了他曾经对道衍许下和诺言,不但极其残忍的杀害了方孝孺,还株连十族,一口气杀了近千人。这一下虽然不见得像道衍所说,断绝天下读书人的种子,却一下子打断了读书人始终坚挺不屈的脊梁,大大打击了读书人的英锐之气。

燕王带兵打仗的三年多时间里,道衍虽然没有跟在他身边,但是军队的战争行止,燕王都要事先征询道衍的意见,所以他虽不在军中,但论起军功来,却排在第一位。而且他帮助世子固守北京,也免去了燕王不少后顾之忧,所以当燕王终于如愿地当上了皇帝之后,就给了道衍许多赏赐,封他为资善大夫,太子少师,还赐名"姚广孝",让他还俗做官。道衍婉拒了皇帝给他的诸多封赏,仍旧以一身僧衣示人,还把皇帝赏的金银财宝都分给了族人。成祖后来经常出征塞北,每一次都留道衍在京城辅佐太子监国。等到成祖喜爱的皇长孙到读书的年龄,又受命教育未来的小皇帝,可见成祖对他的信任之深。

后来,道衍年纪大了,身染重病,不能再上朝觐见皇帝,成祖便多次到他居住的庆孝寺中去看望他,每次都相谈甚欢。道衍死后成祖像死掉了亲人一样万分悲痛,辍朝两日,命令有关机构为道衍举办隆重的葬礼,还追增他为"推诚辅国协谋宣力文臣、荣禄大夫、上柱国、荣国公"等多种称号,谥为恭靖,并亲自书写碑文表彰他的功绩。等到成祖死后,继位的仁宗还把道衍的灵位配享成祖庙庭。作为一个方外之人,这种尊荣可算是到了极点。

海瑞被称为"海青天"

海瑞有"明朝第一清官"美誉,被老百姓尊敬的称为"海青天"。这样的盛赞可不是凭空而来的。海瑞的父亲很早就死了,他的母亲性格十分刚强,尽管家中生计困难,她仍然费尽心力把海瑞带大,让他读书,并且很快走上士宦之路。

海瑞当了淳安知县后,大肆惩治那里的不法之徒。那时的县官很多都是贪赃枉法之徒,审判案件时,只要谁贿赂的钱财多,谁就有理,造成了很多的冤假错案。自从海瑞来到淳安,把过去的积压案件都查得清清楚楚。所以老百姓都说淳安来了个"海青天"。

在知县任上,海瑞的生活极为简朴,完全不同于当时官场上那些铺张浪费的官员。明朝的俸禄在历代各朝中算是比较低的,官员们因为俸禄远远不够支付日常用度,所以都想方设法地从百姓身上捞取钱财。海瑞

海瑞

却坚决不多取一分一毫,而是安于贫寒。身为县太爷,仍旧身穿着青衫布袍,吃的也是粗茶淡饭,甚至家里吃的蔬菜都是自家仆人种的。有一年他的母亲过生日,家里却没钱了,于是就向朋友借了些钱,到市场买了二斤肉,别的就什么都没有了。

海瑞的性格十分像他的母亲,宁折不弯,敢于抵抗强权,有两件事就很值得一叙。当时的浙江总督胡宗宪,是海瑞的顶头上司,一向对海瑞不错,经常当众称赞他。但是他本人却行为不端,借着有当朝宰相严嵩做靠山,鱼肉百姓,敲诈勒索,做尽了坏事。他的儿子也不是什么好人,平日只知道为非作歹,寻欢作乐。有一次,他带着一帮人路过淳安,住在县衙的官驿里。他料想海瑞一定会花费大笔金钱,费尽心力地招待他的。可是海瑞刚刚来到淳安时就立下规矩,不管是哪里来的达官贵人,一律不准搞特殊招待。胡宗宪的儿子按照规矩,正

等待县太爷来款待他呢,谁知一看驿差端上来的竟然是普通饭菜,县太爷也没有出面,顿时恼羞成怒,一下子就把饭菜给掀了,命令随从把送饭的差役绑起来毒打了一顿。

听到官差的报告,海瑞想了好一会儿,终于想出一个对付胡公子的办法。他镇定地对差役说:"总督一向为政清廉,吩咐各县招待过往官吏不得铺张浪费。现在来的这个人要吃要喝,态度蛮横,一定是个冒牌货。我可不能让一个不知从哪里来的无赖坏了大人的清誉,一定得重重惩办这个奸徒。"于是海瑞立刻带着差役赶到驿馆,把胡宗宪的儿子和他的随从统统抓了起来,带回县衙审讯。任凭胡公子如何张牙舞爪,暴跳如雷,但是海瑞一口咬定他是假冒公子,将他的行囊里的银子全部搜出来充公,又狠狠地教训了他一顿,才撵出县境。

等胡公子回到杭州向他的父亲哭诉的时候,海瑞的报告也已经送到巡抚衙门,说有人冒充公子,还非法吊打驿差。胡宗宪一听,明知道自己的儿子吃了大亏,但是又怕这件事传扬出去会失了自己的体面,也只好打落门牙往肚子里咽了。

过了不久,京城里的一位御史来到浙江视察。这位御史也是靠着严嵩的势力,一路上到处敲诈勒索,闹得地方官吏都怕他到来。这位御史却又偏要装出一副清廉的样子,预先通知各地官员,说是接待不准铺张浪费。

海瑞也接到了这位御史的通知,他看透了御史虚伪丑恶的嘴脸,立即提笔写了一封信给御史说:"接到大人的通知,要求我们招待从简。可是大人在各地都是大摆宴席,山珍海味的享用,我们实在难以适从。如果按照您的通知办,就怕怠慢了您,如果像别的地方一样办,又怕违背了大人的一番心意。请大人明示,我们究竟应该怎么办呢?"

御史看了这封信,气得七窍生烟。他一向听说海瑞刚直,不畏权贵,又听说胡宗宪的儿子最近刚刚吃了大亏,就改变主意,不去淳安了。

回到京城以后,这位御史仍然怀恨海瑞,就指使手下编造罪名,弹劾海瑞。尽管海瑞的政绩很好,还是因此被降为兴国知县。

后来,海瑞又得罪了退休的宰相徐阶。徐阶向掌权的太监行贿,又拉拢了一些朝廷大臣攻击海瑞,这样内外夹攻,海瑞不得不被迫辞职回乡了。海瑞辞官这一天,百姓都哭着来给他送行,许多人家还把他的画像供奉起来,顶礼膜拜,视为神仙。

海瑞的一生极为简朴。那时的知县上京朝见,按照惯例都要从地方的杂项摊派中拿四五百两甚至上千两银子,以便于行贿之用。但是海瑞在做淳安知县时两次上京,只用了路费四十八两银子,其他的一概都节省了。他做巡抚时,从不接受任何礼品,就连多年老朋友的例行馈赠也被他拒之门外。被罢官后,他到京师候职,穿了一身破破烂烂的衣服,他的朋友劝了他好多次,他才买了一件新官服。海瑞的祖上留下了十多亩田地,除了母亲死时朋友送钱买了一块坟地以外,就没再添一分一厘土地了。他罢职闲居在家时,因为住所实在太过于简陋了,为了方便写作,才下狠心买了一所房子,一共一百二十两银子,还是用了他为官大半生的全部积蓄。海瑞死前三天,兵部派人送来柴火银子,一算,多给了七文钱,海瑞立刻派仆人追上去退还了。他去世以后,御史王用汲到他家中查看,只有俸银八两,葛布一匹,王御史一看辛酸地直落泪。在他的积极张罗之下,海瑞的朋友凑了一点钱,海瑞才得以下葬。出殡的时候,城中的市民全都停业了,商号也关了门,大家都主动穿上孝衣给他送葬。当时南京城中海瑞的画像卖五文钱一幅,仍然供不应求。百姓们都站在江边为他送行,一路上哭声不绝于耳。如此之刚正,如此之清廉,也难怪海瑞被百姓视为"青天"。

海瑞抬着棺材上朝

海瑞是明朝一位鼎鼎有名的忠臣,因为他为官清正廉洁,所以老百姓称之为"海青天"。海瑞一生逸事很多,其中最著名的莫过于备棺骂皇帝了,这也是海瑞一生中最辉煌的时刻。这到底是怎么一回事呢?海瑞为什么要骂皇帝?又为什么要抬着棺材上朝呢?

海瑞在京城中做官时,在位的是嘉靖皇帝。这位皇帝极度迷恋神仙之术,一心想求得长生不老之药,整日和一些所谓的"神仙"在宫中试炼丹药,对于朝政完全不加理会。海瑞看到这种情况,既担忧又愤慨,于是暗下决心要劝谏皇帝。这件事被他的朋友知道了,大家都劝他不要去冒这个险,天塌下来还有高个子顶着,海瑞只是一个六品小官,又何必要冒着杀头的危险去惹恼皇帝呢?海瑞犯了执拗的牛脾气,坚持不改初衷,朋友们也拿他没有办法,只有由他去了，只是都在心里替他捏了一把汗。

当天晚上，海瑞一口气写好了一份长篇大论的奏折，然后又悄悄地找来自家的老管家海安，吩咐他道："天亮之前准备好一口棺材，再找四个抬着棺材跟我上朝的仆人。"老管家也不知道是什么事，只好按照吩咐去照办。

第二天一大早，海瑞和妻子女儿含泪诀别，又吩咐老管家说："如果听说我被皇上下诏处死，你就赶快把家中的积蓄都分给家人们，让他们赶紧逃命要紧。至于我的家人你就不用操心了，反正如果我死了，皇帝也不会放过他们的。"海安老泪纵横，向海瑞保证肯定会安排好家中的事，让海瑞放心。海瑞听他如此说，才放心地扭头就走，平日给海瑞抬轿的四个家人跟在后面，手上抬着的却是一口红漆大棺材。

这天嘉靖皇帝一大早就起来了，因为他这次所炼的丹药到今天正好是九九八十一天，时候一到，就能得到他渴望已久的长生不老药了。一想到这件事，嘉靖皇帝的心里就特别高兴，脸上也露出了少见的笑容。正在这时，有太监来报告说海瑞有事上奏，请嘉靖皇帝上朝。嘉靖一听，眉头马上就皱了起来，不高兴地答道："去，告诉海瑞说朕今日有要事，没空见他，让他改日再来。"太监出去一会儿又急急忙忙地回来了，报告说海瑞在大殿上跪着，说皇帝不见他，他就一直跪着不起来。嘉靖皇帝一听，顿时火冒三丈，心想："海瑞这老儿，又来和朕蛮缠，扰了我的兴致，看我不砍了他的头。"于是，嘉靖皇帝气冲冲的连身上穿的道袍都没换，就在两个小太监的搀扶下来到了金銮殿。

还没等皇帝在龙椅上坐稳，海瑞就直截了当地质问皇上说："陛下长期不过问国家大事，臣恳切的希望陛下改正这些错误。"嘉靖立时大怒，厉声问道："改正错误？朕到底有什么错误？你倒是说说看！"海瑞也毫不客气地大声回答："陛下，您在金殿之上竟然还身穿道袍，这像什么话！陛下宠信妖道，只顾设坛作法、炼丹炼药，毫不过问朝政，难道这还不是大错吗？陛下整日求神祈祷的目的无非是为了能够长生不老，但陛下自幼饱读圣贤书，难道曾听说哪位圣贤长生不老了吗？臣就从未听说过什么长生不老之事！古代的圣王有那么高的智慧和道德，不是也都没能永久地活在世上吗？请问陛下，那些号称有神仙之术的道士，又有哪一个是从汉朝、唐朝、宋朝一直活到今天的呢？"他言辞恳切的说着，嘉靖却一点也没有听进去。海瑞见皇帝一直在神游太虚，根本就没听见他说的话，不由得停了停，提高了声音，又说道："陛下以前把那个道士陶仲文奉若神明，对他言听计从，称他为'仙师'，跟他学习长生不老之术。听了他的妖言，您又下令征召千名幼女进宫，收取她们的首次月经的经血制造丹药，又用童子尿制药，想通过服用这些丹药成为神仙。那么请问陛下，那个陶仲文现在又在哪里呢？他自称神仙，却先于陛下而去，陛下你就不好好想一想，难道他真的是什么神仙吗？"本来嘉靖还在盘算着开炉取药的时间，希望再过几个时辰就能得到长生不老药，可谁知听了海瑞的这几句话，尤其是提到了道士陶仲文，就像是一盆凉水从头淋到脚，不由得打了一个寒战。那个道士陶仲文自称是神仙，可却在一个月前刚刚死去了，这次的丹药药方就是陶仲文的，配料也是他亲手装进去的，难道这丹药真的是假的吗？难道人真的不可能长生不老吗？这时海瑞不容嘉靖皇帝开口，接着又说道："陛下，您知道不知道，现在我朝已经到了朝政腐败、民不聊生的地步。这几年来，全国水旱灾害不断，到处都是盗贼，许多老百姓都说："嘉靖、嘉靖，就是'家家净'啊！"再这样下去，我大明江山非断送在陛下手里不可！"海瑞的这最后几句话就像一块大石投入了平静的湖里一样，立刻在朝廷上掀起了轩然大波，满朝文武大臣也都大为吃惊：这海瑞也太放肆了，居然敢这样辱骂当朝皇帝！再看嘉靖皇帝鼻子都气歪了，脸色煞白，好半天才喘了一口大气，大声骂道："好你个海瑞，简直是胆大包天，竟然骂朕是昏君，诅咒我是亡国之君。我一定要把你碎尸万段！快把他拉下去！"这时在一边服侍皇帝的太监轻声禀告道："皇上，这恐怕不太好吧？我听说海瑞在来觐见之前，就已料到皇上会杀他，所以来之前就已经准备好了，今日上朝就抬了一口棺材来，现在就放在宫门之前，门口还聚了很多老百姓在看热闹。如果这时把他杀了，恐怕要引起大家的不满吧？"嘉靖一听，不禁吃了一惊："真有这回事？难道这个海瑞真的不怕死吗？"这会儿，被海瑞骂昏头的皇帝终于清醒一点儿了，他有气无力地指着海瑞说："哼！海瑞，你想学商朝的比干挖心死谏，可我才不是商纣王呢！我今天偏偏不杀你……"话还没说完，嘉靖皇帝本来就很虚弱的身子实在吃不住了，他示意身边的太监把自己扶了起来，颤巍巍地说："退朝吧！"接着又传旨将海瑞关入大牢等候发落。

两个月以后，嘉靖皇帝真的死了，有人说，他是被海瑞骂死的。听说他在临死之前终于有所醒悟，喃喃地说："我这一辈子挨了不少骂，但是从没有人像海瑞一样骂的那么凶。也许他骂的对吧?"这位糊涂了一世的皇帝在临死这一刻终于有点清醒了,新的皇帝即位后就下令释放了海瑞。

况钟被称为"青天"

明朝的第五个皇帝宣宗朱瞻基是明朝历史上有名的好皇帝,年纪轻轻继承皇位后,就把国家治理得井井有条。他大力纠正朝廷上贪污腐败的现象,任命了一大批正直清廉的官员。况钟就是这些官员中最有名的一个。

当时,苏州的难于治理是出了名儿的。那里虽然有繁荣的商市和丰饶的物产,但当地的土豪和官吏相勾结,沆瀣一气,欺压百姓,清官在那里根本站不住脚。于是,宣宗皇帝便把况钟派到那里,以清除积弊。

况钟素以机智果断、执法严明著称,他本是吏部尚书蹇义的门人,蹇义惊异于他过人的才华,就推荐他作了官。这次出任苏州知府也是吏部尚书蹇义和内阁大学士杨士奇推荐的。到了苏州,他从代理知府手中接过大印,马上就开始升堂问案。第一件审理的就是杀人案。那个杀人犯早就给办案的吏员送了重礼,请求他设法解救。所以在况钟开始翻阅这个案子的卷宗,那个吏员就试探地对这位新老爷说:"这个赵五是被人冤枉的,应该无罪释放"。况钟这时就假装糊涂,连连点头说:"好,好,那就放了吧!"杀人犯和吏员一听都非常高兴。等到第二件案子时,吏员收了原告的贿赂,又主张要严惩被诬陷的被告。况钟仍是照章办理,命人将无辜的被告押入大牢。那些奸吏们一看,都觉得这个新来的老爷真是个糊涂虫,不由得都高兴地合不拢嘴,这回终于可以放心了。况钟冷眼看着他们露出的这些丑态,在心中冷笑了几声,紧接着就派出自己带来的可靠的手下,到苏州城里去明察暗访,寻找证据。

等搜集齐了所有恶绅与官吏勾结的证据后,况钟又再次升堂。他再次问那个当初负责处理命案的小吏:"赵五真的没有杀人吗?"那个奸吏看到老爷的脸色不对,心中也不禁打鼓,只好硬着头皮仍旧坚持那个杀人犯是无辜的。况钟又冷笑着说:"是吗?那他为什么要送给你那么多银子啊?"那个小吏一听,知道自己收受贿赂的事暴露了,吓得一下子跪在地上,连喊饶命。况钟也不理他,又接着重审另几起错判的案子,一一说明事情真相。那些经手处理案子的吏员一个个都吓得冷汗淋漓,什么话也说不出来了。况钟审完案,见他们都承认了贪污受贿的罪行,当场下令重重责打这些污吏,把几个人打死在大堂上。他又把另一些罪行较轻的官吏关进大牢。这个消息迅速传遍了苏州府的大街小巷,老百姓们都拍手称快。

后来,况钟又改革地方的弊政,废除不合理的政令,又设法减轻当地百姓过重的负担。因为百姓缴纳粮食要不远千里的送到指定地点,这样既费时又费力,况钟就向皇帝建议,允许百姓就近输送,然后由接收的军队负责运输,百姓再给出路上的损耗数额。这个建议很快就获得了皇帝的批准,并且被颁行全国,百姓们都因此而受到恩惠。

当时,宫中的太监常常被派出来采买物品。许多太监到了地方上都作威作福,横行霸道,地方上却无人敢管。苏州是天下财物云集的地方,当然更是常常受到这些宫廷蠹虫的骚扰。

一天,衙役来报告况钟,说有两名太监在驿馆里把通判赵忱捆绑起来了。况钟不敢怠慢,急忙到了馆驿。只见两名太监坐在堂上,身后十几名恶汉怒目而视,赵忱被绑在廊柱上,十分狼狈。况钟忍着气,客气地询问事情经过,原来他们说是到此来买鸟儿的,要画眉一千只,百灵一千只,因为赵忱说天气寒冷,根本抓不到鸟,才被捆绑在此。然后况钟又要过"凭引"看了一下,只见上面写的是要苏州府协助采购苏绣一百袭,是宫中尚衣监开出的。况钟这下心中有了数。他知道,苏州盛产"苏绣",又有各种奇花异卉和珍贵鸟类。太监常来苏州采办这些物品,但有些太监仗着皇家势力,到此之后趁机骚扰,敲诈勒索,胡作非为。这两个家伙就是这类人。于是,况钟厉声质问道:"购鸟要司苑局来办,你这尚衣监怎么也买起鸟来了?而且到了苏州为什么不向我投递照令,却敢私自捆绑本府官员。赵忱是六品官员,你们有何权力扣押?"一个太监狂叫一声:"嗬!别说六品了,就是你四品大老爷,也不敢不给皇上要的东西吧!"况钟一听大怒,说:"哼哼,你们以为况某是什么人?竟敢跑到这儿撒野!冬天要鸟儿,无非是有意勒索。来,给我拿下!"衙役们一拥而上,将这帮狐假虎威的家伙都绑起来,押回府去。一问,随太监来的只有四人,其余都是两太监临时召来的流氓。于是,况钟将这几个流氓游街示众。

随后,况钟把两太监的不法情由,写成疏文,派人把太监和随从一齐押往北京,交皇帝处理。朱瞻基看到况钟的疏文,大为赞赏,心想这况钟真是有胆有识,从来没人敢惹太监,他却不畏权势,敢打歪风,真是不可多得的好官。

后来,民间有一出名叫《五十贯》的戏,讲述的就是况钟任官断案的故事。那时候,苏州的百姓都尊崇称他为"况青天",与历史上的"包青天"、"狄青天"相提并论。况钟在苏州知府任上做满以后,功绩卓著,本来应该升迁的。但是苏州府的百姓都舍不得让这位"青天"离开,两万多百姓联名上书,要求让况钟留任。宣宗也被这种情形感动了,同意让况钟留任。于是,况钟在苏州知府任上一待就是十三年,终于积劳成疾,死在任上。他去世时,苏州府百姓大为悲痛,满城都是痛哭的声音。

刘伯温不愿当宰相

刘伯温是明朝初年的大政治家,有人认为刘伯温的本事比诸葛亮还要大,因为诸葛亮耗尽一生心血,也只是帮助刘备三分天下,而刘伯温却是帮助朱元璋当上了全中国的皇帝。还有人把他比做鬼神,上知天文,下知地理,简直是无所不知、无所不晓,甚至有未卜先知的本领。这些夸赞之语是不是有言过其实之处尚且不谈,但是他的淡泊名利、激流勇退却是几百年来备受人们的称赞,他的一生经历在一般人眼中已经成为一则亦官亦民亦仙亦鬼的动人传说。

刘伯温在朱元璋还没有称帝之前就始终追随在他的身边,替他出谋划策,排兵布阵,一直是算无遗策,所以备受朱元璋的倚重,任为军师,凡事都要与他商量。就连朱元璋称帝登基的好日子也是刘伯温定的,因为他熟知天文,是确定上天意旨的最佳人选。在朱元璋终于如愿以偿的当上皇帝之后,刘伯温深知伴君如伴虎的道理,一心想离开这危险之地,朱元璋却不答应,刘伯温只好留在朝中做了一个不大不小的官。时间不长他就以妻子亡故的理由请辞回乡,但是不久又被朱元璋召回京城,朱元璋亲自颁布诏书,表彰刘伯温的功绩,还要给他和他的家人加官晋爵。刘伯温这时好像真的预见到了未来,知道接受了册封必定会在将来遭到杀身之祸,所以坚辞不受。

明朝建立后,朱元璋让李善长当了开国的第一任宰相。刘伯温刚正不阿的个性使李善长大为不满,处处找刘伯温的麻烦,总想找机会杀了他才甘心。但是刘伯温颇有蔺相如一般的容人雅量,并没有放在心上。甚至是在朱元璋想撤换宰相时,他还为李善长说话,认为他虽然有一些过错,但威望很高,能够调和众将,这个宰相还是应该让他做。朱元璋听了觉得很奇怪,问刘伯温说:"李善长几次三番想害你,多次在我面前说你的坏话,一心想置你于死地,你怎么还要替他说好话呢?"刘伯温回答说:"现在国家刚刚建立,内外的事情还很多,实在不应该在这个时候更换宰相。宰相就像是一幢房屋的顶梁柱,怎么能够说换就换呢?如果拿一个细木更换,房屋就会因此而倒塌的。"朱元璋听从了刘伯温的建议,没有立时更换宰相。

后来,李善长因为年纪大了,自己要求辞官回乡养老,朱元璋又把刘伯温找来商量,问他新宰相应当任命何人。刘伯温从国家利益的角度出发,不偏不倚的评断当时朝中几个有可能当上宰相高位的官员。其中的一个人叫杨宪,对刘伯温一向很不错,两个人交往甚密。朱元璋本来想立杨宪为相,不料刘伯温却反对,认为杨宪很有才能,足可以做宰相,但是却缺少做宰相的宽广心胸,不能公正持平的处理政事。朱元璋又提出一个人选汪广洋,刘伯温认为他比杨宪更糟糕。皇帝又提出第三个人选胡惟庸,这一下刘伯温更是坚决反对,认为如果任命胡惟庸做宰相,没有发生事情就是国家的最大福气,批评胡惟庸桀骜不驯,成事不足,却是败事有余。从后来发生的事情看来,刘伯温对这三个人的看法是极为准确的。因为朱元璋这一次固执的坚持己见,先后任命了这三个人做宰相,结果证明他们都有着这样那样的问题,时间不长都被撤换掉了。朱元璋听到刘伯温对这些候补人选都不满意,就说道:"我也知道满朝的大臣才学没有一个能及得上你的,既然他们都不合适,那这个宰相还是由先生你来做好了。"刘伯温一听,心里就是一颤,他知道自己的聪明才智在建国前是朱元璋所倚重的,但是在建国之后,这种才智反而是朱元璋最为忌惮的,所以他不敢显露丝毫的治国才能,生怕招来朱元璋更多的不满而招来杀身之祸。这时,他听出朱元璋话语中的试探意味,连忙回答说:"陛下有所不知,当宰相的人最好要平和如水,处事冷静,我的个性却是疾恶如仇,见到不平之事很容易怒火难平,这样做事恐怕会有失公允,不利于国家。而且我的身体不好,也怕不能承担这么繁重的工作,有负陛下的嘱托。"他婉转拒绝了朱元璋让他当宰相的要求,并且劝皇帝不要急于一时,应该去细心寻访人才,天下之大,总会找到合适的人选。

后来，刘伯温终于如愿回到家乡隐居，不见世人，过了几年太平逍遥的日子。朱元璋还是时常写信给他，问一些问题，他也仔细的逐条解答回报。因为刘伯温始终不肯接受皇帝的赏赐，朱元璋就命令减免刘伯温家乡青田的税收，说是让当地的百姓都记住这是因刘伯温而得到的恩惠。在朱元璋的众多功臣中能得善终而不连累亲族的人，刘伯温是极少数中的一个，这不能不说是他的神机妙算之功了。

严嵩的晚年凄惨

明世宗嘉靖皇帝在位的时候，朝中出了个有名的奸相严嵩。他为人奸诈狡猾，运用各种手段阴谋陷害以前曾经大力提拔过他的前任首辅夏言，终于用欺骗的手段使嘉靖皇帝相信夏言存有异心，下令把夏言处死。从此严嵩就开始了他漫长的权力巅峰之路，再无后顾之忧了。

这时严嵩已经年过六十了，可是他精力过人，毫不逊色于少壮之人。整天待在衙门里，皇帝随传随到，成天不回家。嘉靖皇帝觉得他非常能干，还赞扬他"忠勤敏达"，还升了他的官。但是真正使皇帝喜欢他的原因还是严嵩的善于逢迎。嘉靖皇帝崇信道教，一心想得道成仙，许多朝臣都对此不以为然，但是严嵩的态度却正好相反。他知道这正是巴结皇帝的好机会，因此更加顺着皇帝的心思用心钻营。他知道皇帝想成仙，最喜欢祥瑞之兆，他就写奏折给皇帝上了一个"庆云"的尊号，意思是五色云，是道家最相信的吉祥象征，还另作了一篇《庆云赋》，也是为皇帝歌功颂德的文章。嘉靖皇帝见了非常高兴，觉得严嵩十分贴心。嘉靖皇帝还设计了一种名叫"香叶冠"的奇形怪状的帽子，要送给大臣们在举行庆典的时候戴。大臣们都十分不情愿，认为戴这种奇怪的帽子有损于朝廷大臣的威严，劝皇帝不要佩带这种帽子。皇帝本来对亲自设计的帽子极为自豪，听了大臣们的言辞十分不高兴。只有严嵩一个人得到这顶帽子的时候显得兴高采烈，马上就取下顶冠戴上帽子。嘉靖皇帝一看马上转怒为喜。除了这些奉承皇帝的本事以外，最使皇帝喜欢严嵩的是他有一手好文笔。每当皇帝在宫中举办道场的时候，严嵩总会写上一篇这赋那赋的，均是称赞皇帝、为皇帝祈福之类的内容。皇帝觉得他文章写得十分好，于是每次做法事，总是让严嵩来写这种"青词"。严嵩也因此越来越受到皇帝的宠信,官位一步步高升,最后做到了武英殿大学士,兼礼部尚书的职位,他也是内阁的首辅大学士。皇帝把一切重要的政务都交给他处理。他借着手中的大权大肆贪污受贿,凡是他提拔上来的人被派到外地做官的,无不尽心尽力地在地方上大肆搜刮,再把搜刮来的钱财送给严嵩。他的儿子严世蕃借着父亲的力量欺男霸女,无恶不作,受过他迫害的人不知道有多少。他还公开地卖官鬻爵,什么职位卖多少钱,谁出得起这个价码,谁就当这个官。于是,政府各个部门之中到处都充满了他们父子的亲信和门人。

刚开始时有人弹劾严嵩父子贪赃枉法的罪行时,嘉靖皇帝总是想法子替他开脱,但是后来说的人多了,也不禁对严嵩产生了怀疑。这时严嵩已经年近八十,体力大不如以前了,眼睛也花得厉害,走路时腿脚也不利索了。嘉靖每天都看到这样一个耄耋老人蹒跚缓慢的行动,也觉得很厌烦了。尤其是严嵩因为年纪渐大,已经不像以前那样精明能干,每次皇帝有什么事情找他前来问话,或是临时要他起草一份什么文件,严嵩眼睛看不见,只好马上派人拿回家里去让严世蕃帮他做,可是严世蕃本来就是一个酒色之徒,常常在家里喝的酩酊大醉,所以皇帝交代要办的事总是要拖很久。有时严嵩实在等不及儿子来处理事情,就只好自己动笔草拟诏旨,可是又往往不合皇帝的心意。嘉靖皇帝也因此越来越厌烦,觉得严嵩实在太老了,早就应该退休回家去了,对严嵩还是一如既往的紧紧抓住手中的权力不肯放手,也觉得很不满意。严嵩也知道皇帝对他不像以前那样信任了,上朝的时候,皇帝很少向他问话,偶尔问一句,也是一些关于祭祀等不太重要的事。严嵩心里也很害怕,可是也没有办法可想。相反的,取代他获得了皇帝的信任的人是大学士徐阶。徐阶也是一个很有野心的人。他知道皇帝的心意渐渐偏向自己了,就开始想办法驱逐严嵩父子。正巧嘉靖皇帝居住的万寿宫失火,严嵩糊里糊涂地提出请皇帝先到南宫暂时居住。南宫本来是以前明英宗失去皇位被幽禁的地方,嘉靖皇帝觉得不吉利,所以很不高兴。而这时徐阶则请皇帝暂居在别的地方,并很快就建好了新的万寿宫,皇帝非常满意,此后与徐阶更加亲近了。

没有多久,有人上书指控严嵩父子的违法行为,嘉靖不再像以前一样庇护严嵩了。他下旨安慰严嵩,但是指出严嵩实在年纪太大了,让严嵩退休回乡养老,念在他为自己服务了这么多年,还给了他一笔可观的退休金。不过,皇帝说严嵩过于宠爱自己的儿子,致使严世蕃放任自流,做了许多坏事,虽然不再追究严嵩的责任,还是把严世蕃投入大牢,审判以后发配边疆了。这时无论严嵩怎样为自己的儿子求情,皇帝也不再理睬了。这时的严嵩对皇帝来说已经没有任何利用价值了,总算他还念在严嵩的多年苦劳,也没有治他的罪,让他回乡养老已经很不错了。不想严世蕃获罪之后仍然不思悔改,居然不去发配之地,反而跑回了老家与当地的强盗相互勾结。嘉靖知道了大发雷霆,命人把严世蕃抓回来处死,还把已经退职的严嵩罢为平民,剥夺了他原有的俸禄。严嵩这时已经86岁了,又老又病,儿子也死了,住在坟地的一间破草房里,就靠着给别人看守坟地混一口饭吃。过了两年,他终于在孤苦伶仃、饥寒交迫的困境中悲惨地死去了。

严嵩执掌朝政长达二十余年,不知做了多少坏事,最终落得这样一个凄凉的下场。不过作为一个历史上有名的奸臣来说,他能够最后寿终而死,也不能不说他的运气实在不错了。

郑和耀兵异域

明成祖朱棣一心想做一个帝国的皇帝,为了达到使万国来朝的目的,他派出了一支浩浩荡荡的船队,由亲信太监郑和率领,出使西洋,他这么做的目的之一就是向西方小国家显示自己国家的强大军事实力,以武力震慑各国,再以仁德收服人心。郑和是皇帝意图的实际执行人,他究竟是怎样完成这个任务的呢?

郑和率领的船队最多时达到六十多只,每一艘都体积庞大,装备精良,都被称作"宝船",是当时最大最先进的远洋船只,而且郑和随身还带了两万七千多名士兵,既是护卫,当然也为了展现军事力量。在当时世界上其他国家的规模、力量都还很小的情况下,郑和这支载有军队的庞大船队根本什么都不必做,就已经能够充分展现出中国的强大力量了。不过话说回来,凡事总有例外,郑和的军队也并不是摆摆样子就行了,碰到来找麻烦的人,就坚决地予以回击,也才有了"郑和三擒番王"的故事。

1405 年郑和第一次受命出使，沿途访问了许多国家，一路上都平平安安的。可是在回程的时候却碰到了海盗。这海盗可不是一般人。海盗头子名叫陈祖义，本来是中国的后裔，后来当上了旧港的国王，但是他还是经常带着一伙人在海上抢劫商船货物，无恶不作，周围海域的人很害怕他。郑和这次出使本着友好的目的，一直坚持着"人不犯我，我不犯人"的原则，所以没有理会陈祖义。可是这个海盗国王实在太贪婪了，他知道郑和回程的船上载满了各国使节向明朝皇帝进献的奇珍异宝，所以就打起了抢劫郑和船队的主意。他假意邀请郑和到旧港停泊休息，还说要归降明朝，郑和明知道他心怀鬼胎，但仍是将计就计地随着他回到了旧港。等陈祖义以为郑和中计，露出了一点要抢劫的苗头时，郑和马上就命令早已做好战斗准备的士兵先发制人，一举活捉了这群海盗。郑和在当地处理完那些小海盗之后，就把海盗头子陈祖义放在船上一起带回了中国。他回国见到皇帝，就把这个俘虏献上去。成祖很高兴，了解到这个海盗国王作恶多端，就命人将他斩首示众了。从此，南海上就少了这伙为非作歹的凶恶强盗了。

1408 年，郑和第二次出使西洋，又是在回程的时候，船队途经锡兰。锡兰的国王亚烈苦奈儿也想抢夺船上的财宝，就派人请郑和上岸休息，想用调虎离山之计把郑和引上岸后，再派出大队人马去抢劫船队。郑和一向机智过人，而且极度聪敏，他一上岸就察觉到气氛不对，马上就猜到了国王的诡计。但是他深信自己船上一向训练有素的士兵，知道宝船不会那么容易就被人所劫，所以仍然显得从容不迫。他知道国王要想对付自己船队上的士兵，一定会派出大批人马，这样，首都的防守就一定会相对被削弱。为了给这个贪心国王一点教训，他只带着自己身边的 2000 名护卫士兵，一鼓作气就冲进了王宫，不但生擒了国王亚烈苦奈儿，而且连皇后、王子、大臣们都一并捉住了。那些被派去抢劫船队的士兵听到王宫被围的消息，匆忙地回来救援，但是早已经来不及了，反而被郑和的士兵前后夹击，全军覆没了。郑和把这些俘虏带回国，这次成祖原谅了亚烈苦奈儿国王鲁莽的行动，不但没有追究，反而还赏赐了许多东西给他，并让人把他和他的家人、大臣一起送回了国，亚烈苦奈低等十分感激中国皇帝的宽宏大量，衷心归顺了明朝，从此成为明朝友好的邻邦。

1412 年，郑和第三次出使。这次他和船队无辜被牵扯进了一个南洋小国的权力斗争中。这个小国苏门答腊在不久前发生了政变，原来的王子十分想夺回王位，他向郑和求援，郑和并没有答应，坚持着不干涉他国内政的原则。这位王子因此恼羞成怒，找借口说郑和没有赐给他和新国王相同的礼物，向郑和的船队发起攻击，郑和迫于无奈，为了自卫奋起反击，结果大败王子的军队，活捉了王子。新国王因此要感谢郑和，郑和向他明确表明了自己只是为了自卫，不肯接受国王的礼物，补充完了水和食物之后就很快离开了这个地方。

通过这三次的战斗，郑和向世界表现出了自己国家的强大力量和不偏不倚的公正态度，取得了各国的信任和钦佩，从此以后不但再也没有人敢轻易挑衅，而且这些国家纷纷主动要求与明王朝建立友好的外交关系，心甘情愿地成为中华文明圈的一员。郑和仅仅通过三次不大的军事行动，就换来了与绝大多数国家进行经济、文化交流的机会，真不愧是一个伟大的政治家。

杨士奇被称为一代贤相

杨士奇是明代有名的贤相，他历仕建文、永乐、洪熙、宣德、正统五朝，仁宗时任华盖殿大学士，宣宗朝和英宗朝初期，杨士奇和杨荣、杨溥三人合称"三杨"，三人同是辅政大臣。人们都说，杨士奇称"西杨"，有相才；杨荣称"东杨"，有相业；杨溥称"南杨"，有相度。这三个人和衷共济，协力辅佐皇帝治理国家，开创了明朝历史上的一个盛世。杨士奇被后人评价为明于政事，待人宽和，善于处理君臣关系，而且知人善任，提拔了许多明朝鼎鼎有名的官员。

杨士奇幼年贫寒，吃尽了苦头。长大以后就以教书为生。由于他的才学出众，后来被推荐到明政府中任职。他供职非常严谨，从来不在家中谈论公事，即使是至亲好友，也听不到他谈一些朝政大事。在皇帝面前，他也表现得极为出色，处理事情总能一下子抓到问题的关键。这一切都使他成为最受

杨士奇

皇帝信任的大臣。

永乐皇帝和他的父亲朱元璋一样,并不信任他的大臣们,总是派出特务去监视文武百官的一言一行。有一天,他偶然得到一份广东布政使徐奇从任上回来后的送礼名单,心中又在暗暗怀疑。他发现这份名单上没有杨士奇的名字,就找他来询问这件事。杨士奇很了解永乐皇帝的性格,因此很委婉地回答说:"徐奇去广东的时候,百官去给他送行。那一天我正好病了,没有去,所以徐奇回来的时候送礼的名单中并没有我。至于其他的人是不是就接受了还不十分清楚。再说,徐奇送的听说只是一些土特产,不值什么钱,大概也没有其他用意。"永乐皇帝听了认为有理,这才去了猜忌之心,命人把名单烧了。

仁宗即位后,把本来作东宫属官的杨士奇提拔为礼部侍郎兼华盖殿大学士,因为杨士奇以前就直言善谏,是自己的得力助手,因此非常信任他。仁宗皇帝有一次坐在便殿上正在议事,就见杨士奇从外面走了进来。仁宗笑着对在场的大臣们说:"看,新任华盖殿大学士来了,一定又有正直的言论,我们一起来听听。"杨士奇这一次果真又是来进谏的他一见到永乐皇帝,就开门见山地说:"皇上开恩,下诏书宣布削减每年对内廷的供应,诏书刚刚公布两天,惜薪司就传圣旨要征调枣木八十万斤,这与前面的诏书是相互矛盾的。"仁宗听了马上传旨减去一半。

当时朝廷中有一项政策,是尚书李庆提出来的,就是把军队中多余的马匹分发给地方官员,朝廷每年征收小马驹。杨士奇针对这件事上奏了许多次,说:"朝廷选择有才有德的人任为官员,负责治理国家。现在却又让他们去养马,这种重视牲畜,轻视人才的事,怎么能够作为天下表率的呢?"仁宗皇帝于是下旨停罢此事,但后来却没有下文。杨士奇又上书争辩,仍旧得不到仁宗皇帝的批示。过了一段时间,仁宗皇帝私下里把杨士奇叫了去,对他说:"朕以前哪里是忘了呢?只是因为听说李庆、吕震等人都不喜欢你,考虑到你一个人孤立无援,恐怕你吃他们的亏,所以不想因为你的提议而罢养马罢了。现在已经有了别的由头了。"说着仁宗拿出陕西按察使陈智上言养马一事不便于民的奏疏。杨士奇见了非常感激仁宗皇帝的一番爱护之心。仁宗皇帝还特意下旨给言官说,杨士奇年纪大了,偶尔上朝迟到,不要因此而弹劾他,可见杨士奇非常得仁宗皇帝的尊重与信任。

仁宗皇帝因为各地不断发生的水旱灾害而苦恼不已，召见杨士奇商议下诏书对百姓进行体恤宽免，免去受灾地方的租税。杨士奇又趁机提出一起免除农民拖欠的租税和柴草钱，减少官田的数量，审理冤案，减少工役等利民措施，都得到了百姓们的欢迎。杨士奇又请求安抚外逃的百姓，检举贪官污吏，宽免罪犯家属。他又让三品以上的官员各自举荐所知的人才。他的这些请求全都得到了仁宗皇帝的批准予以执行。当时，仁宗皇帝专心致志，精力充沛，励精图治，以杨士奇为首的大臣们又都同心同德地辅佐仁宗皇帝，这段时期被海内称为太平盛世。

　　宣宗即位之初，内阁大臣一共有七人。陈山、张瑛因为是东宫旧人而入阁，但是都不称职，后来调出内阁去担任其他官职。黄淮因病退休，金幼孜去世，内阁只剩杨士奇、杨荣和杨溥三人。杨荣性格开朗，果断刚毅，遇事勇于承担。他曾经多次跟随成祖北伐，非常了解边境的具体情况、边将的优劣、关口的地形、道路的远近等等，全都了如指掌。但是他也有一点缺点，就是贪财，常常接受下属的馈赠。宣宗皇帝了解到这种情况，也很为难，就问杨士奇应该怎么办。杨士奇极力主张说："杨荣对边防军务很熟悉，我们谁都比不上他。这些小事不应该总放在心上。"宣宗听了，笑着说："杨荣还曾经说过你的坏话，你怎么还为他开脱呢？"杨士奇坦然回答道："还希望陛下像原谅我一样原谅杨荣。"后来，杨荣知道了这件事，觉得十分羞愧，从此两人尽释前嫌，关系变得非常融洽。宣宗皇帝也很厚待他们，经常赏赐一些东西给他们。

　　后来，宣宗去世，年仅9岁的小太子即位，国家大事都要向太皇太后报告。太皇太后也非常信任杨士奇等三位辅政大臣，有事就派人去内阁征求他们的意见。他们也很自信，能够公正持平地处理国家的政务。但是没有几年，他们的年纪都大了，杨荣最先去世，紧接着太皇太后也去世了。小皇帝宠信太监王振，日益疏远这些老臣，王振逐渐掌握了朝廷的大权。杨士奇这时已经退休在家养病，杨溥一个人在朝中孤掌难鸣，逐渐失去了对朝廷的控制。

　　杨士奇这时已是年老体弱，他还有一个傲慢凶暴的儿子，做了许多坏事。朝廷因为杨士奇的缘故，一直没有动手处置他。杨士奇看着朝政大权日益落在太监的手中，政治腐败，社会动荡，不由得忧心如焚，却又已经力不从心，再加上有这么一个不成器的儿子，心力交瘁，忧虑得卧床不起，在正统九年去世，终年八十岁。朝廷追赠他为太师,谥号文贞。

冯保用计害高拱

冯保是穆宗隆庆皇帝时宫内的大太监,他在宫中的资格很老,地位也很高。高拱是当时的内阁首辅。不知为什么,高拱总是看不上冯保,不愿跟他来往。后来有两次,穆宗要更换司礼监秉笔太监,这可是宫中太监梦寐以求的最高职位,按照资格来排,冯保是应该担当这个职位的。可是当皇帝问高拱意见的时候,高拱却两次都推荐比冯保地位低的太监担任。因为这件事,冯保怀恨在心,觉得高拱是有意和自己过不去,总想趁机报复。

后来,穆宗去世了,皇位由十岁的小太子朱翊钧继承,就是万历皇帝。冯保抓住了这次机会,得到太后的支持,赶走了前任秉笔太监,自己终于得掌司礼监和东厂的大权。他又和内阁大学士张居正联手,迫使高拱辞职回乡,由张居正当了内阁首辅。可是就是如此,冯保仍然不甘心,一心要致高拱于死地。

万历元年正月的一个早晨,十岁的小皇帝刚走出乾清宫,就见一个男子穿着太监的服饰,腰间挂着佩刀,急匆匆向皇帝走来。在宫中,除了侍卫以外,任何人都不准带刀。皇帝的左右随从认为这个人可能要行刺皇上,马上把他抓了起来。冯保是这时的内宫总管太监,他对这个人进行审讯。原来这人叫王大臣,原本是戚继光军中的一个逃兵。他把这件事告诉张居正,密商对策。张居正说:"戚将军手握重兵,为国守土,千万不要让这种事牵连到他。不过可以借这个机会除去高拱。"冯保一听,正合自己的心意,就派自己的仆人到监狱中去威逼利诱,允诺给他许多金银,只要他招认说是由于高拱对皇帝心怀不满,才派他前来行刺,还说是由高拱的一个家人和他联系的。这样一来,高拱就成了幕后主使行刺皇帝的叛逆。张、冯两人就把这份伪造的证词上奏给皇帝。小皇帝对此半信半疑,因为高拱也是他从小就认识的,实在不相信高拱会派人行刺自己。他又命冯保再次进行严审。

这个消息传到外朝,满朝大哗,大臣们心里都明白,这一定是冯保和张居正设下的计谋。吏部尚书杨博和都御史葛守礼一起去劝说张居正。张居正毫不理睬,只是说,这件案子东厂已经问清楚了,只等抓到同谋就要定罪。葛守礼一向性情激烈，一听这话马上拍胸说："我葛守礼不是曲附乱臣贼党的人，我敢以全家上下百口人性命担保高公并无逆谋。"杨博也说："高公尽管待人严厉，但绝不会干出这种事的。东厂人的话全不能听信，这要请您主持公道才行。倘若这件事闹大了，牵连开来，到时可就不好收拾了。"张居正不承认自己想陷害高拱。葛、杨二人又反复讲了嘉靖年间夏言、严嵩、徐阶、高拱递相倾轧，彼此都大损名望的历史教训，希望张居正引以为鉴。

张居正愤愤地说："二公以为我是有意与高公过不去吗？"说罢就起身入内，拿出东厂的揭帖扔给杨博说："你们看看，这与我有什么关系？"谁知那份揭贴上正好有他亲笔修改的"历历有据"四字，被他偶尔忘掉了。杨、葛都认识张居正的字体，他们彼此相对一笑，将揭贴装进袖中，谁也没有点出实情。张居正这才发觉露了馅，杨博又劝张居正说："如此严重的机密大事，东厂不马上报告皇上，却先通知内阁，这不妥当吧？我们两人并不是说相公故意与高公为难，我们以为事到如今，非您无人再有回天之力。"

张居正也觉得事情弄得有些过分了，便说："倘若有我效力之处，岂敢不出力？只是事已至此，怎样善后？"杨博说："就怕相公不肯出力，您只要愿出力，善后又有何难？可以请出一位有力的勋贵大臣出面审理就行了。"张居正只得答应审慎处理。

因为张居正这方面有了松动，皇帝这才下诏命冯保与左都御史葛守礼、锦衣卫都督朱希孝共同审理此案。朱希孝听说让他去审理这桩要命的大案，吓得大哭，直骂道："是谁那么缺德，出了这么一个坏主意，让我去干招惹灭门大祸的事！"当时冯保倚仗着皇太后的支持，控制着小皇帝，权势熏天，谁敢审理他嘱意的案子？他马上去找张居正诉说苦衷，张居正冷笑说："你去找杨大中宰和葛大中丞吧。"

朱希孝又哭着去见杨博，杨博安慰他说："朝廷是想借重您的勋戚威望，以保全朝廷的尊严和宰相的体面，哪里会忍心陷害您的身家！其实审问这案子也并非难事，您只要先派一个能说会道的校尉，去监牢里同王大臣好好谈谈，摸清他的底细，谁指使他那么说的，刀从何来。再把被称为他的同谋的高家仆人杂人一群人中，让他去指认，与高家有无牵连不就清楚了吗？然后再问他在哪里见到高拱：高拱什么样子？高拱有没有指使他，不就明白了吗？"朱希孝破涕为笑,点头称是,回去照办了。

朱希孝按照杨博所教的,一回去就派出亲信去秘密询问王大臣,果真搞清了王大臣是被冯保教唆诬陷高拱的。这个亲信威胁王大臣说:"进宫行刺是全家抄斩的死罪,你怎么敢承认呢?如果你原原本本说出实情,也许还能免去一死。"王大臣哭道:"他们哄我说,主使者才是死罪,我只要自首就没有事,而且还有官做。我哪里知道有那么厉害?"朱希孝又把被王大臣指认的高家仆人押到,混入诸校尉中,王大臣哪里认识!

到会审时,冯保问王大臣:"谁主使你进宫行刺?"王大臣睁大眼睛,仰头答道:"你先叫我干的,还问我?"冯保一下子泄了气,勉强再问道:"你先说是高相国,为何又变了?"王大臣说:"这是你教我说的,我一个下贱小人,怎能认识高相国?"朱希孝问他的刀剑从何而来,他说:"是冯家仆人给我的。"朱希孝怒斥他说:"你想诬陷审问官吗?"

冯保看见他的谋划全部败露,审问不下去了,只得派人暗中给王大臣喝了生漆酒,将他弄成了哑巴,说不出话。然后再将他移送刑部拟罪,将他斩首了事。

就这样,一场统治集团的权力之争,以杀掉一个可怜的小工具而告结束。高拱总算是逃脱了这一劫,但他从此也只得闭门独居,不敢再出来招摇。官僚们来往河南,都不敢经过新郑,怕被猜忌惹祸。冯保、张居正尽管未能如愿杀了高拱,但他们这一招杀鸡儆猴之后,再也没有人敢违逆他们,二人的权势达到了顶峰。

名人逸史

沈万三豪富吓走师爷

明清时有句民谣说:"南京的沈万三,北京的槐树湾;人的名儿,树的影儿。"可见沈万三的名气是多么的大!

沈万三生活的时代是元末明初,大约出生在元大德末年(1307),大概比明朝开国皇帝朱元璋大20来岁。沈万三原名沈富,字仲荣,原籍浙江湖州南浔,祖上以种田和做小生意为生,后来由南浔迁至周庄东垞。他在兄弟中排行老三,出名后人们都叫他"沈万三秀",《明史》中则称他为沈秀,之所以有个"秀"字,是因为元明时期人们喜欢称呼最富的人为"秀"。

那么,这个被称作"江南财神"的沈万三到底有多富呢?据有关史料记载,致富后的沈万三,首先广置了田宅万顷,当年沈万三在周庄镇东的东垞曾建造了千亩粮仓,以至于有了"苏州府属田亩三分之二属于沈氏"的记载。他还在银子浜的尽头建造了堆放银子的府库,每天都有很多小船进出银子浜运送银子。并且在沈万三家的后院,有一个叫作"绣垣"的后花园,这个花园走一圈就要差不多半个小时,里面有山有水,有桥有亭,园中心是一个10多米高的土垣,分为上中下三层。在园外还有十多顷的田地,遍植了芙蓉、丽石菊、香兰等四时花木,近居四邻不植花草便可四季满庭飘香。

但这偌大的一个园林也只是沈万三家产的冰山一角。因财多,沈万三还大肆地迎娶妻妾,据说他一生共娶了13房妻妾,把她们分置于各地,供他随处娱乐,纵情声色,如当时著名的盛泽妆楼就是其宠爱的小姜九娘的住处。

沈家的日常开销也是相当的惊人,仅因喝酒之需,就专拨出良田数十顷。在沈家的酒宴上所摆的那些器皿都是价值连城的宝物。凡去过沈家吃过酒席的人,都会大为感叹总算开了眼界。沈万三暴富之后也开始附庸风雅,经常与文人名士在这个后花园里舞文弄墨,吟诗作对。并且,每次的书画他都会出重金买下,据《坚瓠集》载,沈家"藏古今书画无算"。

据说有一次,沈万三听说苏州城有一个叫王行的名士学富五车,名气很大。于是他将其请来给他家当私塾先生。每次王行写出文章,他都拿出很多白银酬谢,而王行看到这么丰厚的酬金,居然被吓得辞谢告归,他临走时说了一句这样的话:如此的炫耀财富,灾祸早晚是要降临的!后来果真应了王行的话,过多的财富让沈万三落得了一个流放云南、家破人亡的下场!

沈万三发财时,适逢元末的大乱局。元顺帝至正十六年(1356),张士诚割据平江(苏州)一带,沈万三等大富户为求得庇护,都曾献金输粮,以示拥戴。后来张士诚被朱元璋战败,困在平江死守,朱元璋派兵屡攻不下,以致朱元璋对江南地方豪绅给张士诚的支持非常嫉恨。待攻占苏州后,朱元璋下令加重姑苏的粮赋征收,又命苏州的一些富民徙居濠州,同时,还籍诸豪族及富民田为官田。这一时期,朱元璋便没收了沈万三的大批田地为官田。

沈万三为保住家产,便开始取悦于朱元璋。明太祖朱元璋定都南京后,要沈家每年献白银千锭,黄金百斤,军队的给养甲马钱粮也要沈家供给。沈万三便率江浙两省的富家大族,资助朱元璋粮食一万石,献白银5000两。此后,朱元璋想要扩建南京城墙,沈万三又主动提出帮助修筑总工程的1/3,自洪武门到水西门,耗费巨资,结果竟提前三日完成。这种做法足见沈万三对明王朝的良苦用心。接着,沈万三为表明自己的忠心,又趁热打铁地提出要代朱元璋犒军。朱元璋问:"朕有军百万,汝能遍及之乎?"沈万三竟然回答道:"愿每军犒金一两。"由此亦可见沈万三的家底儿有多么雄厚。但朱元璋听后勃然大怒,曰:"匹夫犒天子之军,此乱民也,宜诛之。"马皇后听说后替沈万三求情说:"其富敌国,民自不祥,不祥之民,天将灾之,陛下何诛焉?"朱元璋于是发配沈万三一家去云南,家产全部查抄充公。

这时的沈万三已经是一个年过六旬的老人了。在这贫富荣辱发生巨大反差的一时之间,他从心理上和身体上都难以接受,再加上水土不服,没多久沈万三便客死云南。后来他的子孙将他的尸骨运回家乡,葬于周庄的银子浜下,才使他叶落归根。

李时珍逢寿星得长寿方

明代名医李时珍长期在民间走动,遍访名家,以求使自己的医术更为精进。

有一次,李时珍去深山采药,巧遇一位鹤发童颜的采药老人,略一交谈便感到很投缘,大有相见恨晚之意。原来这位老人是隐居深山的隐士,年纪已超过120岁,眼不花、耳不聋、腰不弯、腿不软,身体非常健康,走路步履轻盈,飘然若仙。

当李时珍问他身体怎么这么好,有何延年益寿之道时,老隐士指着竹背篓里的木耳和胡萝卜说:"山野之人能吃什么? 我是常吃这胡萝卜烩木耳。"

拜别老隐士,李时珍一路上琢磨,到家后,立即烹制胡萝卜木耳菜,色泽艳丽,鲜香诱人,忍不住吃了个饱。此后,他反复试验、应用,证实了常食胡萝卜烩木耳特别有益于人的肝脏、心脏的健康。后来他将此方告之于人,人们遂知此长寿食疗方。

唐伯虎装疯卖傻避祸端

明朝著名的画家、文学家,"江南四才子"之首的唐伯虎为人洒脱,个性放荡不羁,但很有才华。他年轻时就显示了杰出的绘画才能和写作才能,每年家乡的"比贤大赛"他都能得到冠军,与他同时代的祝枝山等人都曾败

李时珍

在他的手下。一时间,唐伯虎的大名传遍整个苏州,人们都称他为"苏州第一才子。"

不久,唐伯虎的大名就传到了宁王朱宸濠的耳朵里。宁王很有权势,他不仅得到了当今皇帝的宠爱,而且他还广施恩惠,笼络了大批的人才。不仅朝中官员大部分都是他的党羽,而且许多有才能的学子也纷纷投到他的门下。宁王听说唐伯虎是个人才,就打算着将他请到府里来,可是唐伯虎这个人虽然喜欢享受,但是不喜欢过有拘束的生活,不想依附权贵。所以,当宁王派人来请他时,他总是找各种借口推辞。唐伯虎越是推辞,宁王就越觉得他有性格,心里就越是喜欢他,想得到他。

这次,宁王又派人来请他,而且还带了更多的礼物,里面包括历代的名书、字画,是宁王多年积累的所得。唐伯虎看到这些珍品,着实喜欢得不得了,拿在手里总是舍不得放下。看到宁王这么求贤若渴,唐伯虎不好再推辞,就接受了宁王的邀请。

唐伯虎来到宁王府后,也受到了非常的待遇,他被安排到内府里住下,享受着最优厚的待遇。唐伯虎休闲自得地住了半年,平日里和朋友们喝酒聊天,写诗作画,好不快活。这宁王也不急于召见他,让他自由自在地过日子。

可是,唐伯虎表面上什么也不关心,实则暗地里处处观察宁王的一举一动。

他查看到宁王倚仗自己在朝中的势力,干了不少见不得人的勾当。宁王看谁不顺眼,或者有人和他作对,他就会联合同党将他治罪。他宁王府的人也仗势欺人,欺压百姓,百姓们都叫苦连天。更有甚者,宁王还秘密培养自己的党羽和军队。唐伯虎由此判断宁王日后一定会造反,为了避祸,他决定装疯卖傻。

当宁王派人给唐伯虎送东西的时候,他便脱光了衣服,一丝不挂,赤身裸体地坐在地上,头发蓬乱,浑身涂满了脏兮兮的泥土,见到来人还傻笑,并且还玩弄自己的生殖器官。

来人见他这副模样,不仅恶心得要吐。唐伯虎还大骂来人,搞得那个人很没面子,只好匆匆忙忙地抱着礼物回去禀报宁王。宁王听说了这事,十分生气说:"谁说唐伯虎是个贤才?我看不过是个疯子,白白吃了我半年的粮食,把他赶出去!"

唐伯虎逃离宁王府不久,宁王果然起兵造反,结果兵败被杀,受牵连者竟有千人之多。

宁王聘请唐伯虎,只是做个招贤纳士的姿态,实则是要这些人才为他日后叛乱出力。唐伯虎看到这点,并认为宁王叛乱定不会成功,到时难免引来杀身之祸。于是他便想出了一条装疯卖傻的计策,这样既免除了宁王追杀的危险,又能逃脱受牵连的嫌疑。

唐伯虎巧题祝寿诗

明代的唐伯虎以书画著名,为人放荡不羁。亦长于写诗作画。

有一次,一家阔老太太做寿,宾客满堂,唐伯虎亦应邀前往。

席间酒酣,有人请唐伯虎题一首祝寿诗,他并不推辞,稍做思索,便写下了第一句诗:"这个婆娘不是人,"众人一看,不禁为之失色。

接着,他笔锋一转,写下第二句:"九天仙女下凡尘。"众人转忧为喜,击节叫好。

唐伯虎看看这种狂热场面,写下第三句:"儿孙个个都是贼,"一下子把在场的儿孙们气得怒目圆睁,眼看快要发作了,唐伯虎蘸墨挥毫,刷刷地写下最后一句:"偷得蟠桃奉至亲。"

唐伯虎画像

至此，主客皆大欢喜，个个笑逐颜开。

祝枝山用春联戏谑钱财主

祝枝山是明代书法家、文学家。名允明，字希哲，号枝山，因右手多生一指，又自号枝指生，长洲（今江苏苏州）人。

祝枝山出生于七代为官的鸿儒家庭。他自幼天资聪颖，勤奋好学，5岁时就能书一尺见方的大字，9岁便能做诗文，被称为"神童"。10岁已博览群书，文章瑰丽，才智非凡。17岁即中秀才，32岁中举人，但仕途坎坷，直到55岁才谋得一官半职，授广东兴宁县知县，63岁任京兆应天府通判。由于不满官场腐败之风，嘉靖二年（1523），祝枝山借故辞官，回故里度过余年。

祝枝山赋闲时，有一年除夕，一个姓钱的财主来请祝枝山为他写副春联。钱财主不识字，并且向来看不起读书人，现在见到祝枝山后满脸堆笑，一改往日傲慢神态，说道："祝枝山，你给我好好想副对联，写好了，我会重重赏赐你的。"

图文珍藏版

祝枝山想:这个钱财主平日搜刮乡里,欺压百姓,大伙敢怒不敢言,今日既然找上门来,何不借机奚落他一番? 于是,吩咐书童在钱财主的大门两旁贴好纸张,挥笔写下了这样一副对联:"明日逢春好不晦气来年倒运少有余财。"写好后贴了上去,大家看到这副对联,都这样念道:明日逢春,好不晦气;来年倒运,少有余财。钱财主听了气急败坏,知道是祝枝山故意辱骂他,于是到县衙告状。

当下,县令便派人传来祝枝山,质问道:"祝先生,你为何用对联辱骂钱老板?"

祝枝山笑着回答说:"大人差矣! 我是读书人,无权无势,岂敢用对联骂人? 我写的全是吉庆之词嘛!"于是,就当场把对联念给众人听:明日逢春好,不晦气;来年倒运少,有余财。

县令和财主听后,无言对答。县令呵斥钱财主道:"只怪你才疏学浅,把如此绝妙吉庆之词当成辱骂之言,还不快给祝先生赔罪?"

钱财主无奈,只好连连道歉,祝枝山见状哈哈大笑,扬长而去。

祝枝山与唐伯虎、文徵明斗诗

祝枝山是明中期的著名书法家,其书法吸取唐虞世南、元赵孟頫书法之神,扬晋王羲之、王献之行书、唐怀素草书之势,融会贯通,自成一体,发展为自己的独特狂草,被誉为"明朝第一",当时便流传有"唐伯虎的画,祝枝山的字"之说。祝枝山为人风趣洒脱,才华横溢,好游山玩水而不拘小节。民间把他和唐寅、文徵明、徐祯卿三人并誉为"江南四大才子"。

祝枝山虽然才艺过人,但生性诙谐,好吃好喝,哪里有酒席就去哪里蹭吃的。有一天,唐伯虎约会文徵明吃酒,故意瞒了祝枝山,两人躲在一处饮酒,不料被祝枝山得知,也急急忙忙赶到那里,一进门就大声嚷道:"今朝吃福好,不请我自到。"说罢,坐下便要吃酒。

唐伯虎向文徵明眨眨眼,然后对祝枝山说:"今天我们吃酒,有个规矩,须即景吟诗一首作为谜面,打一昆虫名,否则不准吃。"

祝枝山笑笑说:"好吧,你们先说。"

唐伯虎便吟道："菜肴香,老酒醇,不唤自来是此君,不怕别人来嫌恶,撞来席上自营营。"

祝枝山听了知道这诗谜底是苍蝇,点头微笑,文徵明接着说："华灯明,喜盈盈,不唤自来是此君,吃人嘴脸生来厌,空腹贪图乱钻营。"

这个谜底是蚊子,祝枝山听了,知道他们在取笑自己专吃白食,但却假装不懂,便也吟了一首："来得巧,正逢时,劝君莫惜盘中食,此公满腹锦绣才,不让吃喝哪来诗(丝)?"

这个谜底是蚕。祝枝山巧妙地回答了唐伯虎和文徵明的嘲笑,吟罢,三人相视大笑,开怀畅饮,直吃到酩酊大醉方休。

文徵明勤奋不辍终成书画大家

文徵明是明代大书画家,是"吴门画派"的真正领袖。文徵明初名壁,后以字行,又改字征仲,祖籍衡山,故号衡山居士,长洲(今苏州)人,出身仕宦,师沈周,与吴中名士祝允明、唐寅、徐祯卿交游,称为"吴中四才子",诗文书画,无不精工。

文徵明书画

文徵明小时候并不聪明，史载"征明幼不慧"，说他 7 岁时才能站立，到 11 岁时才会讲话，19 岁跟随沈周学画，十次参加乡试，皆未中。到 54 岁时由朋友推荐，到北京经过吏部考试，才获得一个翰林待诏的职位。58 岁辞归，从此远离官场，专事书画艺术，成就卓著。

文徵明天资愚钝，他之所以能在书画上有大成就，主要原因就在于他勤奋和能吃苦。文徵明年轻时参加生员考试，因字写得不好，在六等中只排在第三等。从此，他决心发奋把字练好，他以智永的小楷《千字文》为临本，每天写一遍，一直到晚年，天天如此。他从 19 岁向沈周学画，后又广学名家，勤奋作画，直到晚年，笔耕不辍。

文徵明为人正直，生平有"三不应"，即藩王贵族求画不应，宦官求画不应，外国人求画不应。有一次，一个豪门贵族以珍玩相赠，求他作一幅画，文徵明看也不看，就将珍玩原封不动退还。

文徵明的父亲为温州太守，死在温州，地方官绅，送了许多钱作丧礼，他坚决不收，料理完丧事后，一一退还。

有一次，御史俞谏看他有才学，家境贫寒，便关心地问："你早晚可有何难处？"

他答："早晚都有粥吃。"

俞谏又问："你的衣服为何破成这般？"

他佯装不知地答道："这是刚才被雨淋的。"

文徵明中年以后，向他求画的人日多，有时车马盈门，他常常无法应付，便请他高徒朱子朗代笔，便有的人干脆就直接找朱子朗。有一次，一位金陵的客人远道而来，要找朱子朗，结果走错门，恰好来到了文徵明家，送上礼，说明来意，文徵明笑而受之，让来人稍候，挥毫濡墨，顷刻之间，画就一幅画，交给来人，并开玩笑地说："我画真衡山，聊当假子朗，可否？"那客人拿到画后，顿时大喜，没想到想求幅代笔，反倒求到了真迹。

况钟扮傻察人治小吏

明代官员况钟，字伯律，宜春靖安人，幼时家境贫寒，其父仲谦为生活计，送给黄氏收为养子,7岁时母亲去世,后刻志于学。由于他资性颖异,且勤于学,"长而淹贯经史,其为文简要不烦,兼工行楷诸书,器局端凝,言笑不苟,视势利声华澹如也"。而且"秉心方直,律己清严,习知理义,处事明敏"。在靖安县衙任掾时,职内事务,处理快捷,深得知县俞益的赏识,称赞他干练通敏,廉洁无私。

俞益与当时的尚书吕震相交不错,他便极力向吕震推荐况钟,吕震见到况钟也很喜欢,便调他在自己手下当差。

况钟此时虽是小吏,但头脑精明,秉公执法,办事可靠。吕震十分欣赏他的才干,便推荐他当主管,升郎中,后来又推荐他出任苏州知府。

况钟初到苏州府上时,为了看清府中人的品格,他假装对政务一窍不通,凡事问这问那。府里的小吏见他如此,个个怀抱公文围着况钟,请他批示。

况钟佯装不知,胡乱翻着公文,瞻前顾后地询问小吏,小吏说可行就批准,小吏说不行就不批准,完全按小吏们的主张行事。

这样过了几天,小吏们不由个个乐得眉开眼笑,手舞足蹈,都说况钟真是个大笨蛋。

突然有一天,况钟召集全府上下官员,一改往日温柔愚拙之态,大声责骂道:"你们这些人中,有许多奸佞之徒,某某事可行,却阻止我去办;某某事不可行,却怂恿我办,以为本官是个糊涂虫,耍弄本官,是可忍,孰不可忍!"一声令下,将其中的几个小吏捆绑起来一顿狠揍后,扔到街上,永不录用。

此举使余下的几个下属胆战心惊,原来知府大人心里明亮如镜,以前只不过是试验自己罢了。从此小吏们都一改拖拉、懒散之风,积极地工作,没有人敢徇私舞弊。

在况钟的治理下,没过多久,苏州便得到大治,百姓安居乐业,都赞扬况钟是个大清官。

况钟60岁时卒于苏州知府任上,去世之日,郡民罢市,如哭私亲,苏州七县绅耆人等,俱奔赴哭奠,就连邻近的松、常、嘉、湖的百姓都络绎不绝地前来吊丧。次年春的归柩之日,苏州倾城出送,白衣白帽,两岸夹舟,奠别出苏州之境,还有奔程路祭的,一路不绝。朝廷赠正议大夫资治卿。祀名宦祠,准许城邑建祠以祀,春秋官为致祭。

展玉泉逆市而行成盐业巨头

明代大商人展玉泉是山西蒲州(今永济)人。蒲州乡俗好经商,而经商者以善于审时度势、明辨物产而获利。因而,他们经营商业,有一生中数次改变行业的,甚至一年中数次改变行业的。但也有世世代代一种行业不变的,那就是盐商。

明初时蒲州商人从事盐业的人有很多,以经营淮盐者居多,经营沧州(在今河北)盐的人也不少。明代的盐业实行引盐专卖制,即商人凭官府颁发的盐引到指定的盐场支盐,然后到指定的地区销盐,不得越境。沧盐的运销地区是北直隶、河南彰德、卫辉二府等地。展玉泉的爷爷辈就在沧州经营盐业,其父亲时也是如此,展玉泉在孩童时就游玩于盐场。玉泉的父亲是经商能手,凡他做的生意都能赢利。

至明中叶时期,这种引盐专卖制发生危机。在沧州盐区出现了私盐大量入境,加之当地居民刮盐碱自制土盐,使沧盐销售大减,岁额不及过去的十分之三四,盐商所获得的利润大幅度减少。

商人的眼睛生来就是专门盯着金钱的,谁肯舍多而就少?在这种不利的境况下,经营沧盐的商人,经过利弊权衡,大都纷纷转营他业,或到其他地区另谋大计。

在这股"转营"旋风中,展玉泉的父亲受其他商人的影响,开始有所动摇,也想离开沧州。展玉泉得知父亲的想法后,为父亲仔细分析了当时的局势和沧州盐业的发展趋势:

第一,盐官失职,在其位不谋其政,从中以公谋私,是造成私盐之风越刮越猛的主要原因。

第二,以实物换盐的"开中制"是朝廷为军事目的所设,一旦收不到应有的效果,势必会影响政局。朝廷必然会大力整顿现有盐制。现有盐制一经整顿之后,盐区现有的销量格局肯定会被打破。

第三,私盐之风被整顿之后,官盐将再度热销。沧州的地理位置以及各方面的条件很好,会重新成为重要供盐区,能恢复到甚至超过以前的繁荣局面,现阶段只是热销前的淡季。

第四，沧盐一旦热销，可获大利之时，众盐商就会削尖脑袋往此处钻，此时，谁的顾客多，谁就能争得市场，谁就能获得滚滚财源。

最后，展玉泉得出结论：如果我们借此机会，多争得一些顾客的信任，提高我们的名气，为未来的发展做好准备。

经儿子这么一番有理有据的分析，展玉泉的父亲打消了效仿其他商人离开沧州的念头，决定逆风独舞，在惨淡经营中苦撑危局，坚守基业。

后来事情的进展果如展玉泉所言，政府出面对盐制进行改革和整顿。之后，沧州盐区出现了新的局面。经营沧盐者又可谋取大利，众盐商又一股风似的纷纷云集于沧州，盐商人数比过去增加 10 倍多。

展氏家族的"冷板凳"坐热了。由于他们在众盐商纷纷离去之际，一直坚守在阵地，所以赢得了固守的顾客群。而其他后来者就不得不从头开发自己的顾客群。我们知道，开发一个新客户的成本相当于保住四个老客户的成本。这样，展氏的经营成本明显大大低于其他盐商，赢利也相对高于其他的盐商。

在沧州盐区的众多商人中，只有展氏坚守其业，成为盐商世家，凭着客户资源的优势，展氏在市场上占有举足轻重、无可替代的地位，自然赢利最丰厚，终成为沧州盐商中的巨头。

宋应星与《天工开物》

宋应星是明末的杰出科学家，他编写的科技名著《天工开物》，是我国古代最重要的一部工艺百科全书。它详细记述了我国古代的农业和手工业技术，其中有不少是在当时居于世界领先地位的工艺手段和科学创见。这在当时文人学士都积极于追求功名利禄的社会，可以说是背道而驰。

宋应星，字长庚，万历十五年（公元 1587 年）出生在江西省南昌府奉新县。他自幼聪敏过人，和哥哥宋应升一起念书时，每天日出，哥哥都会早起背书，已经背完了七篇课文，他才迟迟起床。老师看到这种情况就责备他过于懒惰。宋应星却说，这有何难，我把哥哥刚才背诵的书都背出来不就行了吗？说完果真就琅琅成诵，把七篇课文一字不漏地背了出来，老师也感到大为惊奇。原来，在

宋应星雕像

哥哥背诵文章时,宋应星早已经睡醒了。他在床上一边听兄长背诵,一边就已默记在心了。

万历四十三年(公元 1615 年),二十九岁的宋应星与兄长一起去参加江西省的乡试,两个人同时中了举人,当时的人都称他们为"奉新二宋"。后来,他曾经五次进京参加会试,但是却屡试不第。不过,在这五次从江南到北京的漫长旅程中,倒是使他获得了在书本上学不到的许多知识,特别是大量的工农业科学技术知识,为他后来成为中国科技史上的名家打下了坚实的基础。崇祯七年(公元 1634 年),年届四十九岁的宋应星才首次出任江西省分宜县教谕。在任上时,除了必需的教学工作以外,他的剩余时间都埋首在书斋中,整理那些自己千辛万苦搜集积累来的生产技术资料。四年以后,他升任福建汀洲府推官,这是个正六品的司法官。在任期间,他不与贪官污吏为伍,正直清廉,深得汀洲百姓敬仰。后来,他又升任安徽亳州知州的官职,为五品官。这是宋应星一生中担任的最高官职。次年,明朝覆灭,宋应星便弃官还乡,结束了他十一年的宦海生涯,从此再也没有进入官场。

宋应星勤于著书,在做官期间就已完成了《论气》《谈天》《原耗》《美利笺》《杂色文》《天工开物》等哲学和技术著作。在告老还乡之后,又以文学著述自娱。宋应星的大部分著作都已失传,现在仅存《天工开物》《野议》《论气》《谈天》《思怜诗》这五部作品。其中《野议》是一部议论时局的政论著作,《思怜诗》一共 52 首,则表现出了作者忧国忧民的感情,《论气》和《谈天》则是自然科学方面的著作,从中可以看出他朴素的唯物主义哲学思想和文学造诣。这几部书是近年来在江西省刚刚被发现的,就连《天工开物》这部最出名的作品也长期失传，直到新中国成立后，才找到一部明崇祯十年的原刻本，这才影印出版，让这部巨著重见天日。

《天工开物》一书分上、中、下三卷，又按照不同的生产项目，编成"乃粒"（粮食生产）、"乃服"（衣料织造）、"彰施"（染色）等十八卷。上卷记载了谷物豆麻的栽培和加工方法，蚕丝棉布的纺织和染色技术，以及制盐制糖的工艺；中卷主要记载砖瓦和陶瓷的制作，车船的建造，金属的锻铸和烧制，以及榨油、造纸方法等；下卷内容包括金属矿物的开采和冶炼，兵器、火药、朱墨、颜料等的生产以及珠宝的采集和加工。真可谓是无所不包。全书一共记录了一百三十多条技术经济数据，附有一百二十三幅插图，还画有二百七十多个现场操作的劳工形象。这部书文字简洁，内容广博，全面系统地记叙了中国古代（主要是明代）的农业、手工业等方面的科学技术成就。其中，"物种发展变异理论"，比德国卡弗·沃尔弗的种源说要早一百多年，"动物杂交培育良种"比法国早二百多年。炼锌方法在世界上是第一个记载的，还有挖煤中的瓦斯排空和巷道支扶，化学变化中质量守恒道理等等的记录，都比国外先进或早得多。

《天工开物》是一部非常珍贵的科技文献，在我国乃至世界科学技术史上都占有重要的地位，受到国内外科学界的高度重视。它刊行后很快传到日本，日本学者评价说："作为展望在悠久的历史过程发展起来的中国技术全貌的书籍，是没有比它更合适的了。"1869 年它被译成法文，传到西方，以后又被译成英文，西方研究者把它誉为"中国十七世纪的工艺百科全书"。世界著名专家学者对宋应星及其《天工开物》也有很高的评价。英国的达尔文说《天工开物》一书是"权威著作"，法国学者称它为"技术百科全书"。英国的李约瑟不仅称《天工开物》是"十七世纪早期的重要工业技术著作"，而且，还把宋应星说成是"中国的狄德罗"。

王翱缝衣还珠

王翱，字九皋，盐山人。永乐十三年，他参加了永乐皇帝举行的两次会试，两次都取得极好的成绩，因而得到了永乐皇帝的亲自召见，并赏赐酒宴。从此开始步入仕途。

英宗即位以后,王翱升为右佥都御史,奉命出镇江西。在那里,他大力惩治贪官污吏,清除弊政,调养民生,得到了老百姓的衷心爱戴,那些奸恶的官吏因为他的惩治,也不敢再为所欲为了。以后,他又多次受命督军平叛,每一次都能够很好地完成任务,得到了皇帝的赞赏和信任。

英宗正统七年,辽东军务紧张,蒙古的势力又一次强大起来。王翱被派去提督辽东军务。当时,明朝的军队纪律废弛,丝毫没有斗志,敌人来进攻了,将领和士兵仍旧懒洋洋的不愿意迎战。偷袭的敌人退去以后,王翱非常愤怒,当众责打了那些延误军令的将领,还以失职的罪名斩了其中的几个人。从此以后,将士们都十分畏惧,不敢再荒废军纪,都发誓愿意效死赎罪,军队的士气大振。王翱又通过实地考察,下令在从山海关到开原的一线,都建起城垣,并挖出防护沟,五里一个城堡,十里一个军屯,边境从此烽火相连,延绵不断。他还训练士兵,善待百姓,使得所有人都对他心悦诚服。几年之中,辽东边境在他的精心治理之下,民顺兵强,足以抵御蒙古人的进攻。他也因功被升为右都御史。有一次,王翱正在阅兵之时,忽然有敌人来犯,毫无准备的军队一下子被打的溃不成军。王翱命令将士退守城池,顽强抵抗。有的人看到情势危机,都说这座城眼看就保不住了,请他迅速撤离。王翱却"刷"的一下拔出佩剑,厉声说:"谁也不准再说弃城不守的事,否则就定斩不饶。"身边的人都吓得再也不敢在提了。这次敌人退去之后,王翱还主动向朝廷请求停俸半年以示处罚。

后来,王翱被召还朝任职,一直做到了吏部尚书的高位。他和当时深受皇帝信任的大学士李贤关系密切,两人交情很好。李贤向皇帝极力推荐王翱,所以王翱也因此受到皇帝的信任,得以施展大志。皇帝对他非常敬重,召他议事时,从不称呼他的名字,而是尊敬的称他为"先生"。那时候,王翱已经年近八十,皇帝体谅他年老,遇到天气不好的时候,还允许他可以不用上朝。他以自己年老,多次请求退休,皇帝每一次都温言挽留,还常常派宫中的太医去为他治病。后来,王翱就卒于京中,享年八十四岁,并赐太保,谥为"忠肃"。

王翱一生严于律己,生活非常简朴。他虽然身居高位,但是家中却非常贫寒,屋子破破烂烂。皇帝知道这个情况之后,就命人为王翱在他的家乡盐山给他建了一座府邸。按照那时的惯例,朝中的大臣位子高的,家中的子孙可以得到荫庇,王翱的孙子就得以因此进入太学学习。但是孙子长大了,王翱却不准他去应试,理由是:"不要妨碍了贫寒士子的进取之路。"他的妻子曾经私自给他娶了一房小妾,过了半年才敢告诉他。王翱知道后大怒,责备夫人坏了他的家法,马上就命人给那个小妾一些钱,打发她回家去。那个小妾也是一个烈女子,回家后终生未嫁,还说:"哪有大臣的小妾改嫁他人的事!"王翱死后,她还不远千里来奔丧,王翱的儿子敬重她的义行,奉养她终生。

王翱任吏部尚书时手握重权,可是他却从来不肯因私害公。有人为了他的权势讨好巴结他,他却谢绝一切私人请谒,常年住在官衙里,只有逢年过节才回家拜谒祖先祠堂,平时从不回家,别人想到他家中去拜访他根本是不可能的。他举荐了某人,也从不让那个人知道,总是说:"吏部难道是买好、抱怨的地方吗?"有一个在外地任职的官员,因为生了病,私自跑回京城。王翱知道了这件事,就要求处罚他,降了他的官职,让他赶快离京上任。这个官员大怒,趁着王翱上朝的时候,抓住他狠狠地打了一顿,又高声地辱骂他。这件事实在太有失体统了,皇帝知道后大发雷霆,命人把这个官员抓起来就要处以重刑。反倒是王翱站出来为他说话,说他确实是因病私自回京,降职处分就已经足够了,不应该再给他别的处罚。于是这个官员只是被罢职回家,并没有受到别的处罚。当时的人都极力称赞王翱的宽宏大度。不过,他虽然宽以待人,却又极为严于律己。他的女儿嫁给城外的一个官员做妻子。王翱的夫人因为很疼爱女儿,常常接女儿回娘家,女婿因此很不高兴,固执地不让妻子走,还怨怒地对妻子说:"你父亲做吏部的长官,调我到京城任职易如反掌,那样你就可以从早到晚侍奉母亲,可你父亲为什么这么吝啬呢?"女儿把这话告诉了母亲,母亲也觉得很有道理。一天晚上,夫人摆上酒,跪在地上,将这个意思告诉王翱。王翱大怒,竟然拿起桌上的器物打伤了夫人,一气之下到朝房住宿,十多天以后才回府第,最终也没有给女婿调职。

还有一件事非常有名,就是王翱缝衣还珠的故事。王翱做都御史时,和一个太监一起镇守辽东。这个太监也很守法,与王翱相处很好。后来,王翱到两广任职,这个太监洒泪送别,并赠送给王翱四枚大珍珠。王翱坚决推辞,不可接受。太监感叹着说:"难道你以为这珠子是受贿得来的吗?这可就冤枉我了,这是先皇赏赐给我的啊!"王翱实在没办法推辞,就收下珠子,放入所穿的上衣里,把它结结实实的缝好。后来回到朝中,那个太监已经死了,他就找到太监的两个侄子,把珠子拿出来,原封不动地还给了他们。

冯梦龙屡试不中

冯梦龙是明代非常有名的大作家。他出生在富甲天下的江南苏州府,家里很富裕,从小就受到了良好的教育。他的爱好非常广泛,作为一个正统的封建文人,经史子集自是不在话下,就是市井的俚曲诗词也是样样精通。他和他的哥哥梦桂,弟弟梦熊都是当地的大才子,被人合称为"吴下三冯"。冯梦龙的一生的著作,多达六七十种,共千万余言,是我国古代文学家中有名的多产作家之一。他编写的话本小说《警世通言》《喻世明言》《醒世恒言》合称"三言",更是家喻户晓。就是这样一位多才多艺的才子,却终生也没有能够通过科举走上仕途。这是为什么呢?

作为封建时代的文人,冯梦龙也同样热衷于科举,而且他的文才出众,在江南颇有名气。人人都以为他去参

冯梦龙画像

加考试肯定是轻而易举,他也确实在很年轻的时候就考取了秀才。但是在这之后,命运却和他开了一个大玩笑。他从年少考中秀才后就一直不断地参加高一级的乡试,可是一直考到了五十七岁,别说进士了,就连一个举人都没考上,真是让众人跌破了眼镜。这到底是为什么呢?是他的应试能力太差吗?考了这么多回.总应该摸到一些窍门了吧?有人说他屡试不中是因为不务正业,整天忙于写小说、编野史,才耽误了科考。还有人认为他可能就只擅长写一些荒诞不经的文章,正经的科场八股文也许并不拿手。可是这种推测也是明显不正确的。因为冯梦龙通过自己多次参加科考的经验总结,再和以自己对儒家经典的

深刻认识,写成了《麟经指月》《四书指月》等系列科场考试参考书,这些书在很长时间里成了士子们准备考试的重要参考书目。读他写的这些参考书的士子们一个个地完成了鲤鱼跳龙门的过程,顺顺当当地中了举,作了官,可就是写这些书的冯梦龙偏偏却是百考百输,逃脱不了败了再战,战了又败的命运。实在没有办法能够解释这种奇怪的现象,也只能认为是冯梦龙时运不济罢了。

不过,冯梦龙晚年还是当了几年官的。这只是朝廷给屡试不中的老士子们的一个恩赐机会,分配他们当一个地方上的小官,以疏解他们心中的不平之气。冯梦龙见自己日渐老去,已经没有什么通过科举一举成名的可能了,只好也选择了这种方式,到福建寿宁做了几年知县。据他任职当地的地方志记载,他这几年的政绩还十分不错,做了几件对地方大有裨益的好事,比如重修了寿宁的城墙,兴建了学堂,减轻地方百姓的赋税,禁止溺死女婴等等,他在地方志的评价中是一个循规蹈矩的好官。冯梦龙在任上只做了一届,因为年纪太老了,就辞官归乡了,从此在家中闭门著书,再不过问世事了。现代的研究者们都认为正是因为冯梦龙仕途不顺,他才有可能用大量的闲暇时间去摆弄一些"闲书",也才能给我国的文学宝库中增添了像《三言》这样的优秀文学作品。从这个角度来看,他的短暂仕途也未尝不是一件好事。

潘季驯治服黄河

黄河是我国的第二大河,也是我国古代灿烂文化的发源地。但是,在历史上,黄河又是一条多灾害的河流。自有文字记载的 2000 多年来,黄河几乎是三年两决口,百年一改道,水灾范围北到天津,南抵江苏、安徽等省,波及 25 万平方公里。因此,历代的封建王朝因为政治统治的需要,不得不把治理黄河搬上朝廷的议事日程。在与黄河绵延不绝的斗争中,也出现了几位著名的治河水利专家,比如汉代的刘景,元代的贾鲁和本文将要谈到的明代治河专家潘季驯。

潘季驯(1521~1595),字时良,浙江乌程(吴兴)人。他认为,黄河流经黄土高原后挟带了大量的泥沙,流入平原的阔野后,大量泥沙淤积致使泛滥成灾。治河的妙诀不能分疏放任,只能束水归槽。这就需要塞决口,固堤防。这与历代治河官员们主要使用的广开下游支流,拓宽水道,打开入海口的常见治理方法正好相反,当时引起了很大的争论,许多人认为用这个方法治理黄河,冒的风险太大,还不见得就能成功。可是后来的历史事实向人们证明了潘季驯的理论是正确可行的。

明朝的永乐皇帝迁都北京后,北京的大量居民、守军需的粮食差不多全要通过运河从南方运来,还有其他各种必需的补给品,光是每年运输的漕粮就多达400多万石。因此,说这条大运河是明王朝的生命线和主动脉是毫不为过的。可是由于黄河经常泛滥成灾,常常会冲垮运河河道,夺走运河的水源。因此治理黄河,保住运河就成了关系国家社稷的至关重要之事,所以明王朝一向是以"活河保运"为治理黄河的既定方针的。

公元1558年,黄河又一次改道,冲向东南方,在淮阿与淮河、运河相交,共同奔流入海。这一次黄河的改道不但夺走了淮河和运河的水源,黄河水中所含的大量泥沙还淤塞了河道,造成漕运中断,并且危及明朝皇帝在凤阳、盱眙一带的祖坟。此时,明世宗不得不考虑治黄的问题。1565年,黄河再次决口,沛县上下200多里运河淤塞,徐州以上纵横几百里间一片泽国,灾情空前严重。潘季驯就在这时,被任命为河道总督。

为了真正能防止河患,潘季驯亲自到入海口踏勘,虚心向黄河、淮河、运河岸边的官吏、居民、船工、嵩师请教。有一次,他乘坐小船到河中勘测,遇上颠簸在涡底浪尖,处境十分危急。后来,幸亏小船挂在树上,才得脱险。潘季驯十分注意汲取群众的治水经验。第三次治河时,对是否应该开滩海口的问题,他没有把握,便乘船到海口向群众做调查。群众告诉他,海口由于近年黄淮分流,造成泥沙淤积,从而变窄变浅。于是,潘季驯决定让黄淮重新合流,速水攻沙,果然使海口大辟。通过多年的治河经验和实地考察,潘季驯总结出了一套洪水泛滥时的规律,与此相对地提出和实施了一个完整的束水防患的堤防系统。他所筑的堤分为四种,其中包括"束水归槽"的缕堤,离它二三里之外的遥堤,二堤之间的格堤(横堤),缕堤之内增加它的坚固性的月堤(半月形,两端接缕堤)。缕堤是关键,遥堤是屏障,格堤是缓冲,构成洪水的三道防线。同时,在堤上栽柳树,植芦苇,种荚竹,用来固土固堤。

潘季驯的治河成绩是很显著的。万历初年,"横流四溢,经年不治"的黄、淮,经他治理以后,保持了五六年的安定。1583年因为大学士张居正死后一年被大肆攻击,他又曾经鼎力支持过潘季驯治理黄河的工作。因此潘季驯也被作为张居正的私党而大受攻击,最后被削职为民。自从他罢职以后,黄河的事情无人认真过问,河患又渐渐严重起来。当权者不得不再次起用潘季驯治河,黄淮沿岸的老百姓方得以安居,数万艘运粮船重又扬帆北上。潘季驯取得的治河成绩,在腐败的晚明时期,实在难能可贵。

潘季驯治理黄河能取得如此成就,除了因为他具备了科学的研究态度,多次进行实地考察,并且向熟悉河道的百姓虚心求教,总结了很多的治河经验,也是因为他真正是把治河的工作视为自己的事业,拼着性命去努力工作而得来的。

潘季驯是河道总督,官阶很高,但每次奉命治河,总是亲自参加工地劳作,到第一线去指挥。1570 年,当河防工程结束,数万搁浅的官民船只等启碇北上的时候,狂风暴雨突然而至,紧接着山洪又滚滚而来,新修的堤防多处决口,官吏民夫十分惊慌,纷纷准备逃散。这时,潘季驯正患背疽,他忍着疼痛,包裹一下伤口,就赶到了工地,亲自督率民工,抢堵决口。官民们见潘季驯亲自参加抢险,群情振奋,终于化险为夷。1590 年,他已经是 70 岁的高龄了,骨瘦如柴。为了尽快消除徐州一带的水患,他照样拿着畚,在泥泞中劳动。霜雪浸染着他稀疏的白发,风雨扑打着他黧黑的面孔,还依然坚持,直至因劳累而咳血。就是因为他这种拼命的工作态度,他得了一同工作的官员,征召的工役,沿河的百姓们的一致尊敬与信赖,大家全都信心百倍地与他共同努力,最终取得治河的胜利。

潘季驯从 1565 年开始治黄生涯,以后又在 1570 年、1578 年、1588 年一次担任河官,在治黄工程上花了 27 年的心血,直到 1592 年告老退休的时候,这个72 岁的老翁还对神宗说"去国之臣,心犹在河",终因积劳成疾,于 1595 年去世。

戚继光斩子

抗倭名将戚继光于明嘉靖三十五年至隆庆元年(1556～1567)间奋战在浙江、福建等倭祸严重的前线,大小数十战,歼倭数万人,荡平了浙、闽一带长期肆虐的倭患。他英勇善战、治军严明的事迹在他战斗过的地方广为传颂。其中,最为人们所传颂的就是戚继光斩子的故事。

戚继光斩子

嘉靖年间，倭寇数十次骚扰台州。戚继光奉命平倭，在台州数次大败倭寇。然而不久，倭寇败而复来，出没如常。为了彻底消灭倭寇，戚继光选择桃诸镇为控制点，造城立辕，招募台州、金华两府壮丁，训练新军。后来倭首海啸大王由汉奸杨通带路，绕过桃诸城，准备掳掠仙居县。戚继光得到密报，当即命自己的儿子戚英带领1000名新军，埋伏于仙居县东边杨府一带小平原，并派部将胡守仁带领新军500名，要让敌人一触即溃，并想方设法将倭寇引进杨府平原后，把队伍隐伏在白水洋镇西界岭头，拦截溃退之敌，将倭寇包围消灭掉。

但是，戚英是员虎将，自视甚高，认为只需在白水洋就可以全歼倭寇，于是妄改父亲的战略部署，按兵在白水洋迎战。胡守仁领兵到白水洋时，发现戚英所率新军没有按戚继光的部署行事，就劝戚英速退杨府，白水洋由他隐伏，只等倭寇进入仙居平原后，双方夹击，全歼倭寇。但戚英固执己见，拒不接受劝告。情势非常紧迫，胡守仁只好分出200名新军由牙将李彦青率领，埋伏在林交山渡口的山林中，等待暗击败倭，不使漏网的敌人逃出黄沙地带。

这一日上午，倭寇长驱进入白水洋花街时，西有戚英千名新军，北有胡守仁迎头痛击，死伤累累。倭酋知道中了戚军的计谋，率军后退，企图逃往海上。倭寇败兵在林交山渡口与李彦青201名新军展开了一场肉搏战。因李彦青的新军连日奔波疲惫，人数又少，全部壮烈牺牲。等到胡守仁的追兵赶到渡口时，数十名残倭已向东逃窜不见踪影了。

这时，戚继光的援军已过小岭，与胡守仁军队相遇。胡守仁向戚继光报告有数十名倭寇漏网后，戚继光怒发冲冠。催兵到塘头朱溪边，安营立辕，设立行刑台，要按军法处斩戚英。

但被胜利冲昏了头脑的戚英，认为已彻底消灭了倭寇，正在忙着打扫战场，他错将换成首领衣甲的倭兵当成倭酋，准备报功。等到中军传令，他才知道自己犯了军规，只好自缚到辕门请罪。戚继光升帐，传令戴罪将问罪。戚继光历数戚英擅改作战方略，盲目自大，不听忠告，设伏不周，致使残倭漏网，小胜而骄，不辨真假，忙于报功等几条罪状，无论那一条都犯了死罪，喝令推出辕门斩首。胡守仁等将领鉴于戚英虽然有过，但斩获最多，功可补过，全体跪下请求宽免，饶小将军一死。但戚继光严肃地说："戚英所部虽斩获最多，非一人之功，是千名将士齐心协力作战之功，戚英不能独占。我是领军主将，若姑息他，重罪不办，何以服众？何以号令三军？"一番话说得斩钉截铁，诸将都哑口无言。戚继光当即命令胡守仁为监斩官。胡守仁接令在手，一时手足无措。但他终于将令牌掷出，戚英身首异处。

还有另外一种说法是戚继光在宁德斩子的故事。当时倭寇在福建沿海烧杀抢掠，无恶不作，朝廷换了几任大将也拿他们没办法，百姓叫苦连天。后来戚继光率八千义乌兵入闽抗倭，头一仗打的就是海上倭寇巢穴——横屿。

横屿是一个海上孤岛，与宁德的樟湾村隔海相望，涨潮一片汪洋，落潮泥泞一片，不易攻取。经过一番明察暗访，戚继光终于决定在中秋节下半夜出击，拂晓前捣毁横屿倭巢。

临行前，戚继光晓谕全军："潮水涨落，分秒必争，只许勇往直前，不准犹疑回顾。违令者斩！"

戚继光的儿子戚狄平任先锋官，首先带领队伍出发。行至麒麟山下的宫门嘴山口时，戚狄平想知道父亲所在的中军是否跟上来，就回头朝樟湾方向望了望。跟在后面的将士以为先锋有令传达，不觉脚下一顿。戚继光发觉有人停马回头，立即询问是什么原因停步不前。中军回报说：是戚先锋回顾所致。戚继光大怒，命人将戚狄平绑至马前，斥责道："你身为先锋，带头违令，如何叫三军将士服从军令。"于是下令按军法就地问斩。身边部将纷纷说情，都无济于事。结果，戚狄平还是在大路边被斩首示众。

戚家军扫平了横屿倭巢之后，就南下福清继续追剿倭寇。一次战斗间隙，戚继光登上闽侯吼虎山，想起爱子被斩于宁德樟湾村头，不禁伤心下泪。后人就在他曾立足思念爱子的地方建起一座六角凉亭,取名"思儿亭"。而宁德樟湾百姓则在当年戚狄平被斩的地方立"恩泽坛"石碑,以永远纪念戚继光斩子的大义之举和戚氏父子剿倭保民的恩泽。

相传,戚继光在河北迁西县主持长城防务时,也斩过一个儿子。那年冬天,戚继光得到探报,塞外朵颜部的骑兵要入犯铁门关。戚继光很快布下天罗地网,传令诸将分头行动。

戚继光的爱子戚卫国也在军营里,见将士们都领命出战,也吵着要去杀敌。戚卫国当时13岁,聪明伶俐,练就了一身好武艺,就是从没上过战场。戚继光见他执意要去,也想让他去锻炼锻炼,就答应了,让他随王将军到东山口埋伏。

正像戚继光预料的那样,朵颜骑兵在铁门关吃了败仗,一窝蜂向东山口逃窜。只听一声炮响,王将军和戚卫国领兵挡住去路。骑兵头领一看不好,也发狠了,咬着牙,舞着刀,向戚卫国杀来。戚卫国毕竟年幼,又是头一次上阵,看见他那凶神恶煞的样子,有些害怕,一愣神的功夫,这个骑兵头领就突出重围跑了。

戚继光听说戚卫国放跑了敌兵头领,立刻下令把他推出去斩首。众将苦苦求情,但戚继光一向治军严谨,赏罚分明,刀斧手只得从命。戚卫国死后,就葬在了铁门关。当地民间至今还流传着这个故事。

实际上,戚继光斩子,确实是有这么回事。但戚继光所斩的是"义子",名叫戚英,斩杀的地点在浙江台州仙居县的水洋镇花街的塘头朱溪边。因为戚继光出生于1528年,而1561年在名州打完最后一仗,戚继光才34虚岁,不可能有已成为青年将领的儿子。另据戚继光自己写的文集中的记载,他于嘉靖四十二年(1563)在仙游取得解围战役胜利后,曾去九鲤湖向九鲤仙祈祷,盼望能生子"续嗣",可见他当时还没有儿子。事有凑巧,4年后,即隆庆元年(1567),戚继光生了个儿子,名叫戚国祚,是他的长子。因此,戚继光所斩的不是他的亲生子,而是他在义乌练兵时结义的儿子。至于为什么有这么多不同版本的戚继光斩子的故事,而且在各个地方都有流传,这大概是因为人们对戚继光太尊敬了,往往会将发生在其他地方的事说成是本地的事。

清官海瑞的另一面

海瑞固然是以清正廉洁而闻名于世,但是与此同时,他也以古怪孤僻而著名。当海瑞死去时,百姓为他痛哭流涕,不过也有人兴高采烈,许多士人都纷纷庆幸这个"偏执""疯癫""爱管闲事"的南海狂人终于死去。然而,就是在骂他的人中,也有人暗暗佩服他,例如当时的大地主何良俊,与海瑞势不两立,但是他也不得不承认海瑞是"铮铮一汉子"。海瑞作为清官,似乎已经盖棺定论,但是看看有关史料的记载,却又能发现一些海瑞不为人知的事情。比如,他性喜易妻纳妾,引起了当时不少士人的批评与不满。据说海瑞罢官在家的十几年中,曾经九次娶妻,并且毫无理由地更换正妻。所以有人批评他说"此老大概好异,做事多不近人情"。

在海瑞的一生中,确实有多次频繁娶妻纳妾的记录,先后被他收为妻妾的就有王氏、潘氏、许氏、丘氏、韩氏等人。他在六十多岁的时候还娶了两个年轻貌美的小妾,以至于引起妻妾不和,造成了二人同日自缢的家庭悲剧。他休妻也没有什么特别的理由,往往只是因为一语不和,或是一事之失,就会毫不留情地把妻子赶出家门。像他的妻子潘氏、许氏二人,被休回家,却竟然不知自己为何原因被休。

又有记载说他为人残忍冷酷,活活饿死自己的幼女。这件事是说,海瑞有一个五岁大的女儿,有一天她肚子饿了,正拿着童仆给的东西吃,不巧正好被海瑞撞见了,海瑞就厉声责问她食物从何而来,女儿回答说是童仆给的,海瑞就发怒了,责怪女儿不应该接受别人给的东西,辱没了自己的身份地位。并且命令女儿,只有把自己饿死,才能证明她不愧是海瑞的女儿。小女孩儿被父亲吓怕了,真的拒绝了家人送来的食物,一连饿了七天,活活把自己饿死了,而这时候的海瑞仍是无动于衷。试问一个五岁大的孩子,肚子饿了找东西吃,接受了童仆送来的吃食,又有什么不可以的呢?她又怎么懂得大人的那些伦理道德?自己的孩子被饿七天丧命,做父亲的海瑞竟然无动于衷,这实在是有些太过于不近人情了。难怪明代有的人说,海瑞尽管娶了这么多妻子,却没有生下一个儿子,只有这一个女儿,又被他饿死了,也许这正是天道的报应不爽吧!海瑞这种有违人性的做法，激起了许多后人的义愤。他的一生，基本上没有过正常的家庭生活，临死时身边一个亲人也没有，孤孤单单地离开了人世，这不能不说是因为他异于常人的个性原因造成的吧？

再如，海瑞要求别人行事不要铺张，而自己出行却又讲究排场，又极为喜欢以圣人自居，很容易就让人产生反感。还有，海瑞在处理案件时刚愎自用，只是按照自己的感觉断案，而往往不管事实真相如何。虽然大多数时候他偏向普通老百姓是正确的，但是也不乏被刁民欺骗利用之事。

不可否认，海瑞在执法时是铁面无私的，可是行事却又太过迂腐刻板。户部司农何以尚是海瑞的好朋友，曾经因为替海瑞说话而受过重刑，两人因此结成莫逆知交。可是海瑞复出就任南京吏部右侍郎时，何以尚以下属的身份去见海瑞，海瑞却鼻孔朝天，摆起了上官的架子，自己高坐在主位上，而让何以尚坐在角落里。何以尚非常生气，他说，若是单以官位来讲，这也没什么，但是，两人是好友，难道海瑞就不能以客人之礼待他吗？海瑞对他的抗议仍然不发一言，还是一副冷硬的面孔，不加理睬。最后两人不欢而散。可以想见，以海瑞如此的待客态度，假若海瑞再有倒霉的时候，何以尚一定不会再为他说话的。这件事传到京城中，大家也都对海瑞十分不满，认为他寡情少义，恩将仇报。这虽是一件小事，却也不难看出海瑞的行事为人尚有待议之处。

从以上这几个例子就不难看出问题的严重性。这些材料是否属实，许多人都曾经提出过怀疑。海瑞刚正不阿，敢说敢干，这是不容争辩的事实。但是，他不大讲究工作方法，有时操之过急，有时又不切实际，当时得罪了不少人，受到许多攻击和诋毁，连著名的政治家张居正也因为担心他说话太直易坏事，而把他闲置起来，坐了十几年的冷板凳。其实，这些事情若是真实的，到也并非全无道理。那只是因为海瑞过于刚直、宁折不弯的性格造成的，他待己以苛，同样也待人以苛，恨不得全天下的人都和他能一样成为道德的典范，成为伦理的圣人，而不管别人的想法如何，是否能够作得到。他并不认为这样做有过火之嫌，他坚信着"矫枉必须过直"，否则就不能矫正不良风气。这样一来，他的一切行为都有了一个合理的解释。

夏完淳被称为"少年英雄"

夏完淳,字存古,明末松江华亭人。他出生在一个富有的官宦之家,自幼聪明过人,刚刚五岁,就能熟读《诗》《书》《礼》《易》《春秋》等儒家的经典著作,六岁的时候就能写诗做文章了,被当地的人赞誉为"神童"。八岁的时候,他的父亲带他去拜见当时的大名士钱谦益,夏完淳当场以窗外的景色为题,作了一首五言绝句:

千条拂翠微,雨后碧新肥。

却忆灵和殿,杨花满地飞。

钱谦益听了赞不绝口,连说"好诗、好诗",称赞夏完淳不愧是人人口中赞扬的神童。

夏完淳

那时候,正是明朝将要灭亡的战乱年代,各地农民起义军风起云涌,清朝的军队也在时刻觑觎着中原这块肥肉,随时准备咬上一口。夏完淳的父亲夏允彝是一位有名的抗清义士,他本来在南明的小朝廷中做官。可是不久,清军大举南下,南明的几个政权先后都被入关的清军消灭了,夏允彝就扛起了抗清的大旗。在父亲的影响下,夏完淳从小就立下了为国献身的壮志。他十五岁的时候,居住的扬州城被清军攻破了,夏完淳毅然决然的投笔从戎,跟随父亲和老师陈子龙加入了抗清复明的队伍,转战大江南北。因为他熟读兵书,很有智谋,成了军中有名的少年将军。在义军攻打苏州的战役中,由于义军贻误战机,不但首战失利,而且松江也紧跟着失守。夏允彝为明其志,投水自杀。父亲的死使夏完淳悲痛万分,但他没有被这个打击击倒,因为国恨再加上了家仇,反而加强了他奋战到底,继承父亲遗志的决心。他和老师陈子龙秘密地回到松江,变卖了全部家产,准备再次组织起义军。后来起义军没建成,他就到吴易领导的一支义军中做参谋。他还写了一道奏折给还在坚持抗清的鲁王政权,请鲁王坚持抗清。鲁王听说上书的是一个十几岁的少年,十分赞赏,还封了他一个"中书舍人"的官职。夏完淳到处游走,希望联络各路抗清义军,共同部署,抗击清军。可是由于南明政权根本就没有抗清的心思和力量,各支队伍之间争权夺利,内斗不休,他的努力就像泥牛入海,根本起不了任何作用。后来,由于叛徒的出卖,夏完淳所栖身的吴易的起义军也失败了。吴易和夏完淳的老师陈子龙先后牺牲。不久,夏完淳也因为叛徒告密被清军抓住了。

在南京的监狱里,清军对他无论是严刑拷打还是威逼利诱,夏完淳都毫不动摇,他只恨自己没有足够的能力拯救国家和人民。他在狱中写下了"今生已矣,来世为期。万岁千烁,不消义魂"的诗句,表达了他必死的决心和来生再为抗清做努力的志向。清朝看到不能用强硬的手段使他屈服,就派出明朝降臣洪承畴出面劝他投降。洪承畴本来也是爱才之人,知道夏完淳是江南有名的才子神童,也一心想招揽他为清朝服务。在审问的时候,洪承畴向夏完淳游说说:"我知道你是享誉江南的神童,你年纪还小,不知深浅,被人误导而走入歧途。念你年幼无知,只要你肯归降我朝,我一定保举你做一个大官。"夏完淳明知上面坐的是明朝的降臣洪承畴,心里暗骂这个大奸臣,恨不能吃他的肉,喝他的血,表面上却装作毫不知情的样子,厉声回答说:"我听说我们大明朝有个不屈战死沙场的大英雄洪承畴,连先帝都亲自设坛祭奠他。我年纪虽然小,却从小仰慕他的忠烈,即使不能像洪先生一样战死疆场,但是能有机会以身报国,我还是做得到的,决不会玷污了崇敬的洪先生的英灵!"旁边的兵士还以为他真的不知道实情,专门提醒他说:"快别胡言,上面坐的正是洪承畴洪大人!"夏完淳更抓住机会,决心要好好羞辱洪承畴一番。他在台下大声地骂道:"你们不要胡说八道,洪先生为国捐躯,天下人谁不知道?当年先帝亲自祭奠,满朝官员都为他痛哭流涕,你们这些叛徒,怎么敢冒充先烈,侮辱忠魂!"洪承畴听了这话,脸上迅速变了颜色。夏完淳说的这几句话,让他羞愧得无地自容,不敢再审问下去,只是匆匆地说了句"你先下去好好想想"的话，就急忙让人把夏完淳带了下去。不久，清朝就颁布命令，下令处死夏完淳。十七岁的夏完淳挺立在刑场之上，丝毫没有畏缩之意，他昂然地吟诵道：

"噩梦十七年，报仇在来世。

神游天地间，可以无愧矣！"

说完他仰天长笑，在笑声中结束了他短暂而悲壮的一生。在场围观的群众不禁都为他的英雄气概所倾倒，忍不住掉下泪来。夏完淳虽然死了，但是他"少年英雄"的称号从此名扬于中华大地。

徐光启拜洋人为师

徐光启（1562~1633），字子先，上海人，出生于一个商人兼小地主家庭。十几岁时就考中秀才，由于倭寇劫掠，家境衰落，青年时期曾经先后到广东、广西等地，以教书为生。目睹国家的衰落，人民的痛苦，他决心致力于富国强国之术。在这期间，他曾七次回乡应试，直到他35岁那年才以第一名考中举人。有一次参加考试，他经过南京，听说欧洲传教士利玛窦传教时，常讲些西方科学知识。他经人介绍，认识了利玛窦。

徐光启拜洋人为师

利玛窦是意大利耶稣会派到中国来传教的传教士，他本人有着非常渊博的知识,当时明朝的许多士大夫都以和他来往为荣。徐光启头一次去拜访他,他就拿出自己亲手绘制的世界地图。徐光启见了也大感惊奇,本来他也和大多数中国人一样,以为中国是世界之中心呢!直到看到这张地图他才知道,原来中国根本不是世界中心,而且在地图上只占了不大的一块地方,在中国以外的世界上还有许多从来没有听说过的国家呢。而且他见利玛窦能说一口流利的中国话,又精通中国的儒家经典,心里不禁佩服得五体投地。徐光启本来就有旺盛的求知欲望,这时终于有机会向一个博学多才的人求教,他当然不愿放弃这个大好机会。于是在参加完考试等着发榜的这段时间里,徐光启每天都跑到利玛窦的教堂去,向他了解西方的风土人情、地形物产,也去向利玛窦请教西方的先进科学知识。过了几年,他去北京会试路过南京时,为了更好地接近西方传教士,学习西方文化,便在南京利玛窦创建的天主教堂里受洗,成了个天主教徒。那时候他是极少数几个选择信仰基督教的中国士人之一。此后过了七年,到万历三十二年,徐光启考中了进士,在京城翰林院做了文职官员。他听说利玛窦也到了北京,常利用余暇,徒步相访,并开始向利玛窦学习。他学习的范围,包括数学、天文、历法、地理、水利、火器制造等许多方面,著述达六十余种。他认为这些科学知识对中国很有用。他学习的目的,是为了把这些先进的科学知识介绍到中国来。

一次,他听利玛窦讲,西方有一本数学著作,叫《几何原本》,是古代希腊数学家欧几里得写的一本重要著作,可惜要翻译成汉文很困难。徐光启知道有这样一本好书,而且当时他已认识到数学是一切自然科学的基础,便下决心与利玛窦合译这本著作。于是,他每天下午三四点钟,就来到利玛窦寓所,利玛窦口述,他笔录,天天如此,从秋到冬,又从冬到春,三次修改,字斟句酌,终将由利玛窦注释的 15 卷拉丁文《几何原本》前 6 卷平面几何译成了中文,许多译文用语至今仍在沿用。后来还译著有《勾股义》《古算器释》等数学著作,使我国数学由传统的筹算、珠算过渡到笔算。除此以外,徐光启还与利玛窦及另一个西方传教士熊三拔合作,翻译过测量、水利方面的科学著作如《测量法义》《泰西水法》等。

有一次,崇祯皇帝因为日食没有测准,要加罪于天文台官员。徐光启进言道:"台官测算用的是郭守敬的方法。元朝时就出现了不准确的现象。既然如此,怎能责怪台官测算不准呢。我听说历法时间长了就必然有误差,应该及时修正。"崇祯又采纳了他的意见,下诏要西洋人龙华民、邓玉函、罗雅谷等修订历法,由徐光启监督。

崇祯四年(1631年)春正月,徐光启呈现上《日缠历指》一卷、《测天约说》二卷、《大测》二卷、《日缠表》二卷、《割圆八线表》六卷、《黄道升度》七卷、《黄赤距度表》一卷、《通率表》一卷。

这年十月初一,日食,他又呈现上测候四说,其中关于辨别时差、里差的方法都十分详细。这部历法在研究了我国古代历法的基础上,吸收了当时欧洲在天文学方面的最新成就,被统称为"崇祯历",一直沿用到清朝。

他还十分重视对天象的实际观测,注意改进天文仪器。1629年(崇祯二年),徐光启就建议在我国建造三座望远镜。他还亲自登上观象台观察天象。一次,不小心失足坠到台下,摔伤了腿脚,仍坚持观察。徐光启对实用科学也很注意,重视科学技术的应用,主张利用西洋方法制造大炮来抵御清兵。这个建议他向皇帝提过很多次,而且自动请缨要求崇祯皇帝让他制造大炮,训练士兵。可是每一次他都受到朝中的顽固分子或者是魏忠贤余党的弹劾,被迫退职在家,这个愿望始终未能实现。

万历三十三年以后,徐光启因为试用期满,被分派到翰林院任检讨,当了从七品史官,不能随意外出,就中断了与利玛窦的合作。之后,他历任御史、侍郎、尚书,并做过内阁大学士。他的最大贡献是,总结了中国传统的农业知识和生产经验,吸收西方科学技术,根据自己的实践心得,写出了一部农业科学技术方面的巨著《农政全书》。明朝末年,严重自然灾害连绵不断,倭寇也乘机掠劫骚扰我国沿海地区。徐光启幼年曾尝过灾荒挨饿的滋味,所以对农业的发展特别关心,他认识到农业是衣食之源,国家富强之本,因而用心总结我国历代农学著作和当代农业生产经验,吸收西方科学技术,编著成综合介绍我国传统农学的巨著《农政全书》。这部书前三卷讲"农本",记述历代有关农业生产、农业政策的经史典故及诸家论议,是全书的绪论。接着讲"田制",包括徐光启对古代土地制度研究的心得和古代农学家关于田制的论述。在"农事"目中,收集了我国古代各种耕作方法以及有关农业季节、气候的知识。"农器目"用图谱形式介绍各种传统的农业生产和农产品加工的工具。继而又用绘图方式介绍了各种灌溉工程和水利机械,并介绍了西洋水利。最后讲"荒政",详细考察历代救荒政策与措施,总结同自然灾害做斗争的经验。系统而集中地叙述屯垦、大规模的水利工程和荒政三项,是《农政全书》区别于以前大小农书的地方。全书一共分60卷,12大目,五十多万字,凡是农业上需用的知识,可以说是应有尽有,称得上是我国古代的一部农业百科全书。只可惜,这部书还没有出版,徐光启就在上海病逝了。他去世几年之后,他的儿子徐骥才将这部书进行整理,上奉给朝廷,这才使这部巨著在全国通行,受到人们的高度评价。

当时的明王朝正处于极度的腐败衰退之中,而西方世界却与之相反的蒸蒸日上。徐光启是那个时代中少有的敏感文人,他打破封建文人固有的封闭自大,主动向西方传教士求教,学习并传播西方的先进科学技术知识,实在可以说是明清以来"开眼看世界"的第一人了。

李香君桃花扇中的真情

李香君又名李香,是明末的秦淮八艳之一。她自幼被鸨母李丽贞收养,13岁的时候开始和吴人周如松学习,因而能歌善舞,精通音律。她的歌喉珠圆玉润,但不轻易与人歌唱;丝竹琵琶、音律诗词无一不通。李香君身材小巧玲珑,肤理玉色,慧俊婉转,而且据说她生来就体有异香,所以当时知道她的人都亲切地叫她"香扇坠",一时间声名盛于南方,四方之士争相以一识为荣。

侯方域,字朝宗,河南商丘人。他的祖父侯执蒲是明朝的太常卿,父亲侯恂做过户部尚书,都是有名的刚直不阿的忠臣。侯方域自幼跟随家乡名士倪元路学习诗书,聪敏多才,学问进展得很快。崇祯十六年(公元1643年),二十二岁的侯方域前来南京参加会试。自恃才学俊秀,年少气盛,并不把考试当成一回事。就在这里,他经人引见结识了正是十六岁妙龄的秦淮名妓李香君。

侯方域见到这南京城里著名的"香扇坠",果然娇小玲珑,眉眼生辉,是一个大美人,而且还精善诗词歌舞,又颇有男子般的豪爽之气,也不觉得喜从心来。两个人一见钟情,越谈越是投机,彼此引以为知己。临走前,侯方域还作诗一首,送给李香君作为初次相见的礼物,诗云:

绰约小天仙,生来十六年;

《桃花扇》剧照

玉山半峰雪,瑶池一枝莲。

晚院香留客,春宵月伴眠;

临行娇无语,阿母在旁边。

两个人从此往来密切,一个是风流倜傥的翩翩少年,一个是娇柔多情、蕙质兰心的青楼玉女,接连几次交往之后,便双双坠入爱河,缠绵难分。为了能够一直相依相守,侯方域干脆搬进了李香君所居住的媚香楼。这南京城中有名的温柔乡可不是随随便便的就能住进来的,需要大把大把的投进金钱才能成为座上宾。侯方域本来是来赶考的,身上并没带那么多钱,所以他接受了当时很不得志的阉党分子阮大铖托人送来的一大笔金钱,才解了燃眉之急。阮大铖是明神宗万历四十四年的进士,多年在朝中为官,此人阴险诡诈,与宦官魏忠贤狼狈为奸,搅得朝中乌烟瘴气。崇祯元年魏忠贤被诛杀,阮大铖作为逆贼同僚被朝廷削籍免官,退到南京闲居。但他仍然不死心,在南京广交江湖人士,暗中谋划,准备伺机东山再起。江南义士陈贞慧、吴应箕等人察觉了阮大铖的不轨之心,作了《留都防乱揭》对他的阴谋进行了揭露,阮大铖既恼怒又害怕,只好闭门谢客,深居简出。侯方域也是当时有名的复社领袖之一,与陈贞慧、吴应箕等人因志同道合而结下了莫逆之交,阮大铖正是抓住这一点才来拼命巴结他的,目的是想通过拉拢侯方域而缓和与陈贞慧等人的关系,使他们不与自己作对。李香君后来知道了这件事,非常生气,她坚持要求侯方域把这笔钱尽快还给阮大铖。侯方域当时没钱,李香君变卖了几件心爱的首饰,又从姐妹们那里借了些钱,总算凑够了数,交给侯方域。侯方域见她如此深明大礼,对她更是敬重。

但是时间不长,李自成攻破北京,崇祯皇帝自缢殉国,福王朱由崧在一帮旧臣拥护下,在南京建立了弘光新皇朝,马士英成了执政大臣,随即启用阮大铖为兵部侍郎,继而又升为兵部尚书。他一心想报复那些以前瞧不起他的人,陈贞慧、吴应箕等被捕下狱。侯方域得到消息后,只好连夜逃离了南京。李香君一个人留在南京,从此洗尽铅华,闭门谢客。

可是阮大铖仍然记得侯方域和李香君不给自己面子,把钱退回来的事,总想找个机会报复他们。现在侯方域逃走了,他就把眼光投在了李香君的身上。后来弘光朝中有一个很重要的大臣仰慕李香君的艳名,想把李香君纳为小妾。阮大铖抓住这个机会,主动提出要把李香君送给这个大臣。这样既能讨好这个人,又报复了李香君,正是一举两得。

第二天,阮大铖派人携带重金前往媚香楼行聘,李香君一口回绝。可是他根本不予理睬,派来迎亲的队伍就要强抢。李香君被逼无奈,只好趁这帮人不注意,从自己居住的楼上跳了下去,血溅当场。迎亲的人一见闹出了人命,都吓得跑回去了。李香君总算用一死保住了自己的贞节。后来,她在妓院姐妹们的帮助下又渐渐好了起来,只是在额上留下了一条大大的伤疤。她跳楼时,怀中仍然紧紧抱着一把侯方域送给她的洁白如雪的定情团扇。后来这把扇子上染满了她的鲜血。侯方域的一个朋友用她留在扇面上的鲜血改画成了一副凄美绝艳的桃花图,这就是戏剧家孔尚任笔下的《桃花扇》。

后来南京被清军攻下,李香君流离失所,只好投奔了住在苏州的好友卞玉京。李香君这时因为受了惊吓,旅途劳顿,已经病入膏肓,却还在日日夜夜的思念着她的侯郎。她日夜捧着那把血染的桃花扇,回忆着侯郎的音容笑貌,泪水浸透了衣襟。这时,侯方域在南京遍寻不获她的行踪之后,已经返回了老家河南。他接到卞玉京托人传来的李香君病危的消息,连忙星夜兼程的赶往苏州。但是等他赶到,李香君已于前夜咽下了最后一口气,只给他留下一片痴情。

孔尚任的《桃花扇》中则说,侯方域后来投降了清朝,李香君知道以后伤心欲绝,毅然地割断情缘,遁入空门。据说她生前常在栖霞山葆贞观附近的桃花涧浣纱,死后就葬在附近的山丘上。

利玛窦在中国传教

明末,在仍旧相当封闭的中国社会里,一个西方人产生了非同凡响的巨大影响,这个被尊称为"利西泰",被明末士人视为西方的儒者,得到万历皇帝的

利玛窦在中国传教

召见的西方人就是利玛窦。虽然他到中国的真正目的是传播天主教,但是因为他的到来却在中西文化交流史上留下了光辉灿烂的一页,开始了中国人认识世界的过程。

两千年来,中国的学术文化与外来文化的大规模接触一共有两次,一是魏晋时期佛教传入中国,在中国扎根,并最终被改造成在中国传播最广泛的宗教之一。第二次就是在明清之交,中国历史上的中西文化交流进入了另一个高峰期,大批耶稣会教士来到中国传播"天学",对于世界文化交流起了积极作用。利玛窦就是这些传教士中最著名的一个。

利玛窦于嘉靖三十一年(公元 1552 年)出生于意大利的一个旺族家庭,从

·明朝逸史·

图文珍藏版

少年时代开始就进入本城的耶稣会学校学习,成为天主的忠实仆人。十六岁的时候,他被送到罗马学习法律,同时仍在耶稣会主办的学校里继续学习哲学和神学,他的兴趣广泛,又学习了诸如天文、数学、地理等多种知识。十五、十六世纪的欧洲正处在迅速上升阶段,新航路的开辟、地理大发现、科学技术的发展,到处都是一派崭新的景象。欧洲的各基督教团体也急欲使亚洲等地区成为新兴的"福音"之地,因此都积极地组织远东传教团到远东传教,利玛窦就是其中的一员。他自愿加入传教团体,于万历五年(公元1577年),受命前往印度传教。在葡萄牙候船期间,他进入耶稣会士训练东方传教团的中心高因利盘大学短暂学习。至此,他已拥有了丰富的神学、哲学、历史、自然科学知识。

万历六年(公元1578年)三月,利玛窦从里斯本出发,同年九月中旬到达印度的果阿。在果阿居住了四年后,耶稣会负责东方教务的视察员又改派他到中国开辟新的传教地。当时中国还是从未有过西方文人涉足过的处女地。万历十年(公元1582年)年底,利玛窦从果阿出发,经历了长时间的航行终于到达了当时被葡萄牙占据的中国澳门地区。在利玛窦之前,耶稣会传教士为了进入中国已经进行了长期艰苦的努力,但是直到这时为止,因为中国的极度自闭,仍然没有什么显著的进展。

第一个到达广东沿海试图进入中国境内的西方传教士是方济各·沙勿略,尽管他做了种种努力,但终其一生,足迹也仅到达距广州不远的上川岛,没能跨上大陆本土。直到利玛窦来到后,才开始稍稍打开僵局。他们有时可以获准随着在澳门居住的商人的船只到岸上小住,万历十一年(公元1583年),利玛窦和另一个神父罗明坚获得批准一起来到广东肇庆,着手建立在中国大陆的首个根据地。尽管得到了当地官员的支持,但当地士绅百姓的抵触情绪仍然非常大,常常有人会突然闯进他们居住的院落,随意砸烂东西。虽然地方官也出面制止,抓了一些为首的人,但是成效还是不大。面对这种恶劣的环境,神父们采取了缓和矛盾的办法,尽可能地研习中国文化,将基督教的教义融合进中国的古代经籍之中,从《中庸》《诗经》《周易》《尚书》等书中选取有关"帝"的条目,将之等同于西方基督教义中的天主,这样可以使中国人更加容易接受。为了吸引中国人的目光,利玛窦还公开展览西方先进的机械制造产品和科技成果,如钟表、三棱镜、圣母像、地图等。这些在西方原本十分普通的物品,在那时的中国却成了极为贵重的东西,中国的士大夫们对这些物品都表现的爱不释手,于是有时为了传教的需要,利马窦就把这些东西当作礼物送给中国官员,每一个接受礼物的人都很感激,也都取得了很好的效果。为了适合中国人"中国是中央帝国"的观念,利玛窦还改变了世界地图在西方的原始面貌,使中国刚好位于地图中央。这些都引起了中国人的浓厚兴趣。渐渐的,利马窦的住宅变得门庭若市,许多知名的士大夫和政府官员都慕名找上门来。他还利用在国内的所学知识,制造天球仪、地球仪,在不知不觉间成了西方先进自然科学知识在中国的传播者。他也学会了与中国士绅相处的技巧,他颂扬中国文化的博大精深,糅合中西方两种哲学观念,并用西方的钟表、地图等先进科技产品作为"敲门砖",敲开了贵族、官员的大门。他们在肇庆建立了中国大陆的第一座教堂,取得了极大的成功。

但是,阻挠西方传教士的势力非常强大,中西方两种文化对抗激烈,以至于利马窦等人无法继续在肇庆立足,当地官员因害怕惹祸上身放弃了对传教士的支持。利玛窦不得不放弃这个基地,另外挑选了一个繁荣的小城市韶州,在粤北建立了又一个传教中心。利玛窦的办法是彻底的中国化,他穿儒服,兴建中国式的教堂,但是韶州的反传教士事件依旧层出不穷。利马窦又想到南京谋求发展。但一个外国人除非进贡,根本无法在北京和南京这两个都城立足,果然,兵部侍郎徐大任立即命令利玛窦离开南京。

利玛窦沿江返回南昌,出人意料的是,他在南昌取得了极大的成功,他与分封在南昌的皇族后裔建安王和乐安王建立了友好的关系,王室成员、各级官员都对地球仪、玻璃器皿、西式装订的书籍等礼物极感兴趣,利玛窦便在自己的住宅再一次举行"科普"展览,表演先进的记忆方法,出版《交友论》,选择适合中国人伦理观的西方伟人语录加以刊行。他放弃建造教堂、公开传教的方法,进一步用中国自古就有的"上帝"偷换"天主"的概念。他深入中国人的文化之中,旁观儒生的祭孔活动,与达官贵人关系良好,唯一的改变是他开始在受邀参加官员、文人的集会上公开宣扬基督教义和西方的风俗习惯,分发彩绘圣像,每当这时常常会引起激烈的辩论。一部分较易接受新生事物的中国文人也开始对新的宗教哲学感兴趣,基督教的影响进一步扩大。万历二十八年(公元1600年),利玛窦带领部分随行人员第二次向北京进发,在经历了太监马堂的恶意阻挠之后,他们终于通过支持他们的官员的努力,获得了万历皇帝的允许,直接到皇宫晋见皇帝本人。

万历皇帝对利玛窦的礼物兴趣十足,他特别在皇宫内为自鸣钟盖了一座钟楼,并详细询问西方的风俗人情。为了使自鸣钟能够正常无误的运行,皇帝破例允许神父们在北京长期居住,一旦自鸣钟发生故障时就可以迅速进宫修理。明政府还每隔四个月给他们发一次津贴。

利玛窦从此开始了他在北京的传教活动,他们的足迹上至达官贵人的府邸,下至穷乡僻壤,大量发行教义的宣传物。万历三十五年(公元 1607 年)时,耶稣会在北京的教徒已有四百多人,徐光启、李之藻等著名人物也受洗礼入教。三年后,利玛窦因病在北京去世,万历皇帝专门命人在北京拨出一块墓地安葬利玛窦,他至今依旧长眠于北京阜成门外。利玛窦之死并没有停止传教士们传教的步伐,天文、历法、地理、医学、水利各种西方学术著作被翻译到中国,利玛窦本人与徐光启合译《几何原本》《测量法义》,与李之藻合译《浑盖通宪图说》《同文算指》等书,带给中国人新的思维方式。

中国的文化也借由传教士之笔传到欧洲,影响所及使得法国启蒙思想家、百科全书派的文化大师认为中国是理想的乐园。直到清初乾隆实行严格的锁国政策,中西方的文化交流不断,为世界文化史添上了灿烂的一页。

柳如是与钱谦益

明代末年,秦淮河畔出了好几位名妓。她们虽说是以卖笑为职业,但是都有才能、有学问、有见识、有胆量的奇女子。尤其是柳如是的故事,最被人们所传颂。她与当时的有名文人钱谦益的忘年爱情更是令人们怀念不已。

柳如是名是,字如是,小字蘼芜,本名爱柳,因读辛弃疾词:"我见青山多妩媚,料青山见我应如是",故自号如是;后又称"河东君""蘼芜君"。她是嘉兴人,生于明万历五十年,幼即聪慧好学,但十岁时因为家中贫困,被卖到吴江为婢,妙龄时又被卖入妓院,易名柳隐,在乱世风尘中往来于江浙金陵之间。后来她接触到一些有骨气的读书人,很仰慕他们的为人和学问,自己也学到了不少知识,尤其是她的诗写得很好,引起人们的注意。由于她美艳绝代,才气过人,很快就成为秦淮河上万人追逐的才女花魁。

她十五岁沦落风尘，阅人可谓丰富。她曾与南明复社领袖张溥、陈子龙友好，与陈情投意合，陈公子也算才情横溢，热心教她诗词音律，使她获益不小，可偏偏又性情不合，终于闹得各奔东西。后来她遇到了可以托付终身的理想对象，就是当时著名的东林领袖、文名颇著的礼部侍郎钱谦益。两人情投意合，在崇祯十四年夏天共结连理，成了一对人人称羡的神仙夫妻。当时柳如是正值二十四岁青春貌美之时，钱谦益则已年近六十。

钱谦益命人为柳如是特筑一楼，他亲临现场督工，仅以十天时间，一座精美典雅的小楼就建成了。钱谦益根据《金刚经》中"如是我闻"之句，将小楼命名为"我闻室"，以暗合柳如是的名字。小楼落成之日，他还特写诗抒怀：

清樽细雨不知愁，鹤引遥空凤下楼；

红烛恍如花月夜，绿窗还似木兰舟。

曲中杨柳齐舒眼，诗里芙蓉亦并头；

今夕梅魂共谁语？任他疏影蘸寒流。

钱谦益的一片深情，让柳如是感动不已，回赠了一首"春日我闻室作呈牧翁"的诗：

裁红晕碧泪漫漫，南国春来正薄寒；

此去柳花如梦里，向来烟月是愁端。

画堂消息何人晓，翠帐容颜独自看；

珍贵君家兰桂室，东风取次一凭栏。

婚后，他们老夫少妻相携出游名山秀水，杭州、苏州、扬州、南京、黄山，处处留下他们相偎相依的身影。柳如是问丈夫爱她什么，钱谦益说道："我爱你白的面、黑的发啊！"言外之意是无一处不爱她；接着，钱谦益又反问娇妻，柳如是偏着头想了想，娇嗔地说："我爱你白的发、黑的面啊！"说完，两人嬉笑成一团。

一番游历之后，他们都特别钟情于杭州西湖的明丽风光，于是在西湖畔修筑了一座五楹二层的"绛云楼"，雕梁画栋，极其富丽堂皇。夫妻俩安居其中，日日欣赏西湖上的朝霞夕雨。春花秋月，时光如诗一般地静静流过。

但是他们的平静日子没有过上几年，明末社会动荡，战乱连绵不断，每一个身处其中的人都时时感到风雨飘摇。崇祯皇帝在北京自杀之后，一批南逃的大臣又在南京建立起了以福王朱由崧为皇帝的南明小朝廷。钱谦益因为在江南有很高的名望,也被邀请加入了这个小朝廷中,做了礼部尚书。

可是不久清军攻破了南都,弘光朝廷为时一年的生命宣告结束,中国顿时成了大清的天下。钱谦益作为旧朝遗臣,又是一方名士,必定会引起新政权的注意,不奉新朝便忠旧主,他面临着命运的选择。柳如是目睹了清兵破城、扫荡江南的种种惨象,内心悲愤不已,如今既然已是清朝的天下,她劝钱谦益以死全节,表示忠贞之心。当兵临城下时,柳如是又劝钱谦益和自己一起投水自尽,钱谦益却贪生怕死,把手伸进水中试了试,居然以"水太冷,改日再来"的借口不肯自尽。柳如是对他感到很失望,可是也没有办法,只好自己起身想跳入水中,却又被钱谦益拦腰抱住,欲死不能。后来,钱谦益一心想追求新王朝的功名利禄,不顾颜面,带领着南京的官员向清朝统治者投降了。无奈之下,当钱谦益准备去北京供职时,柳如是穿了一件大红颜色的衣服站在路边送他,意思是叫他不要忘记"红"色就是"朱"色,朱是明朝皇帝的姓,实际就是希望他不要苟且偷生。可钱谦益已动功名之心,又哪里听得进她的劝告呢?

钱谦益到京城后混得并不理想,只是得了个礼部侍郎的闲职,不免有些心灰意冷。在柳如是的再三催促下,钱谦益向朝廷托病辞官,很快便获得了应允,脱下官袍,再度回乡。两人再次过起了那种田园牧歌式的生活。顺治五年,柳如是生下了一个女儿,老年得千金,钱谦益非常高兴,更加醉心于平淡而欢乐的小家庭生活。但是钱谦益退休以后又受到朝廷中一些案件的牵连而两次下狱,都是柳如是在病中代他贿赂营救出狱,才得以逃过一死。宁静的生活又过了十余年,钱谦益八十三岁那年病殁于杭州。就在当年,柳如是用三尺白绫,结束了自己风风雨雨的一生,追随钱谦益于九泉之下。

据说,柳如是在丈夫降清以后,仍然与南方的反清义士有密切往来,尽全力资助他们,慰劳抗清义军,这些都表现出她强烈的爱国民族气节。钱谦益降清,本应为后世所诟病,但赖有柳如是的义行,冲淡了人们对他的反感。

徐霞客游遍全国

当明王朝闹得乌烟瘴气的时候,在江阴地方有个青年,不满朝政腐败,不愿应科举考试、谋求做官,却立志游历祖国的名山大川,探索自然的奥秘。他就是我国历史上杰出的地理学家徐霞客。

徐霞客雕像

徐霞客生在江苏江阴,名弘祖,字振之,霞客是他的别号。他从小勤奋好学,尤其喜欢读历史、地理一类的书籍、图册,特别是那些探险游记一类的书籍读起来更是爱不释手。在私塾读书的时候,老师督促他读儒家经书,他往往背着老师,把地理书放在经书下面偷看,看到出神的时候,禁不住眉飞色舞。长大以后做一个探险家,去考察祖国的大好河山成了他从小深埋心底的远大理想。

徐霞客十几岁那年,他的父亲去世了,他决心亲自到名山大川去游历考察一番。但是他想到母亲年纪老了,家里没人照顾,没敢提这件事。

他的心事被母亲觉察到了。当母亲了解到他有这样的愿望时跟他说:"男儿志在四方,哪能为了我留在家里,做篱笆下的小鸡、马圈里的小马呢!"母亲为他准备行装,还给他缝制了一顶远游冠。有了母亲的热情支持,徐霞客远游的决心更坚定了。

在他二十二岁那年,带上母亲亲手为他准备的行囊,告别了新婚的妻子,徐霞客离家外出,踏上了探险考察的艰苦行程。他先后游历了太湖、洞庭山、天台山、雁荡山、泰山、武夷山和北方的五台山、恒山等名山。每次游历回家,他跟亲友谈起各地的奇风异俗和游历中的惊险情景,别人都吓得说不出话来,他母亲却听得津津有味。据他说,有一次他在广西山中的一个秘洞中去探险,恰巧碰到一条巨大的蟒蛇盘卧在洞口,他毫不畏惧,从大蛇的身上爬了过去进了山洞,晚上就和大蟒蛇一起睡在山洞中。还有一次在攀登雁荡山的时候,他把自己的包脚布解下来当绳索用,让仆人抓住一端,自己则顺着带子悬空而下,结果一不小心,包脚布被尖利的岩石磨破了,徐霞客一下子就向深渊掉了下去,幸亏他机敏地抓住身边突出的岩石爬了上来,才免于粉身碎骨的命运。

后来,他的母亲去世了,徐霞客就把全副精力扑在游历考察的事业上。在他五十岁那年,他开始了一次路程漫长的旅行。他在几年时间里,马不停蹄的游历了湖南、广西、贵州、云南等几个当时还人迹罕至的省份,一路上跋山涉水,到了许多从未有人到的地方,攀登悬崖峭壁,考察奇峰异洞。他还对沿途的地形地貌、土质构成、岩石成分等都进行了详细的考察和纪录。有一次他在腾越经过一座高耸的山峰,发现悬崖上有一个岩洞,根本没路可通。他冒着生命危险,像猿猴一样爬上了悬崖,终于到达了洞口。他的一生考察了一百多个这样的洞穴,每一个都非常危险,洞中暗河歧路密布,一不小心就会迷失方向,就连当地人都不敢轻易地孤身犯险。但徐霞客毫不畏惧,对一个个神秘危险的洞穴都进行了详细的探测。他的许多探测结果与现在的科学研究成果都是非常接近的。

有一次,他听人说云南腾越的一座山里发生了奇怪的现象,大地震动,雷声轰鸣,森林全都无故燃起大火,许多人和动物都离奇死亡了。徐霞客经过细心的实地考察,得出了这是一次火山爆发结果的正确结论。又有一次,他在湖南茶陵,听说当地有个麻叶洞,洞里有神龙或者精怪,不是有法术的人,都不敢进洞。徐霞客不信神怪,他出了高价雇个当地人当向导,进洞考察。正要进洞的时候,向导问他是什么人,当他知道徐霞客是个普通读书人的时候,向导吓得直往后退,说:“我以为您是什么法师,才敢跟您一起进洞,原来是个读书人,我才不冒这个险呢。”徐霞客并不罢休,带着他的仆人举起火把进洞。村里的百姓听说有人进洞,都拥到洞口来看热闹。徐霞客在洞里考察了很久,一直到火把快烧完才出来。围在洞口的百姓看他们安全出洞,都十分惊奇:说:“我们等了好久,以为你们一定给妖精吃了呢。”

徐霞客漫游西南的时候，开始时还带了个仆人同行，可后来仆人因为害怕，偷偷地扔下他自己逃走了，只剩下他孤身一个人继续进行危险的探索之旅。但是这些挫折都没有动摇他探索自然的决心。

徐霞客在旅途中，每天晚上休息之前，不管如何劳累，都坚持把当天的所见所闻、路过行程和自己的考察结果都详详细细地记录下来，即使在荒山野林里露宿的日子，也总是在篝火旁，伏在包袱上坚持写日记。经历了几十年的艰辛考察生活，徐霞客五十四岁的时候终于结束了探索自然的征程，回到了阔别已久的家乡。公元 1641 年，徐霞客去世，留下了大量日记，这实际上是他的地理考察记录。经过他的实地考察，纠正了过去地理书上记载的错误，发现了过去没人记载过的地理现象。像古代地理书上说岷江是长江的上游，徐霞客经过考察，弄清楚长江上游不是岷江而是金沙江。又像他在云南腾冲打鹰山考察的时候，发现了那里曾经发生火山爆发的遗迹，他在游历中考察最多的是岩溶现象，在桂林七星岩，他对那里千姿百态的石钟乳、石笋、石乳等地形，进行详细的记载。这是世界上最早研究岩溶现象的记录。后来，人们把他的日记编成一本《徐霞客游记》。这部书是我国古代地理学上的宝贵文献，而且文笔优美，被后人称为"千古奇书"。

谢迁与余姚风俗

浙江余姚素有"文献名邦"之称，据说这个名字最早还是由明朝的嘉靖皇帝御赐的。那时候，余姚出了许多文人学士，如一母三阁老，五子六尚书，十八进士三状元等。三阁老中就有一个名叫谢迁，是嘉靖时期的内阁大学士。他可以说是余姚文化的一个代表性人物，余姚很多有趣民俗的形成都和他有一点关系。这个"文献名邦"的称号就与他有关。

据说有一次，嘉靖皇帝在谢迁的书房里看到厚厚一叠考卷，都是余姚考生写的文章，而且文章写得很好，嘉靖皇帝看了一篇又一篇，心想：余姚出过不少文人，现在又有这许多好文章，人才确实不少，便问谢迁："余姚人都喜欢读书？"

谢迁随口应了一句："是的，万岁！"

　　嘉靖皇帝想到孔子、孟子的家乡，都有一块"文献名邦"的匾额，也想赐一块给他的家乡。严嵩等几个奸臣心里妒忌，对嘉靖皇帝说："谢迁的话，不能全信。"为此，嘉靖皇帝特意派了一个姓何的翰林，到余姚来暗底察访。

　　何翰林坐船到余姚来，故意在船头上挂了一块木牌子，上写"是书必通"四个大字。有一天，船到七里浦，岸上有个七八岁的孩童，大声叫喊船停停，船停停。何翰林听见了，便叫撑船地把船靠岸，将孩童叫到船里，问他有什么事？孩童指着船上的木牌说："先生，'是书必通'，请问你有没有读过'通书'？"何翰林想，四书五经里没有"通书"这一部书，但不好说不知道，只好说了声："自然读过。"那孩童从身边摸出一本书来说："那么请你背一背。"何翰林接过一看，原来是一本皇历，就问："你能背？"孩童说："当然能背。"

　　"你先背来。"

　　孩童从头到尾，一字不漏地背了一遍。

　　何翰林一边看书，一边听，等孩童背完，他也照样从头到尾背了出来。

　　那孩童又说了："顺背只能算读过书，不能称'通'，要称'通'，须要倒背一遍。"

　　何翰林听了大吃一惊，说："难道你能倒背？"孩童说："请先生听好。"说完，就照书倒背起来。何翰林拿着书边听边对，果然一字不漏。这一来，何翰林只好认输，并当着孩童的面，取下了那块"是书必通"的牌子。心想，小孩子都有这样的文才，另外的人更不用说了，于是他就不再察访，连夜赶返京城回复皇命说："余姚人果然有文才，有学问。"嘉靖皇帝听奏后，赐匾的事就决定了。这时，谢迁已告老回乡，慈溪的赵文华当了文华殿大学士，余姚得了"文献名邦"的匾额，他不服气，但又不敢违抗圣命，就和几个奸臣商量，从中刁难。送匾的时候弄得冷冷清清，并且规定，匾要向里挂，不准朝外挂。从那以后，余姚县衙门的头门口，一直挂着"文献名邦"的匾额，但一直是朝里不朝外的。

　　说到严嵩这个明朝有名的奸相，其实他和谢迁也有一点关系。谢迁的学问很好，所以他常常被皇帝派去做科举考试的主考官。谢迁当了三年主考以后，第四年由他的儿子谢汝湖做主考了。谢迁特地关照说："江西有个叫严嵩的，虽有锦绣文章，但这个人心术不正，十分奸诈。若得中后，对朝廷危害一定不浅。"可汝湖不以为然。

后来一张榜，严嵩果然被取了。谢迁问汝湖："这是何意?"汝湖回答："今年我若不取，明年严嵩再考，别人主考也会录取他的。做别人的门生，倒不如做我的门生，难道他会欺师灭主吗?"谢迁听后，叹了一口气说："我儿不入阁，入阁比严嵩还要严。"

谢迁谨防严嵩，借口年老告退。严嵩当朝后，做了不少坏事，但对谢迁一家还是以礼相待的。

余姚还有一种独有的甜点心，叫作"山球"，是选用红皮白心无茎渣的番茄，削去皮，在蒸笼里蒸熟、捣糊，捏成中空的臼粮做成的馅子，搓成球，四周沾上干的面屑，放入油锅中炸，呈金黄色后即出锅装盘，勾上用百羹做成的芡。吃起来酥中带糯，入口即化，香甜可口，别有风味。据说，"山球"这个名称也是谢迁最先叫上口的。

一次谢迁回余姚探亲，他的死对头赵文华不怀好意的要谢迁回来时带点家乡土产来尝尝。

谢迁心想：赵文华与我素无往来，况且又常常和我作对，这次他要我带家乡土产，不带吧，显得我气量太小；带吧，又带不出好东西来。因此闷闷不乐地回到余姚泗门。

谢府中有个厨子见到谢迁的神色，就问道："老爷往年回家，总是高高兴兴，今日为何这样不乐?"谢迁就把情况对厨子说了，厨子听了就来了气："赵文华这班人，平日不干好事，专门在吃喝玩乐上动脑筋。老爷为官清正，两袖清风，何必买土产送人！小人倒有一计，昨天我女婿从山里来，送我一篮番茄粉，还未动过，待我做成番茄捏拌，等老爷回京时送给他们，叫他们晓得我们老百姓在吃什么!"谢迁一想不错，就照此办理。

他回京后第一天上朝，就把"番茄捏拌"一个个分给百官。赵文华熟悉余姚有哪些土产，而今天这个黑不溜秋的东西倒没有见过，又恐怕被谢迁戏弄不敢下口，百官见赵文华不吃，大家你看我，我看你，谁也不敢送进嘴里。谢迁手里也拿着一个，见状毫不客气，一口气把它吃完了。百官这时还没有吃过早点，肚里正饥，吃了这么一个"番茄捏拌"，又是第一次尝到味道，觉得滋味不错，连说："好味道！好味道！不知这叫什么东西?"

谢迁见问，回答说："这是余姚山区特产，户户皆有，因余姚地方富饶，这种东西名叫——"他话到嘴边又咽住了,他刚说余姚地方富饶,不好说是番茄做的,必须说一个好听的,略一想,就出口道:"这种东西叫'山球'!"

后来,嘉靖皇帝知道了,也想尝一尝,叫谢迁再从余姚带点来,谢迁急急回到余姚找来厨子商量。厨子失笑道:"皇帝怎么也想起吃这种东西,既然想吃,我再做几个吧!"

谢迁嘱咐说:"皇上要吃,非同一般,请你设法加工一下,不能怠慢!"厨子想了想说:"看在老爷面上,我做得好一些吧!"于是厨子改用细沙、猪油、白糖做馅子,外包番茄,再滚上粉,在油锅里炸好后送给皇帝吃。

嘉靖皇帝从来没有尝过番茄做的点心,吃了后赞不绝口。从此,余姚民间酒席常常有这么一道甜点心,一直流行到今天。

蔡瑞红忍辱负重报深仇

俗话说:"君子报仇,十年不晚。"蔡瑞虹一个文弱女子,为报杀家之仇,就忍辱含垢等了整整十年,在历尽恶人欺凌、污辱、诱骗、拐卖等种种劫难之后,终于得报大仇,然后为明贞节,她又毅然结束了自己的生命,留下一段令人悲叹赞赏的故事。

蔡瑞虹是淮安卫所世袭指挥蔡武的女儿,因她出生时,天上正挂着一道灿烂耀眼的彩虹,瑞气宜人,所以父母为她取名瑞虹。他们生有两子一女,长女瑞虹,人生得如花似玉,秀丽动人,又通晓诗文,性情贤淑温雅。蔡武夫妇都嗜酒如命,常醉不醒,瑞虹便成了家中的主心骨,既要侍奉父母,又要关照弟弟,所以年纪轻轻,便已很有主张。

宣德七年,蔡武被升为湖广荆襄游击将军,全家欢欢喜喜地收拾行李,雇了一条大船,告别亲友故旧,奔赴任地。

行船之中,蔡武夫妇又命仆人把酒菜摆在船头,俩人互斟互饮,不知不觉就醉意醺醺。蔡家的众仆从见主人已喝得差不多了,也就上行下效,一伙人在船尾上悄悄喝起酒来,只剩下蔡瑞虹三姐弟和三两个女仆在船舱中。

再说这条船,船老大叫陈小四,手下有七个水手,都是心贪手辣之徒,纠集在一条船上,专门找一些携带财物较丰厚的客人乘船,然后找机会杀人劫财。

等到蔡家主仆都喝得酩酊大醉时，陈小四一伙便开始动手了，他们拿出刀斧，把所有人砍杀一光，尸体扔下船，唯独把蔡瑞虹一个人留了下来。只因为她长得俊俏，陈小四想留她作"压舱夫人"。

得手后，其他歹徒都聚到船头上饮酒庆功，舱中只剩下陈小四，他想立即与美人儿成就好事。被突如其来的惨祸吓昏了的蔡瑞虹，这时已悠悠醒转过来，睁开眼，舱中满处溅着亲人的血迹，而一个仇人正满眼淫欲地盯着自己，她只觉得天轰地转，差一点儿又要昏厥过去。陈小四早已等不及了，像恶狼一般扑向毫无反抗之力的蔡瑞虹。

发泄了欲火的陈小四放开蔡瑞虹，穿衣出舱去一看，就在他连番发泄兽欲时，他的那帮狼兄狗弟趁他纵欲之际，早就已分尽了蔡家的钱物，丢开他悄悄跑掉了。他怒不可遏，一边破口大骂，一边乒乒乓乓把留在船板上的空箱笼踢下水去，然后又决定去追赶那帮丢开他的人，要回自己应得的赃物。他嫌带着蔡瑞红太麻烦，反正已经玩过了，就下狠手想勒死蔡瑞红。精疲力竭的蔡瑞红稍稍挣扎了几下，就手足抽搐，直挺挺地倒在了床上。陈小四拍了拍衣服，急忙上岸追赶其他歹徒去了。

蔡瑞虹并没有断气，过了半天后，她竟又悠悠地从黄泉路上转了回来。待头脑清醒后，想起这突如其来的变故，想起家人的惨死和自己的受辱，先是想追随家人而去，却无奈全身酸软，动也动弹不了，只好就这么一动不动地躺着。躺着躺着，她竟慢慢改变了主意，心想："我的清白之身已被贼人玷污，纵令马上就死，也算不得贞洁，倒不如活下来，寻机找到仇人，报了杀家之仇，以慰家人在天之灵，然后再死不迟。反正在行船过程中，自己已记住了八个歹徒的名字。"如此一想，她产生了生存的强烈欲望，但却挪动不了身子，只好躺在舱中听天由命了。

还算老天有眼，黄昏将临时分，一条商船从江湾经过，把她救了上来。这条船的船主是一个名叫卞福的江湖行商，等蔡瑞虹清醒后，他问明了她家遭难的前因后果，贪图蔡瑞红的美貌，就骗她说可以帮她报仇，条件是要嫁给他作小妾。事到如今，蔡瑞虹除了报仇已无他愿，既然卞福答应替她家人报仇，她也就不惜自己的身子，委身给了卞福，随他一同回到汉阳。

在汉阳城中，卞福早已有妻室，惧内的他当然不敢把半路私娶的美妾带回家,只在一僻巷中租下一座小院,安顿了蔡瑞虹。他根本无心替蔡瑞虹寻仇申冤,只是找些机会溜到小院中寻欢作乐。后来这件事被卞福的妻子洪氏察觉了,逼着卞福赶走蔡瑞虹。卞福也不想为蔡瑞虹得罪洪氏,索性想了个阴毒的主意,把蔡瑞虹不声不响地卖给了人贩子,得了一笔不义之财。

人贩子一转手,把蔡瑞虹又卖给了武昌的一家妓院。蔡瑞虹见自己屡遭欺弄,竟沦落到青楼卖身的地步,简直是失望到了极点,不明白老天为何要这般虐待自己。她打定了不惜以死相抗,坚决不肯接客。老鸨见她心意已坚,生怕扭她不过,人财两空,干脆把她转卖给绍兴人胡悦为妾。

这个胡悦也是一个奸诈之徒,他很快就摸透了蔡瑞虹的心思,假惺惺地对她说:"太守老爷是我的亲戚,你只要听我的,我一定想办法托他为你料理一切,你不必担心!"蔡瑞虹信以为真,跪倒在地,感激涕零地说:"若得官人如此用心,替我报了家仇,我生生世世做牛做马来报答官人大恩!"胡悦装模作样地将她扶起,安慰道:"既为夫妻,你的事就是我的事,你真心待我已足,何须其他报答。"蔡瑞虹还以为自己遇到了救星,也就决心跟定了胡悦。

其实胡悦也是在口头上敷衍她,根本没付诸行动,而且还骗蔡瑞虹,说是已经拜托了太守,太守正发缉文四处搜捕歹徒呢!蔡瑞虹满以为是真的,天天烧香祈祷,希望歹徒早日落网。

通过亲戚的介绍,胡悦找到了进京城捐官的门道,于是带着蔡瑞虹由运河乘船来到京城。打点买通的大批金银已托人送出去,不料经手为他办理的官员却暴病身亡,胡悦不但没得到官职,反而白丢了大批金银。身边带的钱渐已花完,无奈之际,他便开始在蔡瑞虹身上打主意。蔡瑞虹此时正是十八九岁年纪,犹如怒放的鲜花,散发着诱人的芳香。胡悦便硬逼她和自己兄妹相称,转手把她卖给别人,想得些银两后,再让蔡瑞虹找机会跑出来,也就是玩所谓的"仙人跳"的骗局。

第一个欺骗对象是温州来的举人朱源。他进京参加会试不第,留在京城读书温课,准备下科再考。朱源已年过四十,家中娶有一妻。但却一直没有生育,妻子曾劝他纳妾以续香火,只因功名未成而一直拖着没办。这时,心计多端的胡悦带来了蔡瑞虹,只说两人是兄妹关系,本是书香门第,但因家道败落而生计无着,想把妹妹寄托以求生存。朱源见蔡瑞虹长得端庄秀丽,举止间也显得颇有教养;自己孤身一人在京,又正需有人陪伴照应,因此就答应娶她为妾,并送给了胡悦不薄的礼金。

蔡瑞虹进了朱源的门,起初是羞愧难当,逐渐发觉到眼前这个读书人和以前那些骗自己的男人不同,不但仪表斯文,心地也忠厚善良,不如将计就计跟了他,将来他有出头之日,自己或许就有报仇雪恨之机。于是,她没按胡悦定的计划逃回他身边,胡悦几次暗中来诱劝她,她都不做理睬。胡悦只好一个人灰溜溜地用朱源送的那些礼金作盘缠,返回老家去了。

蔡瑞虹死心塌地跟了朱源过日子,两人相亲相爱,第二年便为朱家生下一子,取名朱林。转眼又是会试之期,朱源这一次考中了进士,被朝廷派为武昌知县,就携家小到临清张家湾雇船南下赴任。

在船上,蔡瑞虹无意间发现了当年的船老大陈小四,仇人相见分外眼红,但见陈小四并没有认出自己,蔡瑞虹便暂时沉住气,不动声色地向丈夫说明了一切。朱源听了爱妾的讲述,深为她命运的苦难而动情,他让蔡瑞虹先平静下来,在船上不要惊动贼人,等待机会再设法报仇。

船到扬州后,停岸等候顺风。这时陈小四与人发生了纠纷,对手是当年的另外两个歹徒。朱源趁机上前劝他们到太守府去评理,自己也随他们而去。到了扬州太守府,不待陈小四等人陈说是非,朱源与蔡瑞虹就上前历数了他们当年杀人越货的罪行,审讯取证后,三个歹徒被收入死牢。

到武昌上任后,朱源马上履行自己的诺言,开始着手查找其他歹徒的下落,很快就找到并缉捕了胡蛮二和凌歪嘴。三年之后,又终于查出了在汉阳开店的白满和李癞子,逮捕后,与胡蛮二、凌歪嘴一并押往扬州结了案,八名歹徒得到应有的惩罚。

这时蔡瑞虹大愿已了,当天夜里沐浴更衣,然后悄悄以利剪刺喉而死。临死前写下了一纸遗书,留给丈夫朱源,感谢他对自己至情至性,又帮自己报了大仇,现在自己心愿已了,所以以身殉节,以表清白。

朱源骤失爱妾,心碎欲绝。读毕蔡瑞虹的遗书,又深为她的贞节德操而感慨唏嘘,为报家仇,她忍辱历难整整十年,了却大愿后,她义无反顾地遂贞节而去,只把儿子留给了她深为感激的夫君。

蔡瑞虹的儿子朱林在父亲和嫡母的培养下,很快长大成人,少年得志,中了

中国古代逸史

·明朝逸史·

图文珍藏版

进士。朱林为纪念死去的母亲,特上表陈述蔡瑞虹一生的苦节,乞赐旌表;明英宗见表后赞叹不已,下令在温州府为蔡瑞虹建造了一座节孝牌坊,以表彰她的纯孝与节烈。从此,蔡瑞虹忍辱复仇的故事也在民间流传开来。

民间奇人柳敬亭

明朝末年,江南一带活跃着一位大名鼎鼎的说书艺人,他就是柳敬亭。柳敬亭是明末清初享有盛名的说书艺术家。他从十七岁开始,一直说书到八十多岁高龄,艺术生涯长达六十余年。他往返于扬州、杭州、南京等地,一度也曾到

民间奇人柳敬亭

北京演出,其精湛的说书技艺不仅受到群众的欢迎,也为富绅士流、青楼歌女所倾心赞赏,并形之于诗文词曲之中,是明末清初民间百姓中的一个传奇,被尊为说书人的祖师。许多文化名人都很推崇他,尤其是清代的著名剧作家孔尚任更是把他作为颂扬的形象写入了《桃花扇》,之后,柳敬亭更成了一个人们心目中的正直艺人的艺术形象而流芳后世。

柳敬亭作为一个说书艺人,有他的坎坷不平的经历。他本来姓曹,原名永昌,因为在家乡泰州犯了法,为了避祸,才改姓柳,刚刚15岁就不得不只身离家逃亡,到安徽盱眙去学习说书。后来他得到了松江的儒生莫后光的悉心指教,从此技艺大进。老师对他的要求很严格,要他熟悉各阶层的生活和各地的方言、风俗、习惯,也就是要他下一番苦功夫去观察和体验各种不同的生活。柳敬亭也不辜负老师的一片苦心,坚持勤学苦练,终于使自己的说书艺术达到精湛

圆熟、出神入化的境界。艺成以后,他长期辗转于扬州、苏州、杭州、南京等地演出,四座为之倾倒,在各地的官绅中都有很高的知名度。

在那个封建文人掌权的时代里,说书是一种不入流的职业,很被人看不起的,但是柳敬亭却是个例外。他本来也只是一个浪荡江湖的普通艺人,但是由于他的技艺实在太高超,让台下听他说书的人都如痴如醉,好像亲身走进了他所说的故事中似的,所以他成为很多王侯官宦的座上宾,许多有名的文人如黄宗羲、吴伟业、钱谦益等人还专门为他做了传记。这些传记都记载着他为人任侠仗义,同明末复社诸君子来往密切,还受到当时在南明小朝廷中掌大权的左良玉的赏识,把他延请为幕客,颇为受到重用。南明将亡,他以近八十岁的高龄奉左玉良命赴南京,南明小朝廷称他为柳将军,但他不为之受宠若惊,而处之泰然,说明他经历了国家的兴亡,朝代的更替,这一切都极大丰富了他的不平凡的生活阅历。

左良玉死了以后,柳敬亭顿时失去了知己和依靠,只得重理故业,以说书为生。明朝灭亡后,他又到苏州说书。康熙元年(公元1662),他应漕运总督蔡士英邀请专门到北京演出,以说书艺术闻名于公卿之中,一时间,朝中的名流学士纷纷赠词。这时柳敬亭已79岁,抗清复国的志向如同尘埃和梦幻一样早已经随着年纪渐老和时间的流逝而消失了,他的心情是极为悲凉的。可是为生计所迫,还不得不在各地辛劳奔波,而且他晚年亲朋疏远,凄苦孤独,虽然表面上被众多的文人学士的嘉誉之辞包围着,可是内心的凄凉孤独是无以言喻的。即使如此,当年盛极一时,誉满大江南北的柳敬亭,如今虽已年迈憔悴,但他仍以其高超绝伦的说书技艺,不停地奔走于南国水乡,倾诉积淀已久的家国之恨。充分表现出了他壮志未酬,大恨难消的心理。

柳敬亭不仅具有卓越超群的说书艺术,而且以自身的豪情侠气名冠天下,卓绝一时。清初有个状元郎写了一首赞颂他的词,全文如下:

咄汝青衫叟! 阅浮生、繁华萧索,白衣苍狗。六代风流归抵掌,舌下涛飞山走。似易水、歌声听久。试问于今真姓字,但回头、笑指芜城柳。休暂住,谈天口。

当年处仲东来后,断江流、楼船铁锁,落星如斗。七十九年尘土梦,才向青门沽酒。更谁是、嘉荣旧友? 天宝琵琶宫监在,诉江潭、憔悴人知否? 今昔恨,一搔首。

这首词可谓是柳敬亭一生遭遇和心情的最佳写照。其中"似易水、歌声听久。试问于今真姓字，但回头、笑指芜城柳。休暂住，谈天口"几句，更把他比喻为战国的义士荆轲、高渐离，认为柳敬亭同当年的荆轲、高渐离一样，也是长期流落江湖的慷慨悲歌之士。作者更希望他能将评话一直不停地说下去。

柳敬亭的一生经历坎坷，饱经磨难，但却始终保持了一种爽朗乐观的性格和对人生的豁达态度，这"今昔恨，一搔首"更是表现出了他不同常人的雄浑气度。也许，这正是那些一向自命甚高的文雅之士，在他技艺高超的原因之外，而乐于和他结交的最重要因素吧！

唐伯虎被称为"风流才子"

唐伯虎本名叫唐寅，字伯虎，又字子畏，号六如居士，又号桃花庵主。他的名气很大，诗、书、画号称"三绝"。看过《唐伯虎点秋香》的人都知道他"江南第一才子"的美名。唐伯虎真的是个"风流才子"吗？

其实，唐伯虎是真才子，但却是假风流。

唐伯虎自幼就很聪明，几岁就能写文章，十六岁就考中了秀才，年纪轻轻就出了名，整日与人谈诗论画，还非常喜欢喝酒。他的父亲在家乡开了家小酒馆，日子过得无忧无虑，但却很为这个聪明的儿子发愁，这样的儿子肯定能够成名，但又怎么能成家立业呢？不久，父亲怀着这种忧虑的心情去世了，留下唐伯虎一个人，失去了生活的依靠，变的无所事事。他的朋友祝允明劝他专心于科举，这样既可以一夜成名，又可以保证以后生活无虞。唐伯虎考虑了一下，回答说可以参加一次考试，但是如果这次不被录取就决不再参加。

他是说到就要做到的人，回家后马上把窗户都用泥堵死，门上贴"谢绝访客"的条子，不再同外人来往，专心一意地准备参加科举考试，每日研习经书，认真练习写应试八股文章。果然不负众望，在明孝宗弘治十一年（公元1498年），二十九岁的唐伯虎高中应天府乡试第一名，人们从此都称呼他为"唐解元"。他的文章还受到主考官梁储的欣赏，回到京城以后，梁储还把唐伯虎的考卷拿给朝中的大学士程敏政看，从此唐伯虎的名声大振。

转年就是大考之年,唐伯虎信心百倍地进京参加考试,别人也一致认为只要有他参加,就一定会再次轻易地夺取魁首。谁知道,天有不测风云,唐伯虎受到了一场科举舞弊案的牵连,不仅没能像预计的那样夺取功名,反而被逮捕下狱。虽然很快就被释放出来,但却被革除了功名,永远不能再参加科举考试了。

唐伯虎受到这次严重的打击,觉得颜面大失,顿时觉得对官场心灰意冷了。偏偏祸不单行,他的妻子徐氏又是一个性喜浮华的拜金女人,这时见他从此没有发达的机会,竟然席卷了他大部分的家财和别人跑了。

唐伯虎当官不成,就想一心一意做学问求发展。这时,被封在南昌的宁王朱宸濠听说他才华出众,就想强逼他去做幕僚。可是江南的人都知道宁王想造反,唐伯虎怕自己被连累,于是就只好借酒装疯,设法拒绝了宁王。为了逃避灾祸,他开始到全国各地去游历,也顺路结识了不少好友。

后来,唐伯虎又返回了他的老家吴县,在城北桃花坞买了一块土地,建了几间房子,就取名叫"桃花庵"。这时,他认识了一位苏州的名妓沈九娘,这位九娘尽心尽力的安慰落魄的唐伯虎。同样不幸的命运把他们联系在了一起,后来,他们还生了一个女儿,取名桃笙。他们的日子刚刚好过一点,可谁知吴县一带却遭了大水,一般人连饭都吃不上了,唐伯虎的字画根本卖不出去,只好靠借债度日,一家过得穷困潦倒。他在诗中沮丧地写道:"漫劳海内传名字,谁信腰间没酒钱",这实在是他生活困顿的真实写照。没有几年,不堪劳苦的沈九娘就撒手人寰了。唐伯虎设法厚葬了这位红颜知己,从此就没有再娶。他的女儿桃笙后来嫁给了一位商人,唐伯虎一个人孤苦无依,曾经一度皈依佛门,号"六如居士"。如此几年,唐伯虎在冷清寂寞之中度过了他命运多舛的一生,终年五十四岁。

唐伯虎是一个典型的不得志的知识分子,不仅没有显赫的政治地位,甚至连日常生活都有问题,可以说他的一生大都是处在苦难之中。那么,像唐伯虎这样一个失意落魄的文人,又怎么会有"江南第一才子"的美名呢?

这个名称实际上是得自于他的一方图章。据说,他决意于功名之后,觉得心灰意冷,不免在行迹上愈加狂放不羁,为了抒发心中的郁闷不平,于是就刻了一枚"江南第一才子"的图章,用在他的一些绘画作品上。这一枚闲章着意并不在"风流"二字,而是唐伯虎对自己落魄一生的一种自慰,是困苦与不幸中的自得其乐罢了。而且,作为一个封建文人,唐伯虎在囊中有银子之时也出入于红楼妓馆之中,行止放荡,不言自明。另一个原因就是因为唐伯虎精于仕女题材的绘画,画上诸多美女的形象,人们以此推断,认为他一定非常熟悉这些美人的日常起居生活,否则他就不可能画得如此传神入微。第三个原因也是最重要的原因,就是他敢冒众讳,娶了苏州名妓沈九娘为妻。因此人们乐得添油加醋,把金陵名妓秋香也顺便"嫁"给了他,于是以讹传讹,但却被后人信以为真,还以为他真的是娶了秋香,而不是沈九娘呢!这件事如果让当事人唐伯虎和沈九娘知道了,恐怕也要觉得哭笑不得吧?

　　说到这个秋香,倒是确有其人。她本来出生在一个小官员的家庭中,名字叫作林奴儿,也还通一点文墨,但是后来家境遭变,被迫成为官妓,改名秋香。因为她长得很美,又能歌善舞,还能吟诗作画,成了金陵城内达官贵人竞相追逐的花魁。后来,秋香脱离了官妓的户籍,和一个姓李的商人结了婚,从了良。秋香比唐伯虎要大上二十几岁,两人根本没有什么关系,更别提什么"唐伯虎三点秋香"的风流韵事了。

民间轶事

深宫太监的生活内幕

　　太监,是我国古代以一种特定的形态存在于世的人群。他们是一群阉割后失去了性器官和性功能的假男人,是人间的第三性。他们都面白无须,容貌秀美,声音尖细,宛如女子。上了年纪之后,他们又会迅速地显示出衰老疲惫的状态,脸上皱纹密布,似乎其中的每一条都写满了苦难。这种迅速衰老大概与他们身体上的生理缺陷有关。而且由于太监的性器官被阉割。正常的泌尿系统被破坏,所以有很多时候太监常会不由自主地尿湿被子,因此太监身上常常臭气熏人,令人厌恶。这非关勇气和个人品质,纯粹是生理上的迫害所导致。

　　在中国传统礼教道德规范中,发肤尚且属于父母,不能轻动,更别说是人身上的重要器官了。而且中国自古又有"不孝有三，无后为大"的说法，失去了性器官和性功能的太监常常因此被人视为不知廉耻的卑劣人群，被无数人唾弃辱骂。那些被迫阉割的人也都以此为最严重的耻辱。像汉代的司马迁，因为触怒了汉武帝而被处以宫刑，他自己说刑后痛不欲生。那时的宫廷太监也多是因为犯了罪阉割入宫为奴的。但是到了明代，这种状况却发生了极大的转变。被藉没入宫的人渐渐被那些大量自宫求职的人所取代。民间贫苦的人们，因为生活无着，衣食不保，都希望到宫廷中去寻一条生路。而且到了宫中一旦受到皇帝宠信，就能一步登天，彻底改变身处下层的悲惨命运。许多人就是抱着这样一丝飞黄腾达的希望挥刀自残，然后像潮水一样涌向宫廷。明朝的皇帝面对着这种数以万计的求职大军，屡次发布命令，不允许民间人们入宫，但是却毫无效果，屡禁不止。这些入宫寻求荣华富贵的人又真的能在宫中求得富贵吗？

皇宫中固然有受主子专宠、有权有势的大宦官，但更多的却是生活在底层的受尽压迫、终生劳苦的下层太监，他们奔波劳碌、疲于奔命，干着宫中最苦最累的差事，还要随时准备作主子发泄怒气的出气筒，终生都过着这种暗无天日的悲惨生活，得不到解脱。

宦官入宫后首先要认师父，拜在有头有脸的宦官门下。接着便是尽心尽意地孝敬师父、侍候师父。他们每天要在师父的指导下，学习宫中的一应规矩。如见到皇帝、太后、皇后、嫔妃，如何行礼，如何称呼；平时如何走路，如何端茶，如何备膳，如何传旨；白天如何站班，晚上如何更值等等。

宦官是宫中最劳苦的一群。他们中的最底层被称为净军。他们终身奔波、洒扫，干所有宫中的体力活。净军没有机会接近主人，他们只有劳役终生，因此也为那些伺候主人的宦官所不齿。但伺候主人的宦官一旦侍候不周或小有过失，往往也会降为净军。

宦官在深宫的生活大多是悲惨的，他们受到非人的待遇，在主子面前奔波忙碌，每时每刻都要巴结、讨好，赔着笑脸。他们更值时更要谨慎小心，每天神经紧张，随时听候传唤，绝不敢有自己的喜怒哀乐，委屈和怨怒更是不敢有丝毫的表现，甚至于对于屈辱也要表现出乐于承受的样子。他们是皇帝、后妃们取乐玩弄的对象，是一群供他们开心的一钱不值的动物。皇帝有时高兴了，随手撒一些钱，让他们争抢，这就是恩赐，一番争抢以后一个个还要乐滋滋地谢恩。

有时,主人吩咐学猫叫、狗叫、驴叫,他们便应声仿效,甚至于还要学着动物走路,装扮成畜生的模样,这样只是为了求得主子的欢心。明建文帝有一次进膳,宦官吴诚在一旁执酒,建文帝吃鹅,掉在地上一片。吴诚当即学着狗叫,趴在地上舔吃了那片肉。建文帝当时很高兴,当他失去皇位多少年后还记得这个场景。

但就是这样尽力巴结讨好,小心翼翼地伺候主子,太监们还是时常遭到惩罚。有时是主子们寻开心,有时是找他们发泄怒气,也有时是太监自己犯了错,总之他们时常受到责骂打罚,这简直是家常便饭的事,全看主子心情好坏。这样的时候,太监的地位还不如宫中的一条狗。

不过,二千年以来人们如此厌恶太监,唯恐避之不及,除了瞧不起他们的生理缺陷之外,太监群体也确实存在着许多令人嫌恶的特质。

宦官由于是残余之身,所以情绪极不稳定,喜欢自哀自怜。他们动辄很伤感,或因为一点小事无缘无故很气愤。他们爱耍心计,心胸狭窄,常常表现出一副让人哭笑不得又无可奈何的无赖相。

他们也爱贪小便宜,决不会放过任何利用职权的机会索要钱财。但凡掌管采购、置办工程材料的宦官常常喜欢侵吞银两,以次充好。那些掌管、接收上贡物品的宦官则往往横加挑剔,给对方找各种麻烦。对方这时出些钱财,事情就可完结,否则,宦官会拖延、刁难,使对方窘迫,令其完不了差。宦官们生活在宫中的最底层,他们总是用种种手段,绞尽脑汁,积累钱财。最典型的例子莫过于明朝万历年间派往全国各地的矿税监了。这些恶宦指着一户人家的房屋或祖坟就说下面有矿脉,这户人家不献财免灾,就要等着被拆屋挖坟了。

宦官们大多有女子心态,喜爱花草,爱打扮、好美。宦官们总爱把花插在头上,作为装饰。即便是宦官中的丑类魏忠贤者,也爱戴花,夏天发簪上常戴茉莉、栀子花等。这真是丑人多作怪了,令人看了十分反感。

宦官之间还相互比富争胜。凡生前的桌椅、床柜、轿乘、马鞍,以及日用盘盒器具以至身后的棺椁等,都不惮花俏,务求美丽。他们在强取坟墓、庄园、宅第方面,更是挥霍财力,以图宏壮。由于争奢,宦官们便巧立名目,科敛各衙门属官。随便找个小理由,挟着天子的权威,又有谁敢拒绝?

太监在宫中被压抑久了,一旦被派到宫外办事,自然就仗着出身宫廷而在地方上作威作福,强取豪夺,以平衡在宫中受到压抑的潜在心理。

正是因为太监有以上这样贪婪、奸诈、恶毒、奢侈等种种恶习,所以正常世界里的人都视其为蛇蝎,避之唯恐不及。大多数太监也确实有着自取其辱的恶劣品质。太监群体正是中国几千年封建社会中最可怜可悲,同时又可恼可恨的人。

深宫宦官为何娶妻

中国的宦官历史有数千年,在这数千年中,中国究竟有多少宦官谁也无法统计。宦官是经过阉割以后丧失其男性性器和生殖能力的一群中性人,然而在成千上万的宦官中,其生理表征也有许多个别,有些甚至于不像阉人,接近于正常人。宦官们虽然失去了性器,不可能生育,但他们程度不同地都有着性的意识,宦官娶妻、夺妻的记载在中国每代都有,可谓史不绝书。西汉大宦官石显娶有妻室。东汉立功封侯的大宦官单超抢娶良家美女为妾,还把这些姬妾打扮得花枝招展。北魏宦官大多有配偶。唐代大宦官高力士娶吕元晤的女儿,吕氏还容貌秀美,举止娴雅。唐代李辅国娶元擢的女儿。唐宦官刘宏规娶妻,其妻还有头衔,封为密国夫人;马存亮妻王氏封为歧国夫人。宋代的宦官首领多有妻室。明太祖时,规定宦官娶妻,受剥皮大刑。然而,这条祖训后来只是一纸虚文,英宗时大宦官吴诚不仅娶妻,还有美妾。宪宗时,太监龙闰娶方英的妻子为妻。

宦官娶妻并不是要过性生活,也不可能过性生活,不过是为了满足心理上和生理上的双重需求。宦官虽然没有性器官和性能力,但毕竟还是一个男人,他们的潜在意识里仍有性需求。而且这种性欲要求的强弱虽然因人而异各有不同,但是心理上的需要还是大致相同的。况且,大多数太监本来就不承认因为自身缺陷就不是男人的说法,为了证实自己是真正的"男人",证明自己有"男人"的本色,让人们忽略他们身体上的残缺,娶妻就更成了他们的需要。

但实际上,能够娶妻纳妾的宦官在中国历史上毕竟是很少见的,只有权势极大的太监才有这种能力供养妻妾。生活在深宫之中的大多数太监则无此幸运和能力。所以,这些同样有着性要求的后宫宦官就把目光投向了同在深宫,饱尝寂寞的宫女身上。明代的宦官和宫女都自愿结成配偶,称为对食。对食最早见于汉代,似乎是指女子的同性恋爱。唐时男子间也出现了对食,明代时,宦官和宫女相爱,就称为对食。可见,不论同性、异性,相好便可称为对食。

明代后宫宦官数万,宫女数千。他们生活寂寞,感情无法宣泄,不可能不出现对食。甚至于宫女入宫以后一年之内没有对食,就会被同伴取笑。可见后宫对食之盛。宫中低级宦官无力娶妻纳妾,宫女绝少有机会能被皇上临幸,宦官和宫女便只有自己排遣寂寞,相互安慰。

最初是值房宦官和司房宫女接触较多,逐渐产生了感情,结成伴侣。后来,替宫女采办衣、食、首饰、用物的宦官主动追宫女,大献殷勤。宫女选上了宦官,称为菜户。史书说,"宫人无子者,各择内监为侣,谓菜户。其财产相通如一家,相爱如夫妇。既而嫔妃以下,亦颇有之,即使天子知道这种情况,也并不强行加以禁止,因为太监没有性能力,所以根本不必避讳。"对食和菜户称谓不同,所指也不同。对食可以是同性之间,也可以是宦官、宫女之间,一般都是临时性的。而菜户在明代宫中是公然允许的。允许宦官娶宫女,或者说是宫女允许看上宦官,他们共同生活,如同夫妻。宦官有了菜户以后,对所爱的宫女任劳任怨,听凭驱使,有的甚至于不再愿意供养父母,而专意于菜户。开始有些宦官斥责这些宦官没有骨气,后来,宦官们竞相争当菜户和与宫女的对食。

宫女们有了菜户和对食,越发懒惰。宫女真正看上了宦官,也会心疼宦官,不让他干太多的活儿,而是支使别的宦官去干。地位低贱而又面貌丑陋、年岁较大的宦官不大可能被宫女看上,他们却甘心作宫女的仆役,做执炊、扫除、搬运、浆洗之类的活,宫女每月付给他们一定的银两。

正规的宫室如乾清宫、昆宁宫等,近侍太监因值房靠近皇帝的寝宫,怕引起火灾,因而不能烧柴设炊,而宫女在宫中则各有炊室,有些宫女就争相雇用善烹饪的宦官。明中期以前宫女和宦官的对食、菜户处于地下状态,他们心中有数,不愿张扬,对此很隐秘。万历以后,这种关系渐渐公开。逐渐被大家所承认,有的宫女或宦官还充当对食或菜户的媒人。

对食和菜户的宫女、宦官,有的在花前月下彼此盟誓,终生彼此相爱,不再与别人发生感情关系。宦官如果发现所爱的宫女感情他移,往往万分痛苦,但宦官不会对食或菜户的宫女如何,却常与宫女的情夫发生尖锐的冲突。例如熹宗皇帝的奶娘客氏，先与魏朝结为对食，后来却又喜欢上魏忠贤。结果这两个人争风吃醋，竟在乾清宫外大打出手，惊动了皇帝。又如有一个宫女吴氏，先是和一个叫宋保的太监相爱，后来又移情别恋于他人。宋保伤心愤怒，几次发生争吵，最后终至万念俱灰，主动要求出宫削发为僧。但是这样的例子毕竟是少数，宫内的社会与当时外面世界一样，都遵循道德传统的约束。一般来说，选好以后，太监和宫女就会终生相守，宛如夫妻，而且都以守节为荣。如果其中一方死去，另一方则会坚贞的终生不再选配。

就如同外面世界一样，宫里也有"色"太监。如果一个宫女不喜欢某个太监，这个太监不顾宫女的意愿而强行结好，在宫中就是犯了大罪，将被处以严重的刑罚。这样的情况下，这个太监就被称为"白浪子"。据说有一年中元节，一个宫女游玩回来，路上撞见了老太监。这个老太监见宫女年轻貌美，动了邪念，就把她骗到僻静的地方通奸。事情过后，这位已有配偶的宫女郑重的控告了这个老太监。

总而言之，太监和宫女这两个同样生活在深宫的群体，因为寂寞和性的要求，在宫中结成一对对有名无实的夫妻，这样至少可以相互抚慰，不至于孤单的一个人终老一生。如果是在外面的社会，这样的事情也许会被人们视为变态，但在终年不能见天日，没有自由的深宫大院里，却反而被合理化了，毕竟这是他们无奈之下的选择。

"奉天承运，皇帝诏曰"的来历

当前宫廷戏充斥荧屏，人们从中得知的最熟悉的一句话大概莫过于"奉天承运，皇帝诏曰"了。那么，历史的皇帝圣旨真的都是以这八个大字开头的吗？这种习惯又是从何时开始的呢？

"诏"这个字，是中国的第一个皇帝秦始皇最早开始使用的，《史记·秦始皇本纪》中记载着皇帝的命为"制"，令为"诏"。"诏曰"这两个字则最早用于汉代的帝王文书中。之后这两个字就一直被历代帝王沿用下来。可是，"奉天承运"这几个字，在明朝以前，却从未在历史中出现过。它又是怎么来的呢？

据说，这个名称，或者说是这种叫法，最早的发明者是明朝的开国皇帝，明太祖朱元璋。朱元璋公元 1368 年在南京称帝。他在南京城建造了一座富丽堂皇的皇城,其中最重要,规格最高的朝会大殿,就被他命名为"奉天殿"。后来,朱元璋的第四个儿子燕王朱棣篡夺了侄子建文帝的皇位,并把明朝的首都改为北京,又在北京按照南京城的形制,建了一座规模更加宏大的紫禁城。皇城的主要建筑物都是仿照南京而建,奉天殿自然也被原封不动地从南京搬到了北京。据说这"奉天承运"的说法就是源于这座奉天殿。清朝一位很有名的大学者俞樾,是道光皇帝时的进士,曾经做过翰林院的编修,晚年就在杭州开堂讲学。这个俞樾一向以做学问严谨精确而著称。据他在自己写的《茶香宝续钞》中所记,"奉天承运"是"论奉天殿名而及之",所以我们可以由此知道,这种四字用法最早源于明代的奉天殿。

还有另一种类似又不完全相同的说法,这种说法也认为"奉天承运"的用法最早开始于朱元璋,不过不光是因为他命名的"奉天殿",也还因为他所捧的大圭上面刻着这几个字。这个说法是明朝万历时期的大文学家沈德符最早提出来的。沈德符,字竟倩,又字虎臣,浙江嘉兴人,是万历时的举人。他精通音律,谙熟掌故。他写的一本《万历野获编》中是搜集明朝万历皇帝以前的朝章典故汇集而成的。就是这本《万历野获编》中记载着,明太祖朱元璋这"奉天"两字是千古独见,以前从未有人用过的。太祖所遗留下的祖训中曾经说过,皇帝所执的大圭刻着"奉天法祖"这几个字,所以皇帝也被称为"奉天承运皇帝",皇帝颁布的诏书前面也都会加上"奉天承运皇帝"的称呼。这"奉天承运皇帝"的称号再加上"诏曰"这两个字,重新断句,就演变成了现在电视剧中常常出现的"奉天承运,皇帝诏曰"的说法。

《金瓶梅》到底是谁写的

《金瓶梅》是我国古代的第一大奇书,被历代统治者定为禁书,但是书成以来,却在民间广泛流传,经久不衰,它的艺术魅力也是不容低估的。它是我国第一部以日常家庭生活为题材的长篇小说,书中借《水浒传》中恶霸西门庆私通潘金莲的故事为引子,刻画了李瓶儿、春梅、吴月娘、李娇儿、孟玉楼、孙雪娥、应伯爵等一大批栩栩如生的人物形象,通过描写一个家庭中的罪恶,揭露出了整个社会颓废衰败的景象。《金瓶梅》一书的思想性和艺术性毋庸置疑都已经达到了极高的水平，但是因为书中大量大胆至极的色情描写，被世人视为淫书，虽然大多数的伪君子们私下里都人手一本细细品读，但台面上却还破口大骂个不停，直说这本是辱没斯文，带坏了社会风气。也许正是因为这个原因，这部深刻的现实主义小说的作者刻意掩起了自己的庐山真面目，只是署名为"兰陵笑笑生"，这也许只是单纯地为了保护作者本人的措施，却给后人留下了无尽的困惑，令世人苦思不得其解。它的真正作者到底是谁呢？

这里有几种不同的说法，其中最有趣的一种莫过于说它是一本复仇的"毒"书之说了。传说它的作者是明朝嘉靖年间的大文学家王世贞。王世贞的祖上给后代留下了一件无价的传家之宝，就是宋代画家张择端的《清明上河图》的真本。家有重宝本来是一件好事，但是俗话说得好："匹夫无罪，怀璧其罪"。这《清明上河图》给王家带来了极大的灾祸。王世贞的父亲王杼本也是一省巡抚的高官，但是当时权倾朝野的大奸臣严嵩一向喜欢附庸风雅，他听说了王家藏有《清明上河图》的真本，就要强行索取。王杼没有办法，可是又实在不甘心就此将家传之宝拱手让人，只好弄了一幅临摹的假画送去。不料，这幅摹本却被当时的江右巡抚唐荆川识破了。这一下可惹怒了严嵩，在朝堂上随便找了个失职的借口，就将王杼杀死了。王世贞为了给父亲报仇，曾经好几次派杀手去暗杀唐荆川，可是由于他的防护措施非常严密，没有一次能够成功。据说最惊险的一次，杀手都已经把刀架在了唐荆川的脖子上了。唐荆川假装请求刺客先让他写一封遗书给家人，再趁机用毛笔中暗藏的毒箭射死了刺客。经过多次的失败，王世贞大失所望，他决定用自己的办法来杀死仇人。他得知唐荆川看书时喜欢用手指沾唾沫翻动书页，于是心生一计。他把自己关在家中，三年不见客，耗费了巨大的心血，终于写成了一本旷世奇书——《金瓶梅》。书中的西门庆其实就是以严嵩的儿子严世蕃为原型，严世蕃的号是"东楼"，他就取"西门"为姓；严世蕃的小名就叫作"庆"，他也选取了"庆"这个名字，于是就出现了"西门庆"这个主人公的名字。书中描写了西门庆从发达到衰亡的堕落过程，并最终安排他作恶多端、招致暴死的结局，这当然也表现出了作者心中深埋的恨意。书完成之后，王世贞就在书的边页上抹上毒药，让人拿到街上去，等唐荆川经过的时候，就高声叫卖"出售天下第一奇书"。唐荆川能识破《清明上河图》的摹本,学问自然不错,本也是一个爱书之人,听到这样的叫卖,自然会停下来一饱眼福。结果他把书拿到手中一看,发现果真是一本奇书,不禁看的如痴如醉,不知不觉间就翻完了整本书,同时也把书上的毒药都吃进了肚子里,等他把书看完,也就毒发身亡了。王世贞就是借了这一书之力,终于报了杀父之仇,从此这本书也开始名扬四海。这个故事的另一版本就是说王世贞用这本书毒死的并不是唐荆川,而是严嵩那个好色如命的儿子严世蕃。不管被毒死的是谁,故事的结局是一样的,都承认了王世贞是《金瓶梅》的作者。

上面关于《金瓶梅》创作的传奇过程自然是十分引人入胜的,但是近代的一些学者却不同意王世贞是该书作者的看法。许多专家通过对书中一些具体情节的分析,得出了种种可以作为寻找作者线索的结论。比如,因为《金瓶梅》中大量使用了山东方言,所以推测作者应该是山东人氏,或是在山东生活过很长时间的人;再如,书中的描写细致入微,妙趣横生,说明该书的作者文字功力十分高超,以此推断作者应该是当时的文学名士,至少不会是在文坛上默默无名之辈;还有根据书中对官场众生相的了解,对这种纵情声色的生活的熟悉来推测,作者应该是官场失意情场得意的典型人物等等。根据这方方面面的微小线索推断出来符合条件的人还是有好几个,其中最接近的是明朝万历年间的文学家屠龙。具体的理由是屠龙祖籍江苏,而"兰陵"正是指江苏常州西北一带;又如,屠龙在自己作的《开卷一笑》中就曾经用过"笑笑先生"的笔名,这不由得不让人们联想到"笑笑生"的名字;从屠龙的个人经历来考察,他曾经做过京官,后来因为被人揭发纵淫而被罢官,他从此看清了官场的险恶,不满于世事和现实,变得更加玩世不恭,纵情声色。他的这种经历正好为写作《金瓶梅》提供了极好的素材与生活经验。他喜好叙述男女情欲,熟悉小说戏曲中常用的游戏文字,再加上他的宦游经历和个人习性,确实很像是《金瓶梅》隐藏在幕后的真正作者。

根据条件推测,还有其他的几个可能的人选,比如嘉靖万历年间的文学家贾三近,又或是嘉靖进士李开县等等。总之,《金瓶梅》的作者之争,聚讼纷纭的已经争论了四百多年了,人们恐怕还要为此继续争论下去,直到我们终于能够确定这本奇书的作者的那一天。在此之前,读者们也只好耐心等待了。

梁山伯和祝英台真有其人吗

梁山伯与祝英台的故事，是每一个中国人都耳熟能详的，其中如"草桥结拜""十八相送""化蝶"等动人情节，不知使多少人感动得落泪。这个中国版的罗密欧与朱丽叶的爱情故事是如此的美好，那么，它是真实的吗？梁山伯与祝英台之间真的有这样一段刻骨铭心、荡气回肠的动人爱情吗？

梁山伯和祝英台

据说，梁山伯与祝英台在中国历史上都是确有其人的，但他们之间的故事却与传说有那么一点出入。祝英台原是南北朝时期的一位侠女。她从小习武，为人又疾恶如仇，好打抱不平，颇有一股巾帼不让须眉的侠义之风。当地有一个马太守，仗势欺人，鱼肉乡里，他的儿子马文才武艺高强，更是欺男霸女，无恶不作。祝英台为了打击马氏父子的嚣张气焰，决定要劫富济贫，给他们点颜色瞧瞧。于是她先后三次去马太守家中盗银，但却不幸被马文才使计擒住。这个好色之徒见英台容貌娇美，就意图不轨，不料却被英台一脚踢中命根，立时一命呜呼。马太守恨英台杀了自己的独子，命人将英台乱刀砍死，可怜这一代侠女就这样死在恶人之手。当地的百姓很为她感到悲伤，悄悄收殓了她的尸身，择了一个好位置安葬了她，并在她的墓前立了石碑，记载她英勇的事迹。但是这块碑因为年深日久，渐渐湮没消失在风沙中，不再为人所知，只剩下有关这一代侠女的古老传说仍在老人们口中代代相传。许多年之后,故事的另一个主角梁山伯出现了,他既不是祝英台的同窗好友,也不是一对生死相随的恋人。原来,梁山伯是明代宁波府的一个县令,一向勤政廉洁,爱民如子,但却不幸中年丧妻,此后一直没有再娶。后来,他因为积劳成疾,死于任上。百姓感念他的恩德,决定把他葬在风水很好的胡桥镇。不料在墓地动土之后,却意外地挖到了祝英台的坟墓,人们想把梁山伯改葬他处,但却再也找不到这么好的墓地。于是有人提议说,梁山伯和祝英台都是好人,都是为民而死,且都是独身,不如把他们合葬一墓,二人也好在阴间做个伴。这个提议立刻得到了大家的赞同,于是这对相隔了一千多年的男女被后人拉扯在一起,做了一对黄泉夫妻。这个故事说法很是离奇,但却并不是毫无根据的。考古学家确实在宁汉高桥发现了梁山伯的坟墓,坟内还有十几枚遗骨。据专家考证,这确实是梁山伯的墓穴。坟墓是有的,也确是梁山伯的葬身之所,但考察出来的结果却又有些出人意料,据专家推断,梁山伯是晋代会稽人氏,曾任鄞县县令,因为治理水患而积劳成疾,死后葬于此地。若是这样,梁山伯的生活年代提前了一千多年,与祝英台的生活年代更近了一些。

另一个关于梁山伯与祝英台的故事源于山东济宁的地方志。根据地方志的记载,他们都是明朝人,祝英台家在济宁城南,家中非常富有,但是却只有英台这一个女儿。虽然女儿聪明伶俐,善解人意,但是祝老爷却仍是为了没有儿子而时时叹息。英台看到老父盼子心切,就想替父解忧,于是决定女扮男装外出求学。出家门过了吴桥数十里,恰巧遇到家住城西的书生梁山伯,于是二人一起结伴前往学馆求学。三年期间,两个人白天一起读书,夜晚同榻而眠,比同胞兄弟更加亲密无间。只是祝英台因为身份的隐秘,三年都没有解开过衣服。梁山伯也只以为这是她个人的生活习惯而没有在意。学习期满之后,祝英台先回到家中,梁山伯前去看望她,见到她女装的打扮,才知道了共卧一榻的兄弟原来是娇媚红装,于是就动了娶英台为妻的心思。可谁知他晚到了一步,祝英台的父亲已经将英台许配给马家了。梁山伯没有办法,只好回到家中整日思念,不久就郁郁而终,死后就葬在吴桥与英台初次相见的地方。转眼到了英台出嫁的日子,英台却怀念着与梁山伯的感情,决定要以身相殉,也悲伤而死。她死前留下遗言要与梁山伯合葬,乡人感动于她的痴情,得到了梁、祝、马三家的同意之后，按照她的遗愿，将她与梁山伯同穴而葬。如此说来，马家也不是什么十恶不赦之家，梁祝的合葬是经过了三家的同意而结成的鬼亲。奇就奇在济宁的这座坟也确是存在着，还是明正德年间修建的，时间也正好相符，同时还立有墓碑详细记述了梁祝二人的生平事迹，真是让人莫辨真假。

又有故事说，祝英台是明代宜兴的侠女，而梁山伯是元代的书生。乡人在安葬祝英台时在墓穴下面发现了梁山伯的墓，于是好事者就把他们合葬在了一起。这个故事与第一个故事很相似，只是把时间、地点都改变了，而且也有坟墓佐证。

实际上，梁祝的坟墓还不止以上几处。据统计，全国共有 9 个地方建有梁祝的坟墓，无论哪一个都标明是确凿的埋葬地点，有的还在一旁立庙祭祀。梁祝二人就是确有其人，也不可能有这么多的埋葬地点。唯一的合理解释可能是因为这个故事流传久远，深受百姓的喜爱，以至主动为他们建墓立庙来纪念他们。

其实，梁祝的故事原型早在唐代以前就有了。宋代的书籍中记载着大概的故事情节。说是在宋少帝的时候，有一个男子路过华山（今江苏高淳县境内花山），在旅舍中见到一个美貌的少女，心中顿生爱慕之情，但又苦于无法接近，回到家中，居然因为相思成疾，不久就死了。家人运送他的灵柩路过华山，那个少女知道了这件事，心中感念他的痴情，于是对着棺木说："在这华山脚下，你为我而死，我又怎么能够独活而不报答你的深情呢？如果你地下有知，仍未忘情于我，那么，请你打开棺木让我追随你去吧！"话才说完，就见棺木果真自动打开，少女踊身跳入，棺木又自动合闭了，犹如什么事也没有发生过一样。于是家人就把他们合葬一处。这大概是梁山伯坟墓裂开的故事原形吧！关于化蝶的传说也有相似的故事。是说一对感情极好的夫妻，由于妻子貌美而被人强夺，丈夫自杀而死。妻子在与仇人出行时跳高台自杀，旁边有人想阻拦她，谁知刚一碰到她，却触手化为蝴蝶飘然而去。看来梁山伯和祝英台双双化蝶的情节应该是源于这个故事吧！由此推测，梁祝的传说很可能是吸收了众多感人故事的情节改编而成，情节也更加完美无缺了。只是因为人们对美好爱情的向往，而把中国古代众多的动人爱情故事糅合在一起，从而塑造出一个近乎完美的故事和两个生动逼真、有血有肉的人物来。时日渐久，随着故事的广泛流传，他们的爱

国学经典文库 中国古代逸史 ·明朝逸史· 图文珍藏版

情反而被人们信以为真了。

侠女唐赛儿是否削发为尼

唐赛儿是明初的著名侠女,但她不是那种仗剑游江湖的女侠,而是一个极为少见的农民起义军领袖,她的英勇事迹丝毫也不逊于那些壮志凌云的男子,是一个真真正正的巾帼英雄。

侠女唐赛儿

唐赛儿是山东蒲台人,不但容貌出众,而且自幼饱读诗书,能文善武。她成年之后,被父母许配给了同县的林三为妻。可是时间不长,唐赛儿的丈夫就得重病死了,她就一个人孤零零地过日子。

当时正是明朝永乐皇帝在位的时期,永乐是个胸怀大志、不甘寂寞的皇帝。他登基以来,无论是在朝廷内部,还是对外的政策都倾向于强硬的态度,处处要显示出天朝大国的风范。例如在国内,他大肆诛杀异己力量,被他杀死的人成千上万,血流成河,他也决不会皱一下眉头。对外永乐皇帝也喜欢事事争取主动。他在北方边界上陈兵百万,多次御驾亲征,讨伐北边的蒙古残余势力,又派太监郑和带着两万七千多人的军队去出使外洋。他还放弃了他的父亲朱元璋修建的南京城,重新修建北京城作为国家的新首都,建造了举世闻名的北京紫禁城。为了运送足够的粮食物资供应北京,他还重新疏通了元朝废弃不用的大运河,建立漕运制度。这一切做法,不能说做的没有道理,从长远来看,确实都促进了我们国家的发展。但是这些行动都需要强大的人力和物力后盾来支撑,对于生活在那个年代的百姓来说,这就意味着沉重的徭役赋税。永乐皇帝频频征发徭役,许多百姓都被迫去给政府服役,自己赖以为生的田地反而荒芜了,不种田,就没有粮食吃,一时之间全国怨声载道,百姓心中都愤愤不平。唐赛儿正是在这样的社会背景之下,顺应最下层百姓的心声,揭竿而起的。同明代的大多数农民起义一样,唐赛儿的起义也是从白莲教中发展出来的。唐赛儿组织人们宣传白莲教的教义,称自己是"佛母",赢得了很多人的信仰。等到信教的人数渐渐多起来,她就宣布要择吉日发动起义了。

山东一直是徭役负担最重的地区之一,所以唐赛儿一拉起义旗,马上就有许多穷困潦倒的人跟随投靠她。不过数日,唐赛儿的义军就已经发展到了上万人。她带领着这支队伍四处杀富济贫,除暴安良,当地的百姓都拍手欢呼,欢迎她的到来。当地驻守的明朝军队马上对唐赛儿的起义做出反应,负责征剿义军的明朝官员名叫高风,他是一个粗鲁的武将,毫无智慧可言,心里一直瞧不起由唐赛儿这个女性所带领的义军,认为自己可以轻而易举地取胜。但是唐赛儿何等聪明,她利用高风的轻敌之心,很容易的就把高风率领的军队引入了自己的圈套中,利用义军自身对地形的了解,再加上战士们个个英勇善战,一举击溃了高风的军队,并且在交战中杀死了高风。这一下,唐赛儿的名气一下子变的响亮起来,以前那些瞧不起她的人都不敢再轻视她了。山东官军战败,主帅被杀的消息很快就传到了北京的皇帝耳中,把朱棣气得暴跳如雷,实在没想到自己的大将竟然被一个女子打败了,这可是一个朝廷的奇耻大辱。他在朝廷上破口大骂唐赛儿是"妖妇",恨不能马上就带兵亲自去剿灭唐赛儿的义军。后来,永乐皇帝精心挑选了一员强将安远侯柳升,让他带着原本是护卫京城的精兵连夜赶往山东镇压起义,并且还一再嘱咐柳升千万不要再轻敌冒进。

当柳升带着精锐部队赶到山东的时候,形势对唐赛儿十分不利。正在她忧心如焚的时候,好消息传来了。山东的百姓见唐赛儿一个弱质女子都敢于凭借一己之力,起而反抗明朝的暴政,都十分感动和钦佩,同时也都被唐赛儿的行动激起了抗争的勇气。很短时间中,山东境内又连续爆发了多起农民起义,使得本来准备专心致志对付唐赛儿的柳升一下子乱了手脚,不得不分出一部分兵力去镇压其他的起义军。这给了唐赛儿一个喘息调整的机会,她所率领的义军队伍发展壮大了,在山东一省的军事行动所向披靡。

柳升带领的军队毕竟是明朝的精锐,在开始的慌乱之后,也已经做好了战斗的部署。很快的,柳升带领着5000名精兵悄悄地摸到唐赛儿的驻地,包围了义军的营地。他还派出一个信使去劝降唐赛儿,如果能够不战而屈人之兵,他肯定会受到朝廷的褒奖。以他推测,现在朝廷的大军已经包围了唐赛儿的营地,唐赛儿毕竟是一介女流,心中一定会有所畏惧胆怯,说不定见到他的书信就出营投降了。不过,他还是料错了唐赛儿这位女中豪杰。机警过人的她识破了柳升的攻心计策,严词拒绝投降。而且她还趁机传出虚假的情报,说是义军营中缺水,准备从营地的东门设法突围。柳升听信使回报说义军将从东门突围,信以为真,抽调了主要的兵力来严守东门。唐赛儿见敌人中了计,趁着夜色,轻轻松松地带着部队突破了防守薄弱的环节,扬长而去了。

永乐皇帝见柳升还是不能顺利的剿灭义军,非常着急,马上又调遣了在沿海防御倭寇侵袭的军队去支援柳升。在朝廷派出的优势兵力下,唐赛儿腹背受敌,起义军最终还是失败了。在地方官员上报给皇帝的奏折中都声称"妖妇"唐赛儿也在乱军中被杀了。可是也有人认为唐赛儿其实根本就没死,她侥幸逃出了敌人的包围,在当地百姓的掩护之下躲藏了起来,一段时间以后,她又再次复出,继续秘密开展反对明廷的地下斗争,只是后来她改用了其他的名字,朝廷根本不知道是她罢了。还有人说,唐赛儿逃走后,因为义军的最终失败而心灰意冷,于是削发为尼,每日伴着青灯古佛了此残生,再也没有在民间出现过。这种看法其实并没有确定的证据,反而是明朝政府的可疑行动从反面证实了这种推测的可能性颇大。原来,唐赛儿起义失败之后,官军并没有真正抓到她,永乐皇帝因为总是找不到她的踪迹,怀疑她削发为尼或是混入了女道士中去了,于是他下令北京、山东的地方官严加追查省内尼姑道姑的来历,一发现可疑人物就马上逮捕到京。这一追查,一共抓了两万多人,可是还是没有找到唐赛儿。正是明朝廷的这个奇怪的行动使人们更加确定唐赛儿确实还活在人间,而且很可能像朝廷怀疑的那样遁入了空门。

究竟唐赛儿到底是生是死,还是真的出了家,她的下落至今还是一个未解之谜。

中国人的"鬼婚"习俗之谜

在五百多年前的一天早晨,过惯了"日出而作,日落而息"的农家生活的普通百姓仍旧一大早就起身下地去干活了,每个村子里都静悄悄的空无一人。可是这一天早上的周庄却是例外,原本应该很寂静的村子从太阳还没出山时就已经开始热闹了起来。原来是这个村子中住的周家儿子要娶新媳妇,新娘是隔村李家的女儿。不过这个婚宴很是特殊,热闹是很热闹,但是周家却没有在家中到处扎起喜庆的红绸缎,门前也没有贴上大大的红喜字,更没有在家中大摆喜宴,反而是将到来的宾客们都请到了村子西头的家族坟地中去。等到吉时到了,李家的新娘子终于被接来了,不过来的可不是坐在花轿中的娇滴滴的美娇娘,而是被装在一副大红棺材中被抬来的。这是怎么回事呢? 原来,周家娶妻的儿子早就已经死去多时了,这李家的女儿则是刚刚病死的,他们结的是"鬼婚"。

中国民间很早就有定鬼婚的习俗,尤其以明朝最为兴盛。因为明朝从朝廷到民间,都最为推崇朱熹的道统,每个人都一板一眼地按照圣人的教诲去过生活。民间的礼教尤其严谨苛酷。未婚的男女经过双方家长的商议定下了婚约,就无论如何都要履行,没有特殊的理由是不能无故解除的。这其间对女子的要求更为严格,即使是订婚的对方在还没有完婚前就死了,女子也已经是泼出去的水了,不能再许配别的人家。很多这样的时候,这个可怜的女子就要为甚至连面都没有见过的"丈夫"守一辈子的活寡。当然也还有另一种情况的存在,这就是结"鬼婚"。这种"鬼婚"又有两种形式,一种就是上面提到的已经订了婚的男女,一方先死,一方后死,等两人都死了,就把他们葬在一起,让他们到阴间再做夫妻。还有一种鬼婚,就是根本没有婚嫁过的青年男女都不幸早死之后,家人怕他们到了阴间寂寞孤独,就由他们的亲属在阳间为他们挑选一个合适的伴侣,当然是找另一个条件相当的死者,双方家人为他们举行婚礼,好让他们在阴间可以互相依靠照顾。

据说"鬼婚"的习俗最早起源于周代。在那个科学极为不发达的时代里,几千年来,淳朴的人们世世代代的相信着人死了之后,会进入另一个不同于阳

·明朝逸史·

图文珍藏版

间的世界,就是阴间,人们会在那里以鬼魂的形式继续过着另一种生活。既然相信有阴间的存在,人们当然也相信自己死去的年轻孩子仍以另一种形式活在那个世界里,为了使孩子在那个世界里不感到寂寞,有能力的父母就会为死去的孩子操办一场奇异的"鬼婚",这也是寄托父母哀思与怀念的一种方式。说穿了,这种做法和当年秦始皇大造兵马俑,并把其全埋在自己的陵墓附近,以供自己死后可以驱使的道理是一样的。

在我们这个时代看来,为死人举行鬼婚当然是十分可笑的,但是在过去的年代里却被视作是很正常、很正当的行为,而且在举行鬼婚时还颇为庄重严肃。首先不可缺少的就是媒人,这种情况下又叫作鬼媒人。鬼媒人为"鬼"说媒,也不能胡乱凑合,也要讲究八字合不合,门第配不配,两个人的年纪是不是差不多。等双方的家长都同意这门亲事之后,定下婚礼的日子,到了那一天,男方就在男子的坟前摆下酒席,等待新娘的到来。女方家里则要提前准备糊一些纸衣物为自家女儿做"嫁妆"。最有趣的是,在举行鬼婚的时候,要在当场插两个代表男女双方的风幡,如果那日有风,两个风幡都迎风飘扬的话,就说明男女双方两个当事人彼此一见钟情,彼此产生了爱慕之情。如果只有一个风幡在飘动,另一个不动,则说明不动的那个不喜欢对方。这时就要由鬼媒人出马,在坟前细细开导一番,直到说的那个不动的风幡也摇动起来为止。这门亲事才算最终结下了。这可真是媒婆的嘴把死人都"说"活了。结了婚以后,男女双方两家就成了亲家,以后就像一家人一样互相来往走动了。

明代这样的例子很多,就如尽人皆知的祝英台出嫁路过梁山伯的坟墓,坟墓裂开,祝英台踊身跳入,两人双双化蝶而去,其中也未尝没有鬼婚的影子,很可能只是这种习俗的一种演化和升华罢了。

中国人春节为什么要贴对联

对联这种文学形式很早就在中国产生了,不过,真正把这种艺术形式推广到民间的是明太祖朱元璋,由于他个人的喜爱,贴对联成了老百姓过春节最重要的形式之一。

朱元璋虽然从小没读过什么书,文化水平不高,但是当上皇帝以后却很好学,尤其喜欢题对联。这已经成为他一个特殊的爱好,无论何时何地,只要他兴致一来,就是对着一个平民百姓,甚至只是一个小孩儿,他都要和人家对上一番。

朱元璋还没有夺取天下时,有一次率兵包围集庆,路上经过一个驿站停下来休息,发现这个驿站的管理人竟然是一个10岁的小男孩儿。朱元璋看这个孩子长得很是可爱,就随口说道:"十岁儿童当马驿。"他本来是在开玩笑的,可谁知道那个正在玩着马鞭的小男孩儿眨了眨眼睛,竟然回答道:"万年天子坐龙廷。"朱元璋一听,顿时喜出望外,当时他本来只是一个起义军的领袖,可是这孩子的对联莫不是把他比作皇帝了吗?这可是一个最好的预言啊!他因此高兴地一把抱起了这个孩子,后来还收了他做义子。这可真是因为一副对联而结缘啊!

后来朱元璋真的做了皇帝,应了孩子的一句话。在他登基的第一个春节,他就下了一道圣旨,命令全国的百姓无论王公大臣还是普通百姓之家,在除夕之前都要在自家门前贴出一副对联,以表示庆贺之意。他还亲笔写了几副对联送给他的大臣,其中送给开国功臣徐达的对联是这样的:"破敌平蛮,功贯古今第一;出将入相,才兼文武无双。"真是把徐达的功劳与才干大大地夸赞了一番。

从一当皇帝起,朱元璋就十分关心百姓的生活,为了体察民情,他常常一个人出宫微服私访,在这当中发生了很多有关于对联的脍炙人口的故事。

除夕这一天下午,朱元璋偷偷地溜出宫去,在京城的大街小巷中闲逛,欣赏着各家各户门前贴的对联。就见满街都是红红绿绿的对联纸,其中不乏对仗工整、寓意深远的妙联,看得朱元璋连连称赞。就在他准备回宫的时候,忽然发现有一家店铺的门前没有贴上对联,在满街的繁华喜庆气氛中格外显得冷冷清清。于是找到这家店的老板问道:"今年过春节,京城中到处都贴满了对联,怎么只有你家没有呢?难道你不怕皇帝怪罪吗?"老板愁眉苦脸地回道:"我是很想贴一副啊!可是我家一向以杀猪、阉猪为生,家里的人都不识字,就是想请人代写都没人愿意帮忙啊!"朱元璋听老板这么一说,顿时来了兴致,就对老板说:"不然这样吧,我替你写一副可好?"老板一听,立刻喜出望外,忙叫家人去找来笔墨纸砚,请朱元璋进店来写对联。朱元璋低头想了想,随手提笔写下一副对联,写的是:"双手劈开生死路;一刀割断是非根。"这对联可谓写的是通俗易懂，又很符合这一家的生活状况。可是老板还是不太明白其中的语意。朱元璋详细地解释给他听，老板才弄明白其中含义，还连连答谢。朱元璋看到老板高高兴兴地把对联贴在了门前，他也很心满意足地转回了皇宫。

又有一天，朱元璋在京城微服私访，正好走到菜市上，遇到一位卖藕的农民，这时他又诗兴大发了，他很感兴趣地拿起一段雪白的藕，赞叹道："一弯西子臂。"不料卖藕的农民随口就接道："七窍比干心。"他以比干对西子，仍是以手中的莲藕为题，和朱元璋的一句话恰好成为一副对仗工整的妙联。朱元璋一听顿起爱才之心，心想这位农民一定读过不少书，细问之下果然如此。第二天一上朝，他就命人找来那位农民，让他当了国子监祭酒的官职。

有一次，朱元璋在路上遇到一位书生，攀谈之下知道书生是四川重庆府人氏。朱元璋想考考书生的才学如何，就出了一个以重字为题的上联"千里为重，重山、重水、重庆府"，书生一听，当即接道："一人成大，大邦、大国、大明君。"朱元璋听了还以为书生识破了自己的身份呢！

朱元璋不单在大街上随便找人就对对子，在宫中，在朝中，他也常和学识渊博的学士们一比高下，尤其喜欢和他的军师刘伯温对对。有一次他和刘伯温一起下棋，忽然之间有了灵感，看着棋盘随口就以棋为题吟道："天作棋盘，星作子，日月争光。"刘伯温一听不禁拍案叫绝，也应声道："雷为战鼓，电为旗，风云际会。"君臣两人为这一副对联而拊掌大笑。还有一次，朱元璋看到他的大臣陶安正头枕着书本在打瞌睡，为了戏弄陶安，就以此为题做出上联："枕耽典籍，与许多圣贤并头。"陶安一听，登时睡意全无，他又怎么敢和圣贤并头呢？这时朱元璋手中正拿着一柄画着山水画的扇子。陶安瞟了一眼扇子，立时有了主意，他不慌不忙地对道："扇写江山，有一统乾坤在手。"这一下可把朱元璋高兴坏了，连说陶安对得好。朱元璋到姑苏去时，刘伯温也随驾前往，两个人闲来无事就玩起了对对联的游戏。朱元璋用"天""口"两个字出上联，"天下口，天上口，志在吞吴"。刘伯温就以"人""王"两个字对出下联："人中王，人边王，意图全任"。

朱元璋就是这样酷爱着对对联，并用行政命令把它推广到社会的各个阶层，使对联不仅是上层人士闲暇时的娱乐，更成了广大群众喜闻乐见的文学表现形式，并日渐成为人们节日生活中不可缺少的一部分。

天启大爆炸之谜

明朝天启年间，当时明朝的首都北京城发生了一件天大的怪事。据说，这年五月的一天上午，刚过十点，北京城西南方一带突然发生了惊天动地的大爆炸，方圆23里之内，瞬间夷为平地。这场大爆炸突如其来，其惨烈、诡秘世所罕见，发生的原因至今仍然众说纷纭，谁也解释不清。

据专家学者们收集的当时的目击者见闻说，爆炸当时本来天空晴朗，忽然就听到一声巨大的轰雷响起，"隆隆"地在大地上滚过，声音震撼天地。只见从北京城的西南角涌起一片遮天盖地的黑云。不大一会儿，又是一声巨响，天崩地裂。顿时，天空变得漆黑一团，伸手不见五指。东至顺成门大街，北至刑部街，长三四里，方圆十三里，万余间房屋建筑顿时变成一片瓦砾。两万多居民非死即伤，断臂者、折足者、破头者无数，尸骸遍地，秽气熏天，满眼一片狼藉，惨不忍睹，连牛马鸡犬都难逃一死。王恭厂一带，地裂十三丈，火光腾空。东自通州，北自密云、昌平，到处雷声震耳，被损坏的房屋建筑无数。老百姓有侥幸活命的也都是披头散发，狼狈不堪，惊恐万状。举国上下，陷入一场空前的大灾难之中，谁也不知道究竟发生了什么事。不久，又见到南方的天空上有一股气直冲入云霄，天上的气团被绞得一团乱，演变成各种奇奇怪怪的形状，有的像乱丝，有的像灵芝，五颜六色，千奇百怪，许久才渐渐散去。

出事当时，明熹宗朱由校正在乾清宫用早膳，突然，他发现大殿摇晃起来，不知发生了什么事，吓得不顾一切地往外逃。跑到门外，他又急忙拼命向交泰殿奔去，身边的侍卫们都惊得不知所措，只有一个贴身的内侍紧紧跟着他跑。不料，刚到建极殿旁，天上忽然飞下瓦片，正巧砸在这个内侍的脑袋上，当即脑浆迸裂，倒地而亡。熹宗皇帝这时什么也顾不得了，一口气跑到交泰殿，正好大殿的一角放着一张大桌子，他连忙钻到桌子底下，才喘了口气，希望自己能逃过这一次劫难。

这场大爆炸的消息迅速传遍了全国，从王公贵族到黎民百姓都震骇至极，人心惶惶。当时，国家政治腐败，宦官专权，忠奸不分。因此，很多大臣认为这场大爆炸是上天对皇帝的警告，所以纷纷上书，要求熹宗皇帝匡正时弊，重振朝纲。皇帝一看群情激愤，事情也是既诡秘又恐怖，不得不下了一道"罪己诏"，表示要"痛加省醒"，并告诫大小臣工，"务要竭虑洗心办事，痛加反省"，希望借此能使大明江山长治久安，"万事消弭"。他还下旨从国库中拨出黄金一万两以救济灾民。

这场大爆炸，有四大诡秘之处：

第一，事前征兆特异。据明代的笔记记载，5月2日夜里，前门角楼出现"鬼火"，发出青色光芒，有好几百团之多，飘忽不定。不一会儿，鬼火合并成一个耀眼的大团。另一本书记载在事发之前，后宰门的火神庙中忽然传出音乐，一会儿声音细些，一会儿声音粗些。守门的内侍刚要进去查看，忽然有个大火球一样的东西腾空而起，俄顷，东城发出震天的爆炸声。这鬼火和火球与大爆炸有什么关系呢？

第二，人群失踪，极为怪异。据记载，有一位新任总兵拜客，走到元宏寺大街，只听一声巨响，他和他的7个跟班，连人带马都消失得无影无踪了。还有，西会馆的塾师和学生一共36人，一声巨响之后，也都没了踪迹。据说，承恩街上有一台八人大轿正走着，巨响后，大轿被打坏扔在街上，而轿中女客和8个抬轿的轿夫都不知去向。更奇怪的是，菜市口有个姓周的人，正同6个人说话，巨响之后，他的头颅突然飞去，尸体倒在地上，而他身旁的6个人却都安然无恙。

第三，石狮卷空，碎尸遍地。爆炸之时，许多大树被连根拔起，掉落在远处。石驸马大街有一尊千斤重的大石狮子，几百人推移不动，居然被一卷而起，落在10里外的顺成门外，猪马牛羊、鸡鸭狗鹅更是纷纷被卷入云霄，又从天空中落下。据说长安街一带，从天上纷纷落下许多人头来，德胜门一带落下的人的四肢最多。这一场碎尸雨，一直下了两个多小时。木头、石头、人头、人臂以及缺胳膊断腿的人、无头无脸的人，还有各种家禽的尸体，纷纷从天而降，真是骇人听闻。

第四，裸体奇闻。据记载，这次遇难者，不论男女，不论死活，也不管是在家中还是在路上，很多人衣服鞋帽尽被刮去，全都是赤身裸体，一丝不挂。一篇当时的人写的笔记记载着这么一件事情，在元宏街上有一女乘轿经过，只听一声震响，轿顶被掀去，女客全身的衣服都被刮走，赤裸裸地仍旧坐在轿中，全身竟没有一丝伤处。他们的衣服都被吹到哪里去了呢？据说事后有人发现，衣服全都飘到了西山，挂在树梢上，昌平县校场落的衣服堆成小山，其中器皿、衣服、首饰、银钱都有。

那么，天启大爆炸的罪魁祸首究竟是谁呢？现代的专家们经过多次研究，仍然得不到确切的答案，种种说法莫衷一是。有地震说，有火药爆炸说，有飓风说，有陨石说，大气静电说，地球内部热核高能强暴动力说，陨星反物质与地球物质相逢相灭说等等，但都无法解释这场爆炸中出现的低温无火、荡尽衣物的罕见特征，这个千古之谜不知要到何时才能被最终揭开。

张三丰与武当之谜

明成祖朱棣登基之后，为了寻找传说逃亡在外的建文帝，派大臣胡濙到各地的名山大川中探寻近二十年，但是用的借口却说此举是为了寻找民间传说中的隐逸高人张三丰。那么，能让皇帝派出专人去寻找这么多年，即使只是作为皇帝借口的张三丰，真的存在吗？他真的创建了武当派吗？

我国武术有内家和外家之分，外家就以少林为尊，内家则以武当称雄。在武当派的众多武术中，又尤以内家拳驰名中外。在各种武侠小说中都把张三丰当作武当内家拳的创始人。殊不知，这武当内家拳由来已久，很早就已经产生了，一向以"以柔克刚、以静制动"而闻名。而历史上的张三丰却有好几个，有的说他生于宋代，有的说他生于金、元，最常见的则说他是明初之人。到底

张三丰

哪一个张三丰才是武当派的真正创始人呢？先说这宋代的张三丰。这种说法最早是黄宗羲提出来的，因为他的名气太大了，所以后人没有对此提出质疑。他的根据是他的儿子黄百家曾经拜在一个姓王的武林高手门下，做了王家的掌门大弟子。这王氏就是以武当内家拳而闻名于世的。据黄宗羲的记载，这武当

内家拳起始于宋代的武当道士张三丰,说他夜里梦见神仙传授他这套拳法,醒来以后就有了万夫莫敌之勇。后来他的拳法传入陕西,就以王家最为精通,一直延续到后世。正是因为黄宗羲与王家的这种特殊关系,才更使后人对这个说法深信不疑。

至于金元之间的张三丰,至今说法不一,而且都模糊不清,只知道他曾经和刘秉忠(公元1216~1274年)是同学,据此推算而得出的结论,实在不知这同学之说又是来自何处。

最令人信服的是明朝说。《明史》中专门有一篇张三丰传,其中详细介绍了张三丰的生平事迹。按史料记载,张三丰生于元朝末年,是辽东人,本名叫全一,又叫君宝,还叫均实,号为三丰,道号玄玄子,因为总是不修边幅,又被人称为"张邋遢"。他的外貌十分威武,曾经在终南山从师于火龙道人,练就了一身绝技。师成下山以后,一直浪迹江湖,四海为家,居无定所。他为人很有个性,虽然极为聪颖,有过目不忘之能,但是却潇洒放荡,不把世间的教条规矩放在心上,不论在什么场合,都能诙谐逗趣,引人发笑,行止大异于常人。更绝的是无论严寒酷暑,他都只着单薄衣衫,不觉其寒,而且饭量惊人,每一餐饭都以斗量,可是有时却又数日不进粒米,简直如同游戏人间的活神仙一般。他整日在各地游走,与武当山的渊源就是在他的旅途中结下的。据说他有一日到了武当山下,一望之下就断言"此山翌日必大兴",而且还在山上结庐丽居,准备长住下去。但是不知为何住了不长时间就又远游去了。大概是耐不住山上的寂寞清苦吧?他还有一件事最令人称奇,据说有一次他走到陕西宝鸡的一座道观,对跟随他的徒弟说自己就要死了。果真当晚就阖目而逝。可是就在徒弟要埋葬他时,又听到棺材中有声音,打开一看,张三丰竟然又死而复生了,还笑着跨出棺材,像没事人一样,更加使人觉得不可思议。

关于张三丰的传言愈加神奇,越传越有夸大之辞,最后还传到了皇帝的耳朵里,一心想得见他的庐山真面目。洪武二十四年,朱元璋就曾经派出使臣四下探访,然而久寻不获,只好放弃了。永乐年间,有关张三丰的话题又被提起。明成祖也想见见这位异人,于是又派人在全国各地到处寻找。因为又有建文帝下落不明的事,所以大家都认为成祖寻找张三丰只是暗寻建文帝的一个幌子。不管这种说法是真是假,成祖寻找张三丰的行动总是真实的。以至于数年之后派出的人一无所获,成祖还自叹福缘浅薄,无缘得见,并且决心为张三丰做些事。他命工部官员征集了三十万民工,拨银上百万两,重建武当山上被战火所毁的宫殿庙宇,塑了张三丰的像,派专人管理,并亲自赐匾"遇真宫"。这一下,武当山声名大振,一时间香客云集,成了天下闻名的圣山,应了张三丰的预言。如此看来,武当山虽然不是张三丰亲手所建,却是因他而兴旺发达,也难怪那些武当派的徒子徒孙们把他奉为开山祖师了。由此机缘,武当功夫也声名鹊起,得到普及和发展,徒众上万,成了可以与古老的少林一派并称的武术大支。

综合各种资料,似乎以明代说史料最为详细真实。由此可知,张三丰其人是真实存在着的,武当山的发达也与他有着密切的关系。至于武当内家拳是否真是张三丰所创倒是不得而知,但至少有一点是真实的,张三丰本人确实有着一身出神入化的武功,而且行事莫测,否则也不会被当时的人视为陆地神仙了。

民女荷花为何被冤杀

在中国古代,女子作为社会上的弱势团体,长期处于受压迫的状态。她们不但遭受着许多欺辱折磨,也常常成为黑暗政治下的牺牲品,成为无辜的刀下冤魂。就像戏剧中非常著名的窦娥,她被人冤屈,含恨而死,震动了天地,终于完成她六月飞雪的强烈要求。这里所说的荷花也是一位像窦娥一样的无辜女子,她也被黑暗无情的政治、昏庸糊涂的官吏绞杀了年轻的生命。

隆庆末年(1572年),有个锦衣卫带俸指挥周世臣,本是外戚庆云侯周寿的孙子,居住在北京东城的一条小巷中。这时他家里已经很穷了,妻子死了无钱再娶,同家中婢女荷花儿同居。此外,只有一个男仆王奎看守门户。一天晚上,周世臣带着荷花儿去关闭门户,突然有一伙强盗破门而入。周世臣拿起棍棒驱赶强盗,打倒了一个,但其他强盗合力将周打倒,并杀死了他。这时荷花儿吓得躲在暗处窥视。强盗翻箱倒柜,抢走了一百五十两银子。强盗走后,荷花才跑出来,将剩下银钱拿到王奎那里去,商量怎样报官等事。

当时,正是隆庆皇帝驾崩,正准备出殡的时候,京城内外全部戒严,把总张国维奉兵部命令巡查街市,周世臣的家正在他管辖的范围内。出现了强盗劫杀皇亲的事,他感到事情非常严重,马上带着大队人马前去捕盗。但他到周家后,强盗早已经跑得无影无踪了，只看到荷花与王奎在屋中。另外还有一个邻居卢锦前来讨取肉账，听见巡逻的士兵来了，他慌乱之中，躲到了床下。张国维把卢锦从床下拖出，锁起。张国维没有捉住强盗，害怕受到责罚，就将这三人当作奴婢通奸，勾结强人，抢劫杀主的罪犯捕走。

法司审理的时候，荷花等人都声称是冤枉的，而且法司也找不出张国维所说的通奸弑主的确证。刑部郎中潘志伊，认为这是一桩冤案，却又找不到真正的凶手，因此长时间不能决断下来。而以刑部侍郎署理部事的翁大立，则坚信是荷花通奸弑主，一再催促潘志伊尽快结案。潘志伊仍然持谨慎态度，翁大立只得另委郎中王三锡、徐一忠参与审理。在翁大立的催促下，三人只得以奸杀上奏，王奎、卢锦、荷花都被处了死刑。

法官们万万没有想到，几年以后，杀死周世臣的凶手居然会自己落入法网。原来这真凶名叫朱国臣，本来是一个屠夫，常趁黑夜出去打家劫舍，为非作歹。因为缉捕官吏的无能，他干得非常顺手，有一份不错的家业。他还养了两个盲女，请人教她们弹唱，白天出去为他赚钱，夜里陪他睡觉，稍不如意，便是拳打脚踢。两个盲女无法忍受他的虐待，便把他杀死皇亲周世臣的事泄漏出去。兵部知道了这个消息后，将朱国臣及其党羽都抓来关进监狱。

这时京城中到处传播荷花的冤案，还传到了内廷。万历皇帝命将朱国臣押到刑部审问，他招供说："周世臣多次上下打量我，他是锦衣卫的指挥，我怀疑他是在辨认形貌，弄清楚了以便抓我。因此我就决心先下手杀了他。"他还供出当年共同杀死周世臣的凶手刘汝成、刘五二人。

当时刑部尚书严清，担心上奏此事会使当初问案的官员被处罚，就同首辅张居正商量。张居正说："务必以真情上告皇上，不能有所隐瞒，一定要严惩当初错判成奸杀的官员。"结果，按照张居正的意见和要求，这件事被原原本本地上奏给皇帝，再由皇帝下旨，当初错判冤案的三位郎中王三锡、徐一忠和潘志伊都被降职外调，这时已经退休在家的翁大立被剥夺了官爵，废为平民，使荷花含冤而死的人都受到了应有的惩罚。只有当初错抓荷花的张国维逃脱了罪责，尽管张居正一再强调他应该受到严惩，但是因为张国维背后有强大的靠山，最终也只判了个充军了事。当时北京城里的人都认为荷花三人死得太冤枉，官府的处罚还是太轻了。不过不论怎么说，荷花在死后几年总算得以平反昭雪，真正的杀人凶手也得到了应有的惩罚。

莫名其妙的民女买卖案

明太祖朱元璋登基的时候，为了使元末动荡中的流动人口安定下来，曾经采取了很多措施，其中也包括对买卖人口的限制与惩罚措施。但是时间一长，明太祖的这些圣训都逐渐被人忘却了，人口的买卖也逐渐从台下浮上了水面，变得明目张胆地进行了。孝宗的时候，就曾经有一个小小的民女买卖案件，竟然牵连甚广，甚至使负责审理此案的官员都被牵连了进去，演出了官场上的一出闹剧。

那时军中有一个叫吴能的人，这个人是个无赖之徒，贪酒好色，嗜赌如命。有一次手里实在没钱了，就瞒着妻子聂氏，把女儿卖给了乐户张氏。这个女儿名叫满仓儿，长得娇美可人，又很聪明，她本来以为父亲是把自己卖给了周皇亲家，多少沾一点贵气，说不定有一天能飞上枝头当凤凰，所以也就答应了。谁知过去一看，满仓儿才知道父亲将自己卖进了乐户之家，当时乐户的地位十分低下，有时简直就是妓女户的代称。但这时后悔已经为时过晚，她只好跟着张氏学些歌舞弹唱，以卖笑为生，心里恨极了父亲的无情。满仓儿的母亲聂氏，当初本来不知道丈夫卖女儿的事，后来知道了，又不敢违背丈夫的意思。过了几年，吴能得病死了，聂氏就四处打听女儿的下落，后来听说女儿又被转卖给乐工袁璘，就想把她接回来。谁知满仓儿心中一直痛恨父母，这时说什么也不肯跟母亲回去，甚至坚持声称聂氏不是她的母亲。聂氏听女儿不愿认自己，又伤心又生气，就和儿子吴政一起，找了几个人，硬将满仓儿从袁家抢了回来。

袁璘不甘心自己出钱买的女子就这样被抢走，一状告到了刑部，要求聂氏归还满仓儿。刑部郎中丁哲、员外郎王爵受理了这个案子。他们很快查清了这件买卖民女引起纠纷的案子，并判满仓儿跟聂氏回家。袁璘知道这个判决结果更加不服，认为自己赔了夫人又折兵，就在公堂上大吵大闹，出言不逊。主审的丁哲见他如此撒泼，不禁大怒，马上喝令衙役打他几十大板，以示惩戒。谁知那些衙役打得重了些，袁璘当时就昏死过去，几天以后，竟然就这么死了。那个时候打死犯人是很常见的事，袁璘的死也并没有引起什么风波，御史陈玉、主事孔琦检查过尸体，就把袁璘草草埋葬了。

事情本来应该到此结束了，没想到又因外力介入而掀起了一场大风暴。这满仓儿在乐户家歌舞卖笑，曾经结识了一个京城中有名的恶少，这个人仗着自己的叔叔杨鹏是在东厂掌权的太监，在京城中胡作非为，无人敢管。他见自己喜爱的满仓儿受了气，就把胸脯一拍，说是一定要帮她出这口气。这个恶少去找袁璘的妻子，唆使她到东厂找杨鹏告状，又找到当初买满仓儿的乐户张氏，让她和满仓儿冒认为姐妹，然后又嘱托当初经手吴能卖女的中间人，宣称聂氏的女儿早已经卖给了周皇亲家，拒不承认满仓儿就是聂氏那个被卖的女儿。他当然也早和太监杨鹏说好了，一定要帮满仓儿摆平这件案子，到时，满仓儿的气出了，袁璘又已经死了，这个娇俏可人的歌女当然就名正言顺地归自己所有了。

于是，本来已经审得清清楚楚的案子，经过东厂这么一插手，马上就被推翻重审。负责重审的锦衣卫镇抚司一向是东厂太监的追随者，他们按照杨鹏的意思，判定满仓儿是张氏嫁给袁璘的，应领回家，并以滥杀无辜的罪名，判定原来的主审官丁哲、王爵有罪。这个处理结果上奏后，因为有刑部的官员也被牵涉其中，为了慎重起见，孝宗命令三法司和锦衣卫会审此案。这已经是这件简单的买卖人口案件的第三次重审了。三法司的审问官为了了解事情，派人到皇亲长宁伯周奎家里去核实案情，寻找聂氏被卖的女儿。周家的人觉得很诧异，声称自家从来没有买过这样一个女子。主审官知道这件案子另有隐情，就如实上报给皇帝。孝宗也觉得事情很奇怪，再次命府部大臣会审此案。乐户张氏和满仓儿见事情越闹越大，觉得情况不妙，知道事情隐瞒不下去了，就无奈地招认了编造谎言的事实。这下案子已经明白了，原来的主审官并没有判错案。只是会审的官员明知如此，可又不敢违逆东厂的意思，仍然违心地判处丁哲有罪，处以徒刑，王爵、陈玉、孔琦以及聂氏母女处以杖刑。

这个判决公开后，立刻在朝廷中激起公愤，但是官员们又都不敢把心里话说出来。有个刑部典史徐硅，一向性情耿直，他不顾身份卑微，挺身而出，上疏劾奏宦官杨鹏说："丁哲早已将此案审讯妥当，而杨鹏之侄，与聂女有私，图谋报复，陷害丁哲。三法司会勘，又畏惧东厂，不敢辨明真相。朝堂会审，尽管真相大白，但定刑失当，轻重倒置。"他不但言及这个案子，而且还大胆要求革去东厂，诛杀杨鹏叔侄以及满仓儿等，谪戍镇抚司官于极边，并给丁哲、王爵、陈玉、孔琦各进一阶,以昭雪其冤。

徐硅以一个微贱的胥吏,竟敢慷慨陈言,参东厂,参锦衣卫,参法司,讥贬满朝公卿,自然触怒了皇帝。孝宗下令将他发往都察院拷讯。都御史等人都很惊叹徐的勇气,但又不敢过分得罪宦官,只得提出给他一个"奏事不实,赎徒还役"的处分。孝宗不同意,以为太轻,最后定给徐珪的处分是削职为民。大约一年后,又平反给官。最后,整个案子是以杖责满仓儿,遣送浣衣局;丁哲给袁璘出埋葬费,罢职为民;王爵、陈玉、孔琦赎杖还职而结案。

明朝的"一门三进士"

"一门三进士"说的是明初江西的文人世家解家的事,"三进士"中,后来成就最大的是解缙,他曾经负责主编了规模宏大的《永乐大典》。解缙的祖父解子元,字真我,是元朝至正年间的进士,父亲解开曾在国子监学习,接受过明太祖朱元璋的召见,但他没有接受朱元璋封官的赏赐,只是回家做了一个教书先生。解开的妻子高氏是一个知书达理,深明大义的人,她出身书香门第,自幼精通书、史,又博览传记、天文、地理、医学之书,而且善小楷,晓音律,是一个不可多得的才女。她希望儿子们能金榜题名,光宗耀祖,从小就亲自教儿子们读史书。解缙是她的子女中最聪明的一个,不到十三岁就熟读了《四书》《五经》,而且善写诗词,被当地的人誉为"神童"。

据说,有一年除夕,家住赣江边的小解缙触景生情,写了一副春联贴在自家门前。人们都知道他写得一手好诗,都围上来观看,只见上面写着"日望赣江千里帆,夜观庐陵万盏灯",写的入情入景,气势磅礴,围观的人个个称好。住在谢家对面的曹尚书见了很不高兴,觉得一个小毛孩子抢了自己的风头。他命人在正对着解家大门的河堤上种了一片青竹,想挡住解缙看"千里帆""万盏灯"的目光。解缙见他如此针锋相对,什么也没说,只是不以为然地笑了笑,好像胸有成竹一般。果然第二年除夕,解缙又贴出了一副新对联,上面写着:"门对千根竹,家藏万卷书"。曹尚书见到气坏了,连忙命人把竹子统统砍倒。解缙闻讯,走出来看了看,仍然什么也不说,只是回身在对联末尾加了几笔,就又进去了。人们围过来一看,只见对联成了"门对千根竹短,家藏万卷书长",众人都连连称好。曹尚书知道后,干脆发狠地想:我把竹子连根都挖了,看你还怎么改!他叫人连夜把竹子根都刨了出来,昨天还是一片青翠,第二天就成了光秃秃的一片了。解缙这次却又加上去了两个字,把对联改成"门对千根竹短无,家藏万卷书长有"。周围的人更是交口称赞,说改的妙。曹尚书气得脸都白了,却再也无计可施。但他还是不死心,仍想羞辱这个小神童一番。他派人请解缙到自己家来做客,却紧闭大门,打开旁边的小门让解缙出入,解缙一看,转身就想回去,曹尚书却站在自家门口笑着说:"小子无才嫌地仄。"解缙看也不看他一眼,只是随口答道"大鹏展翅恨天低",还是转身要走。曹尚书无奈,只好叫住他,打开大门迎他进来。两个人来到正厅坐下,曹尚书见解缙穿了一身绿色的衣服,就又取笑说:"水中蛤蟆穿绿袄"。解缙这次抬头仔细看了他两眼,用手指了指曹尚书身上回答说"锅里虾公着红袍"。曹尚书顿时觉得颜面大失,脸上无光,愤怒地站起来大骂"二猿断木梁山中,小猴子怎敢对锯(句)?"解缙也站起身来,毫不客气的回敬道"一马陷入污泥潭,老畜生岂能出蹄(题)?"曹尚书又羞又怒,却再也无言可对了。邻居们知道了他的窘状,都不禁乐得捧腹大笑,直称赞解缙头脑敏捷,才华横溢。就连当地的地方官也听说了这件事,亲自召见解缙,通过当场测试,破例封他为秀才。

后来,解缙又去参加乡试,他不负众望取得了第一名。第二年,各地的举人都聚集到南京去参加会试,解氏兄弟也一起去参加了考试。在考场上,解缙挥洒自如,毫无紧张之态,轻轻松松地交了考卷。那一年的主考官是当时著名的文人大学士刘三吾,他非常喜欢解缙所作的文章,觉得他胸怀锦绣,文章气势磅礴,非一般人可此,亲自选定解缙为一甲第一名。但是在接下来由皇帝亲自主持的殿试中,朱元璋虽然也同样为解缙的出众才华而惊异,但又觉得这个年轻人锋芒毕露,傲气逼人,还欠缺磨炼,所以刻意的打压他,只把他定为第七名进士。解缙的大哥解纶,妹夫黄金毕在这一场考试中同时名列三甲进士。当时明朝的科举考试还刚开始举办不久,全国有无数士子闭门苦读,想求一个功名,但每三年只录几百名做进士,其中的困难可想而知。这一次,一家之中却中了三个进士。解氏"一门三进士"的消息马上传遍了大江南北,成为美谈。就连后宫之中受宠的妃子们听到这个消息,也觉得十分好奇,纷纷请求皇帝召解氏兄弟进宫,想亲眼看看他们。

从此以后,解氏兄弟大受朱元璋的喜爱,解缙更是被封为翰林院庶吉士,每天随侍在皇帝左右,帮助朱元璋起草诏书,处理公文。朱元璋实在喜爱这个才华横溢的年轻人,还亲口对解缙说过:"朕与尔,义则君臣,恩如父子。"这位和皇帝"恩如父子"的解缙,在永乐年间成为大学士,参与机务,并一手编纂了大型史料集成巨著《永乐大典》。

明代的第一个御赐女秀才

明初京城女子刘莫邪是个颇具传奇色彩的人物。她一生有两奇,一奇是她那个御赐的"女秀才"的名号;二奇则是她后半生暗中联络,拥戴故君的行动。最终,她就死在这后一奇上。

刘莫邪出生于元末南京城中一个普通读书人家,父母早逝,年幼的刘莫邪被舅舅家收养。她舅舅膝下无子,非常疼爱已是孤儿的外甥女,见她聪明伶俐,所以常教她些名家诗词,小小年纪的刘莫邪竟能听一遍就记住,而且还能依自己的理解评点一番。舅舅见小莫邪乖巧可爱,每次参加文友的诗会总爱带着她。这时候,小莫邪总是特别高兴,闪着一双乌亮的大眼睛,专心致志地盯着品诗论文的大人们。有一次,一帮文友又在一座花园中举办文会,小莫邪照例由舅舅带着参加了。这次的题目是"咏四季花",由每人在素笺上写一首诗。小莫邪看到大人们或低头沉吟,或笔走龙蛇,很有兴致,于是也向舅舅讨来纸笔,悄悄写下了一首七言绝句:三秋桂子美钱塘,疏影横斜点素妆;十里芙蓉娇出水,春风桃李满庭芳。这时莫邪的舅舅还未写完,小莫邪扯了扯舅舅的衣襟,把写好的诗笺递给了他。舅舅接过诗笺一看,十分满意,于是对众人诵吟了一遍。顿时,文会上人人啧啧称奇。这短短四句诗,恰到好处地概括了秋桂子、冬梅花、夏芙蓉、春桃李,四季代表性的花卉,诗意虽谈不上新奇,但出自一个九岁小姑娘之手,诗句老练自然,怎不让众文人赞不绝口呢!从此,小莫邪成了文会中的一位正式成员,能够与大人们平起平坐,作诗论文。她的名声不胫而走,成了南京城中人人皆知的"女神童"。

后来,朱元璋建立了明王朝,京都就定在南京。这时的刘莫邪已成了一个圆熟干练的小妇人,凭着她的诗才和诗名,频频出现于公侯们的诗文酒会,成了高级社交圈中的名流，尤其受到一些名媛贵妇的倾爱。她与明太祖的女儿长公主关系十分密切，是长公主的闺中密友，如此一来，她的盛名通过长公主传到明太祖耳中。明太祖朱元璋虽出身贫贱，却也酷爱附庸风雅，听女儿说起京城里有一个女才子，就特意召她到殿上面试。刘莫邪在皇帝面前毫不惊慌，应答自如，朱元璋一时高兴，当即赐她为"女秀才"。从此，刘莫邪就有皇帝御赐的"女秀才"这一奇特名号。

刘莫邪不但名号奇特，身世也令人猜摸不透。战乱之后，刘莫邪是以一个独身妇人的形象出现的，她时而作贵夫人打扮，装扮得浑身流光溢彩；时而又布衣淡妆，俨然一副村姑民妇模样，谁也弄不清她的身份。有人说她嫁过人，丈夫是个富商，在战乱中丧生，给她留下了大批钱财，使她成了个富孀。也有说她在战乱中遇到世外高人，传授给她了幻术蛊法，能替人医治疑难杂病，也能迷人心神。还有人说她曾经出家为尼，在青灯古刹中潜心修炼，因而练得一手好书法和一身诗才。因为她从不对别人谈起自己的经历，所以这一切都只是猜测。她广交达官贵人、文士名流，因为她的聪明才干和豁达爽朗的性格，成了京城里的一个十分吃得开、玩得转的"名女人"。后来，明太祖朱元璋驾崩，皇太孙朱允炆继位，就是明惠帝。他即位不久就发生了与叔叔燕王朱棣之间争夺皇位的斗争。长公主的丈夫、驸马都尉梅殷，奉惠帝的命令率领重兵屯扎在淮南，以作为保护南京的屏障。几经交锋后，朱棣的部队逐渐攻下一些北方的城市，许多北方守将在大军压顶的形势之下，纷纷降归了燕王。燕王大军直逼到淮南，局势紧迫，南京城中风传驸马都尉梅殷也有投降意图，一时间，全城官民惶恐不安。副都御史茅大方想写信探明梅殷的态度，可是兵荒马乱之中，竟找不到人去冒险送信。就在这时，刘莫邪自告奋勇地站了出来，她长期周旋于官宦门户，所以对政局十分清楚，又因为她是梅殷妻子的密友，她去传信自然是再合适不过了。茅大方当即写下一贴诗笺，并密嘱有关事项，刘莫邪便携带诗笺离开了南京'。穿过硝烟弥漫的路程，刘莫邪风尘仆仆地来到淮安防地，拜见了梅殷。梅殷一见是妻子的密友来到，惊讶之余当然是殷勤招待。到了帅府，刘莫邪取出茅大方的诗笺对着梅殷大声朗诵道："幽燕消息近如何？闻道将军志不磨。纵有火龙翻地轴，莫教铁骑过天河。关中事业萧丞相，塞上功勋马伏波。老成不才无补报，西风一度一悲歌！"听了这首诗，梅殷也明白其中含义，忙表白道："食君之禄,忠君之国,理所当然。梅某率兵拒敌,决不会作辞枝的落叶,随风飘舞!"刘莫邪得到了确定的答案,就连夜返回南京,把消息传给了茅大方。此后,燕王大举南下,探知了梅殷坚决抗拒的决心,只好绕过了他的防地,由扬州渡江直取京师。谷王朱橞归降,薛岩打开金川门迎接燕军,南京很快就被攻陷,宫中燃起了大火,朱棣进宫时,惠帝已不知去向。于是燕王朱棣自立为皇帝,称为明成祖,改元永乐。他命皇妹长公主写信召梅殷还朝,以便劝他归顺到自己手下。梅殷见到妻子的书信后,深感大势已去,准备以死全节,所以也就无所畏惧地回到南京。刘莫邪闻言驸马都尉回京,深恐他出什么差错,急忙赶到驸马府,密告梅殷道:"惠帝在城破之日从水道逃出了京城,目前正在川黔滇一带召集勤王势力,以求东山再起。梅大人且不可有轻生之想,留得青山在,不怕没柴烧!"梅殷被刘莫邪的一席话鼓舞起来,不再准备以死示忠,而是暂且安顿下来,悄悄发展拥戴惠帝的势力,等待有朝一日,里应外合,重振惠帝的天下。

其实,惠帝到底逃往何处,谁也说不清楚。有人传说他逃亡海外,明成祖先后七次派宦官郑和率兵乘船搜寻,找遍南洋各地,终不见惠帝的踪影。即使这样,梅殷等惠帝的忠贞之臣仍不放弃拥护故君复位的愿望。梅殷虽早已被解除了兵权,但碍于长公主的面子,朱棣也不便对他施行镇压。梅殷便利用自己的影响力,在南京秘密策划着复拥惠帝的行动。南京城中许多旧臣故老,表面上归附了明成祖,可暗地里仍然怀念故君。梅殷就把这些人联系起来,发展成自己的同盟。而刘莫邪则在其中利用自己"交际花"的特殊身份进行秘密联络。她一个不属政界的女子为什么会积极参与这种政治活动呢?一方面是因为她与长公主一家有密切的关系;更主要的还在于她的"忠君不二"思想。她不但是一个"交际花",而且还是一个颇有政治主张的女性。初取皇位的明成祖,对京城旧臣的活动自然十分关注,他手下的特务组织探知了梅殷等人拥护故君的行动。他们报告明成祖:"驸马梅殷有不轨迹象,女秀才刘莫邪出入联络,且有江湖巫祝参与。"于是,明成祖开始先发制人了。他安排人秘密的谋害了梅殷,紧接着就抓起了女秀才刘莫邪。当时许多公侯的家眷和文人名士,出于仰慕女秀才的才华,纷纷出面为她向朝廷求情。人们觉得,她不过是个女流之辈,没有丈夫子女,也没有官职,怎么可能去参加那些政治活动,想必是冤枉了她。等到后来,许多事情陆续查清后,人们不再敢为她说情求保了,只是惊叹这女子为何有这般出人意料的举措。刘莫邪此时已经年逾半百,历尽荣华之后,自己选择了一条充满艰险的政治道路。事到如今,这种结果也是在意料之中的,所以对生死早已能安然处之。在狱中她十分坦然地嬉笑怒骂那些变节投降的大臣,表明自己坚贞的信念。有一天,大理寺少卿薛岩前去查狱,前呼后拥,不可一世。他本是惠帝旧臣,因打开金川门降迎朱棣进京而有功,所以又成了明成祖朱棣的宠臣。刘莫邪见他那无耻的得意之状,朝他吐了一口口水,并哈哈大笑地朗吟道:"三朝元老两朝臣,尺蠖龙蛇看屈伸;缩头胁肩公相贵,金川门外迎新君。"这首诗正好揭了薛岩的伤疤,他不由恼羞成怒,临走时命狱卒在当天夜里将刘莫邪缢杀了。就这样女秀才结束了充满传奇色彩的一生,给人们留下无数惊叹和不解。

明代妇女面面观

早在春秋战国时期,我国就开始有了"男女授受不亲""好男不事二主,好女不嫁二夫"等等对男女关系的严格限制。在这种两性关系中受到损害与压迫的往往又是女性。类似的看法已经在中国人的头脑中深深扎根。但实际上直到南宋理学盛行,男女之防才开始森严起来。大概从明代开始,中国才算进入了人们头脑中男女避如蛇蝎的状态,传统意义上的"男女之防"才最终树立了起来。

就"男女授受不亲"而言,这句话在明代以前并没有得到严格的执行,关于这一点,汉景帝时就有一个惊世骇俗的例子,即使今天看来,也令人觉得十分惊异。这个故事是说,汉景帝有一次带着后妃大臣游幸上林苑。他带的随从不多,其中就有一向以执法严峻而被人誉为"苍鹰"的郅都。正在游玩之间,景帝突然想起自己的爱妃贾氏好半天不见了,就命郅都去找她。这位原本顶天立地、性格刚强的男子听了皇帝的这个命令,顿时觉得哭笑不得,不知道是否应该领命而去。原来,这位受皇帝宠爱的贾妃是"出恭"去了,郅都当然觉得如果这时去叫正在"方便"的贾妃,实在是太尴尬了。景帝却不以为然,因为郅都的推托而十分不满。皇帝的大臣可以去叫正在上厕所的妃子,可见这时实在是没有什么男女之防的。

反过来再看明代,男女之防则走向了一个极端。史书中记载着这样一个例子。会稽女子胡氏,嫁给了同乡的沈某,婚后仅仅六月,沈某就生病死去了。胡氏痛苦欲绝,办完了丈夫的丧事,她就把自己关进小屋,从此再不见任何男人的面。后来,胡氏五十一岁的时候染上重病,家人想请医生来为她诊治,被她严词拒绝了,而拒绝的理由竟然是"寡妇之手岂可令他人视"!结果,胡氏因为没有得到治疗而死。另一个例子讲的是一个早年守寡的寡妇陈氏。她的丈夫早死,独身一人返回父家,独住小楼为夫守节,足不出户长达三十年。她临死的时候,告诉家人说:"我死了以后,一定别让男人来抬我的尸体。"家人听了都诺诺答应,但谁也没往心里去。陈氏死后,家人就找来几个男子上楼抬她的尸体。可这时惊人的事发生了,原本已经气绝多时的陈氏忽然从床上直挺挺地坐了起来,还瞪着两只眼睛责问家人道:"当初我说了什么?你们竟然让这些男人上来?"家人和来抬尸的男子一听,全部惊慌而逃。这个陈氏谨守妇道已经到了疯狂的地步,不仅生前不和任何男子见面,就是死后也不准男子来搬动她的尸体。这种行为在明代以前是绝对没有的。还有一个例子是崇祯年间的事,有一个名叫柴氏的女子嫁给了夏县孙贞为妻。崇祯四年冬,他们为了躲避侵袭村庄的流贼而一起逃到山里,却仍然被搜出的土匪抓住了。土匪见柴氏年轻貌美,有意轻薄,其中一个人上前捏了捏她的手,这个刚烈的女子二话不说,立刻用牙咬了被陌生男子碰过的肉扔掉。另一个土匪不信邪,又上前拽了一下她的胳膊。柴氏又如法炮制,一口咬掉了胳膊上的那块肉。她的这种激烈的做法惹怒了土匪,结果夫妻俩双双被土匪用刀砍死。如此节烈不禁令人感叹。在明末的动乱中,不知还有多少女子为了守身而死在流匪的手中。

　　再说"好女不嫁二夫"。中国的广大女性一直生活在"从一而终"的巨大阴影之下,但是与"男女之防"一样,这种"从一而终"的观念也是在明代以后才逐渐鲜明起来的。人们都认为宋代是程朱理学最盛行的时代,其中心要求就是要男人讲气节,女人讲贞节。但就在同一时代,也有公主、后妃改嫁他人的例子,如宋宣宗的女儿秦国公主,先后嫁过两个丈夫,一个是米福德,一个是高怀德。而且据说程朱理学的开山祖师程颐的儿媳也并非从一而终,而是改嫁过来的,更不用提在这以前的时代了。例如汉景帝的平阳公主,她嫁的第一个丈夫曹寿有阳痿之症,为了追求自身的幸福,平阳公主后来就改嫁给自己的家奴卫青。

还有一个例子是南北朝时期的刘宋明帝之妻陈妙登。陈氏本来是一个屠夫的女儿，但是因为天生丽质，被当时在位的孝武帝刘骏看中，带进宫中玩了几天，就赐给了自己的弟弟刘彧。刘彧和陈妙登结婚不久，不知因为什么。又把她送给一个叫李道儿的人做妻子。一年以后，刘彧终于从哥哥手里夺得了皇位，就又派人去把陈妙登抢了回来。这时陈妙登已经身怀六甲了。最令人意想不到的是，刘彧不仅让陈氏生下了这个孩子，还让这个孩子继承了帝位。再如大家都很熟悉的唐玄宗李隆基抢了自己的儿媳杨玉环为妻等等，这些都说明了在中国古代一段相当长的时间里，人们对女性的"从一而终"是并不如何看重的。"从一而终"真正成为女人头上的一道枷锁，压抑着女性生活的情况都是发生在明代以后的。《明史·烈女传》中随处可见表彰年轻女子未嫁夫死，终身守节的例子。

可见，从明代开始，我国女性的社会地位一落千丈，连最后一丝自由的权力都失去了，落入礼教的桎梏不能自拔，酿成了一出出悲剧。

中国古代逸史

清朝逸史

马昊宸⊙主编

线装书局

帝王逸事

努尔哈赤逸闻

1.努尔哈赤的简历

创帝王基业,就必须要有帝王的心智,万历妈妈能够成为满族人的信仰,正是因为努尔哈赤生而俱有帝王的智慧。

努尔哈赤是个什么样的人呢? 为何偏偏是他具有这种帝王的智慧与才能呢?

我们先从努尔哈赤的个人简历说起:

性别:男

姓名:爱新觉罗·努尔哈赤

出生:1559 年

籍贯:辽宁省新宾满族自治县永陵镇老城村

属相:羊

星座:处女座

血型:O 型

身高:179 厘米

体重:68 千克

职业:皇帝

特长:杀人放火打江山

社会关系:

努尔哈赤塑像

父亲：爱新觉罗·塔克世

母亲：喜塔拉氏

大弟弟：爱新觉罗·舒尔哈齐

小弟弟：爱新觉罗·雅尔哈齐

心路历程：

0 岁：出生。

10 岁：生母死。

12 岁：因继母看不顺眼，被父亲逐出家门，沦为流浪儿。

16 岁：被明军捉去，后被辽东总兵李成梁收为养子。

19 岁：从李成梁部复员转业，结婚娶妻，自立门户，打猎为生。

24 岁：参加爱新觉罗氏家族大聚会，却突遭明军李成梁部袭击，祖父及父亲双双殒难，并再次成为李成梁的俘虏。

24 岁：以明朝误杀其父的赔偿金，拉起第一支人马，总计十三副铠甲，兵员总数八十一人。

27 岁：击败杀父仇人尼堪外兰部，拥有了数百副铠甲、上千人口、上万头牲口。以及几座城池。

29 岁：统一建州女真族部落。

34 岁：击败扈伦部落的九部联军，缴获战马 3000 匹，铠甲 1000 副。

40 岁：歼灭哈达部落。

48 岁：于图们江之鸟褐岩，击败乌拉部。

49 岁：粉碎以弟弟舒尔哈齐为首的"反大哥集团"，舒尔哈齐被处死。

50 岁：征服东海的瓦尔喀部，攻占窝集部的瑚叶部。

53 岁：粉碎以大儿子褚英为首的"反老爹集团"，大儿子褚英两年后被处死。

56 岁：统一女真各部落。拥有精兵六七万人，势力范围东至辽宁、西至蒙古、北抵嫩江、南到鸭绿江。

56 岁：在辽宁省新宾县永陵镇称大汗。

58 岁：正式宣布与明王朝腐朽的统治决裂，向抚顺关发起进攻，抚顺关总兵李永芳举城投降。

59岁：明王朝拼凑了十万（号称47万）大军，疯狂进犯赫图阿拉解放区，双方激战于萨尔浒，在努尔哈赤的领导下，来犯之敌灰飞烟灭。

63岁：夺取辽东重要城市沈阳和辽阳。

67岁：迁都至沈阳，改沈阳为盛京。

68岁：在宁远战役中，身患痈疽，不治身亡。

死后同年，以爱妃富察氏为首的"反老公集团"被粉碎，富察氏被弓弦勒死。随之下葬。

细数努尔哈赤一生的征战，堪称大器晚成，他直到24岁才决定起兵征战，而登基称汗的时候，他已经是快六十岁的人了，这般老迈年纪还不退休，天天四处杀人放火，真是精神可嘉。最令人钦佩的是，努尔哈赤一生征战，大战凡十二场，小战不计其数，鲜有失败的记录。

那么，何以努尔哈赤能够战无不胜，为什么他的亲弟弟会组成"反大哥集团"，亲儿子则组成"反老爹集团"，而他的爱妃则成为"反老公集团"的首犯呢？这究竟是众叛亲离、孤家寡人，还是努尔哈赤的帝王智慧过于深邃，搞得他弟弟、儿子、老婆都无法跟上形势呢？

这些问题，恰恰是努尔哈赤能够成功的人生秘密。

2.帝王成功之秘

盖非常之人，必成非常之事。努尔哈赤以一介流浪乞儿起家，转瞬间横扫东北，席卷四方，奠定了大清并吞天下的根基，这与他过人的帝王智慧是分不开的。

什么叫帝王智慧呢？帝王智慧与民众智慧又有什么区别呢？

早在努尔哈赤还没有一统东北的时候，各方部落对其虎视眈眈，谍影重重，努尔哈赤连睡觉都睡不踏实。有一天夜里，努尔哈赤正在炕上打盹，忽然被门外的异响惊醒，当时他一声也不吭，操起钢刀，悄无声息地摸出门去。

借着朦胧的月光，只见前面有一条人影，手执明亮亮的利刃，紧贴着墙根，正在挨屋子地探头探脑，像是在寻找什么。努尔哈赤也不吭气，蹑手蹑脚走过去，举起手中的刀，用刀背吭哧一声，拍在那夜行人的脊背上，只听哎哟一声，那家伙脸朝下栽倒在地。

紧接着,就听努尔哈赤放开喉咙,大呼小叫起来:"有贼啊,快来捉贼啊……"他那大嗓门,吵得四下里顿时一片喧哗,女人哭孩子叫,说不出的混乱。这时候护卫听到喊声,急忙奔跑过来,仔细一看,说:"老大,这不像是贼,分明是敌人派来的奸细……"努尔哈赤却呵斥道:"胡说,你当我不认得奸细长什么模样?这家伙明摆着,十足的一个偷牛贼。"

护卫还待要说,努尔哈赤却制止了他,喝令将那夜行人揪起来,厉声喝问道:"你老实交代,半夜三更你鬼鬼祟祟的,是不是看中了我家的牛肥,想要偷走?"

"这个……"那奸细还在犹豫,就听努尔哈赤再次吼叫一声:"你招还是不招?到底是不是偷牛贼?如果敢不招,大刑伺候!"

奸细被吓得一个激灵,急忙就坡下驴:"我招,我招,我全招……我真不该见财起意……我就是个偷牛贼。"

看看,就见努尔哈赤得意扬扬地对护卫说道:"我早就说过了吗,这家伙肯定是个偷牛贼,果然没看错吧?"

"我看这家伙根本就不是什么偷牛贼,这分明是避重就轻,他肯定是个奸细……"护卫心里说不出来的别扭,极力地提醒努尔哈赤,却被努尔哈赤一瞪眼:"别打岔,看我好好教训教训他……"就见努尔哈赤指着奸细的鼻子,一顿苦口婆心,谆谆教导:"小伙子,不是我说你,你看你有手也有脚,干点什么吃不上饭?怎么可以做贼呢?做贼这种事啊,听起来好像是不劳而获,占尽了别人的便宜,可天底下的人哪一个比你傻?哪来的便宜让你占?你越是想占便宜,付出的代价就越多,等到你吃大亏的时候,你后悔就晚了……"

如此这般,这般如此,努尔哈赤将那名奸细狠狠地教育了一番,直到教育得那家伙涕泪交加,泪流满面,发誓要痛改前非,再也不干偷牛盗驴的营生……努尔哈赤这才教育得尽了兴,给那奸细拿了几锭银子,放他生路。

奸细抓起银子,飞也似的逃了。这时候护卫再也忍受不住了,大叫起来:"你看你看,这家伙哪里是什么偷牛贼,他分明就是个奸细吗?"

"还用你说?"努尔哈赤冷笑道:"你当我没见过偷牛贼长什么模样啊?自打我一瞧见他那鬼鬼祟祟的背影,我就知道这家伙是个奸细,如假包换。"

护卫听得糊涂了,一个劲地眨眼睛,揉鼻子:"你明明知道他是奸细,那怎么还……硬说他是偷牛贼呢?"

努尔哈赤笑了起来:"我问你,现在咱们部落的势力,是不是能够称雄辽东?"

那护卫连连摇头:"差得远呢,就咱们这十几个人,七八条枪,随便哪个部落一出兵,就立马把咱们给灭了……"

"你明白就好。"努尔哈赤冷笑道,"我们实力不济,势力不足,眼下最重要的就是韬光养晦,养精蓄锐,千万别树敌,别引起其他部落的注意。所以我明明知道刚才那家伙是奸细,还硬说他是偷牛贼,就是因为一旦我要是说破了他是奸细的话,就等于和对方把底牌掀开了,再也没有回旋的余地了。而且,如果说破刚才那家伙是奸细,万一他要是出言威胁我们,又该怎么办? 杀了他吗? 这岂不是正好给了对方以进兵消灭我们的借口吗? 如果任由对方污辱,却不敢吭声,那我们以后就更抬不起头来了……所以呢,今天这事只能这样……只要事情不说破,就仍然有着回旋的余地……"

只要事情不说破,就仍然有着回旋的余地——如果说,在努尔哈赤这里,有什么过人的帝王智慧的话,那么,这智慧就凝结在这句话中。

《孙子兵法》中说:"古之善胜者,胜于易胜者也。"

这句话的意思是说,真正的军事战争,只有在有着绝对必胜的把握的前提之下,才可以进行,努尔哈赤之所以一生中百战百胜,正是因为他从不迷信军事冒险主义。有人说富贵险中求,这恰恰是无知的愚昧之论。政治也好,战争也好,都有一个内在的规律,正如毛泽东所说:"战争打的是资源的转换,无论是多么强势的暴力集团,总有势力衰退的那一天;而弱小的组织只要遵循规律的发展,慢慢地就会变得强大起来。"

在弱小的时候,绝不贸然挑战强势的力量,以免陷自己于被动;在强大的时候,绝不放过摧毁弱小势力的机会,以免错失良机。这就是努尔哈赤的必胜之术。

还有一件类似的事情,同样印证着努尔哈赤的帝王心术。

3.大规模杀人合法化

却说努尔哈赤这个人,因为打小过着流浪乞儿的生活,被苦难磨砺得非常

·清朝逸史·

图文珍藏版

机警,此人刀剑从不离手,就连去洗手间,都拖枪带刀携弓箭。

说起早年间东北的洗手间,那堪称人世间最能应付差事的土木工程,无非是在家门口附近掘一个土坑,坑上搭两块木板,讲究的再搭一个木棚子,不讲究的,干脆就这么席地幕天,大有君子坦荡荡的味道。

而努尔哈赤去的这个洗手间,就是这样一个席地幕天的坦荡之所。

努尔哈赤如厕的时候,还有一个良好的习惯,他总是将长弓拿在手上,搭箭上弦,引而不发,这种心理姿势,有助于顺利地解决生理问题。而那天夜里,努尔哈赤就是这么蹲在土坑上,张弓搭箭,协助腹肌用力。正在吭哧憋肚痛快之余,努尔哈赤的眼角一扫,忽然看到一条黑影,悄无声息地潜伏而来。

努尔哈赤发出了巨大的用力声,就好像他完全沉浸于洗手间的快感之中,而手中的弓箭,却对准那条黑影,"嗖"的就是一箭射出。

就听黑暗之中,传来了一声响亮的惨嚎。

努尔哈赤不紧不慢地提起棉裤,走过去一瞧,果然见到一个刺客正趴在雪地里,脚踝之上,被他一箭贯穿。这时候他的两个弟弟听到了动静,也急忙赶来了,揪起那倒霉蛋一问,原来此人的名字叫伊素,此来正是要刺杀努尔哈赤。

"干掉这家伙!"舒尔哈齐和雅尔哈齐火了,"这家伙太缺德了,趁人上厕所的时候搞暗杀,幸亏大哥你有提防,否则的话……那大哥你就死在粪坑里了,传出去名声多臭啊。"

"是啊是啊,"努尔哈赤笑眯眯地道,"这个人……放他走吧。"

"放他走?"两个弟弟同时吃了一惊,"大哥,他可是来杀你的啊,你怎么会放他走呢?"

努尔哈赤笑道:"这你们就不懂了,这个人,是杀不得的。"

"为什么?"舒尔哈齐愤愤地问道。

"因为,杀人本来不是件好事",努尔哈赤解释道,"我们杀这个人容易,可是别忘了,他还有家人,有部落的。今天你杀了他,那么他的家人和部落成员,就会络绎不绝地赶来找我们报仇,到时候你是杀不胜杀啊,人家在暗处,咱们在明处,万一什么时候让人得了手,那可就划不来了。"

舒尔哈齐听了不服,抗辩道:"照你这么个说法,咱们干脆放下兵刃,当和尚算了,现在我们征战,哪天不是杀得血流成河?难道那些人就不会报复我们了吗?"

努尔哈赤笑道:"那不一样,行军作战,对方是父子兄弟上阵,一家人,一族人,甚至整个部落都在一起,一旦你击败了他们,就等于征服了整个部落。而且战争的杀戮,非常的血腥残忍,会让许多人心有余悸,产生出强烈的恐惧心理,再也兴不起反抗的意念。而这个人不同,他是个单独的刺客,无论你用何种方式杀害他,非但不会在他的家人心中引发恐惧,反而会激发起仇恨。仇恨之心既生,想再以恐惧慑服对方,那可就难了。所以像这种刺客,与其杀掉,结怨于人,莫不如放他走,反而不会有后患。"

对于古代战争狂人来说"死一个人,是场悲剧;死一百万个人,是一个数字。"杀一个人和杀一百万个人,就是莽夫与帝王的区别,莽夫会追求一时的杀戮快感,杀死一个无力反抗的人,因而让自己付出代价。而帝王则不同,帝王所做的事情,就是将大规模杀人合法化,一旦大规模杀人被合法化了,那就会在民众心里产生强烈的恐惧与畏惧,也就扫除了后患,并开辟了帝王之路。

大凡传世帝王,都有这么一套天赋,能够将大规模杀人合法化——也就是说,能够理直气壮、名正言顺地发动战争。

偷牛贼与这个洗手间的故事,载于《开国方略》之中,这是因为这两个小故事,凝练了努尔哈赤一生的帝王智慧。这种帝王策术,说透了也非常简单:

第一,善于发动大规模战争的能力。

第二,韬光养晦,击弱避强的能力。

此外还有第三条,治大国如烹小鲜的能力。

4.努尔哈赤的专利

老子说:"治大国如烹小鲜。"意思是说,治理国家,就跟在厨房里炒菜是一个道理……炒菜这种活,看起来很简单,而过程却是极为细腻复杂,火候刀工,放盐加醋,哪怕有一个小小的环节出了纰漏,菜还是那道菜,但是味道相差,却是判若云泥。

令人惊讶的是,努尔哈赤这个流浪乞儿,他恰恰有"烹小鲜"的能力,中国菜谱上那道著名的"回锅肉",就是努尔哈赤的个人专利发明。而努尔哈赤发明出这道菜谱的时候,他还不过是辽东总兵李成梁战俘营中的一名俘虏而已。

史学家坚信，努尔哈赤是以他父亲遗留下来的十三副铠甲为本钱，开创了大清帝国的基业。但是史学家们错了，努尔哈赤开基创业的资本，与十三副或十二副铠甲没有半点关系，努尔哈赤开基创业的资本，就是这道回锅肉。

中国人是一个讲究吃的民族，中华料理，在整个世界范围内都大大有名。而中国的厨师，犹如过江之鲫，数也数不过来，但是还有更多的人，终其一生在厨房里忙忙碌碌，烟熏火燎，弄得狼狈不堪，可炒出来的菜，跟开水煮过的木头没什么两样。而努尔哈赤在战俘营中的生活可以说是相当的窘迫，就在那种窘迫的环境之下，他还有心思琢磨回锅肉，这表明了他的淡定与从容的人生哲学风格。

淡定从容的人，总是有机会的。

到了 24 岁那一年，努尔哈赤的机会终于来了。

这个机会就是女真阿台部落大举向明军发动进攻，惹火了辽东总兵李成梁。于是李成梁决意狂攻阿台的老巢古勒城，彻底消灭阿台部落。这场战役，表面上看起来跟努尔哈赤没什么关系，但是由于大家都是女真人，婚迎嫁娶，沾亲带故，阿台的妻子，说起来算是努尔哈赤的表姐，为了把这个倒霉丫头救出来，努尔哈赤的祖父觉昌安，和父亲塔世克一同进城，理由是他们是去劝说阿台投降——如果李成梁不是太缺心眼的话，估计根本不信他们这一套。

果然，不幸的事情发生了，古勒城一攻而下，努尔哈赤的祖父觉昌安、父亲塔世克，还有那位一不留神嫁给阿台的姐姐，一股脑儿地都被明军砍得肢体不全，死于非命。

这下子努尔哈赤可得理了，他捶胸顿足，悲痛欲绝，仰天长恸，壮怀激烈，质问大明各级领导："你们是领导还是土匪？是领导就要讲道理是不是？你们凭啥杀咱祖父？杀咱爹？给我一个理由先……"

这事能怪大明各级领导吗？

古勒城已经成为两军交战的战场，杀声连天，炮矢横飞，你祖父和你爹去哪儿不能旅游，偏偏要跑到那种地方凑热闹？生死阵前，血肉相搏，讲究的就是一个各安天命，除非你不哭着喊着非要往战场上凑，去了你就得认命。

本来是很简单的道理，可是大明领导干部脑子进水，硬是想不起这层关系来，于是努尔哈赤愈发地得理了，愈发地纠缠不休，非要大明王朝的领导们给他个说法不可。双方纠缠到最后,明朝官员承认了自己的错误,归还了努尔哈赤祖父及父亲的尸体,此外还做出了国家赔偿,赔付努尔哈赤敕书三十道、马三十匹。

这是努尔哈赤人生中取得的最重大、最关键的战役,让他淘到了人生的第一桶金,从此他就可以走出厨房,把"烹小鲜"的经验及技巧,推广到战场与谈判桌上来。

5.奇怪的战争

努尔哈赤出手第一战,就是有名的"偷牛贼战役"。

"偷牛贼战役"是努尔哈赤帝王策术的成功运用,史学家不懂这个,所以没有及时地创造出这个名词术语,所以我需要将这个过程讲解一下。

这个过程就是,24岁那一年,努尔哈赤欺负大明官员脑子不够用,迫使大明王朝因为他祖父及父亲的死,支付了大笔赔偿,努尔哈赤终于有了能力组建属于自己的暴力组合。

但在招兵买马之前,有一个重要的问题要解决:招了兵买了马,用来干啥呢?

当然是用来打仗——可是跟谁打?

跟大明王朝打吗?

那才叫找死。

《孙子兵法》云:"善胜者,胜于易胜者也……"要打仗,首先要挑选有着百分之百必胜把握的,哪怕有百分之九十九的把握,那仗也不能打。一定要赢,而且还要师出有名,赢得冠冕堂皇,赢得堂堂正正,赢得以有道伐无道,不能让大家都说自己是土匪。

要赢,是属于技巧问题,属于帝王策术中的偷牛贼部分,而赢出名目来,让人民群众交口称赞自己是正义之师,这就是帝王策术的洗手间智慧,属于发动大规模战争的能力。恰巧这两个能力,努尔哈赤全都具备了。

于是努尔哈赤就精心选择了一个名叫吃人蛮子的倒霉蛋,作为对手。

吃人蛮子,满语的发音叫"尼堪外兰"。

这个尼堪外兰,属于女真族部落中的亲明分子——也就是亲近大明的那一派。可想而知,这老兄总是帮着大明王朝修理女真人,铁定不讨女真兄弟们喜欢,而努尔哈赤选择他作为对手,立即赢得了所有女真兄弟们交口称誉。

要打你,总是有理由的。

既然要征讨食人蛮子,努尔哈赤就需要一个冠冕堂皇的理由,幸好这世界上什么都缺,就是不缺打人的理由,讨伐尼堪外兰的理由马上就出来了——替父报仇。

也就是说,虽然是明军杀的努尔哈赤的祖父和父亲,但是努尔哈赤却果断地将过错推到食人蛮子的脑袋上,对此大明王朝乐得袖手旁观,而女真各部则更是隔岸观火。就这样,发动战争的基本条件全都具备了,接下来,就是帝王策术的最后一步——将战争规模扩大化。

如何才能够将战争规模扩大呢?

最好最好的方式,就是战争对手一直存在,始终未能消灭……所以努尔哈赤针对于尼堪外兰的战争,这一打就是整整三年。

这是场奇怪的三年战争,那尼堪外兰虽然实力比初出厨房的努尔哈赤强大,但因为他是"亲明派",在辽东地区很难找到盟友,而且努尔哈赤在开启战端之前,就事先联络了来自苏克苏浒部的三个对尼堪外兰切齿痛恨的城主:萨尔浒城主诺米纳、嘉木瑚城主噶哈善哈思虎、沾河城主常书。为了避免这三位城主哪位突然抽冷子在背后给自己一刀,努尔哈赤还把自己的妹妹嫁给了嘉木瑚城主噶哈善哈思虎,这样大家就都是一家人了。打起仗来,自然也就不好意思突然照大舅哥的脑壳砍过去……

也就是说,努尔哈赤在联军方面,已经达到了《孙子兵法》所要求的"胜之易胜者也"的程度。而且在战场上,也确实是这样,被努尔哈赤联军的优势兵力一冲击,食人蛮子尼堪外兰顿时溃不成军……

但奇怪的是,那食人蛮子命却是大得很,老是逮不到他。

于是努尔哈赤只好在后面不停地追,一直追了整整三年。尼堪外兰逃到哪里,努尔哈赤就追到哪里,反正也没有哪个大的部落愿意收留尼堪外兰,他只能逃到消息不灵光的小部落那里暂避风头,这就给了努尔哈赤以充足的扩大战争规模的理由。

就这样,尼堪外兰在前面逃,努尔哈赤在后面追,双方逃啊逃,追啊追,越追努尔哈赤的实力越强大,吞并的小部落越多……追来追去,大明王朝实在是看不下去了,干脆亲自动手,替努尔哈赤把尼堪外兰逮到,给他送了过来。

这回你努尔哈赤该消停了吧?

那不行,努尔哈赤还要继续折腾下去。但是他知道,现在他需要新的战争理由。

6.女人和盐的年代

如果你问一个厨师,"'烹小鲜'时,最重要的是什么?"

厨师一定思考半个月,然后郑重地告诉你:"'烹小鲜'时,最重要的是放盐。"

如果你问努尔哈赤:"如果你想发动战争,吞并天下,最好最好的借口是什么?"

努尔哈赤一定会脱口而出:"女人,当然是女人。"

吃菜离不了盐,火候可以欠缺,刀工可以马虎,唯独这个放盐,是菜的味道的一票否决制。盐放对了,再烂的菜也吃得喷香,盐放多或是放少,这道菜就彻底报废了。

同样的道理,女人是这个世界最关键、最核心、最重要,甚至有可能是唯一的风景线,这个因素直接切落在这个男性世界的原始本能上,任何时候,只要你一提到女人两个字,就能够看到四周的男士们眼睛刷的一亮。

没错,这就是努尔哈赤的秘密。

说起女人来,努尔哈赤也是自有其苦衷的。努尔哈赤走出厨房,白手起家,依靠"偷牛贼策术"发动起针对于尼堪外兰的三年战争,又依靠"洗手间策术"故意放纵尼堪外兰逃跑,不停地扩大战争,但是大明王朝添乱,逮到尼堪外兰给他送了回来,这就让努尔哈赤再也不好意思打着"替父报仇"的旗号到处乱跑了。

替父报仇,堂堂正正,可这个理由没有了,这岂不是难为努尔哈赤吗?

这时候在辽东的扈伦各部落,有乌拉部、哈达部、叶赫部、辉发部,明朝人称之为海西诸部。这诸部之间,亲明派是哈达部,哈达部的酋长蒙哥轱辘天天拿眼睛盯着其他部落,哪里有个风吹草动,就立即飞跑去向大明政府打小报告。

这么说起来,这个蒙哥轳轳,相当于又一个尼堪外兰。

看哈蒙哥轳轳吃里爬外,叶赫部落愤愤不平,决定找个机会干掉他。

机会很快就来了,叶赫部借口哈达部不够哥们儿意思,不由分说,驱兵而入,就要消灭哈达部,蒙哥轳轳急忙向大明王朝求救:"看在大明的分上,拉兄弟一把……"大明王朝回复说:"大明王朝讲究一个不干涉别人家的主权,你们爱杀谁就杀谁,大明王朝不管这事,你们全都死了才好呢。"

蒙哥轳轳非常惊恐,曰:"不是这样吧?我好歹也是'亲明派'啊。"

大明官员回答:"你爱亲明不亲明,关我屁事。"

蒙哥轳轳落急了:"拜托,那让我入关吧,替大明防守边疆,也好逃避叶赫部落的政治迫害。"

大明官员回答:"想得美,你还是做好准备和叶赫部落死磕吧。"

遇到这样阴阳怪气的大明王朝,蒙哥轳轳没辙了,现在才后悔自己无缘无故乱'亲明'。没办法,恰好努尔哈赤最近声名大振,于是蒙哥轳轳病急乱求医,就向努尔哈赤求援:"努尔哈赤兄弟,帮点小忙吧,帮我干掉叶赫部……"

努尔哈赤欣然回答:"小意思,你过来咱们哥们儿商量商量……"

于是蒙哥轳轳急匆匆地赶到,与努尔哈赤风云际会。到了一个地方,老哥儿俩坐下来喝酒,这时候有一个美貌的小女生,怯生生、羞答答地出来,替蒙哥轳轳上酒。蒙哥轳轳一瞧见那小女生,眼睛顿时就直了:这小女生,好好粉嫩耶……

就见努尔哈赤笑眯眯道:"蒙哥轳轳,你喜欢她吗?这是我的女儿。"

"女儿……"蒙哥轳轳眨了眨眼睛,说道,"努尔哈赤,我有一个提案,咱们能不能达成一个共识,先联姻如何?"

"联姻好啊,"努尔哈赤道,"那你想娶我的哪一个女儿呢?"

蒙哥轳轳道:"我这人实在,不挑不拣,拣近不挑远……就她吧。"

"好嘞,那你就是我的宝贝女婿了。"就听努尔哈赤吩咐道,"来人啊,送我宝贝女儿和女婿进洞房。"

这就进洞房了,好快。

等进了洞房,里边却突然钻出来一个成年的美貌女人,上前一把搂住蒙哥轳轳的脖子:"老公,人家好好喜欢你耶……"蒙哥轳轳大骇:"不是吧,才这么会儿工夫,你就长这么大了……"

"嗯,你笑话人家……"那女人紧贴着蒙哥轳辘的耳朵,呵气说,"女人成熟些才好吗,知道疼男人……"蒙哥轳辘也是酒喝得太多,立脚不稳,再加上那女人又太过于狐媚,就是他清醒的时候,也抵挡不住,更何况在这节骨眼上了……就这样,蒙哥轳辘被女人放翻在火炕上,正在折腾着,就见门一开,努尔哈赤走了进来:"好你个蒙哥轳辘,你胆子可真不小,连你妈你都敢上,真是太变态了……"

"我妈……"蒙哥轳辘困惑了,"……我妈长得不是这模样啊?"

"你妈长得确实不是这模样。"努尔哈赤愤怒地道,"可这是我的爱妾,你是我的女婿,你们俩这样,岂不是欺负你爸,占你妈的便宜吗?你个变态色魔,真是人神共愤啊。"

据《山中闻见录》上记载,哈达部落酋长蒙哥轳辘,被努尔哈赤"阴纵其妾与通,徐以私外母名杀之。"而哈达部落的人马装备,尽数落入了努尔哈赤之手。

下一个。就是叶赫部。

理由仍然是女人。

7.战争的主旋律

却说努尔哈赤巧施妙计,一口吞掉了哈达部,让叶赫部落看得大惊失色。于是叶赫部落酋长派人来联姻,说:"努尔哈赤,你很厉害,很能打,我非常喜欢你,我有一个小女儿,等她长大了,就嫁给你好了。"

努尔哈赤很郁闷,回答说:"我现在都快五十了,再等你女儿长大了,我都是六十多岁的老头了,到时候走也走不动,爬也爬不动,你再把女儿嫁给我,有什么用?"

叶赫部落回答说:"没办法啊,兄弟,你再着急,也得等我女儿长大吧?"

努尔哈赤急了,曰:"你家里不还是有大女儿吗?为什么不肯嫁给我?"

对方回答曰:"我家大女儿……不好意思,她已经嫁给蒙古部落了,你别急,再耐心等一等,说不定你活得年头比较长,等我女儿长大了,你还活着呢……"

有关叶赫家的这个女儿,历史学上有一个标准而规范的称谓,谓之曰"叶赫老女",就是叶赫家那个最乖巧的小女儿的意思。此后这个叶赫老女,成了贯穿整个辽东战场风云的主旋律。

话说努尔哈赤回到军中,吩咐杀牛宰驴,齐聚三军。等大家狂吃海塞得高兴的时候,努尔哈赤落下了绝望的泪水。他说:"老少爷们啊,兄弟们啊,你们吃吧,吃吧,多吃点,等吃完了这顿,下一顿,还不知去哪里吃呢……"

众人大惑:"啥事呀,连饭都不让人吃了……"

"是这么回事,"努尔哈赤解释道:"你们大家都听说了吧?叶赫部已经答应了把他们家的老女嫁给我,听说那女孩才五六岁,可我都是快六十的人了,就算是变态吧,也不至于到了这种地步吧?所以我严词拒绝……可是没用啊,人家太热情,热情的到了……到了你不答应都不行的程度,你们说,我该不该答应?"

"这个……应该?不应该?"众人大张着嘴,不知道如何回答是好。

就听努尔哈赤悲愤地说道:"我是不想答应的啊,我都六十岁的老头了,怎么能娶一个未成年的小女生呢?更何况我家里女人扎堆,许多老婆连我自己都不认识……可是我如果不答应,这岂不是不给叶赫部落的面子?现在咱们辽东,势力最大的就要数叶赫部了,我要是不答应,叶赫部就会趁机破坏和平,发起战争,为了和平,为了部落人民未来幸福的生活,我努尔哈赤被迫……答应了下来……"

"哦,已经答应了,答应了你还说什么?"众人意兴阑珊,"喝酒,喝酒……"

就见努尔哈赤"腾"的一声站了起来,戟指远方,悲声说道:"为了辽东的和平,为了部落的幸福安宁,我委屈自己答应了叶赫部……可是你们猜,结果怎么着了?"

"怎么着了?"众人问。

"可是等我答应之后,叶赫部落却转手将老女嫁给了蒙古部落,这分明是一个圈套,故意让我求婚,然后再当众撕掉我的脸皮,我都快六十的人了,被人家这样羞辱,你们说我还有什么脸面活下去?我不活了,你们谁也别拉着我,谁拉着我我就跟谁急……反正我要是再活下去的话,你们也是跟着我一块丢人……"

眼见得努尔哈赤寻死觅活,大家只好放下酒碗,过来劝慰:"大汗,别生气了,气坏了身体,不值得……那什么,叶赫部落这么羞辱咱们,咱们就跟他没完

......"

怎么个没完法？努尔哈赤淌着眼泪问道。

打！

九综山战役，由此而引爆。

8.都是女人惹的祸

九综山战役，爆发于 1593 年 6 月。是役也，扈伦四部纠集了蒙古三部、长白两部，总计九个部落，拼凑了 3 万人马，气势汹汹地向努尔哈赤杀来。听了这个消息，努尔哈赤急得茶不思，饭不想，犹如热锅上的蚂蚁一样团团乱转，忽然听到九部联军已到九综山，就听努尔哈赤哈哈大笑两声，一头栽倒在炕上，呼呼大睡了起来。

宠妃富察氏急忙推醒他："老公，老公，你不是吓得神经了吧？"

"开玩笑！"就听努尔哈赤不高兴地道："跟你实说了吧，我是有点害怕，我害怕九部落联军不敢来。他们不来，我拿什么理由去打他们？现在他们自己跑来了，这正好，砂锅里捣蒜，一锤子统统干掉。"

努尔哈赤何以有如此把握呢？

替他想想吧，他为了训练战士，曾经以追杀食人蛮子为名整整征战三年，早已训练出了一支得心应手的部队，九部联军不过是九伙游击队拼凑起来的杂牌武装，岂能是努尔哈赤的对手？

果然，九部联军气势汹汹地赶到，首先狂攻扎喀关，炮矢横飞，杀声震天，一连打了两天，扎喀关纹丝不动。

不动就算了，九部联军撤军绕道黑济格城——打不过就走，连个像样的战略都没有，这就是九部联军的实力了。

到了黑济格城，发现努尔哈赤的大军正布置在古勒山上，于是九部联军发声喊，向着古勒山坡上冲杀过来，只听努尔哈赤哈哈一笑："兄弟们，你们死翘翘了，滚石檑木，你们这些原始人见过没有？给老子狠狠地打！"

轰的一声，滚石檑木俱下，当场将叶赫部落酋长那林孛罗的弟弟不宰的战马掀翻，把不宰砰的一声，抛到了地上。不宰急忙在地上爬行，想再找到自己的战马，可是这时候努尔哈赤方的一个名叫吴谈的勇士，突然扑上来，上前就是一刀,不宰就这样被宰,一命呜呼了。

不宰是死了,可联军这边还有3万多人呢,继续打。

正在打着,就听一声凄厉悠长的痛哭,从战场中间慢悠悠地飘荡出来,这声音说不出的悲怆,说不尽的苍凉,说不明白的凄怆,惊得大家目瞪口呆,全都住了手,东寻西找,想看看是谁在哭。

找到了,原来是叶赫部落的酋长,那林轱辘在哭。

这边正打着热闹,那林轱辘身为主帅,却娘儿们一样地不负责任乱哭,这是有原因的。

原来,叶赫部落的酋长是一个性情中人,他本来以为,九部联军说出来气势汹汹,要多吓人就有多吓人,努尔哈赤那厮听了自己来到,肯定会吓得哭爹叫妈,到处逃窜——以前的战争,不都是这么打的吗?大家都是原始人,玩什么滚石檑木呢?因为心理上没有任何防备,眼见得亲兄弟战死,那林轱辘的心理一下子就崩溃了。

你崩溃了就好办,要的就是让你崩溃。

努尔哈赤精神抖擞,挥师猛进,九部落联军被那林轱辘哭得心惊肉跳,军无战心,兔子一样满山遍野乱跑。

摧毁九部落联军的反抗,努尔哈赤在辽东地区确立了他无与伦比的军事实力。此后不久,他正式与大明王朝决裂,并发布了著名的"七大恨"文书。

这个"七大恨"在历史上赫赫有名,但同样有名的是,许多历史学家都弄不清楚这"七大恨"究竟是什么。努尔哈赤活得这么滋润,天天杀人放火,抢男霸女,他还有什么恨呢?

事实上,这"七大恨"由于太过于蹩脚,明显瞎胡闹,所以连满清皇帝们自己也不好意思再拿它说事。

所谓的"七大恨",不过车轱辘话绕过来,绕过去,统共只有两大恨。

头一恨,恨大明王朝杀了他的祖父和父亲。

第二恨,叶赫部落不把老女嫁给他努尔哈赤,这事都是明朝捣的鬼。

其余五恨,均是第二恨的重复。

也就是说,这个叶赫老女的事情还没完,就莫名其妙地再度引爆了萨尔浒战役。

9.浴血萨尔浒

史学家声称,萨尔浒战役是明亡清兴关键的一战,正是这场战役,导致了大明王朝从此改攻势为守势,渐而被满清吞并。

实际上,这个萨尔浒战役,最多不过是"揭盖子"之战。什么叫揭盖子呢?意思是说,大明王朝已经朽烂到家了,就算是世上没有努尔哈赤,也会有其他人出来,弥补大明王朝覆灭留下来的权力真空。而萨尔浒战役,听起来气势汹汹,实际上与九综山战役没什么本质区别,努尔哈赤这个不世出的帝王,面对的是一群狗屁军事也不懂的明朝军队,这仗要是想不赢,还真不容易。

这一场战役的起因,是努尔哈赤发布了"七大恨"之后,就气势汹汹地向抚顺关进兵,行军途中,努尔哈赤给大明抚顺关总兵李永芳写了封信。信上说:他已经六十来岁了,最愁的就是家里孙女儿太多,现在他最愁最愁的就是那个最美貌的小孙女儿……如果李永芳愿意当他的孙女婿的话,就算帮了他努尔哈赤的大忙了……

抚顺关总兵李永芳一听有美貌的小女生,当时丝毫也不犹豫,立即投降了。

闻知大明抚顺关总兵被努尔哈赤的孙女勾走了,大明王朝很生气,就派了不懂军事的杨镐,手持尚方宝剑,带十万人马,再加上叶赫部落和朝鲜两支友军,要一举端掉努尔哈赤。

明军一家伙来了十多万,饶是努尔哈赤天赋异禀,勤于房事,那孙女也是大大不够用的。

没办法,只能打。

这场仗,跟九综山那场仗没什么区别,都是还没开战,对方就已经输定了。

明军虽然人数比努尔哈赤这边多,但是战斗力奇差。最糟糕的是总指挥杨镐不懂军事,他将这十多万人分成了四部分,由四员猛将带领,兵分四路,大家各走各的,彼此之间既没有联系,也没有主次,哪一队人马都不知道别人在什么地方,在干什么,只能是闭着眼睛瞎走。

而且明军总指挥杨镐下达的命令,也是莫名其妙:攻酉南面,或是攻酉北面……可是明军这边却一个侦察兵也没有派出,压根不晓得努尔哈赤在哪里,又如何知道哪里是酉的南面,哪里是酉的北面?

没办法，大家闭着眼睛瞎走吧。好在每一支队伍都有两三万人，人多势众，说不定走着走着，就把努尔哈赤吓投降了……

抱着这种不切实际的幻想，明军西路军主力杜松部，首先率领3万人到达了萨尔浒，正好遇到努尔哈赤的6万主力部队，3万人打6万人，又是没有准备，这仗怎么打？

一点悬念也没有，西路军顷刻之间就被努尔哈赤连锅端了，总兵杜松战死，全军覆灭。

然后努尔哈赤乘胜北上，直捣明军北路军。

北路军由总兵马林带领，此外还有叶赫部落的友军，全部兵员也只不过2万多人，如何会是努尔哈赤6万大军的对手？

眨眼工夫，北路军也灰飞烟灭，倒是总兵马林腿长，逃之夭夭。

然后努尔哈赤再率6万大军，绕道直扑明军的北路军。

明军的北路军，是由总兵刘綎率领3万来人，再加上朝鲜的鸟枪队。因为没有侦察兵，没有通讯员，刘綎压根不知道西北两路明军已经不存在了，还闭着眼睛一路往前走。走啊走，走啊走，忽然看到前面冒出黑压压一片女真士兵，刘綎大喜，挥舞大刀就冲了上去。

向前一冲，就见前面6万伏兵齐出，可怜那点明军，被人家俩打一，仨打一，喊里喀喳，叽里咕噜，就统统摆平了，猛将刘大刀刘綎，冲阵死于乱箭之下，后面的朝鲜鸟枪队慌忙不迭地举手投降了。

明军还剩下最后一路，南路军。这支部队正在荒郊野岭四处乱走，既没个目标也没个方向，突然听说那三路人马已经尽数被努尔哈赤歼灭，南路军掉头狂逃，算是得以幸免。

就为了一个叶赫老女，明军搭上近十万条人的性命，想想真是不值。

此战之后，大明王朝彻底丧失了在辽东的影响力，一任努尔哈赤攻城略地，夯实未来大清帝国的基业。而那可怜的叶赫部，在献出女儿之后，仍然被努尔哈赤趁势推进，就此灭亡。

10.残酷的政治斗争

到萨尔浒战役那一年，努尔哈赤已经59岁了，到了离退休的年龄。而他吵着闹着非要娶人家叶赫老女的时候,是 34 岁,到了 58 岁时发布"七大恨",还咬牙切齿地提起这桩事——这已经相隔 24 年了,以这么个理由发动战争,其借口的牵强程度,堪称登峰造极。

对于他的部属来说,努尔哈赤掌握着他们生杀予夺的权力,随努尔哈赤弄出什么离奇的借口来,都是无法反抗的。

但是,努尔哈赤的家人却不然。

恰恰正是因为这个原因,所以才会出现了以努尔哈赤大弟弟舒尔哈齐、小弟弟雅尔哈齐为首的"反大哥集团",和以努尔哈赤的大儿子褚英为首的"反老爹集团",这两次政治斗争是大清史上比较闹心的疑案,很多史学家翻遍了资料,也搞不懂一团和气的爱新觉罗家族里,怎么会闹出这么两伙分裂力量。

实际上,这两个"反努尔哈赤集团"的出现,是因为努尔哈赤的家人,没有意识到他的雄才大略,对于努尔哈赤挖空心思找借口,不间断地挑起战争表示反感,感情上无法接受而已。

就以努尔哈赤的大弟弟舒尔哈齐来说,替可怜的老兄想一想吧,有一天,他正在和老哥喝酒,两人都是花白的胡子,一大把年纪,黄土已经没了半截腰了,连孙女儿们都已经嫁人生娃娃了,这时候他听到大哥说道:"二弟啊,你还记得二十四年前吗?那时候你还年轻,大哥我瞧上一个漂亮姑娘……可是人家说啥也不嫁给我,二弟啊,要不横竖咱也没事可干,干脆拎刀子把那丫头她全家都杀了吧……"

听听努尔哈赤这个理由,他的脑子还正常吗?舒尔哈齐听了这种话,多半会气到发疯。

努尔哈赤就是这样一种人,他居然能够以二十多年前的一件小事为借口,弄出"七大恨"来,掀起满天的腥风血雨。我们读历史是看热闹,很难发现这个借口有什么不妥当之处。可是舒尔哈齐,天天和这种人待在一起,肯定是没办法再忍受下去。

所以舒尔哈齐果断地提出分家另过的要求,真的是受不了了。

然而满洲八旗是努尔哈赤花费心血、精心打造出来的军队,他岂能容忍这种分离主义分子在他眼皮底子为所欲为?于是温柔地请二弟赴宴喝酒,就在酒桌上将他逮了起来,关进一个石匣中,让他认真反省自己的过错。此外,凡是建议分家的分裂主义分子们,统统遭努尔哈赤酷刑杀死。

说到底,雅尔哈齐落得这样一个下场,主要是跟不上飞速发展的大好形势,吃老本,最主要的是他没弄清楚分家就意味着分裂军队,以致犯下了严重的政治错误。

而努尔哈赤的长子褚英,却是与雅尔哈齐恰恰相反,雅尔哈齐是没有跟上形势的发展,而褚英却是因为跑得太快,跑到了形势的前面。虽然两人一前一后,相互之间距离甚远,但是错误的性质却是等同的,都是没有意识到在努尔哈赤这个特殊的家庭里,家事往往就意味着重要的政治活动,家庭矛盾,则意味着残酷而血腥的政治斗争。

褚英身为长子,最早跟着老爹屁股后面杀人放火,身经百战,渐渐地在军队中形成了自己特有的威信和地位,而且他的追随者越来越多,渐成与老爹分庭抗礼之势。饶是他脑子中并没有跟老爹过不去的想法,但是遇到事情,他难免要为自己的追随者想一想,这一想,就远离了努尔哈赤的正确领导,走到了斜路上去。

形势比人强,半点不由人。当褚英利益集团形成之时,也就是努尔哈赤集团面临着重大威胁的时候。

褚英利益集团在利益分配上,本能地对努尔哈赤的亲随部属进行强力打压,这引起了努尔哈赤亲信们的强烈不满。努尔哈赤所面临的境况是,如果他不打掉褚英利益集团,那么不唯他的追随者会离心离德,星零四散,而且一旦褚英利益集团公然发难,连他自己都有性命之忧。

或许努尔哈赤会相信儿子,但他决不会相信自己的政敌。

于是努尔哈赤果断地出手了,弹指间,以褚英为首的"反老爹集团"灰飞烟灭。

这两场残酷的政治斗争,就是大人物必须要付出的代价。

大人物要做的是大的事业,而大的事业必然会牵连着太多人的利益,一旦发生利益冲突,那绝非是道一声歉就能够化解得了的。

这个道理,在努尔哈赤死亡的那一年,他就已经悟得透透的。所以他留下遗言,吩咐由十四子多尔衮继承汗位,藉此维系爱新觉罗家族的团结,以便吞并中原。然而他万万没有想到的是,他的尸骨未寒,宫中已经掀起了惊天的权争之战。

神秘的皇太极

1.宫中的婚外情缘

满清的第二届皇帝,是太宗皇太极,他是努尔哈赤的第八个儿子。

皇太极登基称帝,堪称满清历史上最大的悬疑。排在皇太极前面,有一堆气势汹汹的大哥;排在皇太极后面的,有一堆怒气冲冲的老弟,皇老八上不着天、下不着地,十三不靠,他凭什么就当上了爱新觉罗世家的大掌柜?

皇太极腰刀

事实上,老八皇太极并没有被列入接班人的名单,传说努尔哈赤临死之前有遗命,将大汗之位传于精灵古怪的多尔衮。而更确切的消息说,努尔哈赤死前,留下来的遗嘱是实行八和硕贝勒共议制,总之,没皇太极什么事儿。

分析起来,说努尔哈赤想将汗位传给多尔衮,这个说法也非捕风捉影,是有其依据的。

这依据就是,多尔衮和阿济格、多铎同为一母所生,生母为阿巴亥。此兄弟三人,各掌八旗中的一旗兵力。

阿巴亥的大儿子阿济格,掌握镶红旗。

阿巴亥的二儿子多尔衮,掌握正白旗。

阿巴亥的三儿子多铎,掌握镶白旗。

此外尚有五旗人马，正红旗掌握在大贝勒代善的手中，镶蓝旗掌握在二贝勒阿敏的手中，正蓝旗掌握在三贝勒莽古尔泰的手中。皇太极是四贝勒，掌握了正黄与镶黄两旗的人马。

可以说，努尔哈赤死后，满清阵营之中最有权力的人，就是阿巴亥了。如果哪一天她生气了，一挥手就是三旗人马出动，而别人要想和她对抗，不等集结起来，就已经被她打得七零八碎……如果这种格局的形成不是考虑权力交接的话，那就是努尔哈赤脑子有毛病了。

可是努尔哈赤脑子有毛病吗？当然没有。努尔哈赤好歹建立起一个帝国的雏形，这种人脑子还出毛病，这世上还能再找到正常人吗？所以这个权力交接，摆明了是为阿巴亥准备的。

然而奇怪的是，阿巴亥和努尔哈赤的夫妻感情并不好。史载，这小丫头自打12岁那一年，被族人当作礼物，送给了六十多岁的老爷爷努尔哈赤，努尔哈赤不说关心爱护下三代，却拿了这小丫头幸御，幸御的结果，是连生出阿济格、多尔衮和多铎这么三个大胖小子来。此后的事情越发变得扑朔迷离，据说，绝世美女阿巴亥巨讨厌努尔哈赤这老头，就琢磨搞点婚外恋啥的，可是努尔哈赤把宫里的男人像看贼一样看得死死的，这婚外恋又该如何一个搞法呢？

却说那阿巴亥走出门来，仔细一琢磨，发现这婚外情她只能是自力更生，就近取材了。

于是阿巴亥向老头丈夫的年轻儿子们迸发出了炽热的爱情火花。

虽说阿巴亥这么个搞法，有点太超前，太开放，太……另类……可是她和努尔哈赤这老头之间的年龄差距，实在是太大了。不说努尔哈赤，单说大贝勒代善，就足足比阿巴亥大出了七岁。

看看这个年龄差距，我们也就完全能够理解阿巴亥的选择了。

然而不幸的是，这么美好的事儿，居然出了纰漏，小福晋德因泽脚不沾地地飞跑去向努尔哈赤报告："报告，你老婆出宫偷情去了，不知是去了大贝勒的家，还是去了四贝勒的家……"

有人举报，努尔哈赤就不能再装聋作哑了，于是他严肃地批评了阿巴亥："怎么可以这么搞呢？不要搞……家里已经够乱的了，你还嫌不够乱啊……再搞就更乱了，家里不要乱，要稳定……"诸如此类，这事就算过去了。

老夫少妻,力不从心呐。

上了年纪的老头,对年轻貌美的妻子的宠欢与放纵,那是没有限度的,这个可以说是一条很普遍的规律了。而且,但凡努尔哈赤对娇妻敢有丝毫的"不臣"之心,也不会将权力如此高度集中在阿巴亥的手中。说到底,肉总归是要烂在锅里的,这个努尔哈赤心里有数。

2.爱情与阴谋

阿巴亥虽然掌握了三旗人马,但并没有占到绝对的优势,一旦四大贝勒联合起来,以五旗对付她的三旗,那她就没咒念了。

事实上,这可怕的事情还真的发生了。

努尔哈赤前脚蹬腿,四大贝勒后脚就兴冲冲地进了阿巴亥的宫室,强烈要求阿巴亥立即自尽。阿巴亥如何肯依,摆事实讲道理,与四大贝勒据理力争。力争的结果,是她自缢了——另一种说法是四大贝勒掐住她的胳膊按住她的腿,用弓弦活活地勒死了她。

一代绝色美女就此香消玉殒,化为尘香一梦。

这四大贝勒,就是我们已经提到的大贝勒代善、二贝勒阿敏、三贝勒莽古尔泰,以及四贝勒皇太极。

看看这四个家伙,现在我们明白阿巴亥为何要勇敢地向这几个家伙求爱了吧?

不求不行啊,求爱他们还要宰了你,敢不求爱,只怕刀子下得更快。

像这种男人,惹不起,也躲不起……不求爱还能有什么好办法?

史书上说,老汗王的妃子阿巴亥,曾经秘密派人给大贝勒代善、四贝勒皇太极送去了食盒……还曾有几次,阿巴亥秘密出宫,不知与哪个幸运的家伙幽会……

很清楚的一件事情是,阿巴亥情攻的第一个目标,应该是四贝勒皇太极。因为这厮掌握着正黄和镶黄两旗的人马,如果将他斩于裙下,那么,阿巴亥也就掌握了五旗的兵力,到时候她就完全可以一脚踢开碍事的贝勒们,遂心由意地去追求真正的爱情。

就算拿不下四贝勒皇太极,拿下大贝勒代善也凑合,那样的话,好歹也有四旗的人马在手,同样是要风得风,要雨得雨,要爱情就有爱情。

女人啊,用来维护权力的手段,翻遍古今中外所有的历史,就一个字儿:情!除了这玩意儿,别的东西,男人都不认啊。

阿巴亥也是没法子,真的好可怜。

更可怜的是,阿巴亥的情攻手段并没有奏效。她曾经几次秘密出宫,与人幽会;幽会完了,到了有事的时候,那厮却不帮忙,真不是个东西。

但这时候抱怨是没有用的,打掉阿巴亥利益集团,就意味向权力迈进一大步,在这一点上,皇太极是很容易说服二贝勒代善、三贝勒莽古尔泰的。

至于大贝勒代善,这个家伙却是出了名的大滑头,早年间褚英利益集团与努尔哈赤利益集团发生冲突,结果褚英被老爹毫不客气地宰掉,而代善却晋级成为大贝勒,这就表明了他的不好对付。所以在皇太极、阿敏、莽古尔泰这四旗人马,与阿巴亥的三旗人马对峙之时,大贝勒代善就成了一支具决定性的力量。

他的选择是:如果站在阿巴亥一边,那么恰好将两方阵营的对抗形成了完美的均衡:每边各四旗人马。真要是打起来,胜负比较难说,但如果考虑到阿巴亥的三个儿子阿济格刚刚 22 岁、多尔衮才 15 岁,多铎这厮年龄更小,才 13 岁。临到两军对阵,就意味着大贝勒代善要一个人对付二贝勒阿敏、三贝勒莽古尔泰和四贝勒皇太极,此役定然是有输无赢,不好玩。

但如果站在三大贝勒阵营里的话,他就是贝勒中的老大,说话是算数的,而且以己方五旗的实力,可以轻而易举地拿下阿巴亥,决不会有什么悬念。

所以四大贝勒轻易地结成了统一联盟,共同对抗阿巴亥;所以才会有四大贝勒联袂进宫,强迫阿巴亥自杀的事件发生。

在这其中,唯一考量的是权力,没有爱情的位置。

这就是美女阿巴亥的悲剧之所在。

3.皇太极的个人简历

打掉阿巴亥利益集团,对于皇太极来说,只是第一步。此时他距离皇权的位置,比前三个贝勒都要远。

论资排辈,大贝勒是代善,二贝勒是阿敏,三贝勒是莽古尔泰,皇太极刚刚排到老四,如何跨越这三个人的头顶,直跃到龙椅之上,这绝对是一个高难度的挑战。

那么皇太极是如何做到这一点呢？来看看《满洲秘档》中的记载：

天聪六年正月。初，上自即位以来，历五年凡国人朝见。上与三大贝勒，俱南面同坐受。自是年更定，上始南面独坐，八旗贝勒率各该旗大臣等叩拜，不论甲喇，唯以年龄长者先叩拜。

这里说的是，自打四大贝勒打掉了美女阿巴亥利益集团之后，这哥儿四个就平起平坐，实行的是集体领导制。但是五年以后，皇太极成功地推翻了这个不成气候的领导班子，改由他一个人唱主角。

这样就出现了一个严肃的问题：集体领导，就意味着权力一掰若干份，大家人手一份，有谁要想实现自己的"英明领导"，不带大家一起玩，那就得从大家手中把权力收回来。可是，哪怕你想从一个小朋友手中抢一块糖饼，小朋友都会跟你舍命相搏，更何况你想抢别人手里的权力呢？

要知道，为了手中这点权力，大家付出了多么惨重的代价，单以大贝勒代善来说，他牺牲了自己纯贞的爱情，和弟弟们一起眼看着美貌绝伦的阿巴亥惨死于眼前……费了这么大工夫，突然有人想从你手里把权力拿走，你乐意不乐意？

绝对不会有人答应这事的，绝对不会。

但是这事还是发生了。

历史上好端端地记载着呢，清太宗皇太极……那么他到底是怎么干成的这事呢？

这个，还是要从他的个人简历上一窥端倪：

姓名：爱新觉罗·皇太极

曾用名：爱新觉罗·黄台吉

性别：男

出生日期：1592 年 11 月 28 日

出生地：辽宁省新宾满族自治县永陵镇老城村

属相：龙

星座：射手座

血型：A 型

身高：174 厘米

·清朝逸史·

图文珍藏版

体重:51 千克

职业:皇帝

特长:喜欢瞎掰,富有创意

社会关系:

父亲:爱新觉罗·努尔哈赤

母亲:叶赫那拉氏

拥有同父异母兄弟 15 人,表哥、表弟 130 人

心路历程:

0 岁:出生。

7 岁:成为爱新觉罗大家族的管家。

20 岁:参军入伍,并参加了剿灭东海女真乌拉部落的战斗。

24 岁:晋级成为八大旗主(贝勒)之一,主掌正黄旗。

26 岁:参加了抚顺关战役。

27 岁:萨尔浒战役爆发,大明伪政权派出了 47 万伪军,兵分四路,直取赫图阿拉,皇太极率旗下人马参加了这次战役,尽歼大明伪军四路人马中的三路,立下了赫赫功勋。

34 岁:参加了宁远战役,在这场战争中,老汗王努尔哈赤殒命。

34 岁:团结大贝勒代善、二贝勒阿敏、三贝勒莽古尔泰,打掉了后宫大福晋阿巴亥为首的"反老公集团",拨正了大清航船前进的方向。

34 岁:与三大贝勒同登大宝,实行集体领导制。

35 岁:发动宁远战役,给大明在宁远的守将袁崇焕以重创。

37 岁:率领野战军绕道喜峰口,直逼北京,发起了北京战役,严重地打击了大明伪政权的嚣张气焰。

38 岁:坚持不懈地与极左势力做斗争,打掉了以二贝勒阿敏为首的"反四贝勒集团",拨正了大清航船前进的方向。

39 岁:打掉了以三贝勒莽古尔泰为首的"反四贝勒集团",再一次指明了大清前进的方向。

43 岁:打掉了以大贝勒代善为首的"反四贝勒集团",确定了他无可动摇的领导地位。

43 岁:坚持不懈地与军事冒险主义做斗争,打掉了以阿巴亥长子阿济格为首的"反四贝勒集团"。

47 岁:创造性地发明了一个全新的文字组合"满洲",获得历史创意奖。

48 岁:创造并发明了"大清"这一全新的文字组合,获得了历史最高荣誉奖。

52 岁:因突发脑溢血,卒。

我们从这份个人简历上可以发现,皇太极这辈子活得可真是不轻松,他疲于奔命地与各家贝勒拼命,不停地消灭他们……此外原来皇太极并不叫皇太极……确切地说,他的名字发音是皇太极,但早年努尔哈赤给他起名字的时候,用的并非是皇太极这三个字,而是黄台吉。

而黄台吉这个名字,却是满族人最常用的起名方法,台吉就是大胖小子的意思,再在台吉面前随便添一个颜色,譬如红台吉,绿台吉,黑台吉……花台吉……总之是这个名字与"皇"无干,更与"太极"无涉。可想而知,这孩子刚刚出生的时候,分明是不受重视,看这名字起的,太漫不经心了。

这又是什么原因呢?

看看皇太极的生母是谁——叶赫那拉氏。

哈哈,原来生下皇太极的女子,便是努尔哈赤的死对头叶赫部落的女人,又称孟古格格。孟古格格有一个表哥,名叫不宰,曾经参加了九部联盟讨伐努尔哈赤的战役,然而在九综山,不宰不幸牺牲。牺牲就牺牲了吧,可你猜努尔哈赤干了什么?

他命人将不宰的尸体撕成两半,一半自己留了下来,另一半还给了叶赫部。

努尔哈赤到底是个野蛮人,他留下人家一半尸体干什么?煮着吃吗?不管怎么说,叶赫部与努尔哈赤从此结下了血海深仇,后来被迫将孟古格格送给努尔哈赤幸御,这就意味着努尔哈赤的人生成功。

如此说起来,皇太极这厮,不过是努尔哈赤搂草打兔子、捎带脚的战利品而已。或者说,皇太极这个倒霉孩子,打一生下来就背负着沉重的历史包袱,政治上不够清白,血统上不够纯正。

史书上说:皇太极这可怜孩子,他在生活中遭遇到了许多艰难和困苦……

能不苦吗,出身不好,在爱新觉罗大家庭里,他是地地道道的"黑五类"。

这个"黑五类"能够让自己吃饱长大,就已经是不菲的人生成就了;他居然还能够晋级为贝勒,继而推翻集体领导制,改由他一人说了算,这不能不让人感到惊讶。

4.皇太极:我要读书

我们并不知道皇太极这孩子打小都受过什么苦,遭过什么罪,但可想而知,这孩子遭受饥饿威胁的可能性不是太大,他最大的人生痛苦,始于自己出身不正、成分不高所带来的精神屈辱。这种屈辱恰恰也带来了他人生奋斗的动力……不能再这样下去了,到了自己这一辈,就已经是"黑五类"了,如果不能混上个皇帝当当,等到自己的下一辈,就是狗崽子了;再往后,就是不齿于人类的垃圾堆……再往后……这样的政治背景,还有以后吗?

所以要奋斗,要成功,皇太极当时就琢磨。

可是这个斗,又该如何一个奋法呢?万一奋错了,折腾到最后铁定是竹篮打水——一场空。

那么如何才能够避免把斗奋错,弄得无功可成呢?于是皇太极仰天长啸,发出了一声怒吼:我要读书……

于是皇太极就开始了读书。

这一发奋读书,让皇太极直如羊群里的骆驼,立即于爱新觉罗这家人中脱颖而出。史书上说,皇太极这孩子极有出息,他不仅精通满文,还能阅读汉文,刚刚年满七岁的时候,就已经负责替努尔哈赤打理家政。

皇太极固然聪明过人,但才七岁就在家族中崭露头角,这跟爱新觉罗这一家人太原始、太不爱读书有相当大的关系。据《满洲秘档》记载,在皇太极将三个哥哥从皇位上硬推下去,改集团领导为首长负责制之后,他做的头一桩事,就是掀起一场声势浩大的读书运动:

天聪五年十一月,上谕金、汉、蒙古官员知悉:"儒书一节,深明道理。朕闻各官多有不愿子弟读书,以为我国历来取胜,何用书为。然昨年滦州失守,二王不救,其遵化、迁安、永平弃城,皆由不读书、不晓义理之故也。昨我兵围困大肠河三月有余,城内官兵食人死守,及救兵杀尽,复城已拔,而锦州、松山,仍守不弃,皆因读书通晓尽忠守节之道。尔金汉等官,但有子八岁以上、十五岁以下俱令报名读书,不许姑息容隐。如有爱惜不令读书者,其父兄亦不许披甲随征,可与子弟一同在家闲处,特谕。"看看这皇太极,他甚至明确规定,不爱读书的子弟们,家长一并要受到责罚,不允许上战场,统统在家里待着……待着干什么? 那肯定是服苦役,别人上战场厮杀,你就因为不读书,在家里吃现成的,世上没这好事儿。

由此可见,这皇太极真的是一个读书人,大凡喜欢读书的皇帝,就会喜欢找人瞎辩论,朝中自然会挤满了喜欢读书的儒生大臣,而像秦始皇这种人,铁定不喜欢读书,所以他才"焚书坑儒"。

那么皇太极读来读去,都读出了什么门道呢? 他在书中发现了一个天大的秘密,正是这个秘密,让他得以问鼎天下,独登大宝。

5.人生就是一场戏

那么皇太极到底在书中发现了什么秘密呢?

皇太极发现的这个秘密,那说起来可谓是石破天惊,把这个秘密概括起来就一句话:人生就是一场戏。

人生就是一场戏? 这句话听起来,好像一点也不陌生,凭这句话就能当上皇帝,这是不是有点瞎掰?

不是瞎掰。一旦你用脑子仔细地想一想,就会发现,在这句话里边,潜藏着极深的大智慧。

在皇太极 37 岁的那一年,我们可以看他的个人简历,那时候他还没有打掉三个贝勒的"反四贝勒集团"。爱新觉罗家族内部的政治斗争,可以说是波诡云谲,险象环生。但就在这么复杂的政治局势之下,他老人家也没有撂挑子,而是勇敢地承担起人生重担,亲自率领大军不辞辛苦地绕道喜峰口,跑到北京城郊区,去找大明崇祯皇帝的麻烦。

大军一路所向披靡,入洪山口,克遵化城,遂由蓟州进逼燕京。到了燕京城外,大队人马驻营于城北土城关之东,后来不晓何故,又搬家去了南海子,这当口部属们纷纷求见,要求领兵攻城。

皇太极亲切地问:"哦,你们要攻城……有信心没有?"

大家齐齐回答:"有!"

"有信心就好，"皇太极点头道。"不过攻打这座城池，我们会不会损伤人马呢？"

大家齐齐回答："有奋斗，就会有牺牲。"

"那你们家里的老婆孩子，都安顿好了没有？"皇太极问。

"这个……"众人眼珠一转，齐齐答道，"某等只知有国，不知有家，老婆孩子的事……这个……就托付给朝廷了……"

皇太极站了起来，沉下了一张脸："开什么玩笑？兄弟我受命于天，攻城必克，可是如果攻城之战，伤害到我的部属的话，那我宁可选择不攻城。实话跟你们说了吧，在我眼里，即使是一万座城池，也比不了你们这些忠勇猛将更值钱……所以我决定，这个城，咱们不攻了，就留给崇祯吧。"

史书上说，皇太极慷慨激昂地说完这番话，"遂止弗攻"。然后史官评价说："呜呼，噫吁戏，呜嗷……圣人智勇天赐，犹审几遵养如此，唐之太宗宋之太祖，瞠乎后矣……"

可是史官这么瞎掰，蒙得了别人，却蒙不了我们。先不要说皇太极的文治武功，与唐太宗宋太祖根本就不在一个档次上——他差得太远，单只说他不攻打城池一事，是不是原因只是担心部属的伤亡呢？

没那事！

攻城或是不攻城，这个纯粹是基于战略的全盘考虑。对于一个军事指挥官来说，如果这座城池应该攻打，那么哪怕是部属死光死绝了，这城也是要攻的；反之，如果这座城完全没有必要攻，那指挥官就算是吃得再饱，也撑不到攻城这份上来。

那么这座城，到底是该攻还是不该攻呢？

这个故事还没完……

天聪己巳，文皇帝欲伐明，先与明巡抚袁崇焕书，申讲和议。崇焕信其言，故对庄烈帝有"五载复辽"之语，实受文皇给也。帝乃因其不备，假科尔沁部道，自喜峰口洪山入，明人震惊，蓟辽总督刘策潜逃。帝率八旗劲旅抵燕，围之匝月，诸将争请攻城，帝笑曰："城中痴儿，取之若反掌耳。但其疆圉尚强，非旦夕可溃者，得之易，守之难，不若简兵练旅以待天命可也。"因解围向房山，谒金太祖陵返，下遵化四城，振旅而归。伟哉帝言，虽周武观兵孟津何以异哉？明人罔知深谋,如姚希孟辈,反谓本朝夙无大志,真蠡测之见。

这里说的还是这件事,要攻的,还是同一座城。但是在这里,皇太极却给出了完全不同的解释。

这一次皇太极说:"兄弟们啊,实话我跟你们说了吧……我们要拿下这座城,真是太容易了。可是我们拿下这座城干啥呢?要知道,如今的大明,四方疆域仍然稳固,名臣宿将仍然骁勇,绝不是你拿下人家一座城池就能彻底解决问题的。再者说了,如果我们真要是拿下这座城的话,粮草的问题如何解决?到时候人家四面八方的勤王大军,络绎不绝地开了来,你拿什么来守住这座孤城?与其攻打一座根本不可能守得住的城,还不如留下城里的活口,让他们自己死磕去吧,等他们自己把自己搞得七七八八了,咱们再来收拾局面……"

这才是皇太极不肯攻城的真正原因。不是他不想攻,而是攻下来也没什么好玩的,还不如不攻。不攻也就算了,他偏偏还跟部属们瞎扯,说什么他爱惜部将的忠勇,担心部属的伤亡……说得像真的一样。

6.其实我是一个演员

或许有人会认为,皇太极声称担心部属伤亡的说法,只是出自本能的虚伪,目的是收买人心。这固然是不错,但是我们要知道,皇太极此人。对于收买人心,有着比较严重的嗜好。

《满洲秘档》中还有这么一段记载,说的是皇太极40岁的那一年,他老兄带了扈从,亲自去费德里山打猎。当时的情形是这样,他自己引弓搭箭,全神戒备地走在前面,到处寻找目标。他的一名侍卫,名字叫詹士谢图,距离皇太极约有二十步左右的距离,骑在一匹马上,也在东张西望。忽然之间,詹士谢图的眼睛,与树林中一双温柔的目光相遇了。

那是一只凶猛的老虎。

詹士谢图刚刚认出这是一只老虎,还没来得及打招呼,这时候就听"嗖"的一声,也不知谁这么缺德,猛的一箭射了过来,老虎顿时大怒,咆哮一声,凌空一跃扑来。詹士谢图既然身为御前侍卫,那身手是相当的不凡,叫一声,来得好……妈呀!已经被老虎扑下马去,按倒在地。

有可能詹士谢图大声地呼喊救命,但也有可能他咬紧牙关,不屈不挠地与老虎展开了自由搏击,到底是哪一种可能,书上没有记载。

史书记载的是皇太极,他是理所当然的主角,聚光灯要打在他的身上才对。詹士谢图,充其量不过是一个跑龙套的匪兵甲……

但皇太极发现詹士谢图被老虎按倒在地,当即发出了一声呐喊:"哒,兀那花尾巴大狸猫,不得伤我的侍卫……"并勇猛地向老虎扑了过去,打算揪住老虎的花皮盖,打这家伙个半死,老虎分明是被这只彪悍的灵长类动物吓坏了,竟然跳起来,远远地躲开了。

然而不幸的是,这只老虎最终未能躲得过去,"詹士谢图幸未大伤,虎为御前众侍卫射死……"

这又是一段皇太极勤政爱民、爱兵如子的历史性记载,尽管这里边破绽极多,比如一只老虎会不会被一个疾冲过来的大活人吓得掉头飞逃?要逃到多远,才能够任由侍卫们引弓搭箭、一通乱射并保证不会射到皇太极的屁股上……这些问题,我们已经无法追究了。我们要追究的是,皇太极何以喜欢让史官给他记录这些不着边际的糗事儿?

说这些记载不着边际,那是有缘故的,因为在《满洲秘档》中,类似的怪异记载很多,而且多不可信。

比如说,曾经有一年,有一个捕鸟人,逮到了一只稀有的铜嘴雀,就把这只倒霉的鸟装进笼子里,兴高采烈地给皇太极送去。可是皇太极却说什么:"这只鸟儿啊,叫得是挺好听,可以让人耳朵一新……不过呢,有一个教训大家可别忘了啊,玩物这东西,可是丧志的……把这只鸟拿回去,以后谁再逮到这东西,别再给我送来了,我不要。"

这段记载,十足的抄了唐太宗玩鸟的故事。贞观年间,唐太宗就喜欢玩鸟,可是名臣魏征专门跟唐太宗过不去,有一次,唐太宗正玩着自己的鸟,这时候魏征来了,唐太宗心里发慌,害怕魏征发现,就急忙将鸟藏在了自己的衣服里,却不料魏征早就发现了,偏偏装出不知道的样子,故意揪住唐太宗东拉西扯,等他扯得开心走掉之后,唐太宗再瞧瞧自己的鸟……死鸟!

但是,关于唐太宗的这段记载,突出的是名臣魏征的形象,明显有着抹黑英明领袖唐太宗的意图。等到了皇太极这里,他就不会允许这样的事情发生了,他要将聚光灯全部打在自己身上,只让观众看到他自己的光辉形象。

但是皇太极却忘了，像唐太宗玩鸟之事，真实性是毋庸置疑的，君王吗，就是一个玩鸟，不是在后宫里玩，就是在朝堂上玩，谁也管不着。可等皇太极只顾突出自己的时候，破绽就出来了。

这个破绽，让我们发现这样一件史实：皇太极本人，是一个成功的演员，一个在他的人生游戏之中，完美地出演了他的角色的艺术家。

7.皇太极的成功八字诀

皇太极这个皇帝，完全是他用成功的人生表演所换来的。一个真正成功的演员，不唯是让他自己入戏，而是还让观众入戏，演戏的是疯子，看戏的是傻子……这句至理名言，就是皇太极的秘传帝王之术。

演戏的是疯子，就是说一个演员，在出演自己的人生角色的时候，必须要投入，要入戏，要真正想象自己是戏中人，体验并感受到戏中人的悲情欢笑，演到欢乐时固然要心花怒放，演到悲痛时则要泪流满面，这个是演员的基本功。

看戏的是疯子——观众在锣鼓开场之前，还是有理智的，但如果演员演技好、水平高，硬生生地将观众拖入到剧情之中，为剧中的人情感所控制，那么观众就会表现得比演员还要亢奋，人家演员已经卸妆拿钱走人了，观众还在这里悲欢动情，难以自抑……要让观众放弃对自我的抵制能力，演员的表演功力是决定性的。

而皇太极，他恰恰是有着极高的表演才能，所以他才成为了那个演戏的疯子，而他的四个政治对手，努尔哈赤的大福晋阿巴亥、大贝勒代善、二贝勒阿敏及三贝勒莽古尔泰，这几个最初只是看戏的观众，却情不自己地被皇太极的精湛表演生生地拖入了戏中，结果把自己搞成了傻子，失去了皇位甚至生命。

那么皇太极，又是如何表演成功的呢？

如果把皇太极的表演艺术说透了，也就不过是八个字：以德服人，请君入瓮。

先说什么叫以德服人，看看在史书中关于皇太极的记载，忽一会儿为了爱惜将士们的性命，居然连对方的城池都要放弃；忽一会儿为了救被老虎装进食盒里的普通侍卫，他居然敢虎口夺食，扑过去把老虎吓得逃之夭夭……这些记载，不是史官坐在屋子里瞎掰的，它是皇太极夺取最高权力的政治舆论的一部分。

可以确信,皇太极此人,应该是在他很小很小的时候,就确定了以德服人的基本策术。这从他7岁时就出任爱新觉罗家族的家务总管一事上,就能够看得出来。

要知道,早在努尔哈赤以十三副铠甲起兵之时,就确定了多生、猛生、快生的生育政策,让爱新觉罗家族的人口实现了超常规的迅猛增长,努尔哈赤自己生育了十六个儿子,舒尔哈齐生了十二个儿子,雅尔哈齐生了十一个儿子……丫头片子不算,到了皇太极出任八和硕贝勒议制时代的四大巨头之一的时候,他已经拥有了竞争者一百四十五人。

而且这一家子的女人,多半是硬抢了来的:皇太极的生母孟古格格,就是努尔哈赤从叶赫部落强索来的。可想而知,这样的家庭,其内部矛盾该有多么的复杂,其亲属关系又该有多么的混乱……把《红楼梦》中的凤姐调到爱新觉罗家里来打理家务,铁定会把凤姐搞到吐血。

推究起来,皇太极7岁时帮老爹努尔哈赤打理家务,想来不过就是拿支笔、拿张纸,记一下该给哪个妈多分块肘子肉,该给哪个娘多分两块银子,但哪怕是这种活干得久了,皇太极也会对家里复杂的社会关系一目了然。

女人都是抢来的,嫁给努尔哈赤这老头,搁谁乐意?所以像大福晋阿巴亥勇敢地向儿子们求爱的事情,应该不是孤立的,不是个案,是当时努尔哈赤家族文化的一个有机组成……但阿巴亥这种事被人捅出来,这是不是又有什么原因呢?

有史家断定,小福晋德因泽正气凛然出面检举大福晋阿巴亥与大贝勒代善的私情,是皇太极在幕后指使的。皇太极的目的,就是想通过这一手,一次性地清理掉俩政敌。

姑且不论皇太极是不是幕后指使人,但以他管理家政时候的观察与了解,以及通过自己在家中设置的眼线得来的情报,我们可以百分之百地确认:假如大贝勒代善和阿巴亥真的有一腿的话,那绝对瞒不过皇太极的眼睛的。

不唯是瞒不过皇太极的眼睛,而且家里的每一个人都心知肚明,之所以没人吭声,是因为事不关己,再就是自己的屁股底下也不干净。大家表面上道貌岸然,实则一肚子龌龊事……《红楼梦》中的柳香莲曾经评价贾府说:"这个贾府啊,除了门前的两个石狮子还算干净之外,都他妈的脏透了……"这句话,也适用于任何一个规模过于庞大的群生性家族,更适用于努尔哈赤这一家。

这样一分析就明白了,当皇太极发现他置身于貌似贾府的这么一窝怪人中的时候,他立即做出了正确的决定,出演尤三姐。

8.皇太极就是尤三姐

当时努尔哈赤一家子就是这个样子的,女人都是抢来的,而且个顶个地都是比他的儿子们小许多的美女,而努尔哈赤纵然再有本事,奈不得家里的女人太多,而且为了逃避女人争宠,努尔哈赤把主要精力放在战场上,放在杀人放火上。

那么这一家子女人怎么办? 只能就地取材,各取所需。

所以我们可以肯定,如阿巴亥那样与代善之间的不伦私情,在努尔哈赤家是一种潮流,一种时尚,一种人人趋之若鹜的优雅品位。这事不唯皇太极知道,就连努尔哈赤自己,心里也是明镜似的。

所以努尔哈赤才会在阿巴亥与代善的事发之后,非但不予追究,反而宠爱阿巴亥如旧……我们甚至都能够想象出来这一对老夫少妻在私房里争吵时的情景,阿巴亥哭着说:"怪你,怪你怪你都怪你……你要是天天陪在我身边,我至于让代善那个猪头占到便宜吗?"当时努尔哈赤铁定是这样说的:"……别哭了,你一哭脸上的妆就乱了……就算怪我好了,以后我多陪陪你……"

所以阿巴亥才会在事发后受宠如故,并掌握了三旗的人马。

那么,检举阿巴亥与代善私情的幕后主使人,是不是皇太极呢? 不是,绝对不是! 为什么这样说?

因为皇太极要演的是尤三姐,不是告密的傻大姐。他心里很清楚,这些龌龊事,他知道,努尔哈赤也知道,明明知道却装聋作哑,是因为努尔哈赤忙于杀人放火,不能天天陪在阿巴亥身边,心里有愧,所以不会追究她丰富自己情感与心灵的过失……在这种情况下,告密有什么好处? 只能让努尔哈赤恨死你。

皇太极是读书之人,读书最大的好处,就是让人明理。明什么理呢? 就是明白历史上大凡乱揭别人心理伤疤的人,铁定都没一个好下场……连鲁迅笔下的阿Q都不允许别人说癞、说亮,因为这就意味着影射他头顶上的癞疤……更何况努尔哈赤了。

情况就是这样,这一家子的龌龊事,大家心里都知道,但都要装出不知道的样子,装得越像,就越成功……人生就是一场戏,就看每一个演员的表演功力了。

所以皇太极是这出戏中唯一独善其身的人,他决不会挑开脓包和伤疤,在让别人痛苦的时候,也让自己付出人生失败的沉重代价,这事他才不干。

他不干,有人干,至少举报阿巴亥的小福晋德因泽干了,可她又为什么干出这种事来呢?

这个……她也不是不知道,这种事谁说出来谁倒霉,德因泽后来的下场如何呢?她不是照样失宠?努尔哈赤更起劲地和阿巴亥腻在一起,根本不理她这个槌子……她之所以愤然举报,并非是她太过于纯情;再纯情的女人,跌进这一大窝子怪人中间,也很快变质了……德因泽只不过是一个变质的纯情女,明摆着,她是在后宫帅哥争夺战中,被阿巴亥拔了个头筹,独自享受了大贝勒代善,德因泽气愤不过,就站出来举报。

而皇太极,却成为这一八卦事件的唯一受益者。

阿巴亥在将大贝勒代善放倒于裙下之时,捎带脚地也向皇太极抛出了绣球,一个也不能少,帅哥她都要。但是因为皇太极给自己定的角色是尤三姐,是贞烈不屈的,所以他果断地拒绝了。

这一次拒绝,是皇太极人生的一次长线投资。就短期来看,这次拒绝为他带来的损失是巨大的,不唯让他失去了与绝世美女阿巴亥的床笫之欢,而且他的公然拒绝,一下子让他成了刺猬堆里的兔子,太惹眼了,铁定要饱受众妃子们的攻讦。万一搞得不好,被谁设个圈套,或者是在努尔哈赤那里下点眼药,那他就死定了。

所以他才读书。就蹲在努尔哈赤的屁股后面读书,这让别人想栽赃他也找不到机会,最多说他是个书呆子罢了。

读书啊,也是人生避祸的一大法门。这个读书的效果就是,大贝勒代善和阿巴亥的私情曝光,而皇太极却因为勇拒不伦之恋,成了爱新觉罗家族的先进模范。

以德服人这出戏,皇太极成功地演好了。下一场,就是请君入瓮了。

9.如何让观众入戏

要想请君入瓮,就得继续以德服人。这话是什么意思呢? 就是要将对自己的道德标准和行为准则,推而广之,应用到自己的政敌身上,说白了就是要让观众入戏,让他们从观众成为看戏的傻子。

先说皇太极的几个对手,头一个是阿巴亥。由于她拥有绝世美貌,虽然和大贝勒代善的事发,却成功地取得了老头努尔哈赤的原谅,有惊无险地过关。

阿巴亥过了关,那大贝勒代善可就惨了。这又是个什么道理呢?

因为努尔哈赤总得找个人泻火啊,本来阿巴亥是当事人,修理她是名正言顺的,但是努尔哈赤舍不得啊,美貌女人偷情,丈夫痛恨的从来都是奸夫,而不是自己的老婆……所以大贝勒代善,他本来是有望承袭汗位的,就因为这件事,努尔哈赤恨透了他……老爹还活着,他就敢这么个搞法,要是老爹死了,那还了得?

但如果代善是一个狠人的话,遇到这种事,非但不会出局,反而会果断出手,干掉老爹。历史上这种事,多了去了,等事情成功了,谁又敢说什么?

可是代善这个人,性格过于宽柔,是一个绝对标准的大哥,深得众心,他天生就不是能对老爹举起刀子的人。那这谁也帮不了他了。代善由此而出局。

出局是出局了,但代善仍然成了新一届领导班子的四大巨头之一。有他在,皇太极是没说话地方的,更何况,他旁边还有二贝勒阿敏,三贝勒莽古尔泰呢! 于是皇太极就想,不行啊,这么多的领导挤在一起,这哪行啊……干脆我提个好建议吧。

什么建议呢? 以德治国!

这个建议,不是瞎提的,是皇太极人生经验的总结,是他从书本提炼出来的智慧的浓缩……所以他死后谥为文宗。文这个字,那可不是乱谥的,至少你要有经天纬地之德才……于是皇太极大力推广仁政。

皇太极说:"大贝二贝三贝……我看咱们闲着也是闲着,要不就推广仁政吧?"

大贝二贝三贝又能说什么? 难道他们还能抬杠说:"不行,我非要推广恶政,推广邪正……"就算是他心里想,嘴上也不会说出来。老哥仨肯定是都点头说:"好好好,像咱们这么善良正直的人,当然要推广仁政的了,仁政这东西,咱们不推,还等谁来推?"

于是就推广仁政。

这样,大贝二贝三贝这老哥仨,就不知不觉入戏了,可是他们对于自己所要演的人生角色,根本就没有任何心理准备。看皇太极的个人简历,我们就知道,第一个把仁政这出戏演砸了的,是二贝勒阿敏。

阿敏是如何把戏演砸的呢?《清史稿》中有这样一段文字:

五月己丑,谕诸臣厚抚俘众。壬辰,阿敏、硕讬等弃永平四城归。时明监军道张春、锦州总兵祖大寿等合兵攻滦州。那穆泰、图尔格、汤古代等出战,屡败明兵,然兵少,阿敏、硕讬畏不往援,明兵用砲攻滦州,那穆泰等不能支,弃城奔永平。会天雨,我军溃围出,无马被创者死四百余人。阿敏、硕讬闻之恐,遂杀降官白养粹等,尽屠城中士民,收其金币,乘夜出冷口。察哈喇等亦弃遵化归。上方命贝勒杜度趋永平协守,且敕阿敏善抚官民,无侵暴,将整兵亲往。庚子,闻阿敏弃城,且大肆屠戮,乃止。

六月甲寅,收系弃城诸将,数其罪。乙卯,御殿宣阿敏十六罪。众议当诛。上不忍致法,幽之。硕讬、汤古代、那穆泰、巴布泰、图尔格等各夺爵、革职有差。诸将中有力战杀敌者释之。先是阿敏既屠永平官民,以其妻子分给士卒。上曰:"彼既屠我归顺良民,又奴其妻子耶!"命编为民户,以房舍衣食给之。

我们看看二贝勒阿敏这厮,这厮压根就没有入戏。大家都在行仁政,要爱民如子,要拿自己当救世主,当圣人,可阿敏还拿自己当野蛮人呢,居然尽杀降兵,血屠满城……但是阿敏这么个玩法,也不是他自己的原创,早年间,努尔哈赤在世的时候,就是这么个玩法。阿敏死脑筋守旧,没有换脑筋,结果惨了。

打掉以二贝勒阿敏为首的"反四贝勒集团",是皇太极人生中决定性的战役。这次战役,表明了不唯他个人的表演出色,而且他成功地带领大家入了戏。所有的人都在遵守着全新的游戏法则,唯独阿敏跟大家抬杠闹场,予以清除。

人生就是一场戏,如果你演得好,就能够让别人也入你的戏,让别人遵守你的游戏规则来玩,那么你就掌握了主控权。如果你演得不好,或者是像二贝勒阿敏这样,压根就没有表演意识,明明是在人生的舞台上,却还以为是在自己家的后院子里呢,由着自己的性子瞎演,那你铁定没得混。

10.常委扩大会议

阿敏"反四贝勒集团"被定点清除,说起来是非常容易的,但做起来却是千难万难。难在哪里?

领导班子的成员,有四个,打掉其中一个,大贝勒代善同意吗?三贝勒莽古尔泰支持吗?

他们不支持,他们坚决反对。

这三个贝勒抱在一起,还玩不过皇太极的心眼,要是少了一个,哪还有他们混的日子?他们心里非常清楚这一点,所以我们才会在史书上看到这样的记载"众议当诛"……这个众又是谁呢?

众,就是观众,就是群众。

按理来说,四巨头摆在这里,群众是没有发言权的,只需要听领导的吩咐,该举手时就举手,该闭嘴时就闭嘴,否则的话,那就会成为不明真相的群众,下场堪忧……总之,群众就是观众,观众就是看戏的,戏怎么演,你怎么看就是了,闲着没事儿你乱插什么嘴?

但一旦观众入戏,看得痴迷,成了"看戏的傻子",那么,观众就对剧情有了决定性的影响,倘使一出戏不受群众欢迎,那演员就算是完蛋了。反之,一出戏如果受到群众的追捧,则演员必然就会大红大紫……所以现代人做事的时候,讲究一个炒作,就是替自己找些粉丝、找几个支持者来,以扩大影响。

而皇太极的做法,则是在打掉二贝勒阿敏利益集团的决议在常委会上通不过的时候,他干脆召开了常委扩大会议,把观众群众统统拉进剧情里来,而古往今来的群众观众,哪一个会不支持仁政?

在这个常委扩大会议上,扩大进来的群众提出了"当诛"的决定,一下子就将孤立无援的皇太极搞成了多数派。

这就是二贝勒阿敏被清理出局的历史真相了。饶是这位二贝勒杀人的时候狠辣,又怎么晓得这世上还有常委扩大会议这一说?莫名其妙地被定点清除,实属活该。

二贝勒阿敏被搞掉了,三贝勒莽古尔泰从此如坐针毡,明显感觉到自己的末日来临,他与皇太极的冲突,也越来越激烈……忽然一日,皇太极又宣布召开常委扩大会议,在会议讨论的议题上,三贝勒莽古尔泰忒不像话,他在和皇太极讨论问题的时候,竟然拿刀子冲着皇太极比比画画……常委扩大会议一致决定,干掉三贝勒莽古尔泰。

现在,四巨头只剩下两巨头了,风雨欲来,代善从头顶直寒到脚心。

忽一日,皇太极又召集观众,召开并主持了常委扩大会议,大贝勒代善机智过人,立即在会议上勇做自我检讨,主动要求退出领导班子,皇太极很是诧异地看着他,本来打算好好地收拾收拾他,没想到……那就简单地把大贝勒代善的错误批评一下,罗列四大罪状,罚点小钱,轰出领导班子算了。

就这样,从皇太极34岁进入八和硕贝勒议制的领导班子,整整花费了五年的时间,才打掉了三大贝勒的势力,最终成功地实现了他一个人的领导。

11.最成功的广告策划人

打掉了三大贝勒的反动势力之后,皇太极顺利地实现了他的人生转型,从一名优秀的人民表演艺术家,转型为中国历史上的第一位广告策划人,而且是历史上最成功的广告策划人。

广告者,吆喝也;策划者,琢磨也。所以广告策划人,就是琢磨如何吆喝的人。

吆喝什么呢?将自己的观念出售给大众,就是忽悠大众都来买你的东西,如果你吆喝的成功,那么你的人生自然也就会成功;如果你吆喝不明白,无法把你自己的人生理念推销出去,那你这辈子铁定没咒念。

说到赚吆喝,皇太极堪称人类广告史上的奇才,这家伙老早就在书本中发现了另一个秘密:一句好的口号,胜过辛苦半辈子……说明白了就是干得好不如说得好,一桶汗水不如一星口水……所以皇太极将他的主要精力,转到了精神文明建设方面来。

首先,他先修改自己的名字,改黄台吉为皇太极,虽然是同音不同字,但前后两个名字相差不可以道理计。黄台吉实在是老土了,而皇太极,则是人类历史上最成功的标语口号,完全符合人类的原始认知逻辑,其特点就是,这名字只要听上一次,就一辈子也忘不了……像这样一句标语口号,在商业市场上的售价绝不会低于一千万,许多企业花了一千万,还不一定能够买得到。而皇太极居然能够琢磨出来这么一个名字,如何不让人惊讶?

更让人惊讶的是,他竟然能够构想出"满洲"这么一个不曾用的名词,在创造了"满洲"这个名词之后,他又创造了"大清"这么一个更离奇的名称。事实上,直到今天,还没有哪个历史学家能够说得清楚,这个"大清"到底是怎么琢磨出来的,而早先的努尔哈赤憋破了脑袋,也只想到把自己这一伙人命名为"大金"。所以努尔哈赤时代,就被称为后金;而皇太极时代,就称为大清了。

关于大清,历史上还有一段传说,说是努尔哈赤在早年打天下的时候,曾经被人家打得拼了老命地逃跑,当时他骑的马,就是一匹大青马,他跑啊跑,逃啊逃,最后生生把大青马给累死了。努尔哈赤很伤感,就发誓道:大青马啊大青马,你太够哥儿们意思了,等我以后创建了国家,咱们就叫大青……

这个传说,恰恰证明了皇太极的创造力无拘无束,不拘一格,天马行空,没边没沿……现代社会的文明人,已经很少有这种天才的创造能力了。

这么三个离奇古怪的新名词创造出来后,皇太极又替自己起了一个帝号,就叫宽温仁体皇帝……到了这一步,全部的广告策划就算是完成了,把这个名字跟大明朝的崇祯丢在一起,老百姓会挑选哪一个呢?

猜都不用猜,大明崇祯的脑子,根本就没办法跟皇太极这种创意天才相比。

12.天才也抄袭

人的创造能力,犹如泉水,是不会枯竭的。但是,人的创造力也正犹如泉水,需要一个积累阶段。如果过度开采使用,或是掠夺性开发使用,那这汪清泉多半会成为死泉。

皇太极也是这样,他创造了皇太极这个名字,创造了满洲这个称呼,创造了大清这个标志,这其中的任何一个创意都是突破性的,堪称惊天地而泣鬼神。但是这么频繁的创造,饶是皇太极天纵奇才,也需要休养生息。然而他在新开创的大清国却是不可替代的,大清要问鼎天下、蚕食中原,少了皇太极,是万万不成的。

所以皇太极只能是咬紧牙关,硬着头皮,强挺着坚持在创意的岗位上。可是他已经创造不出来更多的怪花样了,那怎么办呢?还能怎么办……那就抄吧……皇太极想。

于是史书上，就出现了这么一段故事：

本朝自攻抚顺后，明人望风而溃，无敢撄其锋者，唯明巡抚袁崇焕固守宁远，攻之六月未下。高皇拂然曰："何蛮儿乃敢阻我兵力？"因罢兵归。故文皇深蓄大仇，必欲甘心于袁。己巳冬，大兵既抵燕，崇焕千里入援，自恃功高。文皇乃擒明杨太监于帐中，密札鲍承先在帐外私语曰："今日上退兵乃袁巡抚意，不日伊即输诚矣。"复阴纵杨监归。明庄烈帝信其间，乃立磔崇焕。举朝无以为枉者，殊不知中帝之间也。

这一段文字，就是历史上最有名的"皇太极巧设离间计，干掉大明帝国的忠臣良将袁崇焕"的故事了。可是这么一段故事，却明摆着是从《三国演义》中抄来的，是三国周郎赤壁的《蒋干盗书》那一段。

尽管这两件事情，一个是小说家的演义，一个是史书上的记载，虽然在形式上一模一样没任何区别，但我们凭什么又断言这史书上的记载，肯定是杜撰的呢？

这是因为，明清交战的时代，电话还没有发明出来，互联网也没得有，至少大明的崇祯皇帝和宁远的守将袁崇焕之间，铁定是没有 QQ 联系的。崇祯想了解前线的情报，一半是依据一年半载前的资料推断，另一半则是十足的瞎猜。既然是瞎猜，就有人会大胆瞎猜，拒绝求证——说明白了就是，任何一个边关守将，京城里每一天都布满了他叛变投敌的消息，这些消息，有的是敌人间谍为了扰乱人心，故意散布的；有的是朝中政敌为了攻击对手，故意传播的；有的是坊间百姓闲着没事，自己瞎说乱猜的……如果这些消息也足以取信的话，崇祯皇帝那得杀多少人？

然而，历史上的崇祯，真的是对这些消息确信无疑，并依据这些传言剿杀那些忠于大明天下的重臣们，史上有崇祯五十相之说，又有崇祯性情好猜疑之说……他凭什么猜疑？就是因为负面的消息太多，就是根据这些压根靠不住的市井传言，他或杀或关，干掉了四十多位重臣。

也就是说，等到皇太极琢磨设反间计的时候，在崇祯的案头上，有关袁崇焕谋反的内部报告，恐怕已经堆成小山了。

可以确信的是，皇太极肯定是往北京派出了大量的间谍，散布关于宁远守将袁崇焕谋反的假消息，但是这些假消息到底能起多大作用，那可真是天才知道的事情。

然而袁崇焕确遭崇祯皇帝下狱诛杀了,这又该怎么说?

事实上,替崇祯皇帝干活的,袁崇焕绝不是第一个被冤杀的,也不是最后一个,崇祯皇帝天生有一个冤杀名臣的嗜好,这是大明王朝不敌崛起的大清帝国的一个主要原因。所以崇祯皇帝杀掉袁崇焕,与其说是出于皇太极的"计谋",倒不如说是出于大明王朝那暗黑的政治斗争更为恰当。而皇太极之所以授意史官把这件功劳记在自己的账上,只是想突出他的个人业绩而已,别无他意。

13.顾头不顾腚

说到抄袭,皇太极不光是抄袭名君的点子,就连最差劲的帝王的创意,他也是照搬不误。

努尔哈赤创建的这拨人叫"后金",那是因为北、南宋时代,中国北方还有一个金国,金国曾有一个帝王海陵王完颜亮,此人荒淫无道,好大喜功,为了挑起针对南宋的战争,他谎称自己做了一个梦,梦到自己到了天庭。天庭上的神仙们授予了他宰治天下的权力……皇太极不知哪一天翻书翻到了这一页,他明显没有往后翻,因为再后来,老狼主完颜亮在侵宋时,于采石矶被宋人击溃,随后遭到了部属的暗杀……

皇太极只看到了前一段,便忙不迭地照抄照搬……这世上,但凡照抄照搬,都是看头不看尾,顾头不顾腚……于是忽然有一日,皇太极急召大臣上殿,硬说他自己也做了一个梦:

皇太极既臣服朝鲜,某夕,忽梦随其父入明之宫中,见明主于袂内出一丝绦繐,上饰珊瑚,意欲相授。皇太极默思明帝所赠珍宝,何所不有,受此奚为。转顾其人,非明主,乃金代神像。出书一册曰:"是尔先代金国史书。"皇太极受而读之。文字不能尽辨,欲持以示人,忽觉。次日晨,召其臣属语之。臣属曰:"先是皇上梦入朝鲜王宫内,将朝鲜王举之而起,未几,果臣服朝鲜。今又梦见明帝及金人,授以金史,是天意将以明之图录授皇上也。"由是皇太极大喜。

看看这个梦,逻辑清晰,事件明确,正常人哪会做这种梦?可皇太极非说他就是做了,谁又敢跟他抬杠?

事实上,这个梦,不过是皇太极精神文明建设的一个重要环节,目的是鼓舞群众、激励群众,让大家信心百倍地替他干活,好快一点把大明王朝掀翻。

话再说回来,即使是皇太极真的做过这个梦,那也是非常正常的。因为他做事非常的专注,非常的专业,自打他坐在龙椅上,就日思夜想,琢磨如何才能拿下大明朝。他曾经一口气给大明的崇祯皇帝写了八封信,劝说崇祯政权认清形势,放弃与人民为敌的立场……他也曾给大明的义军将领李自成写过几封信,建议两人联手,共取大明天下,只是李自成跟他不熟,没有回信。但这些书信表明了这样一件事,皇太极是一个认真负责的人,他要天天琢磨拿下大明,日有所思,到了夜晚难免会有所梦,这应该是合情合理的。

那么,我们何以断言说,皇太极这所有的表现,都只不过是在演戏。难道他本人就不能是一个至诚至真、真正地相信人性的光明一面、并在他的人生实践中切实履行的人吗?

事实上,皇太极这个人大奸大伪,奸伪到了极致,也就不奸不伪了,貌似真诚了。

14.平民思维与帝王智慧的分野

我们用来证明皇太极大奸大伪的资料,和史家用来证明皇太极至诚至善的资料,是一份。

国内史家阎崇年先生登上电视讲清史,讲到这样一件事:

正当皇太极发起锦州战役、将锦州围困得水泄不通之时。这时候后方传来消息,皇太极最宠爱的妃子关雎宫宸妃海兰珠病重,"是夜一鼓,盛京使至,奏宸妃疾笃,上即起营"……听到这个消息,皇太极立即撇开前线的军务,赶紧回家照顾……皇太极悲哀了七天,"上居御幄,饮食顿减,圣躬违和……"

连圣躬都违和了,可见事情很严重。当时朝鲜的《沈馆录》对此也有记载:"……汗大悲痛,归路哭泣不止矣。"哭到这分上,连皇太极都知道哭得太过火了,于是他严肃地发表讲话:"天生朕为抚世安民,岂为一妇人哉?朕不能自持,天地祖宗特示谴也。"

这句话见于《清史稿·后妃传》,可这句话到底是什么意思呢?对这句话的白话文翻译和心理解读,标志着平民思维与帝王智慧的分野。

平民思维,就是将这句话直译过来,这是皇太极在检讨自己。他说:哎呀妈呀，我咋就伤心成这个样子呢？我怎么可以这样不负责呢？要知道我可是担负着重大国家使命的重要人物啊，为了我心爱的一个女子，我把自己的身体伤害成这样子，这是极端不负责任，是错误的，是应该做深刻而认真的检讨的……

据此平民思维，我们就会认为皇太极是一位至情至性、富有责任心而且勇于担当的好男人。但如果细琢磨一下皇太极的后半句话，就一下子露馅了。后半句话是："……天地祖宗特示谴也……"

这半句话，实际上表明了皇太极心里的天人交战，他在考虑自己如此动情，别人会对此事持何种观点与看法。这些观点和看法，主要如下：

噢，皇太极，你的一个心爱的妃子死了，你好伤心啊，伤心七天七夜，伤心得人不人，鬼不鬼，你可真是个情种啊……你娘死的时候，你肯定是更伤心吧……查查史书，没有关于皇太极在娘亲死了之后悲痛的记录，要知道她娘亲孟古格格是叶赫部落的女人，在爱新觉罗家族里属于黑五类，而皇太极只不过是可以教育好的黑五类子女，只有闷头不吭干活的义务，没有抬头乱说乱哭的权利……

那么皇太极的娘亲就算了，等他亲爹努尔哈赤死了的时候，他应该伤心了吧？爱妃死要痛哭七天，亲爹死了，应该哭几天？查查书……皇太极没有哭，应该说他是没有时间哭，他当时正忙于说服大贝勒二贝勒三贝勒，组建五旗联盟，打掉老爹的大福晋阿巴亥的利益集团……

现在我们要说的是这样一个男人，他是地地道道的权力动物：亲娘死了，他一滴眼泪也不流；亲爹死了，还是没有眼泪；等轮到一个女人的时候，他的眼泪终于喷涌而出。

如果这时候他的眼泪是真的，那只能说明他是一个绝顶自私的男人，一个绝顶自私的人，跑来推广仁政，这仁政，靠得住吗？

如果这眼泪是假的……可无论是真是还是假，他都是一个成功的演员，他演好了人世间最难的一个角色，并从中获得了生前的巨大利益和死后的不朽英名。人生本是一场戏，只要能够演好你的人生角色，才不枉纷繁世界上走上一遭，这就是皇太极的成功告诉我们的简单道理。

·清朝逸史·

图文珍藏版

顺治皇帝的欲海人生

1.欲望强烈的高僧

大清国的第三届皇帝,就是皇太极的第九个儿子顺治。由他而始,叶赫那拉氏一脉的血统正式在爱新觉罗家晋级为红五类,这恐怕是老汗王努尔哈赤和叶赫部落死磕的时候,做梦也想不到的。

顺治皇帝,最广为天下人知的是他的一句名诗:我本西方一衲子,黄袍换却紫袈裟。

这句诗,是顺治皇帝最宠爱的董鄂妃不幸病死的时候所作。当时顺治皇帝如丧侣鸳鸯,郁郁寡欢,吵着闹着要去当和尚,为了表示他遁入空门的决心,故赋此诗。

于是僧家大喜,广开善门,授予了顺治皇帝名誉和尚的光荣称号。这件事被天天腻在宫中的德国传教士汤若望知道了,这洋鬼子捻着须髯,笑曰:这个顺治啊,是个"性欲本来就很强烈的皇帝"……这个记载,见于杨丙辰先生翻译过来的《汤若望》一书之中。正因为性欲过于强烈,所以才会对空门禅宗,极为感兴趣,这个就是顺治皇帝了。

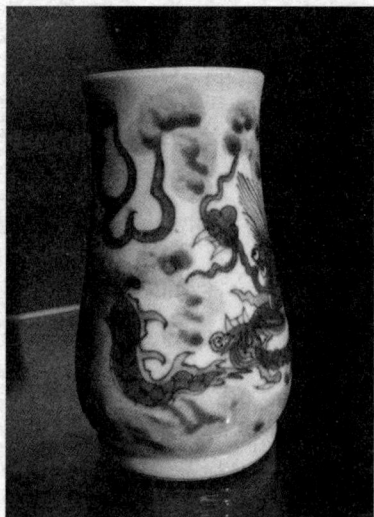
顺治龙纹瓶

那么这个性欲难以自控,只好天天跟和尚们腻在一起的顺治皇帝,又是如何成功地登上帝位,把持权力的呢? 这个就要从他的个人简历说起了:

性别:男

姓名:爱新觉罗·福临

出生:1638 年 3 月 15 日

籍贯:辽宁省沈阳市老皇宫永福宫

属相:虎

星座:双鱼座

血型:B 型

身高:175 厘米

体重:51 千克

职业:皇帝

特长:绘画、打禅机

社会关系:

父亲:爱新觉罗·皇太极

母亲:孝庄文皇后

心路历程:

0 岁:出生。

6 岁:经群众投票选举,出任大清国第三任皇帝,年号顺治。

7 岁:将李自成逐出北京,搬家去了北京。

7 岁:摄政王多尔衮打掉了福临大哥豪格的"反九弟集团",顺治皇帝最美丽的嫂子做了摄政王多尔衮的二奶。

8 岁:传谕八旗全军,说大臣们老是在朝堂上羞辱他,对此小顺治提出最强烈的抗议,遭大臣驳回。

13 岁:摄政王多尔衮突发脑溢血身亡,以其为首的"反皇帝集团"阴谋败露,大快人心。

14 岁:打掉了以多尔衮的同母兄弟阿济格为首的"反皇帝集团",人心大快。

14 岁:娶姑表妹博尔济吉特为妻,是为皇后。

17 岁:打掉了皇后博尔济吉特为首的"反老公集团",降皇后为静妃,另娶一位同样也叫博尔济吉特的表妹为妻(顺治几乎所有的美貌表妹,都叫博尔济吉特),立之为后。

19 岁:打掉了以皇弟襄亲王博穆博果尔为首的"反王妃集团",并将博穆博果尔的爱妃董鄂妃接入皇宫安慰。

21 岁:与皇后博尔济吉特为首的"反老公集团"进行了坚持不懈的斗争,但最后因为皇后"反老公集团"势力庞大,未能取得最后的胜利。

23 岁：最宠爱的董鄂妃病死。

24 岁：遭以太后为首的"反皇帝出家集团"极力阻挠，出家未果，抑郁而卒。

从这份个人简历上，我们可以发现，虽然小顺治福大命大，承袭了皇位，但是明摆着，人家之所以把他放在皇位上，就是为了玩他而已，要不然的话，也不会有那么多的大臣敢在朝堂上戏弄他。

从一开始，他就是个傀儡，是放在供桌上被人耍笑的。

2.傀儡帝王的前生今世

小顺治之所以成了傀儡皇帝，是因为他亲爹皇太极表演得太投入，连声招呼也没来得及打，说死就突然死掉了。

皇太极猝死，清廷的高级领导们就立即开始琢磨皇帝的人选。这些高级领导一共有七位，他们分别是：

礼亲王代善：努尔哈赤的第二个儿子，大清开国元勋。

郑亲王济尔哈朗：努尔哈赤弟弟舒尔哈齐的第六个儿子。

肃亲王豪格：皇太极的大儿子。

睿亲王多尔衮：努尔哈赤的第十四个儿子，生母阿巴亥。

英郡王阿济格：努尔哈赤的第十二个儿子，生母阿巴亥。

豫亲王多铎：努尔哈赤的第十个儿子，生母阿巴亥。

颖郡王阿达礼：大贝勒兼礼亲王代善的第三个儿子。

看都不用看，此时身死魂灭的美女阿巴亥，仍然在影响着帝国的进程。她的三个宝贝儿子，个顶个都是掌握了实权的重要人物，这哥儿仁往朝堂上一站，别人是没办法再混下去的。

但是，皇太极苦心经营了这么多年，他也没闲着。这些年来他招兵买马，扩充自己的实力，已经使得自己这支族系血脉的力量，与阿巴亥的势力形成了一个新的平衡。

当时朝中的势力分布，是这个样子的：支持多尔衮的，包括了他亲兄弟多铎和阿济格，共有三旗人马。支持皇太极大儿子豪格的，共有两旗人马。礼亲王代善和他的儿子，掌握了正红旗和镶红旗两旗的人马。郑亲王济尔哈朗，掌握了镶蓝旗人马。

这样一来，多尔衮就在朝堂之上形成了绝对的优势。这时候最关键的，是礼亲王代善和郑亲王济尔哈朗的表态了。但是这两大滑头一进会议室，就拿绳子把嘴巴扎了起来，坚决不表态，于是斗争的形势，霎时间变得花样纷呈，气象万千。

多尔衮是希望"拨乱反正，正本清源"的，也就是说他坚决支持自己出任大清国第三届帝王。可是皇太极家族系列的人马，情知这样的事情一旦发生，就意味着自己的末日到了，所以豪格方面的人马坚决不肯退让，不惜在会议室里拔刀相向，拼了老命，也要力保豪格登基。

皇太极派系的人马，强拉着豪格往龙椅上塞，可是看着多尔衮那布满了杀机的嘴脸，豪格吓得魂飞九霄，坚决不敢，惧而不受。

就这样，让多尔衮当皇帝，豪格一伙儿会拼命；让豪格当皇帝，多尔衮肯定会当场下刀子捅了他。如此帝王人选，就构成了一个空前大悬疑。

眼看着这僵局无法化解，忽然之间，多尔衮脑瓜中如电光石火，灵机一闪，想出来一个奇特的怪主意。他建议："我就不做皇帝了，但是豪格也不能做皇帝。"那么皇帝由谁来做呢？多尔衮说："就让皇太极的九儿子福临当皇帝吧，这小家伙，白胖白胖的，吃奶的力气贼大……当皇帝正好。"

可是福临才六岁，还不懂人事啊。这个没关系，这个问题好解决。多尔衮说："我就委屈一下自己，多受点累吧，马马虎虎当个摄政王，就这么着吧。"

听了这个决定，郑亲王济尔哈朗勃然大怒，站了起来，正要发火，多尔衮急忙补充道："噢，对了，济尔哈朗也是摄政王……我俩一块摄政，大家没意见吧？"

这一下，多尔衮这边拥有了四旗人马，比之于豪格系，占据了绝对的优势。更兼福临虽然只有六岁，可好歹也是皇太极亲生的，这让皇太极方面的人马也无话可说，于是这个决议就获得了议政王大臣们的一致通过。

福临登基，年号顺治。他就是这样当上了皇帝。

3.寡人有疾，寡人好色

小福临离开妈妈的怀抱，挪到龙椅上坐定，这时候江湖之上传来了特大利好消息：闯王李自成攻破北京城，崇祯皇帝自缢于煤山。多尔衮闻之大喜，立即取消各级领导干部的休假,组成大队人马,打着替崇祯皇帝报仇的怪诞旗号,浩浩荡荡开往中原捞地皮。

正行之间,有大明山海关总兵吴三桂派人来求救,言称李自成欺负他,抢了他的老婆陈圆圆,还抓了他爹大板子夹脑壳再教育,后又发兵二十万人马,不辞劳苦地赶到山海关,要砍杀他……吴三桂孤兵难立,独力难持,请求友军给予协助。

多尔衮大喜,趁机招降吴三桂,此时吴三桂无路可走,只好归降,于是吴三桂的4万辽兵与多尔衮的14万清兵合伙,于山海关前将李自成一顿狂砍,砍得李自成掉头逃回北京,先自登基做了大顺皇帝,然后尽烧北京城,血屠居民百姓,弃城而走。多尔衮打着为崇祯皇帝报仇的旗号,大摇大摆地进了北京城。

这时候多尔衮的人生成功之路,已经完全铺平了。他只要占据着北京城,继续拿崇祯的尸体忽悠广大人民群众,将屁事也不懂的小顺治扔在天寒地冻的东北,在中原地区折腾一番,就可以轻松地替自己打开一个全新的局面,弄一个皇帝来干干易如反掌。但是多尔衮并没有这样做,他干了一件奇怪的事情:将小顺治接到了北京城,继续以他的摄政王身份杀人放火。

或许这么个搞法也对,顺治虽然年龄小,可好歹也是个皇帝,千万不能让他落入到别人的手里,由自己看管控制着,应该是一个合理的选择。但是事情发展下去,却是让人跌破眼镜,多尔衮非但没有能够彻底将小顺治的势力集团解决掉,他反而出人意料地死在了马上,并导致了阿巴亥残存势力的彻底灭亡。

那么多尔衮是怎么混的呢? 应该说,多尔衮还是尽了力的。首先,他废除了议政王大臣会议,这就等于解散了议会,以后大事小情,都由他说了算……对了,还有一个郑亲王济尔哈朗,他也是摄政王,和多尔衮平级……于是多尔衮指控济尔哈朗的王府规格严重超标,罚款并解除了济尔哈朗的摄政王职务,这样多尔衮就一个人说了算了。

接下来,多尔衮毫不客气地向皇太极派系的人马展开猛攻,小顺治的亲大哥豪格奉命去四川征讨张献忠,将张献忠杀掉之后,回来就被多尔衮干掉。有人说豪格因发现自己的老婆被多尔衮霸占活活气死了;还有种说法,是说豪格被弓弦勒死了。不管哪种说法对,反正豪格已经死翘翘了。

就在小顺治11岁的那一年,多尔衮将自己提拔为"皇父摄政王",不需要在小顺治面前跪拜,想干什么就干什么,总之是大权独揽,要风得风,要雨得雨,就差最后一步——打掉小顺治"反皇父集团",由他自己登基了。

可是多尔衮的这个基,最终也没有登,为什么呢?因为多尔衮有病。什么病?寡人有疾,寡人好色!这就是多尔衮这厮的病根。

4.清宫神秘疑案

说起多尔衮的"寡人之疾",南明诗人张煌言有一首诗《建州宫词》,单道这种疾病的好处:上寿称为合卺樽,慈宁宫里烂盈门。春宫昨进新仪注,大礼恭逢太后婚。

这一首诗,说的是有一天,小顺治正蹲在龙椅上玩,忽然听到门外锣鼓喧天,小顺治急忙跑出去一看,原来是他的妈妈孝庄皇太后下嫁多尔衮,一对新人正在举办婚礼……一对新夫妻,两件旧家具,总之很和谐。

这件事,就是赫赫有名的清宫三大疑案之一。不知多少清史学家就靠了琢磨这事吃饭,而一个清史学家如果不对这件事情明确表态的话,那么他就不是一个合格的清史学家,最多是个清史爱好者而已。

那么小顺治的妈妈,到底嫁没嫁给多尔衮,这事就真的这么严重吗?严重!太严重了!这件事情的背后,就是小顺治如何保住了他的皇位,多尔衮为啥没有将他废掉的历史性解说,你说这事重要不重要?

就目前的史学界来看,"嫁了派"目前占据主要优势,这倒不是嫁了才有好戏看,而是就连"没嫁派"都不得不承认,小顺治的生母孝庄跟多尔衮这厮,多半有一腿……没有一腿的可能性,是不大的。为什么这样说呢?很简单,因为形势相迫。总之就是你答应也得答应,不答应也得答应,不然的话,要你儿子好看……试想孝庄有胆子不答应吗?

话说那孝庄,全名叫博尔济吉特·布木布泰,原本是内蒙古自治区大草原上科尔沁贝勒寨桑的女儿,在她13岁那一年,被她的哥哥吴克善送到了后金,嫁给当时刚刚24岁的皇太极;13年后,她生下了顺治小皇帝福临;6年后皇太极蒙主宠召,魂归极乐,而孝庄刚刚32岁。

而这一年呢,多尔衮才刚刚33岁,就是因为这个年龄如此之般配,所以"嫁了派"史家才甚嚣尘上。最要命的是,孝庄这丫头生性顽皮机灵,史书上说,她的年龄比皇太极小11岁,夫妻生理上不够协调,好不容易等到协调了,皇太极却又死了,这岂不是折磨孝庄吗?所以这孝庄属于有勇气追求纯贞爱情的完美女性,在这方面,她既有前科又有事实,让"没嫁派"憋闷于心,无辞以对。

先说前科。这个前科就是皇太极在世的时候,曾经发动了松山战役,一口气干掉了大明王朝的数十万人马,连主将洪承畴都给逮了来。而洪承畴被俘之后,却是铁了心要一死以全名节,坚决不肯加盟大清帝国,皇太极束手无策,拿他没办法。这时候孝庄跑出来了,说:"还有这事吗?听说那个叫洪承畴的男人非常好色,我去瞧瞧……"皇太极一下没拦住,孝庄已经易容为一个美貌丫鬟,打入了洪承畴的牢房。她用纤纤素手端了一碗老参汤,喂给洪承畴,喝喝喝……喝到后来,洪承畴浑身燥热,欲疯欲狂……没奈何,只好投降了。

不投降还能怎么办?人参汤补得过了头,洪承畴也是没办法啊。

用美色使大帅投诚,这个是孝庄的"前科"。既然有了前科,那么就会容易成为"惯犯",所以当皇太极在世的时候,每天蹲在屋子里琢磨名词创新,一会儿弄出来一个"满洲",一会儿弄出来一个"大清",工作太忙,就顾不上家庭了,这边孝庄就和小叔子多尔衮有了"事实"。

关于这个事实,"没嫁派"的学者们也不好否认。比如《东华录》中记载说,多尔衮"亲到皇宫内院……云云",据此,台湾小说家高阳先生琢磨说:"孝庄和多尔衮这俩活宝,有可能'相恋'……但是相恋不等于出嫁,这世上的相恋男女多了去呢,要是有情人真的那么容易成为眷属,又哪来的那么多恨海情天的绝唱?"

为什么"没嫁派"的史学家就不敢断言说孝庄和多尔衮没有相恋呢?很简单,因为多尔衮推举了孝庄生下来的儿子做皇帝,如果这叔嫂二人之间的关系不是相互信任的话,多尔衮干吗不推举比顺治年龄更小的襄亲王博穆博果尔做皇帝呢?这么一分析,我们顿时恍然大悟。原来,顺治皇帝时代的帝王权争同样是激烈激荡,只不过,顺治这小孩子并非是主战场,主战场在孝庄与多尔衮之间的床铺上展开。

5.男人征服世界

当公众的注意力集中在议政王大臣会议上的时候,却没有想到,这里虽然剑拔弩张,杀机弥漫,并非是主战场。真正的夺嫡之战,始终在宫禁深处。

同所有的竞争对手一样,孝庄早已意识到,一旦那不争气的老公皇太极死掉,那么,最有权势的人物就是多尔衮了。或许正是这样一个原因,让其他的后妃们放弃了扶助自己儿子登上皇位的念头,但同样是这样一个原因,却让孝庄发现了自己的机会。

要知道,多尔衮那厮自打娘亲阿巴亥被皇太极干掉之后,就知道自己若想活命,非得依附皇太极不可,于是他天天追在皇太极屁股后面献殷勤,甚至还不辞辛苦地跑到蒙古,找来了中国遗失已久的传国玉玺,献给皇太极。皇太极大喜过望,一时放松了警惕,就让这个野心狼子钻进了后宫。

多尔衮钻入后宫,少不得要放翻皇太极的几个妃子,以报他妈的仇。而在这个过程中,我们可以想象得到,孝庄并不占有多大的优势。

在皇太极的后宫中,单只是"博尔济吉特"就足足有七个,一个是孝端皇后,博尔济吉特·哲哲;第二个就是孝庄皇后了,博尔济吉特·布木布泰;第三个是孝庄皇后的妹妹;第四个是最美貌的博尔济吉特·海兰珠;第五个是博尔济吉特·娜木钟;第六个是博尔济吉特·巴特玛;第七个的名字叫扎鲁特·博尔济吉特,把博尔济吉特放到了后面去……这么多的博尔济吉特,我们大概能够猜想到皇太极为何要跑出家门去搞创新了,估计他是被这么多的博尔济吉特给逼的,老是认错叫错,太让人窝火啊。

除了这么多的博尔济吉特,还有相当数量的妃子,不叫博尔济吉特,但那些名字更难记,有钮祜禄氏,有乌拉那拉氏,有叶赫那拉氏,还有一个干脆就叫那拉氏……此外还有奇垒氏,颜札氏,伊尔根觉罗……还有两个受宠的妃子,居然连史官都不晓得她们叫什么,猜测起来,估计是皇太极自己也没记住。

可以想象,少年英雄多尔衮初入皇宫,掉进了一大堆博尔济吉特和非博尔济吉特的美女堆里,就好比老鼠掉进米缸里,乐都快要乐死了……这么多的美貌女人眼瞧着多尔衮,只怕是恨不能将这厮一口吞了。

那么,孝庄在这么多的美女圈子里,是不是占据着绝对的优势呢?恰恰相反,孝庄占据的是绝对劣势。要知道,当时孝庄已经是快要三十的人了,在这么多的博尔济吉特之中,至少一半比她年少;在这么多的非博尔济吉特之中,至少一半比她美貌……最美貌的当属博尔济吉特·海兰珠,因为她的死差一点没让皇太极哭死,孝庄如果不是生了个男孩子的话,估计皇太极连她是哪一个都弄不清楚。

但尽管孝庄不是最美貌的,不是最年轻的,但她却是宫中最聪明、最有智慧的。或者说,年纪大的女人没有她美貌,比她美貌的女人不如她有智慧。总之,只要你思考问题的角度一变,就处处能够发现机会。

她知道,一旦老公蹬了腿,眼前这个点头哈腰的多尔衮,就是大清国最有权势的男人。所以,她立即采取行动,接近这个男人,靠拢这个男人,至于在接近他、靠拢他之后干什么呢……估计这事孝庄也顾不上想,先靠近了再说吧。只要和多尔衮建立起来利益同盟,那么,在皇太极家族势力遭到清算的时候,至少也可以为自己留一条后路。这应该是孝庄与多尔衮走到一起的第一个想法。然而,当多尔衮问鼎皇权之路受挫之后,孝庄的机会就来了。

于多尔衮而言,他既然无法承袭帝位,那么就只能在皇太极的儿子们中间挑一个凑数,横竖要挑一个,那么放着孝庄和他之前的"恋情"在这里,如果他敢挑了别的妃子的儿子,那岂不是找抽?就这样,小顺治在母亲的苦心经营之下,傻兮兮地登上了皇位。

那么,搞到最后,孝庄到底嫁没嫁给多尔衮呢?

6.女人征服男人

在有关孝庄皇后私人情感这个事件上,"没嫁派"史学家心眼不好,非逼着"嫁了派"史学家拿出史料来,这就明摆着瞎胡闹了。这种史料就算是有,可顺治皇帝又不傻,能留给你看吗?明明知道这种史料绝不可能有,却非掐着"嫁了派"的脖子不放,"没嫁派"的史学家们未免有点不太厚道。

也就是说,甭管孝庄是嫁了多尔衮,还是没嫁,这方面的资料是绝不可能找得到的。连史料都没得有,那我们凭什么判断孝庄是嫁还是没嫁呢?容易,只要我们弄清楚一件事:如果孝庄嫁给了多尔衮的话,她为什么要嫁?如果她没有嫁给多尔衮的话,那么她为什么不嫁?把这个问题分析明白了,历史也就清楚了。

先说孝庄为什么要跟多尔衮这厮相好,难道是多尔衮太帅吗?

权力是男性的青春剂,是男人的增帅丸,是男人的美容宝,是男人的强肾丹……再不帅的男人，一旦有了权力，也会帅得呱呱叫，所以这多尔衮帅是肯定帅的。但是他的帅，只是孝庄需要的一部分，她更需要的是多尔衮的权力，只有多尔衮的权力才能够扶助她的宝贝儿子登上皇位。而且，这一步很轻易地成功了。

接下来她就面临着下一个问题，虽然小顺治登基称帝了，可是臣子们并不拿他当回事儿，大臣们经常在朝堂上呵斥小顺治，骂他是小兔崽子——称上为孺子。为了这事小顺治大哭大闹不依，还传圣旨到处找人来说理，可最终还是没用，因为他只是个傀儡皇帝，真正掌握权力的人仍然是多尔衮。所以孝庄皇后为了儿子和自己性命的安危，有必要进一步和多尔衮搞好关系。

有一本书，名叫《清朝野史大观》。上面说，早在皇太极在世的时候，孝庄就与多尔衮明铺暗盖，有了奸情；等皇太极死后，两人为了重温旧好，就通过汉臣范文程说媒，于是范文程就两头乱跑，曰：现在摄政王死了妻子，皇太后又是新寡，"皇上既视王若父，今不可使父母异居，宜请王与皇太后同宫"……云云……后面又说，皇太后孝庄为了维护儿子的皇位，下嫁摄政王多尔衮为妻，以打消多尔衮谋夺皇位的念头……云云……但是这本书上的记载，纯粹是缺乏生活经验与政治谋略的小文人，坐在屋子里瞎琢磨出来的。要知道，多尔衮这厮虽然欲望超猛，但他是不可能缺女人的，他之所以和孝庄私通，最初的起因只是为了报复皇太极……你宰了我妈，我就睡你老婆……两抵了……总算是弄了个心理平衡。再后来两人继续明铺暗盖，那同样是一种刺激，这时候的多尔衮是在跟皇帝的老妈睡觉，这种刺激上哪儿去找？

无论是皇后还是皇太后，都是最适宜用来偷情的女人，真要是娶回家去，那倒未必需要。所以，多尔衮需要的只是婚外情，不缺老婆；需要的只是刺激，不是家居生活。这是问题的一个方面，这个方面表明，就算是孝庄想嫁，多尔衮也未必乐意，因为他需要的是一个皇后情人，皇太后情人，可不是什么老婆。

再看问题的另一个方面，如果孝庄真要是嫁了过去，又会怎么样？那她可就惨了，我们应该还记得，多尔衮是抢了大侄子豪格的妻子当自己的小妾的，一旦孝庄嫁过去，那么她就必须要跟自己的"儿媳妇"展开竞争，无论是年龄还是美貌，她都不可能占到优势，搞到最后，说不定会被多尔衮拿大棒子轰出门去……不嫁，她好歹是皇帝的妈妈，多尔衮对皇帝的妈妈是有欲望的，嫁了，她最多不过是一个过了气的黄脸婆,多尔衮脑子又没毛病,放着成堆的如花美眷,怎么可能对一个中年妇女有兴趣?

如此一来,历史就清楚了,孝庄和多尔衮这俩活宝,应该是每天继续偷情,一边偷一边商量结婚的事儿,但实际上,多尔衮并不想娶孝庄,孝庄也不想嫁多尔衮,两人只是通过这种谈婚论嫁的协商手段,将双方的私情继续维持下去,以免脆弱的利益同盟因此而破裂……

所以"嫁了派"的史学家坚称孝庄嫁了多尔衮,却拿不出证据来;而"没嫁派"的史学家坚信孝庄没嫁多尔衮,也拿不出证据来。这是因为这两派都错了,孝庄是嫁了,也是没嫁,正确的说法是处于嫁与未嫁之间……这种中间状态,最是刺激,不唯对当事人是一种快乐的刺激,对史学家们来说也同样。

7.儿子大了不由娘

"男人征服世界,女人征服男人。"这句话用在孝庄与多尔衮两人身上,最是合适不过的了。多尔衮这厮负责打天下,夺取江山,而孝庄则负责在床上摆平他,保住自己儿子的皇位。应该说,这两人的活干得都不赖,堪称一双完美的合作典范。

于孝庄而言,她是既不能不嫁多尔衮,又不能真的嫁过去,只能是保持这种微妙的中间平衡状态,这其中,美貌与年龄只是问题的一个方面,最重要的,是女性那灵思慧黠的巧智。

她最终赢了。

多尔衮又要操心天下大事,又要天天跟这女人斗心眼、找刺激。结果刺激过度,扑棱棱一声从马上跌了下来,壮烈成仁了。

从此小顺治的天下一扫而清,权力复归于皇室,再也不会有什么人能够染指。然后她迎来了一个全新战局,面对着一个意想不到的对手:她的亲生儿子,小皇帝顺治。

孩子长大了,总归是要跟爹妈大闹一场的。即使不是大闹,小吵小闹也是难免。因为孩子的人格在形成,他要独立主宰一个属于他自己的世界,不肯再成为父母的附庸。

于小顺治而言,这小家伙生来幸福无比,六岁前有皇帝爹照顾,六岁后有太后妈照顾；与多尔衮的智力角逐，全然是孝庄太后一个人唱主角戏，这种事小顺治插不上手，就算是插一手，也是添乱。征服一个男人，尤其是征服一个像多尔衮这样手握强权、从来不缺女人的男人，那难度是相当高的。孝庄定然是花费了全部的心智，于是她就把自己亲哥哥的女儿博尔济吉特，嫁给了小顺治当皇后，这样也好让自己腾出手来跟多尔衮玩游戏。但在顺治看来，这却是极度乏味而无意义的人生，他的皇帝是妈妈替他搞来的，老婆是妈妈替他娶来的，那么他在哪里？他的尊严在哪里？他的独立人格、他的自由意志，这些东西又在哪里？

缺少了这些东西，小顺治就称不上一个男人，甚至连一个人都称不上。人的天性是追求自由的，对于由别人替自己构筑好的安乐窝，自古以来就一个态度：不承认！顺治皇帝说：这不是我想要的生活……于是叛逆的时代姗姗来迟，在小顺治 17 岁那一年，他终于做出了他人生中的第一个决定：离婚，让表妹皇后滚远远的去！

"为啥呀？"可想而知，当孝庄太后听到儿子的这个决定的时候，是何等的吃惊、何等的诧异，"难道你表妹不漂亮吗？"

"不，表妹模样还挺耐看的，而且心灵手巧……"小顺治嗫嚅回答，"容止足称佳丽，亦极巧慧。"

"那为啥你不和你表妹好了呢？"孝庄更不明白了。

"因为……她老是不让我睡别的女人……"小顺治悲愤地控诉道。

"……乃处心弗端，且嫉刻甚，见貌少妍者，即憎恶，欲置之死。虽朕一举动，靡不猜防，朕故别居，不与接见……"这就是小顺治在《孝献端敬皇后行状》中，对表妹的愤怒控诉。

这话恰巧被天天在宫里乱转的洋鬼子汤若望听到了，于是这洋鬼子嘎嘎怪笑着说："……这个小顺治啊，真是个原始人啊，他的肉感肉欲的性痴，尤其而特别的发达……"

小顺治这个观点，搁在现在文明社会，哪个男人敢说出来，铁定会被老婆把他的脑瓜打开瓢。但帝王思想却是一种极度扭曲的观念，而小顺治的思维扭曲得更是反常，他一生下来就是皇帝的儿子，屁事不懂就成了皇帝，除了在多尔衮时代，其人格形成遭受到一定程度的"社会性矫正"之外，基本上来说，他就好比大野地里的杂草,全然是由着自己的性子成长,遂性所为,为所欲为,而这正是帝王思想的核心要义。

在一个扭曲的世界里,正常的思维是没有立足之地的。所以孝庄叹息说:"花喜鹊,尾巴长,儿子大了不要娘……既然你不乐意睡表妹,那娘再给你换一个,就换你表妹的侄女如何?"

表妹的侄女?说明白了不就是小顺治的侄女儿吗?看孝庄这脑子,我们就明白小顺治的脑子为何不正常了。于是皇后博尔济吉特被废黜,打入冷宫,时年17岁。她的小侄女绰尔济·博尔济吉特跑进宫里,于是这一家子的生活状况,愈发混乱不堪了。

8.人生第一条跑道

废黜表妹皇后的战役,看起来是小顺治赢了,可实际上他输得极惨。表面上,皇太后孝庄从谏如流,你要求废皇后,那咱们就废皇后。可皇后废了之后,皇后的侄女又成了皇后,连名字都叫博尔济吉特。这是孝庄柔韧的政治手腕使然,女人吗,就是需要这种智慧,任何时候不跟男人争,不跟男人斗,退一步而绕回来,让男人彻底答应自己的要求,还觉得自己特有面子。这一招,用在多尔衮身上是奏效的,但是用在小顺治身上,那就开错了药方。

为啥呢?因为,多尔衮是一个人格已然成熟的成年人,中国的成年人是讲究面子的,里子可以不要,肚皮里可以满是草料,但表面上,却绝不能让别人小看。所以男人一旦有了面子,原则也就放弃了,女人要什么,就给什么……看看多尔衮,连无限江山都给了孝庄,这就是男人。

但小顺治不是男人,他是男孩!男孩与男人的区别,就在于独立人格形成与否。这时候的小顺治,是通过向外界权威的挑战,以期形成自己的独立人格。如果孝庄跟儿子大吵一架,事情反倒好办了,但是孝庄以退为进,小顺治面子是有了,可人格没有形成,这就让他更加的茫然而无法适应。

小顺治这都17岁了,还不让人家形成独立的人格,孝庄也太不懂青春期心理学了。然而人格总归是形成的,不形成,人就不能称其为人,所以小顺治只能向母亲的权威,发起新一轮的攻击。

这一次是咋个攻击法呢?

看着淘气的小侄女皇后满皇宫乱窜,小顺治心里那个窝火啊:再废一次皇后? 没用的,老妈家里有的是博尔济吉特,你废一个她再给你送一个来,绝不会缺货的。"有没有一个干脆利索一劳永逸的办法,彻底解决掉这些博尔济吉特,以便形成自己的人格呢?"小顺治想。

正想之间,小顺治的弟弟襄亲王博穆博果尔带着自己的爱妃董鄂氏跑来了。说起这董鄂氏,史书上说,此女长得花容月貌,粉靥微红,似芙蓉出水,黛眉凝翠;若仙女下凡,齿如编贝,发似堆云……史书上还说,此女乃清初第一位倾国倾城的美女,六宫粉黛,无一与匹……照这么个说法,难道孝庄给儿子送进宫里的,都是柴禾妞、龅牙妹、秃头女不成?

总之,董鄂妃应该很美貌,但宫里的粉黛们论姿色也各有千秋,未必就输得一败涂地。但是宫里的女人,对于小顺治来说只是简单的泄欲工具,缺少了雄性对雌性的征服过程,味道上自然也就差了许多。而董鄂妃,她是自己弟弟的爱妃……这个挑战的难度足够高。

试想,在田径跑道上你奋力冲刺,将对手甩在身后,赢得冠军,登上领奖台,抹一下汗水,挥舞起手中的奖杯,这时候心中的欢乐,那是给多少钱也不换的……反之,你正在床上四仰八叉呼呼大睡,忽然一个奖杯砸你脑袋上,你不用跑就是冠军了,头一次还马马虎虎,占了便宜,总归是开心的;可是这冠军的奖杯没完没了地往你脑袋上砸个不停,搁谁不得发飙?

当时的小顺治就处在每天晨睡中被摔在头上的奖杯砸醒的绝望状态之中,人活到这份儿上,真的没什么劲了……这时候他突然注意到了董鄂妃,嗯,这个女人已经嫁给了老弟,自己不能说上就上了,伦理规范、道德法制……障碍好好多,好好多……可正因为障碍多,才构成了小顺治生命中的第一条跑道。这条道,那是一定要跑的,而且要跑到黑……

可怜的小顺治,活到18岁,才终于找到了一个证明自己的机会。求爱。再求欢。小顺治兴致勃勃地忙了起来。

9.家里有点乱

得知小顺治撇下宫里成堆的博尔济吉特不顾,向自己的兄弟媳妇展开了炽烈而狂猛的爱情攻势后,孝庄大骇,急忙赶来对小顺治加强道德品质教育。

孝庄说："咱们不这么搞,不能这么搞……"

"为啥不能?"小顺治诧异地问道。

"因为……"孝庄鼻尖淌汗,耐心地解释道:"要是这么个搞法的话,会乱套的,家里这已经够乱的了……这个家,自打努尔哈赤开始,好像就没正常过一天……"

可是小顺治说："亲爱的妈妈,我倒是觉得,和兄弟媳妇在一起,心理上的障碍总比和自己的侄女儿在一起更小,妈妈你说是不是?"

"这个……可能是吧?"孝庄落荒而走。

于是小顺治仰天长笑,他终于赢了人生中最关键的一场战役,他的人格就此迅速地成形。

他已经是个男人了。于是小顺治就兴冲冲地跑去弟弟家,去追弟弟的小媳妇,他去的时候,恰好弟弟襄亲王正在苦口婆心地给爱妃做思想工作。

襄亲王博穆博果尔,是皇太极的第十一个儿子,这一年他才16岁,而董鄂妃比他大两岁。所以比较起来,襄亲王的心理更不成熟。虽然心理不成熟,但是工作总是要做的。于是襄亲王就劝说爱妃董鄂氏："……别这么搞,咱们家不带这么搞的,就听我一句话,好不好?"

董鄂妃说："没乱搞,你别起疑心瞎琢磨,我和皇帝哥哥就是普通的朋友关系……"

"少来!"襄亲王火了,大吼起来,"都有人亲眼看到了,你还不承认……"

董鄂妃道："那是他们看错了……哦,对了,小弟弟你没事在家里好好看家,我去宫里办点事……"

"你这个水性杨花的女人!"襄小弟弟急了,上前扭住董鄂妃,"你红杏出墙,还有没有一点廉耻心……"

不料,襄亲王的最后这句话,恰好被兴冲冲赶来的小顺治听到了。当时小顺治的火气一下子就上来,上前照襄亲王的脸上,一扬手,"啪"的一个耳光:"瞎了眼的东西,竟敢欺负我女朋友,你欠抽是不是?"

两口子斗嘴,奸夫冲进来暴打丈夫,这始料未及的事情让襄亲王目瞪口呆,他捂住脸颊,呆呆地看着顺治皇帝牵了他老婆的手扬长而去,越琢磨越觉得这事别扭,你看这一家子人的脑子,有一个正常的没有?

史载:襄亲王博穆博果尔的老婆被顺治撬走,博穆博果尔觉得很失败,一时想不开,愤然自杀了。临终遗言:"妈妈,我觉得家里有点儿乱……"

10.宜将剩勇追皇后

有关顺治家里的这些家庭矛盾,《清史稿》上是这样记载的:

秋七月丁未朔,享太庙。戊申,官军败明桂王将龙韬于广西,斩之。己酉,和硕襄亲王博穆博果尔薨。

十二月己卯。册内大臣鄂硕女董鄂氏为皇贵妃,颁恩赦。戊子,还宫。

小顺治成功地打掉了以十一弟博穆博果尔为首的"反老婆集团",并再一次击败孝庄皇太后的负隅顽抗,将董鄂妃弄进了后宫。

事情还没完,宫内的斗争是长期的、持久的、激烈的、不以人的意志为转移的。所以小顺治就琢磨,宜将剩勇追皇后,不可沽名学霸王……干脆,趁此机会,一股脑儿地将以小侄女皇后为首的"反老公集团"端掉算了。

说做就做,于是小顺治又推出了《孝献端敬皇后行状》升级版。

因为小侄女皇后和表妹皇后都叫博尔济吉特,所以小顺治贴出来的大字报,也是同一个名字。但前一次,小顺治缺乏斗争经验,以表妹皇后吃醋为理由要求废之,结果费了好一番周折。这一次他的斗争经验丰富了,剑锋所指,直取要害,指责小侄女皇后"礼节疏阙",理由远比上一次更充分,算是下载了补丁,补住了漏洞,所以叫升级版。

但是这个版本,最终还是未能通过运行。首先是孝庄太后负隅抵抗,说:"哪里有'礼节疏阙'?明明没有吗……再者说了,孩子还小,等小丫头长大了,自然就明白事理了,我说儿子你就别在家里闹了,好不好?"

"不好!"顺治小皇帝掷地有声地回答。

继续闹腾。

孝庄那个上火啊,心说我老太太这辈子怕过谁呀?多尔衮凶吧?在我面前还不是乖乖的……这个叫什么董鄂妃的丫头,是不是活腻歪了啊?给我把这个丫头叫来。

董鄂妃来了,拜见太后。

孝庄笑眯眯地道:"丫头,你好有手段,连多尔衮都拿我们一家没辙,你可好,把我们家闹了个底朝天,连小侄女儿皇后的事情都嚷嚷得满大街知道了,你还真行啊你!要不咱们这么着吧,你接着闹,就照这样子闹下去,千万别消停,闹到最后,看看你是不是比多尔衮更有本事,好不好?"

董鄂妃两眼一翻,知道自己小命悬乎,当即趴在地下写决心书,书曰:"陛下若遽废皇后,妾必不敢生"……小顺治一瞧,哎哟嗬,两口子一天到晚腻在一起,形影不离,闺房之乐,有甚于画眉者……私室里是没有隐私的,或者说,私房里正是袒露隐私的地方,在这种地方,有什么话不能说,还要费尽力气地写什么书面决心?

明摆着,董鄂妃有麻烦了。

这时候,董鄂妃已成宫中的死敌,人人得欲杀之。而她与小顺治的感情,却是伴随着小顺治的人格建立起来的,是顺治人生的一部分、人格的一部分,如果哪一天宫里到处都找不到董鄂妃了,那小顺治也就成了行尸走肉。

为了保护自己的人格和生命,从此小顺治和董鄂妃形影不离,出双人对,贴身保护董鄂妃的安全。这光景瞧在后世的史学家眼里,顿时大为感动,纷纷赞曰:"长信宫中,三千第一,昭阳殿里,八百无双,真个是六宫无色,专宠一身"……诸如此类。

尽管有史学家们拼了老命地称赞这杀机弥漫的宫闱战场,但是老虎都有打盹的时候,更何况小顺治原本就有点心不在焉,于是"枕上春梦,未及三年,红粉飘零,香消玉殒"……董鄂妃撒手人寰。

董鄂妃的死,宣告了小顺治人生抗争的彻底失败,他那脆弱的人格霎时间坍塌如坠。

11.苍茫大地,"水煮"沉浮

董鄂妃死后,顺治皇帝痛不欲生,"寻死觅活,不顾一切,人们不得不昼夜看守着他,使他不得自杀。"

洋鬼子传教士汤若望终于发现了他的机会,于是急不可耐地冲进宫来:"信耶稣,得永生,陛下,你反正也是闲着没事,那什么……忏悔吧。"

顺治说:"不好意思,老汤你来迟了一步。"

汤若望问:"咋的啦?"

顺治说:"朕已经决定出家为僧了,离开这群蚁争穴的富贵巢……"

汤若望说:"不会吧,陛下你这么个搞法,对耶稣来说就意味着极大的不公正……"

说什么都没用了,顺治开始去找老和尚问禅。

顺治问:"啥叫'三界唯心、万法唯识'呢?"

老和尚眨眨眼:"一字两头垂。"

顺治:"都说三教归一,可一又归何处?"

老和尚挤挤眉:"大家都在这里。"

顺治:"善知识既是佛祖儿孙,为啥却要杀佛杀祖呢?"

老和尚抻抻腰:"有了你,没了我;有了我,没了你。"

这一段佛门问禅,是僧家秘宝,等闲人物是不给看的。但这段文字毕竟是小顺治绝望之中的天问,其间所隐藏的佛门公案,值得我们仔细揣摩。

顺治皇帝问的第一句话:啥叫"三界唯心、万法唯识"呢? ——这句话大有讲究,顺治的意思是说,知识与思想这些玩意儿有啥用呢? 你看看我,有知识吗? 没有,有思想吗? 也没有! 我啥玩意儿也没有,却自打生下来就富贵永享,做了皇帝,那你说说,这到底是怎么一回事呢?

老和尚回答他说:一字两头垂——这句话的意思是说,差矣,你差在哪里呢? 这世上的事情,如鱼饮水,冷暖自知,远不像你所看到的表面那样简单。就拿最简单的"一"字来说,你看这个一,是一条直线吧? 是不是? 可是你错了,在你的狭窄视线范围之内,你看到的是一截横线,但实际上,如果把这条一远远地拉开,拉到无限远的距离,那么你就会发现,这个一啊,根本就不是什么直线,因为时空是弯曲的,这个一,它想直也直不了……总之就一句话,别人看着你当皇帝舒服,可你宁愿跟个要饭的交换一下身份,可是很抱歉,人家才不肯和你换呢……

不知道小顺治听懂了没,但他肯定是心有戚戚焉,所以他继续问:都说三教归一,可一又归何处? ——这句话的意思是说,人都说,任何事情都有个限度,怎么我碰到的事情就这么怪呢? 我碰到的事情都是没边没沿,没完没了……我就好像是泡在一只无边无沿的大锅中,被人家拿开水煮个没完……问苍茫大地,是谁把我煮得上下沉浮?

老和尚如何听不懂这番牢骚之言,所以回答说:大家都在这里。——这句话的意思是说,孩子,你就歇了心吧,你以为这人世间,就你一个人承受着心理上的痛苦?就你一个人倒霉?差矣,自打你产生了独立意识的那一天,你的思维就会和残酷的现实发生激烈的碰撞,从没听说有谁碰赢过,但你肯定不是最后一个输家,所以说众生皆苦,回头是岸……

听了这番话,顺治皇帝一咬牙,把他的心里话问了出来:善知识既是佛祖儿孙,为啥却要杀佛杀祖呢?——这句话,我们可一点也不陌生,它就是由英国大文豪莎士比亚所创作的不朽经典《哈里·波特》……不对,是《哈姆雷特》中那一段举世闻名的著名独白。大意如下:有个事,我想和你商量一下,你说,像我这种特殊情况,面对着老妈那横飞逆来的打击……好多好多博尔济吉特啊,都在宫里等着我呢,我都要害怕死了……你说,面对着这么多的博尔济吉特,咱们是应该逆来顺受,任由那些女人将我肆意踩躏呢,还是勇敢地拿起武器,把这帮丫头统统消灭呢……我的意思是说,我老妈要是再干涉我的私生活,压制我的独立人格形成的话,我该不该宰了那个老太婆?

老和尚的回答是:有了你,没了我;有了我,没了你——这句话,却是地地道道的人生智慧的积炼,意思是说:孩子,你是真不明白呢,还是假装糊涂?一个人的成长,势必要在青春期来到之后,推翻旧有的威权以形成独立的自我人格,这就意味着两代人之间的激烈冲突……可你冲突得起吗?别人家的孩子遇到这种事,最多不过是个离家出走,误入歧途,结交匪人,作奸犯科……闹到最严重的程度,无非不过是拉到刑场之上,一刀砍了……可是你们家呢?这场冲突就意味着你母亲精心打造的帝国蓝图彻底完蛋,意味着爱新觉罗辛苦经营百年的基业彻底散板,意味着你们这一家族从此坠入无边的劫狱,任人宰割……这代价是你承担得了的吗?如果你承担不了,那我劝你还是算了……牺牲你一个,成全你的家族,你只不过是爱新觉罗家族的一个环节而已,千万别拿自己太当回事……

应该说,如此一番问答,以小顺治的智力,很难在当时就参悟个明白。但他从早到晚不琢磨别的,就琢磨这事,琢磨过来,琢磨过去,终于有一天他琢磨明白了,于是事情就发生了。

公元 1661 年 2 月 5 日,小顺治因突发天花,医治无效身亡,时年 24 岁。

康熙玩的是寂寞

1.老臣鳌拜

早在大清帝国的第二届皇帝皇太极死时,努尔哈赤的第十四子多尔衮希望能够拨乱反正,登上帝位,但是,皇太极族系的人马气势汹汹,大闹议政王公大会,甚至还拔出了刀子,冲多尔衮比比画画……比画的最终结果,是多尔衮退让了,让皇太极的九儿子福临做了皇帝。

这群拿刀子冲着多尔衮比画的人当中,有一个家伙最是凶悍,此人力大无穷,勇冠三军,曾经在正阳门下,一箭命中门楣,十几个侍卫竟然拔不下这支箭……由此看来,这个家伙就是阻碍了多尔衮的帝王之路的主犯之一。

这人谁呀,在领导面前大喊大叫的,还拿着凶器……多尔衮一打听,哦,原来是皇太极的家将,名字叫鳌拜。多尔衮当时就火大了,命人把鳌拜推出去砍了。这时候小顺治飞跑了来,搂住鳌拜的脖子不放,央求多尔衮放过鳌拜。多尔衮不好当面跟小皇帝计较,只好罢手。

等回到家,多尔衮越寻思这事越上火,你说这个鳌拜,这里有你什么事啊,跟着瞎搅和……命人拿鳌拜的考勤记录来,打开一看,哈哈哈,怪不得鳌拜这么替小顺治卖命,原来他以前犯过错误……有错误那就好办,有错必纠嘛……于是多尔衮传令,再把鳌拜那厮推出去,接着斩。

听说又要追究鳌拜的历史错误,小顺治急如星火,飞快赶到,再次央求多尔衮刀下留人,没奈何,多尔衮只好依从。

前两次鳌拜侥幸逃过去了,多尔衮这时候忙着进取中原,暂时没顾得上他。等到大家赶走李自成,一窝蜂地搬到了北京去居住时,多尔衮忽然又想起了鳌拜的事儿,这一次他给鳌拜找了个新的罪名——违令渎请,就是没听领导指示,擅自主张,犯了严重的自由主义错误,第三次将鳌拜推出门外斩首。

这时候的小顺治,正承受着青春期的苦恼。别的男孩子苦恼,是不知道如何接近女生,他的苦恼却是不认识的女生太多,都趴在宫里,对他虎视眈眈……尽管如此痛苦,但顺治还没有忘记鳌拜,听说鳌拜又要被斩,他又一次飞跑了去,求多尔衮看在他青春期苦恼的份儿上,饶过鳌拜吧。

就这样,倒霉透顶的鳌拜为了小顺治一家的幸福,险些付出惨重的代价。幸运的是多尔衮突然从马上跌下来死了,不然的话,说不定哪一天小顺治一打盹,鳌拜的脑袋就没了。但不管怎么说,在多尔衮的残酷政治高压之下,皇太极一脉的亲信早已被剪除得七七八八,而这个鳌拜之所以能够侥幸残存下来,就是因为他不顾惜自己的性命,可见此人的忠心,可昭日月。所以顺治皇帝在24岁那年死的时候,留下了遗命:嘱托鳌拜照顾新登基的小皇帝,是为四大顾命老臣之一。

但是没曾想,多尔衮几次三番都没有能够扳倒鳌拜,鳌拜天生的霉运当头,却拦也拦不住,他很快就被另一个政治对手给清除了:大清国第四代皇帝康熙。

那么,鳌拜对帝王是如此的忠诚,小康熙为什么要干掉他呢? 这个话说起来,那就有意思了。

2.从来就没有救世主

话说传教士汤若望来到中国之后,因为形貌奇特,遍体长毛,遂引发了朝廷关注,被引进皇宫,与小顺治成了莫逆好友。小顺治时常去汤若望家里做客,共商天下大事,一日正商量之间,顺治天花发作,一命呜呼。

于是皇太后孝庄找到汤若望这里,问:"老汤,你说小顺治死了,他的儿子都是小不点,老大牛钮生下来就死了,老二福全9岁,老三玄烨才8岁,你说咱们是立福全当皇帝呢,还是立玄烨当皇帝呢?"

"当然是立玄烨的啦。"汤若望回答道。

"为啥呢?"孝庄问道。

"因为⋯⋯"汤若望解释道,"小玄烨已经出过天花了,你看这孩子满脸的大麻子,那么他就有了免疫力了,命贼拉拉的长,不会像别人说死就死⋯⋯"

"那咱们就立老三玄烨好了。"孝庄皇太后从谏如流。

于是小麻子皇帝康熙,就这样登上了历史舞台。

那么这位帝王,又是一个什么样的人呢?

姓名:爱新觉罗·玄烨

性别:男

出生:1654 年 5 月 4 日

籍贯:北京长安街一号紫禁城景仁宫东拐角

属相:马

星座:金牛座

血型:O 型

身高:169 厘米

体重:58 千克

职业:皇帝

特长:摆平别人

社会关系:

父亲:爱新觉罗·福临。

母亲:佟佳氏

二哥:爱新觉罗·福全

心路历程:

0 岁:出生。

8 岁:临皇帝位。

9 岁:改年号为康熙。

13 岁:白蓝旗争地案爆发,鳌拜斩三大臣。

14 岁:正式亲政。

15 岁:打掉了以鳌拜为首的"反小皇帝集团",拨正了大清航船的方向。

20 岁:取消广西、云南和福建三个自治区,财政统一划拨中央……裁撤三藩。

21 岁:广西吴三桂大搞"西独",福建耿精忠大搞"福独",联手起兵叛乱。

22 岁:云南尚可喜之子尚之信大搞"南独",起兵叛乱。

22 岁:立一岁的小皇子胤礽为太子。

25 岁:吴三桂在湖南衡州登基称帝,国号大周,五个月而后,卒。

28 岁:平定吴三桂叛乱。

30 岁:解放台湾。

31 岁:设台湾一府三县。

32岁:发动雅克萨战役,击溃沙俄侵略军。

33岁:发动雅克萨包围战。

35岁:孝庄太皇太后死。

35岁:新疆噶尔丹在吞并漠西三部落之后,出兵攻打漠北诸部,漠北数十万难民逃入漠南,请求中央政府出兵平叛。

36岁:与沙俄签订《尼布楚条约》。

37岁:发动漠北乌兰布通战役,大败噶尔丹。

41岁:噶尔丹向俄人借鸟枪6万,再次掀起叛乱。

43岁:发动克鲁伦河战役,大败噶尔丹。

44岁:噶尔丹服毒自尽,清政府重新控制了阿尔泰山以东的漠北地区,将四个部落交由噶尔丹的侄子策妄阿那布坦管理。

55岁:已立33年的老太子胤礽被废。

56岁:恢复胤礽的老太子待遇。

59岁:再度解除胤礽的老太子职务。

60岁:遣使入藏,册封五世班禅罗桑意希为"班禅额尔德尼"。

64岁:新疆领导干部策妄阿那布坦驱兵进入西藏,占领拉萨,杀拉藏汗,严重地破坏了民族团结。

64岁:派军队去劝说新疆领导策妄阿那布坦撤出西藏,惨遭策妄阿那布坦暴打。

67岁:再派军队进驻西藏,策妄阿那布坦被迫撤出,恢复了当地局势的稳定。

69岁:于北京畅春园卒,死因:活得太长……

看了康熙的个人简历,我们头一个发现,是他的儿子太倒霉了,这老家伙在皇位上一蹲就是61年,他是舒服了,可他的儿子还等着接班呢,你看看,太子苦等了33年,生生等得精神失常,精神分裂了。但就算是你精神分裂了,也不能怪人家康熙,要知道,康熙在历史上,那可是赫赫有名的"明君"啊。

实际上,这世上既没有什么明君,也没有什么昏君,君主是昏还是明,完全取决于百姓的认知观念。在这世界上,是先有了帝王思想,然后才有帝王专制的;而帝王思想,首先是一种群体认知的思想,如果群体绞尽脑汁地想找个皇帝来奴役自己,OK,他们是决不会失望的。哪怕是挖地三尺,群体也会给自己挖出个暴君来享受一下。

康熙在位的时候,曾有一个叫华亦祥的汉人,他是顺治十六年进士第二人,算是有点小知名度。有一天,他跟在康熙屁股后面,乐颠颠地去香山旅游,来到了一座寺庙。康熙皇帝停下仪仗,进了庙后,对着佛像行礼;寺中的僧人端坐于蒲团之上,眼观鼻,鼻观心,静坐不语。正在打坐之间,那华亦祥突然"嗖"的一声窜了出来,手持一根大木棒,不由分说,照和尚的秃脑壳"砰砰砰"就是一顿狂砸,直砸得和尚惨叫不已,捂着满脑袋的血包悲愤地质问道:"你干吗打我?"

只听华亦祥厉声尖吼道:"你什么东西?皇帝对你下拜,你竟敢端坐不动……这还无法无天了呢?"

僧人大恚,怒曰:"皇帝是拜佛,又不是拜我,跟我有什么关系?"

华亦祥大声吼道:"老子打的就是佛!"

这段史实,真切地道破了汉民族那浓重的帝王思想与奴才情结,你自己膝盖软,见了权力就磕头,你就磕你的头好了,跟别人有什么关系?可是这位华亦祥却不,他不光是严格地要求自己当奴才,还强迫着别人也当奴才,而且,他甚至还想强迫着西天佛祖也跟他一道当奴才……有这样奴媚入骨的人存在,康熙即使是想不当"明君",也不可能。

总之,女真人进入奴才情结严重的中原,真是来对了地方,在这个观念扭曲的世界里,小康熙有的玩了。

3.康熙的"帝王策术"

说起来康熙这个人,虽然久负"明君"之望,但实际上,他的心眼比针眼还要小,而且睚眦必报。

康熙暮年的时候,牙齿都快要掉光了,那时候又没有烤瓷牙,没有假牙,只好任由嘴巴像老太太一样往里瘪……有一天,老头康熙瘪着嘴巴,带一群年少貌美的嫔妃在花池里钓鱼取乐。一个妃子钓到一只鳖,刚一举竿,那只鳖却是聪明得很,张嘴"噗"的一声吐出鱼钩,掉头游进水里逃之夭夭了。妃子受惊,大叫起来:王八炝了!意思是说:有只王八跑掉了……

皇后却是个勤于思考的人,她琢磨了一下,说:"可能是这只王八没有门牙了,所以咬不住钩子……"说到这里,那妃子趁皇后专注于思考的工夫,急忙扭头向康熙甜甜的一笑,指望能够留下一个好印象,到时候也好"幸御"一下这皇宫里唯一的老头。

却不曾想,那妃子如此卖弄风情,却惹火了康熙。他认为,皇后说王八没有门牙,是无心之语,可是妃子竟然扭头冲着他笑,这岂不是说他康熙正是一只没有门牙的老王八吗?是可忍孰不可忍,遂将妃子废至冷宫。

古人说,龙有逆鳞,君心难测;又说伴君如伴虎,说的就是像康熙这样的皇帝,忒难侍候了。他也不知受了什么刺激,心理上敏感得要命。你说王八,他就怀疑你说他;你不说王八,他就怀疑你在肚子里嘀咕他……这种事情搁在普通人身上,那叫疑心病,应该去看医生;可这事却发生在一位"明君"身上,明摆着,中国人对明君的要求标准,实在是有点太低了。

除了为人极度敏感外,康熙还有一个爱好,就是特喜欢找茬惹事。曾经有一次,康熙忽然把古北口的总兵杨怡斋找来,命令他现场背诵《大学》,可怜杨怡斋也不晓得领导抽的是哪股子邪风,只好硬着头皮瞎背,背了一半,就背不下去了……"陛下,臣忘了。"

一听说杨怡斋忘了,康熙大喜,曰:"你打小学的课文,咋就忘了呢?"

杨怡斋道:"工作太忙啊……"心里说,王八蛋才天天背诵小学生课文呢……

就听康熙道:"你工作再忙,还能有我忙吗?你看我给你背诵一篇……"他往杨怡斋面前一站,吭吭吭一口气把《大学》背诵完了,然后得意扬扬地道:"如何?"

杨怡斋这才明白过来,原来康熙是闲极无聊,无事生非,想找个人来歌颂歌颂他,当即歌颂道:"陛下啊,您是天纵奇才,我哪比得了啊。"康熙大喜。

就因为会背一篇小学生都会背的课文,康熙就乐成这个样子,由此可见此人比较纯真,比较肤浅。这种人,天生的喜欢卖弄,是惹是生非的高手。他只要一听说谁比较厉害,就要和对方较量较量,你不说他天纵奇才,他跟你没完。

还有一件事,是康熙南巡的时候,地方官出迎,指着随从中的一名百姓代表说:"这个人啊,叫吴廷桢,很聪明的,是我们吴中的才子。"

康熙一听,"什么?还有人敢跟我比聪明?过来过来。"伸手招呼吴廷桢过来："你是吴中才子？不是吹牛吧？那什么，你既然是才子，马上赋诗一首，限令只能使用江韵。"

百姓代表吴廷桢的脑袋"嗡"的一下子就大了，只好绞尽脑汁，曰："龙舟彩动旗影憧，圣主巡方至越邦……"刚刚曰了两句，康熙就打断了他的诗，说："不是到越邦，这已经到了吴江了……你接着来。"

吴廷桢心里那个气啊，心说这个康熙啥人啊，说你到越邦有啥不对啊，你还非得要给弄到吴江去，一咬牙，曰道："民瘼关心忘处所，侍臣传语到吴江。"这样四句诗一下子圆了回来，康熙笑曰："还真是吴中才子啊，有一套……"

总之，康熙这个人，他就是比较喜欢找别人的麻烦，给别人出难题。正是这项超凡的才能，使他晋升为中国为数不多的明君之一。而他这个性格，恰恰也正是他的"帝王策术"的一部分。

4.帝王之术的运用

如果我们把大清帝国的第二届皇帝皇太极、第三届皇帝顺治和第四届皇帝康熙比较一下，就会发现一个奇怪的现象。这个现象就是：第二届皇帝皇太极在位的时候，实行的是"集体领导"，领导班子四大巨头并排而坐；而皇太极为了打掉另外三个巨头，煞费了苦心。到了第三届皇帝顺治，情况更是危险，如果不是鳌拜等家臣拼了性命，在议政王公大臣会议上敢跟多尔衮动刀了，皇帝的人选花落谁家，肯定是一个未知数。但等轮到了小康熙的时候，却没有听说有谁闹过什么事，选立康熙，完全是孝庄皇太后和洋鬼子汤若望这两人关起门来一合计，事情就这么定了。

为什么小康熙登基是如此的顺利？或者说，为什么皇太极和小顺治登基的时候就那么艰难呢？

这个问题，契因于老汗王努尔哈赤。努尔哈赤在世的时候，喜欢玩的虽然是一言堂，但是他心里还是明白利害是非的，知道集体领导更符合人性，更具有可持续发展性，所以他留下了遗嘱，要求在他死后，建立起八和硕贝勒议会制，实行"集体领导"。正是因为有这个"集体领导"，所以皇太极才玩得不开心，不过瘾，于是他苦心孤诣，绞尽脑汁，最终推翻了这个领导班子，建立起了由他唱独角戏的首长负责制。

但是百虫之虫,死而不僵,既然满清已经有了"集体领导"的传统,这一传统总会在历史上发生着作用。事实上,正是因为议政王公大臣会议这种领导体制的存在,才阻遏了多尔衮问鼎帝位,最后这枚黑色的果实,落到了郁闷少年小顺治的脑袋上。

接下来发生的事情是,多尔衮为了打掉小顺治利益集团,于是处心积虑、不择手段地废除了议政王公大臣会议,这就等于解散了议会,实行了多尔衮的完全独裁,他想干啥就干啥了。但是多尔衮还没来得及干啥,就急不可耐地死翘翘了。其结果,是他辛苦栽培的帝王之土,肥沃了小康熙这个小朋友。

正是因为利益集团都被多尔衮一股脑儿地打破,所以一旦权力出现真空,孝庄皇太后就坐享其成了。她尽可以遂性由心地安排自己喜欢的小娃娃当皇帝,不要说她立了康熙,就算是她立一条狗当皇帝,也不会有人提出什么反对意见来——因为已经没有人还有提意见的权力。

孝庄皇太后在玩她自己的,而小顺治虽然身死,可也没闲着,临死之前他给自己的儿子留下了包括鳌拜在内的"四大顾命老臣",这在某种程度上等于重新恢复了"议会",建立起了一个理性的经营班子,帝国的根基,由此而变得更加牢固。从此小康熙尽可以像他的父亲顺治一样,宫里宫外由着他折腾,怎么个折腾法,权力也不会泄露出去一星半点儿。但即使这样,皇室中也仍然酝酿着新的危机,这危机用一句话就可以概括:如何避免让小康熙也走上他爹的老路?

没错,小康熙和他的父亲小顺治一样,都是还在吃奶尿床的节骨眼上就被人给抱到龙椅上来了,帝位的尊荣,对于别人来说绝对意味着一种享受,求之而不得。但对于康熙和顺治来说,这皇帝太没意思了,等于是别人强塞给自己的。多美味的东西,强往你嘴里塞,你也不爽……小顺治就是前车之鉴,正是因为这一切来得太容易了,缺少了一个必不可少的奋斗过程,结果居然把他活活郁闷死了。

譬如彩蝶飞蛾,在它迎来生命的振翅高飞之时,都要破茧而出,软弱的蛹,从坚硬的茧壳中奋力地挣扎着,拼斗着,一点一点地挤出来。如果有人看着飞蛾破茧的过程是如此的吃力,在一边抱打不平,替飞蛾撕开茧壳的话,那么这只飞蛾可就惨了。它飞是飞出来,却飞不高,也飞不快,没有任何生存能力,哪怕一阵微风吹来,也会吹得它"啪嚓"一声撞在墙壁上,活活撞死……

大清帝国第三届皇帝顺治,就是这么一只活活撞死在墙壁上的小飞蛾。因为他没有奋斗过,也没有磨炼过,当他面对人生课题的时候,也就没有任何勇气与能力与之对抗,郁闷地蹬腿死掉,这是小顺治的运气。如果他没有死,那么他肯定会在心理严重扭

康熙五彩怪兽盘

曲的状态下,成为一个暴君,历史上这样的例子,比比皆是。

现在,摆在孝庄皇太后面前的严重问题是:如何让小康熙这只没有磨炼过的小飞蛾,迅速地成熟成长起来,成为一个人而非又一个失败者。

5.儿子的家庭作业

可以确信,孝庄皇太后对于小顺治的不争气,肯定每天都在心里琢磨:这小家伙到底是怎么一回事呢?我费了这么大劲才帮他弄上一个皇帝……可他自己一点也不当回事,天天吵着要去当和尚……和尚哪有皇帝日子过得舒服?你看香山庙里的和尚,见了皇帝就因为没有磕头,惨遭那个叫华亦祥的汉人暴打……咋回事呢?这到底是咋回事呢?

月白风清之夜,孝庄皇太后独立中庭,满脑门子就是琢磨这个问题。开始时,她还真不明白原因之所在——如果她明白的话,小顺治当然也不会吵着去当和尚了——但是琢磨来琢磨去,老太太一辈子不干别的正事,就琢磨这么一个问题,再加上西洋来的洋鬼子汤若望在一边提醒,终于有一天,老太太寻思过味来了:"噢,原来是这么一回事,我说呢……"

孝庄皇太后发现,如果要想避免让小康熙重走小顺治的老路,那么,就必须要考虑到给小康熙一个人生课题,让他自己来独立完成,一旦完成了这个课题,那么,小康熙就如同破茧而出的飞蛾,想往哪儿飞就往哪儿飞了。

给小康熙安排道什么题目呢?孝庄皇太后的目光,终于落到了正在鞍前马后替爱新觉罗家族打工的鳌拜身上。

为什么孝庄会盯上鳌拜呢?很简单,因为这厮现在正干着当年多尔衮的

活儿。

想当年，多尔衮费尽力气，推翻了"集体领导制"，让孝庄坐享其成。而现在，鳌拜也和当年的多尔衮一样，被领导班子的各个成员掣手扯脚，忙得两脚朝天，累得吴牛喘月……这可是一个再也忠诚不过的老员工了，最适合拿来给少帅康熙磨刀用，只是因为他忠心，所以让康熙干掉他，就不会有什么危险……鳌拜这厮的悲剧，也就注定了。

有句话叫"发现问题比解决问题更重要"，这是因为思路决定出路，办法总比困难多……但办法再多，也不过是旧有的人生经验的重新组合；甭管问题多么新颖，但解决的方案，却多半是老办法。这种思维的惯性，也有一个说法，叫作穿新鞋，走老路。

一旦孝庄琢磨拿鳌拜下手的时候，她的思维惯性所起到的作用，不知不觉地推动着事态向多尔衮时代行进。

6.鳌拜冤案的来龙去脉

由于香港大作家金庸先生的一部《鹿鼎记》所起到的作用，再加上电视连续剧的推波助澜，小康熙扳倒权臣鳌拜的故事，在坊间不胫而走。但是这种骗局，也只能是糊弄糊弄不懂历史的人，但凡有谁站出来问一个究竟，事情一下子就露馅了。

史书上说：鳌拜这厮，忒不像话，他欺君罔上，横行霸道，广结党羽，剪除异己……

此前小顺治留下来的经营班子，除鳌拜之外，另有正黄旗的索尼。他是负责内务府的，主要是统领秘密警察，朝中的政治斗争轻易插不上手，所以成了四朝不倒翁。

领导班子中第二位，是正白旗的苏克萨哈。他以前曾犯过严重的政治路线错误，是多尔衮的心腹，后来多尔衮"反皇帝集团"被一举打掉，苏克萨哈与多尔衮划清界限，反戈一击，重新赢得了朝廷的信任，并进入了本届经营班子。

领导班子中排第三位的，是镶黄旗的遏必隆。这是一个郁闷人，最不善于和同事们搞好关系，老是遭受排挤，正是因为这个原因，小顺治临终前提拔了他，他当然得竭诚效命。

领导班子中,鳌拜排在第四位。但他却是皇太极家的元老,把他放在领导班子里,目的就是监视另三位领导,对此,鳌拜是非常清楚的。

这四个老头,曾经在顺治的灵前发誓,要齐心协力、同舟共济、不计私怨、团结一致地辅佐小康熙,等发过誓之后,领导班子里的班长索尼就找了个没人地方躲了起来,谁也找不到他了。老三遏必隆一瞧这架势,老大躲了,那我也把嘴巴拿麻绳扎起来得了。于是他在以后的领导班子会议上,除了举手支持之外,多余的一个字也不说。另两位班子的成员,鳌拜和苏克萨哈,两人一看索尼和遏必隆都躲了,心里顿时发毛,要知道他们两个以前可是生死仇敌啊。当年鳌拜在议正王公大臣会议上挥舞刀子,他的对手就是苏克萨哈,这仇结得年头太久了……看明白了吧?小顺治只是郁闷,却一点也不傻,他故意将这两个生死对头拴在一个槽子上,能不引起乱子来吗?

鳌拜和苏克萨哈,都害怕因为自己的暴脾气,在班子里引发冲突,影响到班子的和谐与稳定。于是鳌拜就和苏克萨哈商量说:"老哥,我现在越看你越不顺眼,真想一刀宰了你……这样下去可怎么行啊,要不咱们想个办法,解决一下吧。"

想个什么办法呢?联姻吧,你把女儿给我儿子,我把丫头送给你家小子,这一招,应该不会不管用吧?于是两家联姻,俩老头坐在一起喝喜酒……多美,这样多和谐。

喜酒喝了之后,乱子就来了。史书上说,就在小康熙13岁那一年,由鳌拜主持,将20年前多尔衮的正白旗从皇太极家的正蓝旗里那里抢过去的地,再划拨过来。这件事构成了鳌拜与苏克萨哈彻底决裂的因由,鳌拜这样做,实际上是有着充足理由的。一来他是皇太极家里的老人,当年正蓝旗的地被多尔衮抢走,现在正蓝旗的兄弟们都眼巴巴地等着他主持公道呢,他要是不管这事,正蓝旗的兄弟们不乐意不说,孝庄皇太后和康熙也不乐意……养条狗还知道看家呢,养了你鳌拜,就任由皇族被人欺负,你连个屁也不敢放?

可以料想的到,在鳌拜的案头上,要求返还被多尔衮抢走土地的诉状,铁定是堆成了小山堆。而且上访的人员,估计也少不了,这让鳌拜能不考虑这事吗?

在其位,谋其政。那就给正蓝旗平反吧,鳌拜想。

没承想,这一平反,乐子可就大了。正白旗的户部尚书苏纳海、汉军镶白旗的直隶总督朱昌祚，以及汉军镶白旗的保定巡抚王登——这些人都属于多尔衮当年冤案的受益者，蓝旗被抢走了的地，都在他们家里呢——三个人合伙跳起来，坚决反对鳌拜平反冤假错案。说明白了，一是维护他们自己的利益；二是防止拔出萝卜带出泥，万一平反的政策一落实下来，自己迟早也是个吃不了兜着走。

鳌拜当时一瞧这哥儿仨，顿时就乐了，"这可倒好，找还找不到你们几个呢，想当初多尔衮得势的时候，你们把我们皇太极一家都给欺负成啥样了……斩！"

史书上说，鳌拜公然"矫旨"，以藐视上命为由，将多尔衮时代的旧党一并肃清。

"矫旨"又是个啥意思呢？意思是说，这不是康熙的意思……可康熙刚刚13岁，还没有亲政，鳌拜是有处置权的，这又怎么说成"矫旨"了呢？

一定要说成"矫旨"。不说成"矫旨"，到时候康熙有什么理由干掉鳌拜？

7.杀了那条狗

鳌拜就这样入套了。

说到底，错就错在他对于康熙一家，太过于忠诚，但凡他有一点心眼，也不会沦为康熙掌上的玩物。但孝庄皇太后分明觉得这还不够，还要再给鳌拜上点儿眼药。

……尝托病不朝，要上亲往问疾。上幸其第，入其寝，御前侍卫和公托见其貌变色，乃急趋至榻前，揭席刃见。上笑曰："刀不离身乃满洲故俗，不足异也。"因即返驾。

这一瓶眼药，是后世的史学家们必须要引用的，以此来证明鳌拜这厮不是个东西。你看看他，皇帝去他家串门，这是给他多大的面子，可他都干了些什么呢？他居然在枕头下面藏起一把刀来……鳌拜他想干啥？砍了小康熙吗？砍了之后呢？鳌拜自己当皇帝？他有这么缺心眼吗？

坦白地说，鳌拜这个人，最大的毛病就是缺心眼。早年多尔衮争夺皇位，皇太极养了多少家将，虽然大家都愤愤不平，可没见有谁公开站出来，都是在背后私下里嘀咕……偏偏鳌拜跟着多尔衮较劲，结果差一点儿没让多尔衮宰了。但凡鳌拜有一点点心眼，也不至于出这种头，站在人堆里跟大家一块嚷嚷多好？

挑头站出来,让人家当首犯重点打击,这真是何苦来着……孝庄太后正是瞄准了他这一点,才将鳌拜这可怜的老员工当作一道家庭作业,布置给孙子来完成。

史载:康熙小皇帝与其祖母孝庄太皇太后,秘密商议铲除鳌拜的计划。

康熙说:"老奶奶,鳌爷爷玩得真痛快啊,什么时候,轮到我也玩一玩呢?"

孝庄:"孩子,你想什么时候玩,就什么时候玩,这由你来决定。"

康熙:"可是我怕鳌爷爷不依。"

孝庄:"孩子,你听说过猎人是怎么训练他们家里的孩子的吗?"

康熙:"……猎人……孩儿……不晓得。"

孝庄:"是这样的,猎人是这样一种人,他们敢在深山里与最凶猛的老虎搏斗,胆气是一等一的惊人。可是,猎人在小的时候,也不过是小孩子,他们见了家里养的猎犬都害怕,更不要说遇到老虎了。要想把一个连狗都害怕的孩子训练成有胆气的猎人,那是需要一整套的训练技巧的。"

康熙:"……啥技巧啊?"

孝庄:"很简单,就是给孩子一把刀,让他把家里最凶猛、最忠心的狗宰了……"

康熙:"可是狗会咬他的呀。"

孝庄:"咬主人的狗,还叫狗吗?"

康熙:"……也有道理……可这跟我有什么关系? 我又不是猎人。"

孝庄:"错了,你就是猎人,这世界上的每一个男人,都是猎人,他们必须要以大无畏的血勇胆气,行走在险恶的人世间,他们要同数不清的强敌搏斗。大人物就是因不断战胜强敌的人,才被称为大人物的。如果你没有敌人,那么你已经失败了,因为这意味着你不过是别人的猎物,只能任人宰割,丝毫也没有还手之力。而大人物是主动寻找敌人、创造敌人并打败敌人的人。但你如果想成为大人物,就必须像训练猎人一样,先从自己家里的狗杀起,孩子,杀了这条狗,你就成熟了,就成为男人了,就有勇气有信心挑战你人生的任何难关了……去吧,孩子,杀了那条狗,杀了它!"

康熙:"……狗……哪里有狗?"

孝庄:"就是你鳌拜爷爷!"

康熙:"不是吧,鳌爷爷一直保护我,爱护我……"

孝庄："正因为他太过于忠心,你才必须要杀了他,他的忠心已经构成了你人生成长的最大障碍,如果你不能够冲破这层保护网,破茧而出,你就永远也不可能成长为一个男人,充其量不过是像你父亲那样,只不过是皇家的一匹种马,除了配种繁衍,别的用处,一概也没有,我想你肯定不希望自己也这样吧?"

康熙："……这个……好像也蛮好……"

孝庄："杀了他!"

康熙："老奶奶,你听我说,咱们家不是讲仁义吗……"

孝庄："杀了他,杀了那条狗,就是最大的仁义道德。"

康熙："……我不敢……"

孝庄："杀了他!"

……和祖奶奶孝庄商量过后,康熙回到宫里,琢磨过来,琢磨过去,一想到鳌拜那粗胳膊粗腿,他的头皮就发麻,有没有个什么好办法呢? 有了! 他找来一堆少年子弟,每天让他们在宫中练习摔跤。鳌拜进来看看康熙,被这伙小朋友群拥而上,将他放翻……开玩笑吧? 鳌拜想,等到他的双手双腿都被捆绑起来,他才知道自己的麻烦大了。

《清史稿》上说:

"……庚申,王大臣议鳌拜狱上,列陈大罪三十,请族诛。诏曰:'鳌拜愚悖无知,诚合夷族。特念效力年久,迭立战功,贷其死,籍没拘禁。'其弟穆里玛、塞本得,从子讷莫,其党大学士班布尔善,尚书阿思哈、噶褚哈、济世,侍郎泰璧图,学士吴格塞皆诛死。馀坐谴黜。其弟巴哈宿卫淳谨,卓布泰有军功,免从坐。"

一条忠心的老狗,就这样被成长中的少年除掉了,从这一天开始,康熙再也不是一个小孩子了。他的人格已经形成,心理迅速成熟。而且这一事件,构筑成了他此后的心理模式。他此后的一生,将是在找一条忠心的老狗并将之杀掉的过程中行走。

8.还有一条狗

自从除掉鳌拜,康熙皇帝就养成了一个专心致志找别人麻烦的习惯。凡是被他盯上的人,都会面临着他给出的难题,这道题等闲智力那是解不开的,只能拼个鱼死网破……嘿嘿,你敢跟皇帝拼命,正好求之不得……于是康熙的文治武功之上，又添加了一项记录。

第一个被康熙盯上的，就是平西王吴三桂。说起这吴三桂来，也是一代枭雄，他在 11 岁那年，遇到异人，携之入山，学到了一身惊人的本事。但这本事好像没帮上他什么忙。先是他替大明朝的崇祯皇帝镇守边关，与清兵血拼，正拼得起劲，忽然间李自成进犯京师，崇祯皇帝急命吴三桂赶回去救驾，可这道调令发得太晚，吴三桂刚刚走到山海关，崇祯皇帝已经抢先一步吊死了。

吴三桂孤军难立，就决定顺应潮流，和大家一起投降李自成。不曾想李自成玩他，抢走了他的爱妾陈圆圆不说，还将他的父亲吴襄抓起来，大板子夹脑袋再教育，逼得吴三桂只好再次反叛。反叛的结果，是惹毛了李自成，李自成就率了二十万的流寇大军，气势汹汹地开到山海关，要干掉吴三桂。

吴三桂没咒可念，只好向大清多尔衮借兵。多尔衮那厮也不是吃素的，趁机摆了吴三桂一道，假装应允，两家合兵，等到了战场上，却按兵不动，除非吴三桂剃头才行……这时候的吴三桂，是猪八戒三面照镜子，四面不是人，干脆一咬牙，就此归附了大清，从此替女真人攻城略地，干得非常卖力，满清人看得高兴，就封吴三桂为平西王，将广西划为特区，行政权、司法权、财政权，军权……一股脑儿地都给了吴三桂，以示信任和恩宠。

到了康熙时代，吴三桂的利用价值已经基本上算是消耗尽了。既然已经卸磨，自然合该杀驴，这个道理，吴三桂也不是不懂。

既然吴三桂懂事，那就好办了。削藩！也就是取消广西特区的意思。

削藩令一下，群臣大恐，纷纷上书表示反对。为什么大家反对呢？表面上的理由，是担心这么个搞法，会逼得吴三桂走投无路，造起反来。实际上真正的原因，是完全没这个必要。然而小康熙需要敌人，所以这藩是非削不可的。

既然是要削藩，那也是需要个拿得出手的理由的，目前史书基本上都是"挺削派"，也就是支持康熙的削藩决定，书上说：吴三桂那厮，太不像话了，每年都朝小康熙要军费……一年居然要 900 多万两，不像话，太不像话，应该削之。也就是说，朝廷没钱，只好关闭企业，宣布员工下岗……可后来康熙六次下江南南巡，这小家伙宛如一头巨大的怪兽，所过之处吞吃得干干净净……怎么老板天天出门旅游就有钱了，等临到给员工发工资了，就说没钱了呢？

实际上削藩是假的，目的只是为了逼反吴三桂，小康熙也好放开手脚，大玩特玩一场。这小混蛋早就发现了,帝王之术,其最高境界就是不断地制造麻烦,然后解决掉这些麻烦,你制造的麻烦越多,你的名声就越好。反之,如果你老老实实地当个太平天子,那老百姓可就懒得歌颂你了。

康熙有句话,是说吴三桂的,这句话就是:"……撤亦反,不撤亦反,不如先发制之……"意思是说,吴三桂这倒霉的老家伙,横竖是要造反的,还不如趁早干掉他。

削藩,就意味着停发吴三桂及部下将士的薪资,那肯定会闹一场群体事件的。但康熙认为吴三桂"不撤亦反",也就是不削藩,吴三桂也要反,这依据又是什么呢?《清史稿》上说得明白:

……十二月丙午,平西王吴三桂、定西将军爱星阿会报大军入缅,缅人执明永历帝朱由榔以献。明将白文选降。

这段记载,是小康熙刚刚登基时候的事,看看吴三桂,为了表白他对清室的忠心,他一路追杀南明残余力量,追到了缅甸,最后亲手用弓弦将大明的最后一个宗室朱由榔活活勒死了。

吴三桂这么做,目的只是为了断自己的后路,向康熙表白他的忠心。只因为他是汉人,所以才会做得比满人更狠更绝。

没用!那鳌拜跟了爱新觉罗家一辈子,不比吴三桂更忠心?帝王需要臣子的忠心,不单是为了享受尊荣,更主要的原因是,只有最忠心的臣子,才是最合适的对手。只有最忠心的臣子,才是帝王最适宜用来扬名立万的活靶子。

9.苍蝇的智慧

吴三桂这个人,大概称得上史上最霉之倒霉蛋了。他霉就霉在一辈子也没有遇到自己的机会,始终是居于一个能力强于位置的状态中。这就好比虎落平阳、龙困沙滩,最是适合被别人选为对手进行攻击的。

最早的时候,吴三桂被李自成选中,作为自己称帝的一个活靶子,兴冲冲地带了二十万大兵,不辞劳苦地赶到山海关,去砍吴三桂。吴三桂被逼得走投无路,不得不投靠了清廷。但他的能力太强了,他曾经把李自成从山海关狂追回北京,又从北京把李自成狂撵到西安,再从西安一路追杀,一直追赶到武昌,生生地把那个闯王李自成逼死。而后吴三桂进入西南,西南诸军闻风而降,没人是他的对手。如果他要不是心眼太死,老是"小富即安,安于现状",满清在中原能不能站得住脚,这是很难说的。

暴打能力强的人,足以证明你更强。而像吴三桂这样,能力超强,却又太死心眼地忠心耿耿,那就更好玩了。因为他忠心耿耿,所以不会为自己预留后路,更不会为造反提前做准备,一旦动起手来,基本上来说是有败无胜。

打!

吴三桂傻眼了,他不得不"奉旨造反"。说到"奉旨造反",吴三桂帐下有一大将王辅臣,后来升任陕西提督。这却是一个比吴三桂、鳌拜更老实,心眼更好的可怜人,他也不幸被卷入了这起群体事件之中。

王辅臣这个人心地善良,天底下打着灯笼都难找。曾经有一次,他和吴三桂的侄子吴应熊,还有几个军官,大家一起去一个姓马的总兵官那里饭局。这个马总兵有一个外号,叫马一棍。马一棍是什么意思呢? 意思是说,这位马总兵是个暴脾气,但凡部下犯了错误,不论大罪小错,一律是拿大木棍一棍打死。干脆利索,童叟无欺,只一棍便取部下性命,绝不拖泥带水,故称"马一棍"。

到了马一棍的军营,王辅臣、吴应熊等兄弟们坐定,饭局这就开锅了。兄弟们大块吃肉,大碗喝酒,其乐融融。正融融着,王辅臣端起饭碗,正要吃,嗯……夹杂在雪白的米饭当中,有一只死苍蝇。

当时王辅臣心里那个恶心啊,正想说出来,可突然一转念,不能说,这是厨子做饭注意力不集中,吊儿郎当,再加上厨房卫生不达标,结果让苍蝇混了进来。如果自己说出来的话,那马一棍一生气,铁定一棍子打死厨子,就为了自己吃一顿饭,让厨子搭进一条性命去,这个……不大妥当吧?

这样一想,王辅臣就把饭碗放下,想趁人不注意的时候,悄悄地把苍蝇挑出来,这事就过去了。却不承想,王辅臣身边坐着一个眼尖的军官,那厮吃着自己碗里的,盯着王辅臣碗里的,冷不丁看到王辅臣饭碗里的苍蝇,急忙提醒王辅臣:"喂,老王,你瞧瞧你的碗里有什么? 一只黑又亮的苍蝇耶……"

王辅臣心里大急,生怕这个军官把事嚷嚷开,连累到厨子性命,就急忙眨眼挤眉,示意那军官小点儿声。可那军官哪考虑了这么多,他好心提醒王辅臣,却看王辅臣居然是一副为难的模样,分明是不乐意将那只苍蝇从米饭里挑出来。军官心里有气,就说道:"喂,老王,你啥意思? 不会是想把苍蝇也吃了吧?"

王辅臣这时候只能是硬着头顶强撑着,曰:"咱们当兵的人,啥苦没吃过?啥罪没遭过?在战场的时候,两军相搏,血肉模糊……那节骨眼上,你连苍蝇都没得吃啊……"

那军官听得更是诧异:"如此说来,老王,你真的敢把这只苍蝇吃了?你吃,你要是敢吃的话,我输你二十两银子!"

银子……银子不银子的,王辅臣倒也不放在心上,只是他担心再闹下去,让马一棍听到,那厨师可就没命了。为了一条人命,他只好一咬牙,端起饭碗:我吃我吃我吃吃吃……闭着眼睛,真的把苍蝇吃下去了。

为了救人一命,王辅臣心甘情愿地吞吃苍蝇,这种仁慈善良,应该感动老天了吧?

没那事,老天才不理你个槌子!

当时吴三桂的侄子吴应熊,就坐在王辅臣的边上,他眼睁睁地看着王辅臣把苍蝇吃下去,越看越恶心。心说这老王他妈的什么人啊,钱迷了心窍了?就为了二十两银子,你至于吗……厌恶之下,他拿手拍了拍王辅臣:"喂,老王,你行啊,为了二十两银子,你连苍蝇都敢吃,佩服,佩服,要是再给你二十两银子让你吃屎,你吃不吃?"

"你他妈……"王辅臣登时就火了,你说我就是想救人一条性命,怎么这些人就不肯理解我呢……受了那么大的委屈,遭受到这么多的羞辱,王辅臣的忍耐底线终于断裂,"砰"的一声,他将桌子一掀,操起刀子就要杀吴应熊,吴应熊眼见得王辅臣真的火了,好汉不吃眼前亏,掉头狂逃……

王辅臣的不幸遭遇,告诉我们这样一条简单的人生哲理:善良是需要付出代价的。

有些人不知道这个道理,那只是因为他们并非像自己所想象的那样善良,从未曾真正地为自己的善良埋过单……而帝王之术的运用,就是要找到这些自以为善良的人,然后干掉他们。

10.年轻人成长的凯歌

王辅臣是自以为自己善良,而吴三桂则是自以为自己忠心,仅仅是因为,他们不知道善良也好,忠心也罢,都是需要付出代价的。现在是他们付出代价的时候了。

削藩令一下，朝廷以后不再给云南的现役军人发工资了，所有的钱都留给康熙自己出门旅游消费，大家自己琢磨活路吧……可除了拉班子另组公司，大家哪还有第二条活路？吴三桂被迫于仓促之间，举兵反叛。

可是大家都没有心理准备啊……废话是不是？让你有了准备，那到底是让康熙来玩你，还是你玩康熙啊？

尽管没什么准备，但是吴三桂的战争艺术还真不是吹的。他联系了一大票"落后分子"，有云南提督张国柱，有贵州提督李本深，有四川提督郑蛟麟，有总兵吴之茂，有长沙的副将黄正卿，有湖广的总兵杨来加……再联系台湾的郑成功，大家一起干了，"奶奶的，康熙你个小兔崽子……取消工资，自古以来就没这么干的。"

他们轻而易举控制了云南、贵州、四川、湖南和福建五个省。这么一动手，就展示了吴三桂那过强的军事能力与实力，你看看这个吴三桂，有这么强的能力，你非要屈居一个平西王，怎么不说早点造反啊？非要拖到现在，看看你多大年纪了？

这一年吴三桂已经 62 岁了。单只看看这个年龄，就知道吴三桂有多冤。他都已经 62 岁的老头了，造这反有什么用呢？虽说造反不分年龄，历史上甚至有 70 多岁的老头造反，可是吴三桂手握雄兵，坐享富贵，他闲着没事扯这事干吗？

事实上，正是吴三桂的老迈年龄，才是康熙选中他做对手的最主要原因。论及军事才干，放眼天下，吴三桂是根本找不到对手的。但是康熙要和他比拼的是年龄，无论如何，吴三桂也不可能再活得比康熙更久了，这不唯是吴三桂自己，也是所有老年人的悲剧。

挑战鳌拜，挑战吴三桂，康熙此举之所以赢得了后世史学家一面倒的好评，仅仅是因为，这不唯是皇家策术的运行与权力的大激斗，同样也是年轻人向老年人发起的狂猛攻势。这是年轻一代崛起的凯歌，是历史吐故纳新的必然趋势。尽管年轻人在资历上、在思想的成熟与智慧的积淀方面，都无法与老家伙相比，但是，"沉舟侧畔千帆过，病树前头万木春"，历史终将把自己的舞台留给年轻一代。

康熙之所以能够成为中国历史上最负名望的帝王,最主要的原因是,他首先是一个优秀的年轻人。

吴三桂势如破竹,摧枯拉朽,横扫着大清帝国的铁桶江山。小康熙就坐在自家屋子里边看热闹,吴老头,你蹦,你蹦,我看你还能蹦跶多久……忽然之间吴三桂心血来潮,掐指一算,曰:"坏菜了,我老家伙要蒙主宠召了,那什么……我死之后,你们这些蠢材肯定是没咒念了,要不我干脆登基算了,好歹替你们立一杆大旗,说不定你们还能撑得久一些……"

于是,垂暮年纪的吴三桂在湖南衡州匆忙登基,是年67岁。五个月后,吴三桂卒。

虽然可怕的吴三桂已经卒了,可是疲软的大清帝国收拾吴三桂帐下的虾兵蟹将,就足足花费了三年的时间。假若吴三桂要是再年轻几岁,这段历史,不知道又是怎么个写法了。

11.康熙经营的是寂寞

吴三桂的死,并非是年轻一代战胜老头派的最后绝唱,收回台湾才是最后的落幕。

台湾,这是孤悬于海外的最后一块大明国土,被降将施琅率海军收回,这标志着汉民族对这个年轻皇帝的彻底臣服,也标志着小康熙帝王策术运用的成功,只有将鳌拜、吴三桂这些已经暮气沉沉的老员工解聘,才能够为如施琅这样的后晋员工腾出岗位来。

摆平这么一个帝王思想浓烈的国家,实在是太容易了。挑战难度不够高,不好玩。

康熙经营的不是大中国,是寂寞。

上哪儿再找个对手来呢? 正当康熙郁闷之时,忽然传来天大的喜讯,沙俄使者来了。

来得好!

这个沙俄使者的名字,极其古怪,叫作义斯麻伊尔,副使叫兰给,于是康熙友好接见睦邻友邦的使者:"下跪!"

义斯麻伊尔:"有没有搞错? 你发什么神经,怎么让别人给你下跪?"

"不跪……不跪就算了。"康熙一挥手,大群的持刀卫士蜂拥而上,将义斯麻伊尔拉胳膊抻腿,强行摆出个下跪的姿势。康熙这才乐了,"你看你,不跪就不跪,怎么又跪下了……你们找我有啥事?"

义斯麻伊尔怒道:"是这么一回事……我们沙皇呢,前一阵日子比较忙,没时间照顾你们这些黄种人,失职啊,这是我们沙皇的失职。现在我们不能再失职了,要把针对黄种人的工作抓起来,嗯,给你们派个总督啥的……就是说,要把你这个落后的满清,皈依沙皇陛下的最高统治。"

康熙笑曰:"你说啥?我没听清,再说一遍。"

义斯麻伊尔:"……你看看,我早就说过的吗,中国人对现代文明有着强烈的抵触心理……那就随你们吧,我们不管了。不过呢,你们的军队不应该干涉边关的贸易口岸,两国交往,互惠往来,这是国际常态啊,怎么你们老是不让人家做生意呢?"

康熙笑曰:"差矣,你们洋鬼子极是差矣,你们只知道做生意,能够让民众富裕起来,可是你们哪里晓得啊,这生意一做,群众就要每天拿脑子来来回回地算计……这么一算计,人就会一个比一个精明,就会这么想……噢,我和你一样都是妈生爹养的,都是活这么一辈子,凭什么我要听你摆布?……不行,不行,这样发展下去,我们爱新觉罗家就危险了……"

康熙三十二年,俄罗斯遣使进贡。仁皇帝谕曰:"外藩朝贡,虽属盛事,恐传至后世,未必不因此反生事端。总之,中国安宁,则外衅不做,当以培养元气为根本要务。"仁皇帝又云:"岛国互市广东,百年后必为中国之患。"圣明远虑,早洞见今日时势矣。

义斯麻伊尔一听就火了:"要不咱们这么着吧……你们放开我,有本事放马过来,咱们单挑,仗着人多算什么本事?"

"单挑?"康熙一听就乐了,"好,我们宫里,养着许多布库,天天闲着没事干,就让他们跟你们挑一挑吧……"

就听"砰,哐,扑哧,哎哟……"宫里的摔跤手一窝蜂地涌将上来,被这两个俄罗斯壮汉掐鸡一样,抢起来"砰砰砰"满地乱摔,摔得满地都是大门牙……眼瞅着宫里的摔跤手都不济事,康熙当时火气就大了,胳膊一撸,袖子一挽,就要冲上前去,却被大臣死命拦住:"陛下,使不得,使不得啊……人家可是跟你玩真的,不会像自己的侍卫那样让着你的……"

康熙气得鼻头都歪了:"你看你,净说实话……难道咱们就只能由俄罗斯大鼻子欺负不成?"

"这个……"大臣说,"要不要咱们去兵营里找几个武林高手来?"

找来几个武林高手,绕着俄罗斯人滴溜溜乱转,左一拳,右一脚,照后膝窝再一踹,义斯麻伊尔叫一声"妈呀,""扑通"一声趴地下了。

康熙看得咯咯直乐:"好,好玩……那就三军出动,去北疆雅克萨城,暴打俄国佬……"雅克萨战役就这样拉开了帷幕。

说到雅克萨战役,这一仗打得贼没劲,这是康熙抽调了中国北疆的全部兵力,去打几个俄罗斯冒险家。那些冒险家们跑来雅克萨,看中国人多,他们就是商人,看中国人少,他们就是强盗,能骗就骗,能抢就抢,多捞一点是一点。正捞着,这边黑压压的中国军队杀来了,一众冒险家顿时傻了眼。

这场仗的实力对比是:

清军方面:直接投入战斗的兵员总数,不计后援与运输队,总计18000人,野战炮150门,攻城炮40门。

俄罗斯方面:冒险家826名,毛瑟枪654支,另有短枪18支。

看看这仗还怎么打?

于是俄罗斯求和,两家开始谈判,划分地皮。协约规定:以流入黑龙江之额尔古纳河为界,河以南之地,尽属中国;河以北之地,尽属俄国。这就是历史上赫赫有名的《尼布楚条约》。

却说俄国沙皇一看这份协议,大吃一惊,失声问道:"清国怎么给了咱们这么大一块地方呢? 他们想干啥?"

使者解释说:"……这个……实际上在俄国和大清国之间,隔着大片大片的无人区,风雪交加啊,天寒地冻……这个这个,这些地方中国人去得早,咱们的冒险家去得晚,不过呢,最后康熙还是把尼布楚全给了咱们俄国。"

"我琢磨着,这个康熙实际上是个胆小鬼。"沙皇狐疑地道:"出动数万大军,野战炮团,只为了打咱们百八十个到处流窜的冒险家,你说这人能有多大出息?"

12.叛逆时代的风情

实际上,康熙把尼布楚送给俄国,主要的原因是新疆噶尔丹闹起来了。三打噶尔丹,这对康熙来说是件非常光彩的事件,但在战争史上却乏味得很。这场战斗仍然是康熙固有的风格,杀鸡必用宰牛刀,大刀阔斧,大吼大叫,大张旗鼓,大张大扬,把一件小事解决掉。

想那噶尔丹,充其量不过是荒郊野岭冒出来的一根荆棘刺,带有着典型的少年成长的叛逆风情,逮谁扎谁……可是他终究比不了康熙,在少年成长的阶段有孝庄指点,而噶尔丹却是大野地里生长出来的野人,遇到康熙,两厢里激烈地这么一碰撞,自然是一败涂地,再也没有什么力气瞎折腾了。

说起这噶尔丹,也是有来历的。早在大明时代,曾有蒙古瓦剌部落犯边,明英宗御驾亲征,结果在土木堡遭遇到瓦剌部落的埋伏,大明英宗不幸沦为了瓦剌人的俘虏。这段历史,当是瓦剌人最荣耀的诗篇。但自此以后,瓦剌部落就大踏步地走上了下坡路,一路上再也没回过头,一直走到康熙的年头,瓦剌部落已经分裂成了四部分,又叫四个"卫拉特"。

是哪四个"卫拉特"呢?头一个卫拉特是和硕特部落,该部落在乌鲁木齐一带瞎转悠,后来一不留神,跑到了青海。第二个卫拉特就是准噶尔部,此部落比较稳重,基本上就在伊犁地区不挪窝。第三个卫拉特是杜尔伯特部,居住于额尔吉斯河畔。第四个卫拉特是土尔扈特部,住在新疆塔城。

总之,这四个部落各安其居,各过自己的小日子,原本是相安无事。但伴随着康熙时代的到来,准噶尔部也出了一个噶尔丹,此老兄端的凶悍,先是将这四个"卫拉特"重新合并起来,然后征服了天山南路的诸部落,又出击蒙古三部落,获得了大面积的土地。漠北的土谢图可汗惹不起他,带了二十万老牧民逃向内地,请求中央政府救助。

康熙最乐意出面说和,就急忙劝架:"不要打,大家不要打架,要和谐……"

噶尔丹说:"少跟我扯这一套,把土谢图可汗交出来,他是战犯。"

"战犯……"康熙比较上火,就说,"那好吧,我再多派几个人跟你商量商量吧……"派了自己的亲大哥福全,担任抚远大将军,兵出古北口;派了恭亲王常宁,为安北大将军,兵出喜峰口;再派盛京将军、吉林将军出西辽河,洮儿河,与科尔沁蒙古兵会师;康熙自己驻扎在博洛和屯,居中指挥。

一击噶尔丹,清军先是吃了败仗,被噶尔丹一口气狂追到距北京700里地的乌兰布通。这时候清军的主力人马络绎不绝地开了上来,双方展开盛大规模的会战。战事一起,噶尔丹部的骆驼们就扬开八瓣蹄子,向着四面八方逃散,噶尔丹看得连连摇头,只好率残部逃回了漠北。

败了一仗之后,噶尔丹不服,"小样儿的康熙,懂不懂军事啊,仗哪有你这种打法的? 噢,就仗着你人多……再来!"

再来一场,这次噶尔丹占了明显优势,他的几万人马,面对着是400名清兵的挑衅,那还客气什么,打啊,冲啊……正在追击之际,不提防大沙漠里呼啦一家伙冒出十多万清兵,那黑压压的人头把噶尔丹惊得呆了。

逃回漠北之后,噶尔丹越想越气,"这个小康熙到底是怎么回事啊,这是战场啊,你老是弄来那么多的人干什么,起什么哄啊……"给康熙写信,命令康熙必须立即交出战犯土谢图,否则这事没完。

那就再来一次,可这次噶尔丹运气不大好,他正在前方冲着康熙叫板,不提防后方传来坏消息,他的宝贝侄子策妄阿那布坦在后面宣布起义,抄了噶尔丹的老巢,并要求噶尔丹立即自首,否则后果自负。

噶尔丹很上火,说:"行了行了,你们年轻人自己玩吧……"吞药自尽。

康熙就将诸部落交由噶尔丹的侄子策妄阿那布坦管理,可是他前脚刚刚走开,后脚策妄阿那布坦就闹了起来。

要说年轻人就是胆儿肥,让策妄阿那布坦这小家伙如此一折腾,竟然给折腾出来三个达赖活佛。

13.不负如来不负卿

心中爱慕的人儿,若能够百年偕老,

不亚于从大海里边,采来珍奇的异宝。

……

这一首情诗,在大雪山尽人皆知,此诗便是六世达赖仓央嘉措的杰作,这位活佛是一位才智非凡的诗人,他的著名诗句:不负如来不负卿……至今仍然被人们唱颂。

立了这位六世达赖活佛的,是西藏的"第巴"桑结……这第巴俗称藏王,原为酋长之意,而桑结其人,曾经出现在金庸先生的名著《鹿鼎记》一书中。在小说里,这位桑结活佛带了一大堆喇嘛,来到中原,不幸遭遇到流氓韦小宝,惨遭韦小宝修理……再后来,小说中让桑结活佛、噶尔丹以及韦小宝这仨活宝拜了把兄弟,桑结活佛是他们三人的大哥……而小说中的桑结活佛,就是西藏的"第巴"。

当时管理西藏行政事务的,是拉藏汗。这位先生是位蒙古人,起初他的爷爷来到西藏,和桑结联手,赶走了红教又合并了后藏,然后爷爷传儿子,儿子传孙子,这孙子就是拉藏汗了。

桑结和拉藏汗的爷爷关系还不错,和拉藏汗的爹关系也说得过去,就是和拉藏汗的关系处不好,不和谐。于是桑结就考虑,是不是找个什么办法,解决一下这个问题呢……有了,我弄点毒药,给拉藏汗吃下去……于是桑结就偷偷地给拉藏汗下毒,但是很不幸,拉藏汗发现了食物中的毒药,拉藏汗很生气,后果很严重。于是桑结急忙弥补……他仓促间集结兵力,与拉藏汗的骑兵展开了大规模的斗殴,结果桑结战败,被拉藏汗杀掉。

杀了桑结,拉藏汗很愤怒,忽然看到桑结立的六世达赖仓央嘉措,正在一边兀自写诗,拉藏汗毫不客气地将仓央嘉错抓了起来,然后打报告给康熙,指控仓央嘉措沉湎酒色,不守清规,是假达赖,请求康熙批准将其废黜。就这样,这位闻名于世的大诗人,在他坐床第九年,被押送到了北京。

事后人们发现,仓央嘉措是真正的达赖转世,他是西藏的保护神14个化身组成的整链条中至关紧要的一环。可当时仓央嘉措真没地方说理去,所以在当时,仓央嘉措又被称为"假达赖"。

赶走了仓央嘉措,拉藏汗自己又立了一个益西嘉措,认为他才是六世达赖转世,这个益西嘉措,又被称为"新达赖"。可是大家都不认"新达赖",青海诸部落联合起来,又立了一个噶桑嘉措,也称为"真达赖"。

就这样,一家伙弄出仨达赖来,最缺少人望的,就是"新达赖"益西嘉措了。益西嘉措正在给大家做工作,这时候噶尔丹的侄子,策妄阿那布坦带了兵马急匆匆地赶来了,到地方一瞧,这怎么行啊,你这个益西嘉措,大家都不承认你吗,你还在这里闹什么闹,快别闹了……不由分说将益西嘉措囚禁了起来。

这段历史,发生在公元1717年,史载:策妄阿那布坦驱兵入藏,陷布达拉宫,斩拉藏可汗,囚新达赖,据有西藏全境。

事情发生之后,康熙很恼火,说:"你看这个策妄阿那布坦,你怎么可以这么搞呢,这不是破坏民族团结吗……"派出三路人马,靖远将军富宁安出巴尔库,振武将军傅尔丹出阿尔泰山,西安将军额轮特出青海,去劝劝策妄阿那布坦。

话说靖远将军和振武将军正在匆忙行军期间,忽然听到消息,西安将军额轮特已经和策妄阿那布坦发生了"亲密"的接触,接触过后,西安将军额轮特全军覆没。靖远将军和振武将军听到这个消息,吓得呆了,不敢前行。

不敢前行,这哪行啊,这时候西藏诸部纷纷向中央政府求援:快来帮帮我们啊,快点来啊……康熙一听,说:那好吧,封噶桑嘉措为六世达赖,派了西宁都统延信一路护送真达赖回西藏,另遣四川都统噶弼出打箭炉,振武将军傅尔丹出西坤,大家并头齐行。正行之间,策妄阿那布坦飞马迎了上来,大家热烈开战,策妄阿那布坦不支,掉头狂逃。

中央政府的军队来到了西藏,封拉藏汗的旧臣康济鼐为"贝子",负责管理前藏;拉藏汗的旧臣颇罗鼐为"台吉"——以前皇太极就是叫这个名——让他管理后藏;再立了一块平藏碑。三达赖悬案就此落下了帷幕。

14.新一代的叛逆者

几乎和噶尔丹同时闹起来的,是康熙的众多儿子们。

正所谓世易时移,昨天康熙还是兴致勃勃向老一辈挑战的青年翘楚,就这么一眨巴眼,这孩子已经成老头了,成了新一代年轻人挑战的目标。

《归田琐记》中提到这样一件事,康熙南下旅游的时候,忽然传出一道圣旨,曰:"朕最近发现,豆腐很好吃很好吃,大家不信尝一尝……"为了块豆腐,还专门发布最高指示,明摆着,康熙的牙口不行了,门牙都掉光了,吃嘛嘛不香了。老头也该退休了吧?太子胤礽想。

没那好事!老头不退,永远也不退,太子你就等着去吧。

可怜的太子已经等了三十多年了,实在是等不下去了,于是他毅然决然地做出了一个英明决定:疯掉!

听到这个消息,康熙急匆匆地赶来,跺脚道:"你这个孩子啊,真是太不像话了,不法祖德,不遵朕训,唯肆恶虐众,暴戾淫乱……总之是太不像话了,撤销太子待遇,关起来反省!"

于是太子被废。可好端端的一个太子,怎么说疯掉就疯掉了呢?康熙极是诧异，就四处去打听。这一打听，就出了一桩大事：

公元 1708 年，成群结队的士兵冲进北京西郊的一个大宅院，掀开一块青石板，跳入一个洞窟之内，大喝一声："不许动，举起手来。"

洞中点燃着幽暗的烛火，在明灭不定的火苗映照之下，现出一个形貌古怪的喇嘛僧。当士兵们冲进来的时候，喇嘛僧正双手合十，对着一尊奇特的木雕像，口中念念有词。揪着喇嘛僧的脖子提溜出来，仔细一看那木雕像，发现上面写着太子的生辰八字，还沾染着已经干涸了的血迹。

原来，这个喇嘛僧，名字叫汉格隆。这家伙不知道从哪本书里捣腾出一种可怕的邪术，只要刻个木头人，上面写上受诅咒人的生辰八字，再想办法弄到受诅咒人的鲜血，涂抹在木头人上，然后汉格隆对着这木头人一念咒，被诅咒的人就会立即神志恍惚，六神无主……然后汉格隆再拿针尖一挑木头人的生殖器，这下可不得了，受诅咒的太子立即就以为自己是一头发情的公兽，脱光衣服就奔皇宫冲将过去……

可是太子没招汉格隆，也没惹汉格隆，汉格隆干吗要这样修理他呢？再一打听，事情更加麻烦了。原来，就在康熙从一个优秀青年向垂暮老头大步挺进的当口，在他的儿子堆里，已经分裂成了几个水火不容的利益集团，确切地说，就是太子老二集团、老大集团、老四集团和老八集团。

这个汉格隆，就是大阿哥高薪诚聘来的。因为大阿哥白白当了大阿哥，太子的待遇反倒让二阿哥享受上了，大阿哥心里憋火，就琢磨着是不是解决一下这个问题。

此外，好像八阿哥也参与了这件事，因为有个算命先生张明德，经常出入于八阿哥的府上，这算命先生可是江湖人物啊，说不定也懂点妖术。

人生的成长，是有一个不变的规律的。少年的时候，最痛恨老年人的专制，喜欢挑战权威，跟老头叫板。上了年纪的时候，最痛恨年轻人的挑战，以教训年轻人为乐趣。

这条规律，在康熙身上丝毫不差地验证了。他年轻的时候，拳打南山猛虎，脚踢北海蛟龙，快意恩仇，笑傲江湖。但等他年老了，却决不允许儿子们也这么搞。

大阿哥被抓，八阿哥被关，这俩孩子被囚禁起来，眼见得太子就恢复了清醒。康熙松了一口气,正要跟太子胤礽交代一下国家大事,不提防太子的眼睛猛一放光,将衣服一脱,冲老爹身后的宫娥们就扑将过来……这孩子又疯了。

这次又是谁在暗中捣的鬼呢?再查,却始终查不出来。康熙极是郁闷,就说:"兔崽子们,你们不让老子省心是不是?那就别怪老子玩死你们……信不信,这次我不立继承人,蹬腿就死。"

大家还以为康熙说说气话,不曾想,这老头是认真的。公元1735年10月8日,康熙死,死前真的没有立下继承人。

大清国这下子可热闹了。

康熙远小人严治太监

清世祖顺治皇帝福临死后,其子玄烨即帝位,他就是康熙帝,因其年号为康熙而得名。

康熙帝即位时还很年幼,由其祖母太皇太后执政,一批老臣参与辅政,他们想要恢复太祖太宗时期的淳朴旧制,因此决定撤掉由太监掌管的十三衙门,仍设内务府。康熙在屡次与大臣的会议中,都不断地揭露太监的罪行,痛斥宦官作恶多端。

清圣祖康熙三十一年(1692)正月二十九日,他还对修《明史》的官员说:宦官为害,历代有之。如明朝的王振、刘瑾、魏忠贤之流,负罪尤甚:崇祯诛锄阉党是件大好事。

在康熙三十三年(1694)闰五月十四日,刑部等衙门题报:太监钱文才打死草民徐二,应处以绞刑。康熙便以此事对大学士们说:"凡是太监犯罪,决不能宽恕,应该加等治罪。朕发现自古以来,太监中的善良者实在太少了。身为人君就应该防微杜渐,开始就注意,如果开始就姑息纵容,等到势不可遏,虽然想制服也无可奈何了。如汉代的十常侍、唐代的北司,窃弄威权,甚至人主起居、服装、食品,都在其掌握之中,这不是一朝一夕的原因,是长期积累形成的。太监原来是被阉割的人,其性情与一般人不同,他们往往外表装作老实厚道,内里却居心叵测。必须是人君英明,这些家伙才无法施展权术。朕听说明代皇帝将朝廷奏章的批答权,委托给司礼监,司礼监又委之名下内监,此辈素无学问,不知义理,委之以事,怎么能不发生谬误呢? 钱文才杀人案,你们要记住,到秋天审判犯人的时候,一定要严加惩办,不能让他漏网。"

康熙四十年(1701)五月二十二日,江南道御史张瑷上书,要求将西山碧云寺后面葬有前明太监魏忠贤之墓、古碑二座彻底平毁。康熙批准。

康熙四十二年(1703)四月二十三日,康熙阅读明史,将其心得体会讲给大学士们说:"朕自幼年的时候,即每件事都好问个为什么,朕还看见过明代的一些太监,所以那时候的事,朕知道得很详细。太监魏忠贤的恶劣形迹,史书仅仅记其大概而已,还没有详细记载。明朝末年的皇帝多有不识字者,遇到讲书时,就垂幔听之,诸事听任太监办理,所以生杀之权,尽归这些人操纵。"

他还说:"明史记载杨涟、左光斗死在北镇抚司狱中。闻此二人,在午门前受御杖而死,太监们用布裹尸拖出去。至于随崇祯殉难的人,乃是太监王承恩,因此,世祖皇帝作文致祭,并立碑碣。"

康熙可谓是一位明主,他能辨忠、识奸,知道历代的掌权的太监之中都出过一些大奸大恶之徒。康熙的话也说明对历代作恶多端的太监都深恶痛绝,只有个别的如王承恩例外,因其忠君随死。如魏忠贤之流,死后下令平毁墓碑,似有不共戴天之仇。为什么呢? 正因为此辈害国害民。所以在清代,宫中太监一般仅供洒扫使役,不给予任何权柄。

康熙帝朝中讲学启科学之风

康熙帝可说是中国历史上学问最深,知识面最广的皇帝之一。不但是中国的传统文化,对于当时西方的数学和科学技术,他的造诣之高在全国也找不出几个来。

有一天,康熙皇上御驾乾清宫,将朝中的大学士、九卿等学问高深的官员召至御座前。大学士和九卿你看看我,我看看他,不知皇上今日要做什么。

康熙帝见这些官员到齐了,首先提问内廷学士陈原耀说:"陈原耀,朕问你,测景使用何法?"

陈原耀"刷"一下子脸红到耳根。原来,他对康熙帝将传教士等洋人奉为上宾,学这问那,不以为然,背地也时发议论,而此刻提问他的问题,恰是他不知不晓之事。他以为皇上今日开场便向他提出这样的问题,是有意难为他,于是他惭然回答说:"禀万岁爷,臣不晓。"

康熙帝说:"来!你在这张纸上画两个点,随意画之。"

陈原耀走至皇上御坐旁边,用笔轻轻点了两点,然后闪在一旁,只见康熙帝拿出规尺,按照陈原耀画的两点,用尺量,用笔画。召大学士、九卿近前,皇上一边画一边解释说:"这测景不难,但必须用科学方法计算之。你们看,我先用规尺,将你画的两点相连接,然后绘成图形。"众大臣俯身用眼瞟了瞟,皆不识所画为何物。皇上画完了,又说道:"按这一图形,需用方根公式计算。"接着康熙帝一边演算,一边讲解什么叫开平方,什么叫概率,一会儿纸上画满了各种符号。

康熙帝讲完了,问众人"明白否?"众学士、九卿"啊!啊!"地点着头,既不说明白,更不敢说不明白,他们望着那"天书"一样的图纸瞠目结舌,汗水涔涔。那陈原耀不由得暗自佩服皇上勤于学问,知识渊博,无所不知,无所不晓。

正在众官员看得出神的时候,皇上忽又问梅毂成说:"五声、八音、八风晓乎?"

梅毂成本是读过五经四书、诸子百家的人,于音律亦略通一二,可他见今天这形势,不知皇上是否另有用意,于是谨慎地回答说:"万岁爷!下官不晓得,愿聆圣教。"

康熙帝取出了《太极图》,以及五声、八音、八风图,边让大家看边讲解,从古到今,引经据典,讲《太极图》时他对众人解释说:"《易·系辞上》说:'易有太极,是生两仪,两仪生四象,四象生八卦'这里的'太极'是派生万物的本源。"当讲到八风时,又用方圆诸图,给众官验算,无不吻合。当讲到乐律隔八相生的道理时,皇上怕众官听着枯燥无味,又令人召乐人以笛合瑟,次第审音,乐人吹奏三遍,皇上讲道:"声音高下,循环相生,复还本音,必须第八,此乃一定之理也。"说到这儿,令众人仔细体味,众官本皆明白一些此中道理,神情顿时放松,大家正在议论,忽见宫人将一物取来放在桌上,众官视之,有识得的,知为日晷表,那头一次见到的人,尚不知为何物,心说:"今天怎么尽考难题?"

康熙帝指着日晷表问众人:"此为何物?"那识者抢先回说:"此乃日晷表也。"

康熙帝问:"可知其理?"

那人说："啊！臣只知其一不知其二。"

康熙帝捧起日晷表，说道："此日晷表乃是计时器，由晷盘、晷针组成，斜放于日下，其针影随太阳运转而移动，刻度盘上的不同位置，表示不同的时刻。"

他边说着边将其拿到窗前日光下摆好方向，继续解释说："天体在天球上每一恒星日内，绕着天轴由东向西旋转一周的运动，谓之周日运动。要正确得出周日，需要掌握周日视差。视差指因观测者位置的移动，或由不同地点观测同一天体而引起的方向变化。"说到这儿，皇上又回到座前，拿起笔来，画了一个图，详析其理。

康熙帝通过讲解和实际验算之后，望着众官说："学问，学问，要学就得问，不问岂知焉？你们知道吗？这台测日晷表，是比利时传教士南怀仁给朕研制而成的。南怀仁还为我国制作六座大型天文仪器。法国精通自然科学的传教士来，朕都向他求教，让他们给朕讲解数学、天文、测绘、炮术等科学知识，朕还经常登门去问或参观仪器，世界上新事物层出不穷，不学怎么得了！"

众卿频频点头，连说："是！是！是！"

康熙帝又说："现在我们要测绘疆域图，不懂测绘学、制图学能行吗？"

众卿深知其重要性，连忙点头称"是！"

康熙帝呷了一口茶，继续说道："朕前次考试文武官员，问及与我国境接界的都有哪些国家，多数人答不上来。我国疆土是先祖留下的，边界不可不弄清楚。可如今我国疆界国籍很不精确，是以朕传旨专业人员绘制地图，将疆域划定准确。"

众卿鸦雀无声，都听入了迷。这时，皇上一转脸色，愤然道："可笑的是，有人读了几年诗书，便不知天高地厚，朕曾问一位官员，我国有多少个民族？他答的是：'大清者，满族也，大汉者，汉族也，满汉一体，大清国也'，真是满口胡言。"

众卿听到这里，个个自惭形秽，大气不敢出，都在深省自己的言行，心想：今日讲学，才知自己是井底之蛙，皇上日理万机，犹自学而不辍，以至竟在所有大学士之上，大千世界，人知之太少，不学又何以知之啊？

康熙帝抬眼看看众卿，又说道："还有一位官员，家里贴着这样一副对联："'荣华传家久，富贵继万年'，在这种人的头脑中，只知荣华富贵，他根本不想如何繁荣国家，发展我国的科学事业。朕给他改为'诗书传家久，科学济世长。'朕今召汝等前来，是朕抛砖引玉，愿汝等勤学苦钻科学，下次朕聆听汝等为朕讲学，尔等共进之。"

众官员听罢，"刷"地齐跪在康熙帝御座前，高呼："圣主天资，为臣民做出榜样，吾等谨遵谆渝，孜孜不倦而学之。"众官辞圣驾而归。

这天，内廷学士陈原耀出宫回府，思前想后，甚感惭愧，因皇上经常召他至书房论书，曾见皇上在读书炕桌上，放有三块银板，上面刻满各种符号和数字，终日爱不释手，以为皇上为洋人所惑，对此，与他人谈论间曾语涉不敬。今日聆听圣教，方知自己盲目排外之愚陋可鄙，懂得了取众长为我所用之理。他想到这儿，决心孜孜不倦地攻读科学，不辜负圣望。

从此，康熙皇上博学中外科学知识的精神，在朝野引起巨大反响，一个学科学用科学的风气，很快在一些官员、士民中兴起。

康熙的读书生活

康熙皇帝喜爱读书。他八岁登基，由张姓、林姓两位内侍教他识字，开始是以经书为主，以后渐次学习诗文。随着年龄的增长，渐渐地对于诸子百家、天文地理等无不涉及。康熙以用功学习以至吐血为代价，获得丰富的知识，成了一位博学多才的皇帝。

康熙写有一篇《读书记》，记中说，他自冲龄就性耽问学；即位以后，仍然"罔自暇逸"，他"未明求衣、待日视事，讲臣执经，群工入奏，未尝一日不与相接"。退朝以后，除了书册翰墨之外，再也没有其他的嗜好。他平常"端居乾清宫，取六经之书，发而读之，以求契夫古圣人之心，将以致其用而未能也。又上下古今，盱衡数千载，思昔人之所以致其用者，而求之乎纪志表传编年纪事之文，将以考其用者而求之所存。朝斯夕斯，怡然忘倦，盖浩乎其未有涯，悠然其未有艾也。"这就是康熙皇帝关于他的学习生活的自述。

康熙常说，学习是没有止境的，学习就像沙里淘金，要协于克一。而且，学习的关键是不自欺。即便是古代的圣人，也要借助学习，鉴取他人，才会至睿至圣；圣人尚且如此，何况芸芸众生？人的知识不能凭空虚悟，必须假以诗书六艺之文、诵读其词,思索其义,穷其指归。在康熙看来,学习既要本于不自欺欺人,同时也要防止始勤终惰,有首无尾。因此,康熙非常强调,艰苦求学,一定要持之以恒。

康熙为了增进自己的知识和提倡学习风气,还于康熙九年接受熊赐履的建议,举行经筵日讲。这年十月丁酉,康熙降谕礼部:"帝王勤求治理,必稽古典学,以资启沃之功。朕于政务余暇,惟日研精经史。念经筵日讲,允属大典,宜即举行,尔部其

康熙读书图

详察典例,择吉具仪以闻。"(《康熙圣训》)康熙十二年二月,他又觉得隔日讲讲"犹然未惬",因此,谕令学士傅达礼:自此以后,日侍进讲。康熙对于经筵日讲是非常看重的,而且很讲实效。他在康熙十二年三月移驻瀛台前夕,曾对傅达礼说:"学问之道,在于实心研索,使视为故事,讲毕即置之度外,是徒务虚名,于身心何益? 联于诸臣进讲后,每再三绌绎,即心有所得,尤必考证于人,务求道理明彻乃止。至听政之暇,无间寒暑,唯有读书作字而已。"(《康熙圣训》)

康熙是位皇帝,因此,他在读书生活中,经部书籍占据重要的位置。康熙九年,他根据儒家学说,制定和颁发了《圣谕十六条》,作为人们思想的准则。十六条冠以"敦孝弟以重人伦",其后依次为"笃宗族""和乡党""重农桑""尚节俭""隆学校""黜异端""讲法律""明礼让""务本业""训子弟""息诬告""诫窝逃""完钱粮""联保甲""解仇忿"等。从《圣谕十六条》的内容上看,它不过是儒学思想的政治化和社会化而已。雍正即位以后,又给十六条详做注解,广加阐释,写成《圣谕广训》,于是它就以"法"的力量和形式,成了臣民生活的信条和行动的准则。康熙还纂有《周易折中》《日讲四书解义》,并有《钦定诗经传说汇纂》《钦定书经传说汇纂》《钦定春秋传说汇纂》。在此之外,康熙还写有大量

的经学方面的文章,他写的《慎几微论》《无逸以致寿论》《礼乐论》《至圣先师孔子赞》,以及《性理大全序》《日讲礼记解义序》《孝经衍义序》等等,无不立意新颖,行文流畅,给人一种正统思想的巨大震撼力。

康熙喜好史学,而且,他学习历史,还真的能够做到以史为鉴。他写的《王道论》,见解精辟,他的思想,较之以往的帝王来说,应该说是别具一格的。康熙说,三代繁盛,主要是在蠲烦去苛,屏饰斥伪,当时崇礼让而缓刑罚,积之日久,自然就风俗日茂、人心日醇,这是由仁义而导致的昌盛;秦汉以后则大不然,国家的一切政教,都约束臣民,政治强大,客观上要求人们藏情匿貌,结果上下相蒙、竞趋偷薄,天下治功因而无法及于远古,这是由于不行仁义而导致的衰微。因此,康熙认为,只有仁育天下,义正臣民,国家方可日渐兴盛。康熙还有不少历史方面的著述,且多真知灼见,如他说,上古的时候,荒远无征,因此,有关其时的记载,大多不能让人相信,尤其是十日并出,更是荒诞不经。康熙的史学著作,主要有《周恒王记》《晁错贵粟疏》《汉武帝遣方士求神仙》等等。

康熙有一篇很有趣味的历史咏叹,这就是《再过明故宫》:"楼台金粉已沉销,不独诗人说六朝。月落宫垣春寂寂,经过惟观草萧萧。"康熙的诗是写得很有特点,很优美的。其诗不仅讲求诗律,而且常能引事入咏,可以称为"诗史"。康熙入诗的内容,从天上到人间,从至尊到庶民,从礼义到农桑,或宏或细,或事或论,真是汪洋恣肆,无所不包。在他的笔下,既有这样的楼台静月:"影送楼台照水明,金波荡漾远含清。西山色净云初散,南苑风和令正行。"(《月》)又有这样的春夜烟云:"玉轳烟霭尽,夜静百花香。曙光净月陛,春光拂象床。"(《春夜》)这些诗,令人心意坦然,神思恬静。康熙的一首《克雪》,在统治者的诗歌中十分罕见,成为千古绝唱:"三冬望雪意殷殷,积素春来乱玉纹。农事东畴堪播植,勤民方不愧为君。"

康熙与诗比美的,还有他的充满生机和活力的物象赋。如他赋莲花:"侔嘉名于华顶,结异质于清凉。冠方贡之三品,赋正色于中央。搴芙蓉而在陆,丽菡萏于崇冈。顾柳池之非偶,岂苹涧之可方。"(《金莲花赋》)莲花的勃勃风姿,跃然纸上。

康熙公开"小报告"

康熙末年,有个江南总督叫噶礼,贪婪而骄傲,尤其喜欢整人。当时,苏州知府陈鹏年,官声清廉、刚正不阿,常与噶礼意见相左。噶礼嫉恨在心,便寻机参劾,要将他充军黑龙江。康熙没有同意,觉得陈鹏年很有才学,就调他到京城编修图书。噶礼还不罢休,又密奏康熙,说陈鹏年写过一首《游虎丘》的诗,诗中有怨恨不满的情绪,应从重治罪,并将原诗密封附上。噶礼的这份密奏实际上是整人的"小报告"。

康熙细读了陈鹏年的诗,并不觉得有什么"怨恨悖谬之心";再看噶礼的密奏,深以为噶礼完全是深文周纳,挟嫌整人。于是,康熙召集群臣,在朝廷当众宣布:"噶礼这个人总喜欢惹是生非。苏州知府陈鹏年稍有一点声誉,噶礼就想坑害他,居然密奏陈鹏年的虎丘诗中有怨恨悖谬之心。我看来看去,诗中根本没有这样的意思。卑鄙猥琐的小人,他们的手段伎俩,大都是这样,我怎么能受这种小人的欺骗呢?"说完,将噶礼的密奏和陈鹏年的虎丘诗公诸于众,让朝廷大臣传阅。噶礼自讨没趣,窘困之极。

康熙皇帝禁裹足

自五代时的李后主令宫嫔裹足以来,这种陋习历经了几个朝代。什么"三寸金莲""三寸弓鞋"之类的无聊词儿,几乎成了封建士大夫衡量"娇娘"的标准。

明代有过放脚。据《万历野获编》载:在明代宫中,"凡被选之女,一登籍入内,即解去足纨,别做宫样。盖取便御前奔趋,无颠厥之患"。这是有关妇女"放脚"的记载,但这仅仅是为了"便御前奔趋",更好地充当统治者的使唤而已。历史上第一个禁止裹足的皇帝是康熙。康熙三年(公元1664年),他下令禁止妇女裹足。规定:凡是康熙元年以后所生之女,"若有违法裹足者,其女父有官者,交吏、兵二部议处;兵民交付刑部,责40板,流徙;其家长不行稽查,枷1月,责40板。"在这严厉的措施下,"放脚"之风蔚然一时,可惜的是,这事关妇女利益的措施,没能坚持很久,在封建势力的顽抗下,康熙七年即经礼部奏罢,裹足之风又蔓延开来。

直到辛亥革命后,妇女裹足这种陋习,才得以逐步消亡。

康熙挽郑成功

1662 年 7 月,坚持抗清斗争的郑成功病逝于台湾。郑的后代将其遗体迁葬福建故土,康熙亲自敕派官员一路护送灵枢,并题撰挽联一副,联云:

"四镇多二心,两岛屯师,敢向东南争半壁;

诸王无寸土,一隅抗志,方知海外有孤忠。"

全联仅 32 字,却有着极其丰富的内涵。清朝入关以后,明马士英等专权误国,四镇总兵心怀二志,明福王朱由崧建立的弘光小朝廷顷刻覆亡;明唐王朱聿键也被清军擒获。当此之时,郑成功拒不降清,以厦门、金门二岛为根据地,兴兵反抗。1659 年,郑成功会同张煌言北伐,从崇明溯江而上,克镇江,围南京,后失败而还。上联中。两岛屯师,敢向东南争半壁",正是对这一史实的概括。

因厦门一带地势孤单,郑成功遂于 1661 年 3 月 1 日率领将士 25000 人登舰出发,收复了被荷兰殖民者侵占了 38 年的台湾。郑成功收复台湾后,施行新政,志在反清复明。这就是康熙皇帝在下联中所赞扬的"一隅抗志,方知海外有孤忠"。

康熙指挥救火

康熙二十三年三月初十,北京正阳门外的居民区发生了一场大火。由于毗邻皇宫,这件事惊动了康熙皇帝。他几次派人前往查看,得知"该城及司坊巡捕营等官,并无一人在者,亦无一救火之人。"他派内大臣、侍卫前去扑救,但因火势方炽,不能很快熄灭。于是,他出了天安门,登上正阳门城楼,亲自指挥内大臣、侍卫等前往扑救,经过一场紧张战斗,终于将大火扑灭。第二天,康熙帝针对救火中所暴露的问题,特向大学士发布了一道上谕,把他昨天指挥救火的经过,主管部门玩忽职守和满汉大臣置若罔闻、袖手旁观的情况叙述了一遍,除点

中国古代逸史

·清朝逸史·

图文珍藏版

名斥责了某些官员之外,还训斥了其他有关人员。上谕说:"该城及司坊巡捕等官,是其该管之处,职分所在,平日不加谨提防,遇灾又不急救,殊为怠忽。左都御史科尔坤、兵部侍郎郭丕、阿兰泰奏称'臣等留视,俟火势熄灭方回。'及朕还宫,使人看时,伊等亦已散去。城外系汉官所居之地,遇此等事,亦应协力料理,乃置若罔闻,袖手不顾,则他事亦因循坐视可知。伊等皆国家大臣官员,凡事当视若一体,乃于身外一不关心,可乎?尔等可将此旨传谕吏、兵二部及都察院知之。"

这件事见于《圣祖实录》卷一一四。事情并不大,但它反映了清代官僚制度的腐朽、工作效率低下以及统治阶级内部"自家打扫门前雪,休管他人瓦上霜"的居官哲学。康熙帝从这次毗邻皇宫的火灾中,由小看大,举一反三,想到救火如此,其他事恐怕也是如此,所以他说"他事亦因循坐视可知",要大家引以为戒。当时,康熙帝才三十岁出头,他朝气蓬勃,精力充沛,很想有一番作为。整顿吏治,就是他经常想到的题目之一。所以,一场火灾中的见闻,也就成了他告诫臣下的好材料。

康熙打猎

自古帝王多好游猎,汉武帝就是个著名的打猎迷。他常"自击熊豕,驱逐野兽",甚至闹到政务荒疏、人心不安的地步,所以才有司马相如上书谏猎的故事。清代皇帝的狩猎,自然也是出于享乐,但在清初,主要还是为了保持满人入关前渔猎、尚武的习俗,因而把一年一度的"秋狝"定为一种例行的制度,目的是不叫统治者忘本。

在清代皇帝中,康熙是个打猎能手。他小时候,曾跟一个叫默尔根侍卫学习骑马、射箭。默尔根要求十分严格,凡是姿势、方法上有一点差错,他就直言不讳地指出。默尔根的教练,给康熙留下了深刻的印象。康熙晚年曾回忆说:"朕于骑射哨鹿行猎等事,皆自幼学习,稍有未合式处,默尔根侍卫即直奏无隐。朕于诸事谙练者,皆默尔根之功,迄今犹念其诚实忠直,未尝忘也!"

除了在热河围场举行"秋狝"之外,康熙每次到北方出巡,往往伴有打猎的活动。值得注意的是,在今天已行踪绝少的猛虎,当时分布却很广。不仅黑龙江、吉林,就是山海关、锦州、遵化、古北口、滦河西岸,都有虎豹出没。《圣祖实录》记载:康熙二十年的二月,"辛丑,帝出山海关,行围,射殪二虎";"壬寅,上行围,射殪二虎,驻跸中后所";"癸卯,上行围,射殪二虎,驻跸宁远州";"丙午,上行围,射殪二虎,驻跸广宁县闾阳驿"。仅在一周之内,他就打死了八只老虎。

康熙二十二年二月,他在巡游五台山的归途中,于"长城岭西路旁射殪一虎。是日驻跸龙泉关。"

康熙二十五年,他去遵化谒顺治的孝陵,在米峪口、滦河西岸、龙井关都打死过老虎。

康熙狩猎图

康熙行围打猎的规模是很大的。跟随康熙身边的西方传教士南怀仁,在所著的《鞑靼旅行记》中记载了1682年(康熙二十一年)的一段打猎的情况:"抵达了称作山海关的城堡,……皇帝连同王侯百官,从此每天教狩猎,……此时皇帝从亲卫军中,挑选出三千名弓箭武装的士兵。"

"他们按着一定的顺序和间距,列队绕着山峰,向两侧扩展,围成了一个直径三里的环形。……等所有的位置固定后,全体成一条线向前进。前面无论是谷涧,还是荆棘深丛,甚至是险陡的山崖,任何人都必须攀涉,不准左右窜动,离开队伍。"

"就这样,横越山岭和涧谷,把兽类圈在这个环形网中,再渐渐地围到一块没有树木的低地。三里半径的圆环,缩小到半径仅有二三万步的圆环。然后各自下马(七万人全都骑马,无一步行),步比步、肩并肩地穷追那些从洞穴中、从栖息地赶出来的兽类。兽类东蹿西跳也找不出逃路,终于力竭就捕。我亲眼看见,用这种办法,仅半日间就抓住三百多只牡鹿和狼、狐狸以及其他野兽。在辽东前方辁轊的边陲地方,我时常看到一个时辰就捕住一千多只牡鹿和穴居的熊。"……

"打住虎有六十头,这是用另外的方法,使用其他武器击毙的。"

康熙身边的作家高士奇,在《随辇集》中也记录了一些打猎的情况。其卷七《扈从杂记》诗云:"

漠漠荒城路不分,千山立马对斜曛。

彩旄时杂岩前树,黄辔遥飞岭外云。

出队狐狸人共逐,合围麋鹿自成群。

扬雄羽猎无能赋,后乘空惭托圣君。"

其叙述康熙打猎的规模与南怀仁所记大体一致。

在狩猎中,康熙自己常用火枪、弓箭射击。他晚年曾做过一个统计数字,"朕自幼至今,凡用鸟枪弓矢,获虎135、熊20、豹25、猞猁狲10、麋鹿14、狼96、野猪132,哨获之鹿凡数百,其余围场内随便射获诸兽,不胜记矣。"有一次,他一天之内就"射兔318"。他的箭法枪法确实有一定的造诣。他的孙子乾隆曾经说:"圣祖神勇天锡,力能挽强,并用12把长箭,臣下罕有用者。曾见圣祖箭无虚发,围中射鹿,率多贯胁洞胸。即猛如虎,健如熊,捷如兔,亦往往一发殪之。"

康熙在学习西方解剖学之后,总想对古代"关于熊能引气,故冬蛰不食"的说法做一次考察。有一次,他在狩猎时获得一只冬眠熊。经过解剖,他发现这熊的肠胃中确实是"净洁无物"。从此,他才相信熊"冬蛰不食"的说法。他认为:"倘猎者不即毙之窟中,熊逸而去,则虽冬月亦必搏兽而食。"由此,他还联想到道家用"食气内息"之术可以"两三日不食不饥"的问题。他说:"若与人应对酬酢便不耐饥饿。"这是因为"气随音而动,动则外泄内虚"的缘故。康熙当时还不知道熊在冬眠中是靠消耗体内贮存维持生命,但他所说的传统理论——"食气内息",却是值得后人研究的,因为冬眠并不是单靠消耗体内贮存就可以做到的。

康熙教子

在清代京师西郊海淀西边的丹陵沜，康熙帝曾经建过一座“避諠听政”的畅春园。园里的无逸斋，雕梁画栋，典雅恬静，是皇太子允礽读书的地方。

康熙帝有35子，20女。皇长子允禔，为惠妃纳喇氏所生，康熙不大喜欢他。康熙异常钟爱的是孝诚仁皇后赫舍里氏生的次子允礽。允礽生于康熙十三年（1674年），出生时，他母亲就死去了。他一岁时被太皇太后和皇太后命立为皇太子。四岁时，康熙帝便亲自教他读书、写字。六岁时，康熙帝请了大学士张英和李光地为皇太子的师傅，延馆在宫，孜孜教诲。在皇位世袭的封建时代，皇太子的臧否，直接关系到清朝的宗庙、社稷。康熙帝认为“自古帝王莫不以豫教储贰为国家根本”。他唯恐皇太子不深通学问，未明达治礼，所以对允礽孳孳在念，面命耳提，督以礼节，勤加训诲。

允礽长到14岁时，应该出阁读书了。一天，康熙帝在畅春园对皇太子老师尚书达哈塔、汤斌和耿介等说：“古昔圣贤训储不得其道，以致颠覆，往往有之。”又援引李世民的教训说：“唐太宗亦称英明之主，不能保全储副，朕深悉其故。”于是康熙帝特委任诸臣，教导他的储贰允礽。康熙帝戒谕允礽读书写字要勤奋，不许有一日暇逸，所以赐名允礽读书的学堂为“无逸斋”。

允礽在无逸斋的读书生活按当时干支纪时为序，以某一天为例，是这样安排的。

卯时（上午5—7时）。满文师傅达哈塔，汉文师傅汤斌和少詹事耿介，进入无逸斋，向皇太子恭行臣子礼之后，侍立在东侧；管记载皇太子言行的起居注官库勒纳、田喜篝侍立在西侧。皇太子允仍伏案诵读《礼记》中的章节，讽詠不停。允礽遵照他皇父“书必背足120遍”的规定背足数后，令汤斌靠近案前，听他背书。年近60岁的汤斌跪着捧按皇太子的书。听完允礽的背诵，就用仁笔点上记号，重划一段，捧还经书，退回原来的地方站立。

辰时（上午7—9时）。康熙帝上完早朝，向皇太后请安之后，来到无逸斋。皇太子率领诸臣到阶下恭迎。康熙升座后，问汤斌：“皇太子书背熟否？”汤斌奏道：“很熟。”康熙接过书后，允礽朗朗背诵，一字不错。康熙又问起居注官：

"尔等看皇太子读书如何?"奏道:"皇太子睿质岐嶷,学问渊通,实在是宗庙万年之庆!"康熙帝嘱咐他们对皇太子不要过分夸奖,而应严加要求。检查完允礽的功课,康熙帝回宫。

巳时(上午9—11时)。时值初伏,骄阳似火。皇太子不挥羽扇,不解衣冠,凝神端坐,伏案写字。这时他的师傅汤斌和耿介,因为年迈暑热,晨起过早,伫立时久,体力不支,斜立昏盹,几乎颠仆。允礽写好汉字数百,满文一章,让师傅传观。师傅们看后,汤斌奏道:"端严秀劲,真佳书也!"库勒纳也奏道:"笔法精妙,结构纯熟。"

午时(上午11—下午1时),侍卫给皇太子进午膳。皇太子命赐诸师傅饮食。诸臣叩头谢恩后,就座吃饭。膳后,皇太子没有休息,接着正襟危坐,又读《礼记》。读过120遍,再由汤斌等跪着按书,允礽背诵。

未时(下午1—3时)。侍卫端进点心。允礽吃完点心后,侍卫在庭苑中张候——按上箭靶。皇太子步出门外,站在阶下,运力挽弓,扣弦射箭。这既是一节体育课,又是一节军事课,是为教育皇太子"崇文善武"。允礽射完箭,回屋入座,开始疏讲。汤斌和耿介跪在书案前面,翻书出题,允礽依题讲解。

申时(下午3—5时)。康熙帝又来到无逸斋。皇长子允禔、三子允祉、四子允禛、五子允祺、(六子早殇)、七子允祐、八子允禩,同来侍读。康熙帝说:"朕宫中从无不读书之子。向来皇子读书情形外人不知。今特召诸皇子前来讲诵。"汤斌依旨从书案上信手取下经书。随意翻开经书命题,诸皇子依次鱼贯进前背诵、疏讲。皇五子祺因学满文,所以只读写满文一篇,圈点清楚。

酉时(下午5—7时)。侍卫在院中张候——按置箭靶之后,康熙帝令诸皇子依序弯射,各皇子成绩不等。随后康熙帝亲射,连发皆中。

天色已暮,诸臣退出。允礽在无逸斋一天的功课完毕。

据清代官书记载,皇太子读书,不论寒暑,无一日间断。但康熙教子尽管谨严,皇太子允礽并没有按他所期望的路子走,后来被废掉了。这里原因自然极为复杂。清朝不取皇位嫡长袭制,而康熙帝在位年久,皇子众多,诸皇子鸠聚党羽,奔走钻营,觊觎大位。所以,康熙帝深感"不卜今日被鸩,明日遇害,昼夜戒慎不宁"之苦。允礽被废后,诸皇子更结党营私,趋之若鹜。康熙帝无法,又废而复立,立而复废,后终清世不再订立太子之制。

康熙帝教子,可谓费尽苦心,思之长远,但终于事与愿违。这不是康熙帝无能,而是千年封建专制世袭制度结下的毒果。

节俭自持的康熙

康熙帝在开始亲政时,即举出三藩、治水及漕运三项为政治上的重要课题,诏告群臣应全力以赴。

在平定三藩之乱的同时,康熙帝对其余两项问题也展开积极的对策。他不遗余力地在各处构筑堤防,修护运河,尤其重视黄河的堤防工程,每年都投以庞大经费,终于完成此一艰巨工程。自古以来,黄河为患民生甚巨,人民无不视洪水为猛兽,因而有"谁能治黄河,谁即能治中国"之说,依此推论,康熙帝确实具有成为本国统治者的资格。

在康熙帝的种种政策中,最特殊的一项是尽量避免增加人民赋税,而且年年设法减税,以谋求民生的安定富足。

平定三藩之乱期间,康熙帝不曾增加人民赋税以筹措战费,而后屡次对外征战,依然如此,这乃是他一贯的态度。此外,康熙帝于1684年(康熙二十三年),六度巡幸南方,主要目的在于视察治水工程的成果;而巡幸所需的一切经费,都取自宫中,不曾挪用国库的一分一毫,此举自然也是为避免增加人民负担而行的措施。不但如此,我们只要翻开《清史稿》便可发觉"免除××州县灾赋"的记载触目可见,凡州县人民蒙受任何天灾人祸,朝廷必依其灾害程度设法减免人民赋税。

康熙帝经常对身旁的近臣说道:"免税才是古今的第一善政。"在各种免税措施中,最为人们乐道称颂的是康熙五十一年(西元1772年)所颁定的"盛世滋生人丁永不加赋"制度;康熙帝以前一年的壮丁人口2462万为定数,以后无论增加多少壮丁,都永不追加人头税。康熙帝之所以能如此彻底实施此一免税政策,当时国库仓廪的充实盈裕是不容忽视的要素。

康熙帝的政治态度中尚有一项特别引人注目之处,即是他十分憎恶贪污,不时对近臣们说:

"朕恨贪污之吏更过噶尔丹,此后,澄清吏治,如图平噶尔丹。"

国学经典文库

中国古代逸史

·清朝逸史·

图文珍藏版

又道：

"凡别项人犯犹可宽宥，贪官之罪断不可恕。"

"治天下以惩贪奖廉为要。"

康熙帝憎恶贪污渎职，非仅表现在言语上，如果百官群吏中有贪污行为者，无论他是多么的官高权重，必处以严惩重罚，绝不宽恕，在上位者如此，官界纲纪自然呈现一片清明景象。

康熙帝对待臣下极其严厉，对自己的要求却也不放松，贵为一国之尊，却过着朴素无华的生活。明朝末年宫廷用度每日高达银两一万，而康熙帝时宫廷用度每月仅及'五六百两，若加上赏赐之类的费用，亦不过一千两。若其言属实，则康熙帝的用度为明末时的三百分之一，其俭省程度可想而知。

康熙帝的私生活亦力求俭约，夫为所著《康熙帝传》中有如下的记载：

"从穿着及日用品方面亦可看出康熙帝非常朴素。……先说皇帝所穿着的御衣吧！冬天，虽然也穿二三件黑貂和普通貂毛皮衣，但是这种貂裘在当时达官显贵等上层阶级中是极其普遍的，并不是稀奇之物；其他衣物则都是极为普通的丝绸制品。丝绸在中国是一般中上阶层皆可穿着的，只有贫民阶级穿不起。"

"常在阴雨绵绵的日子里，见皇帝穿着羊毛罗纱外套。这种外套在中国是属于粗服；至于夏天，则常见皇帝穿着以苧麻织成的粗糙上衣，这种麻织物也是一般平民在家中所穿着的布料。"

以一位皇帝而言，如此自持可谓节俭已极。由于康熙帝持着这种朴实的生活态度，故而能一方面将庞大的金钱投注于治水和征战中，一方面又可连年采用减税政策，甚至还能充实国库。康熙帝晚年，国库非常丰裕，但是康熙帝仍不改其节俭的生活态度。

康熙五十九年（西元1720年），群臣上奏建议，欲举行盛大庆典以祝贺康熙帝即位六十年，但是却遭康熙帝的拒绝，他说：

"人心风俗尚未尽醇，官箴政事未尽理，此正君臣孜孜求治之时也，庆贺之事着停止。"（《清史纪事本末》）

从这几句话，我们不难窥知康熙帝直到晚年，仍然如此自我策勉，以民生政治为务。

康熙帝的为政态度,实为古今为政者的典范。

康熙晚年的苦恼

法国传教士夫为乃随侍康熙帝左右,为康熙帝讲授"西学"之人,他在所著《康熙帝传》中,如此描绘四十余岁时康熙帝的面貌:

"这位皇帝十足具有践祚王位的素质,他生来威风凛凛,相貌堂堂,异于常人;眼炯炯慑人,较一般中国人的眼睛为大,鼻子略呈钩状,至鼻尖渐大,脸上有些许雀斑,然而并不稍损其全身上下所发出来的英气。"

由这段叙述,我们可知康熙帝所具有的王者风范。这时,康熙帝甫消灭噶尔丹,无论于内政外交方面,都呈现一股蓬勃焕发的朝气。但是,康熙晚年,却深为一件事所苦恼,也就是为了皇位继承人的问题彷徨无措。

康熙帝八岁即位,十四岁时即生下第一位皇子,以今日的眼光来看,或许过于早熟;此后,几乎年年皆获皇子,计有 35 位。其中皇后所生的只有次子允礽,皇后生下允礽后不久即逝,或许因为对皇后的怀念,故康熙帝特别宠爱这个皇子,在允礽二岁时,即立他为皇太子。

皇太子年六岁时,康熙帝即网罗当代名臣大儒教导皇太子,施以万全周密的教育措施,皇太子长大后,果成为文武兼修的好青年,康熙帝心血并未白费,当康熙帝正为后继有人而深感庆幸时,有关太子的风言风言却逐渐在宫中传播,终于连康熙帝亦有所耳闻。

皇太子系未来的皇帝,地位、身份俱与人异,朝臣中有许多人为了日后的宦途而趋炎附势,或利用皇太子的特殊地位图谋不轨。政治向为暗潮汹涌的河流,一旦卷入派系斗争的漩涡里,即难以洁身自保。再说,生于帝王之家的皇太子,自幼倍受娇宠,在待人处世方面欠缺圆滑的手段,不免开罪于人,故而谗言滋生。

重臣索额图的失势,直接导致皇太子身败名裂。索额图是皇太子的舅舅,一向为皇太子的有力后盾,并且在朝廷内外培植有庞大势力。

皇太子丧失此一有力后盾之后,更加陷入不利的立场,甚至有人谣传皇太子将发动政变,使得康熙帝终于下定决心废掉后皇太子。康熙四十七年(1708

年)九月,康熙帝召集文武百官,在众朝臣面前,亲自颁诏废掉皇太子,时康熙帝55岁,皇太子35岁。

据说,皇太子听到自己被废之后,情不自禁地跪地号啕大哭,或许这是由于深切的期望遽然落空而感到万分的悲伤,以及嗟叹己之未能修身齐家而遭此凄惨下场,故而流下悔恨交集的眼泪。

一年之后,康熙帝鉴于允礽的表现良好,又重新将他立为太子,但是,过了三年后,又把他废掉,理由如前。前后两度废立,充分显示出康熙帝在亲情与现实之间的矛盾与无奈,今人读此段历史,亦不免为之鼻酸。直到康熙帝死前,未曾再立新皇太子。

经过这番废立事件后,康熙帝的健康情形每况愈下,年逾60以后,疾病常缠绕于身,故而多半时间都居于深宫之内,原已透支的体力,又遭此继承者问题的困扰,或许因而加速其身体的衰弱吧!

康熙帝在第二次废掉皇太子之后十年,亦即西元1722年,一病不起,与世长辞,享年69岁。遗诏指定第四子胤禛继承皇位,也就是雍正帝;康熙帝的最后遗命实在出人意料之外。

康熙帝逝后两年,废太子允礽在被幽禁的感安宫中孤寂而死。

雍正的"血滴子"传奇

1.杀人凶手林黛玉

大清帝国的第五届皇帝,就是雍正。

雍正是大清帝国最神秘的皇帝,他是如何登基成为皇帝的,这是一个谜;他又是如何死掉的,这是第二个谜。单说他的死,就是史学界最热闹的争议之处,目前至少有三种死法,为史学家所力捧。

第一种死法,是"侠女派"史学观点。该观点认为,雍正的死因,是江湖著名女剑客吕四娘夜入皇宫,以飞剑取了雍正的脑壳去。

第二种死法,是"玉女派"史学观点。该观点认为,雍正那厮老是在宫里玩变态游戏,宫女们实在受不了他,就将他活活勒死了。

第三种死法,是"红楼派"史学观点。这一派的观点认为,杀死雍正的凶手不是别人,正是小说《红楼梦》中的女主人公林黛玉。据说那林黛玉原本是大文豪曹雪芹的情人,可是被雍正横刀夺爱,抱去皇宫当上了皇后⋯⋯想那曹雪芹盖世文豪,岂能受此羞辱? 于是潜伏进皇宫,找到情人林黛玉——据说她的真名叫竺香玉,情人相见,分外相亲⋯⋯一边相亲着,两人捎带脚把雍正给掐死了⋯⋯

从历史的渊源上来看,雍正的"侠女派"死法曾长期占据主流,因为这种死法"最科学",也更符合中国民众的思维认知。但是随着时代的发展,尤其是现代影视剧创作的发展,林黛玉的弱不禁风,远比吕四娘的彪悍泼辣,更符合广大女性的职业定位;再加上众多的非红学派人士招呼也不打一个,突兀地杀入红学研究领域,在引发了广大红学派人士无限悲愤的同时,也将雍正的"红楼派"死法推介给了广大观众。可以确信的是,在此后及相当长的一段时期内,将是雍正"红楼派"死法逐渐形成大众潮流的时代。因为雍正的这一死法最具现代商业社会的卖点,最符合公众的认知规律。什么事儿一旦跟规律沾上了边,那就谁也没办法了,非火不可。

幸好还有一部戏叫《雍正皇帝》,在这部戏里,大作家二月河力排众议,替雍正安排了一个非常体面的死法。二月河先生说,雍正先生是积劳成疾,牺牲在批阅奏章的工作岗位上的,是一位受人尊敬的老劳模⋯⋯二月河先生的观点,在一段时间内统一了史学家的口径,却同时也引发了"侠女派""玉女派"及"红楼派"三派人士的激烈反对。

那么,雍正先生到底是怎么死的呢? 或者说,为什么人家小顺治登基就风平浪静,闲话无多;小康熙登基就四平八稳,正正当当;等轮到了雍正,就闹得沸沸扬扬,小道消息满天飞呢? 要想弄清楚这个问题,还是从雍正先生的个人求职简历开始吧。

性别:男

姓名:爱新觉罗·胤禛

出生:1678 年 12 月 13 日

籍贯:北京市长安大街一号紫禁城皇宫

属相:马

星座:射手座

血型:B 型

身高:171 厘米

体重:54 千克

职业:皇帝

特长:打听小道消息

社会关系:

父亲:爱新觉罗·玄烨

母亲:乌雅氏

拥有兄弟 35 人,排行老四,是为四阿哥

心路历程:

0 岁:出生。

45 岁:给父亲康熙老头进人参汤,老头喝之,卒。

45 岁:出任大清国第五届皇帝。

45 岁:遣大将年羹尧、岳钟琪平定青海。禁绝天主教,驱洋鬼子传教士往澳门。

45 岁:打掉了以同母弟弟胤禵为首的"反大哥集团",关押入狱。

45 岁:打掉了以其母亲乌雅氏为首的"反儿子集团",乌雅氏撞死于铁柱之上。

46 岁:发布《圣谕广训》,要求民众认真学习。

47 岁:打掉以抚远大将军年羹尧为首的"反皇帝集团",先是将年羹尧降职为杭州守门兵丁,后逮之入狱,父子俱斩,族亲窜至边荒。

48 岁:打掉以二阿哥、原皇太子为首的"反老四集团",囚废太子于郑家庄。

48 岁:打掉以三阿哥为首的"反老四集团",囚三阿哥于景山永安亭。

48 岁:打掉以五阿哥为首的"反老四集团",削其封爵。

48 岁:打掉以八阿哥为首的"反老四集团",改八阿哥名为"阿其那",满语是猪的意思,幽囚折磨八阿哥至死。

48 岁:打掉以九阿哥为首的"反老四集团",改其名为"塞思黑",满语是狗的意思,送往保定监狱幽囚,后九阿哥腹痛而死,疑为中毒身亡。

48 岁：打掉以十阿哥为首的"反老四集团"，削其爵，逮回京师拘禁。

48 岁：打掉以十二阿哥为首的"反老四集团"，降贝勒为贝子，降贝子为镇国公。

48 岁：打掉以十四阿哥为首的"反老四集团"，禁锢其父子于景山寿皇殿。

48 岁：打掉以十五阿哥为首的"反老四集团"，打发其去看守皇陵。

49 岁：打掉以舅父科隆多为首的"反外甥集团"，囚死于畅春园。

50 岁：与民间学者曾静展开学术大讨论，讨论的议题包括：雍正皇帝是不是犯有"谋父""逼母""弑兄""屠弟""贪财""好杀""酗酒""淫色""好谀""任佞"等作风上不严谨等错误，大讨论的结果是雍正皇帝啥错也没有，这个结论以《大义觉迷录》一书刊印发行，交由民众认真学习。

53 岁：以岳飞后裔之罪名，逮大将岳钟琪入狱。

58 岁：卒，死因不明。

和前几届皇帝一比较，我们就会发现，难怪雍正把自己弄成了争议性帝王，盖因他这一辈子，活得真叫累啊。前半辈子，是搬小板凳坐老爹康熙屁股后面等位置；后半辈子，是将与他争位的亲族子弟们一个个地放翻摆平。

雍正错就错在他没有能够"戒急用忍"，事情干得太急了

雍正三友罐

一点，坏事不怕多，怕就怕挤在一块扎堆。比如前几届皇帝，隔三差五地打掉一拨反对自己的势力集团，因为时间的跨距比较大，就转移了大家的注意力。可到了雍正这里，一拨接一拨，没完又没了，这就给人留下了极不好的印象。

但这也是没法子的事儿，人家康熙登基的时候，才刚刚八岁，等轮到雍正，都已经 45 了，绝大多数人到了这年头，基本上就算是混到头了，可雍正的青春岁月才刚刚开始。

最让人上火的是他死得太快，短短的 13 年，他能做得了几件事？

2.雍正血统之悬疑

雍正登基之事,始终笼罩在历史的迷雾之中,其间蹊跷之极,难以琢磨。

早年有一部书,叫作《清朝野史大观》,书中说:

康熙十四年,清圣祖立第二子胤礽为太子。四十七年,以不类己而废之,幽禁咸安宫。次年复立之。五十一年,仍废黜禁锢。他子亦不立。及六十一年冬,将赴南苑行猎,适疾作,回驻畅春园,弥留时,手书遗诏曰:"朕十四皇子即缵承大统。"所谓十四皇子者胤禵也。贤明英毅,尝统帅西征,甚得西北人心,故圣祖欲立之。而卒为其兄世祖所攫。世宗盖侦得遗诏所在,欲私改"十"字为"第"字。遂以一人入畅春园侍疾,而尽屏诸昆季,不许入内。时圣祖已昏迷矣。有顷忽清醒,见世宗一人在侧,询之,知被卖,乃大怒,投枕击之,不中,世宗即跪而谢罪。未几,遂宣言圣祖上宾矣。世宗即位,改元雍正。

这里说的是,康熙死前并没有故意摆乌龙,不留遗诏,而是留下了传位十四阿哥的诏书,但这封诏书落到了四阿哥胤禛的手中,四阿哥拿过来一看:哎哟……老头怎么写错了一个字啊,把"于"字错写成"十"了,我得帮老头改过来……于是,"传位十四阿哥"这句话就变成了"传位于四阿哥……"

这个说法,在中国民间一度成为"定论"。但是显然。只这么一个定论是远远不够的,所以书中还有新的猛料爆出:

或曰:窃诏改窜之策,年羹尧实主持之。盖世宗之母,先私于年羹尧。入宫八月,而生世宗。至是,乃窃诏改篡,令为天下主。故当雍正时代,年羹尧权倾朝右,而卒以罪诛。是又一说矣。

这里说的就更离奇了,说是雍正的生母乌雅氏在入宫之前,人家是有男朋友的,这个男朋友名叫年羹尧。此人乃中国历史上比较有名的传奇人物,有着许多神异的传说……这里说年羹尧不辞辛苦地将乌雅氏搞大了肚皮,然后乌雅氏就拖着大肚皮进了宫,生下了小雍正……

照这个说法,雍正实际上是年羹尧的亲儿子,与爱新觉罗一家没有丝毫关系。

实际上,《清朝野史大观》这本书,虽然说的是"野史",却也不是捕风捉影,凭空杜撰。这本书,是汇集了自雍正时代以来民间舆论的反映,说白了就是雍·

国学经典文库

中国古代逸史

·清朝逸史·

图文珍藏版

正年间的小道消息和坊间百姓言论的集成,正是因为当年这些小道消息在江湖之中传得沸沸扬扬,所以书生曾静才以此为据,撰文批评了雍正。

话说曾静关起门来,对雍正诸多错误行为进行了批评之后,就琢磨拿出点实际行动来,以免让雍正在错误的路线上越走越远⋯⋯拿出什么行动呢?

要不就造反吧。曾静想。

可曾静只是一介书生,手无缚鸡之力,这反又是如何一个造法呢?忽然之间他发现了当朝统兵的大将叫岳钟琪,这个老岳端的了得,是南宋时代抗金英雄岳飞的直系后裔。再推究起来,早年间岳飞抗金,打的就是金兀术、哈迷蚩这些女真人,可是现在金兀术、哈迷蚩的后人坐了江山,岳飞的后代反倒替他们打工,这事不对头啊,大大的不对头。于是曾静就派了自己的学生张熙去找岳钟琪,理论理论这件事。

张熙见到了岳钟琪,先讴歌了岳飞的先进事迹,然后质问岳钟琪:"你的祖先,抗击女真人,成了民族英雄,你再怎么着也不能给你的祖宗丢脸吧?可你怎么屈身于异族甘为奴才呢⋯⋯那什么,你要是深明大义的话,赶紧站出来,跟朝廷划清界限,反戈一击,回头是岸,未为晚也。"

岳钟琪道:"是极是极,先生说得真是太好了⋯⋯来人,给我将这个书呆子抓起来。"

于是张熙被岳钟琪扭到朝廷,朝廷再往下追究,就把曾静给追究出来了。发现了嫌疑犯曾静,雍正才知道,这些不利于自己的市井传言,已经成为广为人知的"公论"了。当时他非常窝火,就命人将曾静押入宫中,他要和曾静面对面地展开公开大辩论。

雍正:"老曾啊,我们做学问的,讲究一个以史实为据,以资料为准,不可以乱来的。你说我弑父、逼母、弑兄、屠弟、贪财、好杀、酗酒、淫色、好谀、任佞⋯⋯这些生活作风错误,是不是捕风捉影?有没有确凿证据?"

曾静:"有啊,大家都这么说⋯⋯"

雍正:"大家都这么说有什么用?确凿的证据你有没有?比如说宫中的档案?"

曾静:"档案⋯⋯那是你自己写的吧?"

雍正:"当然是我写的,不是我写的,还是你写的不成?"

曾静:"你自己写的,那当然……所以我说皇帝理应我们读书人来做,我们读书人写史,才不会像你一样隐恶扬善,不尊重历史……"

雍正:"可不管怎么说,这些事宫中档案上没有,这你总得承认吧?"

曾静:"我承认……"

雍正:"好,你承认错误就好……现在我宣布,本次大讨论胜利闭幕!"

雍正皇帝就这样赢了。只是他一个人赢了还不算,关键是他的观点获得了后世史学家们的一致赞同,以后再说起这事,史学家们就会追问:嗯,你说雍正弑父逼母? 嗯,这事雍正的个人档案上记载了没有? 没有? 没有你瞎说什么? 咱们史家要的是证据,除非你能找来雍正的日记,发现上面写着:"今天,是我最开心的一天,因为今天我终于逼死了我妈……"没有雍正的日记为凭,你说什么都是没用的。

那么后世史学家所依据的这些证据,到底能不能靠得住呢? 答案是不能,因为清宫档案中,缺失了一大块。

3.神秘的潜在力量

诸阿哥争位,不显山不露水的雍正异军突起,入主了皇宫,这件事让人惊讶无比。实际上这事没什么好惊讶的,因为雍正控制了一支神秘的力量。

《啸亭杂录》上有两段故事,说的就是这支可怕的力量:

第一个故事,说的是有个大臣,新买了一顶帽子,就戴着这顶新帽子入朝,见到雍正谢恩的时候,雍正笑曰:"小心点儿,别弄脏了你的新帽子……"

第二个故事,说的是大臣王云锦,晚上的时候和家人玩叶子牌,玩着玩着,忽然有一片叶子找不到了,找不到就算了……第二天上朝,雍正问他:"老王啊,昨晚上你干啥了?"王云锦回答:"没干啥,就是和家人玩牌……"雍正又问:"玩得开心吗?"王云锦说:"开始时挺开心的,可是后来有张牌怎么找也找不到了。"这时候就见雍正慢慢地从袖子里拿出张牌来,问道:"怎么找不到呢? 这张牌不是在这儿吗?"

《郎潜纪闻三笔》上,也有一段故事:说的是天津抚部周人骥,是雍正丁未年的进士,他被朝中以礼部主事的身份派到四川挂职锻炼,眨眼工夫挂职了三年,要调回京师了,临行的时候,他的仆人来跟他打招呼,说是自己要回京师。

周人骥说："你急什么，再等两天，我回京述职，带你一起走。"那仆人却道："我也是回京述职的。"周人骥大诧："先人板板，你龟儿子述个什么职?"仆人笑道："你娃还不知道呢? 我原本是京中的秘密侦探，被派来跟在你身边……幸好你没惹我，否则的话……哼哼……"

《满清外史》中，还有一段故事:这里说的是一个内阁供事，姓蓝，快到春节的时候，同事们都回家过年去了，只有姓蓝的供事留下来值班。一个人横竖无事，就弄了壶酒，对着月亮慢慢喝，这时候一个身材高大的男人走了进来，身上的衣服非常华丽，蓝供事心里说这家伙会不会有什么来头呢……就急忙小心地迎上前去，请来人喝酒。来人欣然入座，一边喝一边问:"你是什么官?"蓝供事回答:"不是官，是个供事……勤杂员的意思。"对方又问:"那你都供什么事呢?"蓝供事回答:"也就是收收报纸，发发文件……"对方又问:"这大过年的，别人都回家了，你怎么一个人待在这里?"蓝供事回答:"正因为别人都走了，我才得留下来，这万一要是有什么事的话……"对方又问:"那你天天在这里收收发发，有什么意思呢?"蓝供事回答:"有，有意思，熬到最后，可以弄一个小官来干干……"对方又问:"那你想当个啥官呢?"蓝供事回答:"最好能当上一个广东的河泊所官，那就太美了。"对方不明白:"当个管理河泊的小官，这有什么意思?"蓝供事回答说:"这你就不知道了，别看这个官小，可是送礼的人多啊……"对方哈哈大笑，起身离去了。

第二天，雍正上朝，就问大臣:"听说广东有河泊所官，是真的吗?"百官回答:"是真的，确实有这么个官，官不大，油水挺足……"雍正又问:"听说内阁有个姓蓝的供事，真有这么个人吗?"百官回答:"是有这么个人，吃啥啥不剩，干啥啥不行……"就听雍正吩咐道:"传旨，任命蓝供事为广东河泊所官，钦此，谢恩。"

蓝供事突逢这种好事，惊得嘴巴都合不拢，才知道昨夜与他聊天的人，竟然是雍正派出来的秘密侦探。

还有一个更有趣的故事，这个故事却是载入正史的:曾经有一个御史，态度坚决地反对某项提案。第一次反对，雍正没理他;第二次反对，雍正装没看见;到了第三次，雍正终于批复了:你沽名钓誉，骗取名声，骗三次就差不多了，再这么搞下去，信不信我把你脑袋切下来……"尔欲沽名，三摺足矣。若再琐渎，必杀尔。"

那么这个御史,用来沽名钓誉的是什么事情呢? 原来,这个御史是个同性恋,他深深地爱上了一名男演员,然而情天恨海,棒打鸳鸯,男演员竟然被选入南府当差,从男演员晋升为警卫员了。此一去,可谓侯门深似海,从此萧郎是路人……御史无法承受这种生离的折磨,就愤然上疏,反对将此男演员选入公务员队伍……这事,早已被雍正知道得清清楚楚,所以他在后面又加了一个批注:"这就好比狗正在咬一块骨头,忽然被人抢走了,你当然怒火攻心了……"

从正史到坊间传言,都确凿无疑地证明了一件事:雍正使用了一支隐秘的侦探力量,对朝中的大臣们进行二十四小时贴身跟踪。但有关这支密探队伍的行踪,我们没有在大内的宫廷档案上看到。

4.施主,你真不是个玩意儿

正是因为雍正在登基之前,已经神不知鬼不觉地掌握了这样一支神秘的力量,才使得他轻易地掌控了宫中的一应要务。对于雍正所掌握的这支神秘力量,民间也自有着相应的说法。

民间百姓确信,雍正皇帝这个人,在他登基前的 45 年来,可不是像大家想象的那样,傻乎乎地坐在家里等着。相反,他不等不靠,主动出击……悄然离家出走,遁入江湖之中,学到了一身非常可怕的本事,还结交了三山五岳众多正邪派的高手。

据说有一次,雍正赴天坛祭天,正在烧香之际,忽然头顶上的瓦片一响,众卫士大惊,以为有刺客来袭,抬头正欲喝问,却见雍正手指一动,只听"嗖"的一声,一道白光,"哧溜"一声没入屋顶,然后是"啪嗒"又一声,一只掉了脑袋的白狐狸,从屋顶上跌了下来。当时雍正就说了:"你看你看,你不是刺客就吱一声啊,你也不吱声,这不能怪我吧?"

那么胤禛又是打哪疙瘩学来的这飞剑之术呢? 话说那中州胜地嵩山少林寺中,有一高僧,艺绝天下,内功精湛……正在精湛之间,忽然有一个江湖浪客,不远千里而来,乞求拜于门下,学习武术。高僧断然拒绝,因为这江湖浪客没有县团级以上的介绍信,高僧生恐误授匪人,所以拒绝。

但是那江湖浪客却不肯离开,他每天就蹲在灶火边,替少林寺的僧众们烧火做饭,偏偏他自己的食量又忒大,煮熟的饭起码有一半被他自己吃掉了,所以这江湖浪客,在少林寺混得相当的惨。每天,同门的师兄弟们都排了长队,挨个地欺负这江湖浪客,浪客就这么被生猛地欺负了半年,终于有一天发火了,当场与众和尚们动起手来,只听嗖嗖嗖,啪啪啪,咕咕咕,哇哇哇……就见寺中一众高手,嗖嗖嗖地全都被扔了出去,有的撞到了墙上,发出了啪啪啪的撞击声;有的扔到了锅里,咕咕咕猛灌水,所有的和尚们,都发出了哇哇哇的惨叫声……

这时候寺中长老来了,一瞧这架势,乐了。就对那少年浪客道:不错不错,你的武学大有长进,离开少林寺的话,天底下你打不过的人只有一个——女人了,别人都不是你的对手。

于是方丈将一根铁杖赠送给少年浪客,浪客便下山去了。刚行到山脚,就听呼啦一声,涌出了一片穿黄马褂的带刀侍卫,见了少年浪客齐齐跪倒:"贝子爷,您老受委屈了……"

少年浪客道:"不委屈,我一点也不委屈,倒是少林寺受委屈了,他们的武学秘笈,都被我弄来了……"

此时,少林寺众僧才知道这少年浪客不是别人,正是四阿哥胤禛。于是众僧人齐齐合掌,曰:"阿弥陀佛,施主你真不是个玩意儿……"

而那少年雍正,此时正意气风发地踏上了回家之路,取路晋中,潜回京师。正行之间,忽听前方有人哭爹喊妈,过去一看,原来是太子胤礽聘请来的武学高手,正在大街上捉拿老百姓。于是雍正就走过去劝解:"不要这样,这样不好,要和谐……"对方勃然大怒:"你小子多管闲事,活腻歪了是不是?"一记黑虎掏心,直取雍正心窝。雍正往旁边一闪,顺手一铁杖,只听"啪唧"一声,就见对方的脑壳已经碎烂得不成样子了。

"你看你,脑壳怎么比西瓜皮还脆呢?"雍正摇头叹息,就回自己的四阿哥府上去了。

太子得知此事,大骇,当夜尽遣高手出动,要摘下四阿哥雍正的脑袋。

5."血滴子"传奇

却说雍正回到府中之后,就和一个喇嘛僧坐在一起念经。正念之间,忽见窗外有白光如匹练,上下起伏,波动不止。雍正就对喇嘛僧说:"大师呀,你是不是要去趟洗手间啊?"喇嘛僧说:"不用,不用……咱们上边有人……"

到了第二天早晨,雍正起床出门一看,就见庭院当中,大树都齐刷刷地削去了树冠;府里养的猎犬此时威猛如旧,只是脑袋不知去向。再往前走,就见后花园中有一黑衣人,伏尸于地。

喇嘛僧说:"这个黑衣人,就是昨夜那个刺客了。不过我猜太子吃了这个亏,肯定是咽不下这口气的……"

果然,到了夜里,就听见阴风怒号,自西而来,摧枯拉朽,金铁鸣动,半空之中,就听见有人骂爹,有人叫娘,附近的居民百姓,都听见不绝于耳的金戈撞击之声……就这么整整闹了一个晚上,这才消停下去。

第二天,就见太子府中人人出动,到处去买棺材,不知道太子府中都死了些什么人。然后又大做法事,去找喇嘛,可是喇嘛僧都被雍正请到四阿哥府上来了。太子一个喇嘛也请不到,顿时火大了,就逮住一个大喇嘛,要杀了他。大喇嘛害怕了,就去找国师求助。国师跑来雍正府上,请求雍正借给太子几个喇嘛,这件事才算过去。

事后,太子越想越悲愤,就说:"今天晚上,我要是宰不掉老四,老子就不活了!"

听到太子这句话,府中的一个间谍立即跑到雍正府上,向雍正做了汇报。雍正就说:"拿我的乞丐服来,我以后就加入丐帮,去江湖上乞讨了。日后诸位在街上碰到我,肯把你们吃剩的干馍给我一块,我就谢谢您了……"

正说着,门外忽然来了一个人,自称姓年,名羹尧,求见雍正。见面之后,就见年羹尧笑道:"听说四阿哥遇到大麻烦了,真是可喜可贺……"雍正大骇,曰:"你咋个知道的呢?"年羹尧笑道:"这事满大街都嚷嚷遍了,就差四阿哥你自己不知道了,起因是太子府中,自海外来了一个洋人,洋人有一顶铁帽子,能够取人脑壳于千里之外,如果四阿哥能够请来喇嘛僧为你护法的话,我替你把那顶铁帽子弄到手。"

于是雍正就请来喇嘛僧,将他团团护在中间,大家一起念咒。年羹尧则在门外,手拿袈裟。等到夜深人静之时,就听见半空中一物疾飞而来,犹如电光石火,霎时间绕着雍正转了两圈,正要往雍正的脑袋上扣,却被年羹尧手疾眼快,"扑"的一声,拿袈裟将那不明飞行物罩住了。然后打开来一瞧,果然是一顶铁帽子,帽子的内壁嵌着锋利的铁刃,一旦收紧,人的脑袋就会立即被夹走。

看到这顶铁帽子,雍正说:"我二哥果然厉害,如果不趁这个机会干掉他的话,他再弄这么一顶铁帽子飞来,那我可咋办啊。"

年羹尧道:"这事,四阿哥你自己跟大喇嘛汉格隆商量吧,他们肯定有办法。"

于是雍正就请大喇嘛汉格隆帮忙,汉格隆问:"四阿哥,你就说吧,你想要你二哥死呢,还是让他活?你是想快一点呢,还是慢一点?"

雍正说:"我觉得吧,最好又快又慢,又死又活,这样才好玩。"

汉格隆说:"你他妈的可真难侍候……要不咱们喂你二哥吃点兴奋剂如何?"

雍正:"这个办法好是好……不会被尿检出来吧?"

汉格隆说:"不会的,这是我们秘门配方,药的名字叫'阿肌酥丸',药效比伟哥要威猛得多。"

汉格隆就揣着药丸去了太子府。太子急忙迎出来:"大师你来得正好,你看有没有什么好办法,搞死我四弟……"汉格隆说:"先别急,你先吃了这味药,咱们再想办法。"太子问:"啥药啊这是?"……咕嘟……已经被汉格隆捏住鼻子,把药丸塞进了嘴里。

话说那阿肌酥丸者原本是比伟哥药力更强效的媚药,一旦吃下去,大脑就没用了,不会思考了,神经中枢受刺激过度,人就沦为一只发情的公兽。于是那太子当即癫狂起来,追着太子妃狂冲入皇宫:"不好啦,快来救人啊……"

上述这些都是源自《十叶野闻》一书上的故事,多是道听途说……但却与真正的历史,丝丝入扣……至少比大内皇宫档案更准确。那皇宫中的大内档案,连雍正统御的密探都没有涉及,明显的靠不住。

故事继续发展下去,太子发了狂,国师找来汉格隆一问究竟,叹息道:"你他妈的净给大家惹祸,这皇家的二阿哥宰了你妈啊,还是皇家四阿哥是你亲爹啊?你说你没事搅和这些干什么?咱们这下子算是完蛋了……"

果然,太子很快清醒过来了,说出了汉格隆强行灌下他媚药的经过。康熙大怒,四处抓捕汉格隆。可是汉格隆早已和雍正一道逃之夭夭了。康熙火大了,就将国师逮了起来,说:"你小子自己看着吧,或者是汉格隆的脑袋,或者是你自己的脑袋,你交给我哪颗,我就要哪颗。"

国师道:"陛下,咱们能不能商量商量……我替你把四阿哥叫来如何?"

康熙说:"把老四叫来?也行。"

到了午夜,就听屋脊上如一片雪花飘落,康熙刚要抬头,就见脚下已经跪着一人,正是四阿哥胤禛,只见他憔悴不堪,皮帽子裹着脑袋,一把抱住康熙的大腿,大喊一声亲爹,号啕大哭起来。

让儿子这么一哭,康熙就有点心软,正下不了手之际,突听门外一声尖啸,就见太子龇牙咧嘴、手持长剑冲了进来,直奔四阿哥扑将过来,四阿哥掉头飞逃,太子穷追不舍,一路上但见剑光闪烁,满天飞舞起无数的人头……

康熙正欲发火,这时候阴风猝起,宫中的蜡烛霎时间都变成惨绿色的光芒,黑暗之中也不知有多少武林高手激杀成一团,直杀得鬼鸣神啾,剑光四射……康熙诧异地道:"朕累了,回屋睡觉去了……"

6.谁是新闻发布人

我们之所以不厌其烦地描述雍正这一幅剑侠图,是因为这一段历史所隐藏的帝王统御之术过于深刻。如果我们注意到雍正时代的历次残酷政治斗争,就会发现,这些政治斗争明显地违背了事物的基本法则。理论上来说,雍正不明不白地当上了皇帝,诸皇子阿哥们定然是于心不服——事实也是这样,所以雍正理应强化自己的权力,然后一个接一个地打掉诸皇子集团势力。

但我们看到的却恰恰相反,雍正登基当年,就和同母弟弟胤禵发生了激烈的冲突,并将胤禵调回北京囚禁了起来,这理所当然地引起了生母乌雅氏的愤怒。这场冲突严重地损害了领导的声誉,雍正本人在《大义觉迷录》一书中,批评民间学者曾静说"逆书加朕以逼母之名"……这说明了一件事,生母乌雅氏被雍正逼得一头撞死在铁柱子上的事情,不管是否真的发生过,已经成为当时的"公论"——所有人都这样认为。

为什么大家都这样认为呢?是因为有人到处发布这个消息。

发布这个消息的,又是什么人呢?我们来看看雍正最恨的是谁,或许就知道了。

是不是八阿哥呢?这位皇八子是康熙诸皇子中最优秀、最有才干的,他只差一步就登上了皇位,但最终,他与皇位失之交臂。雍正登基后,封八阿哥为亲王,使者赶到八阿哥门口,大声地吆喝着庆祝,八阿哥的老婆出来将这些人轰走,说:"庆祝什么呀庆祝,赶明儿个只怕连脑袋都没有了——何贺为?虑不免首领耳。"使者回来,哭着向雍正做了工作汇报,雍正大怒,当即拿大棒子把八阿哥的老婆打回娘家去。然后逼令八阿哥在太庙里跪了一天一夜,最后又将八阿哥囚于高墙之内,改名为"阿其那"——是猪的意思,又有一说是不要脸。

还有一个九阿哥,九阿哥是八阿哥的铁杆支持者。雍正登基,九阿哥自知难免其祸,就要求去当和尚——我行将出家离世。可是雍正并没有给他当和尚的机会,而是抓捕后改名为"塞思黑"——是狗的意思;另一说法是不要脸——这名可怜的"塞思黑",最后于保定大狱中饱受折磨而死。

这么说起来,有关雍正弑父逼母的消息,会不会是八阿哥、九阿哥等人传播出去的呢?还真有可能,不然的话,雍正不会憎恨他们到了这种地步。但是,雍正真正恨的人,不是八阿哥,也不是九阿哥,而是大将军年羹尧。

7.错别字带来的严重后果

散布这些对雍正不利的负面消息的,即使不是抚远大将军年羹尧本人,也与他关系匪浅。

证据?

年羹尧,在圣上亲切关怀之下成长起来的优秀年轻干部。29岁出任四川巡抚,还不到30岁就成为封疆大吏,后来康熙亲赐年羹尧弓矢,升任川陕总督。在雍正皇帝31岁的那一年,年羹尧的亲妹妹成了雍正的姨太太,从此年羹尧也晋升为四阿哥的大舅哥,在雍正夺权之战中,起到了不可替代的作用。

当雍正神秘登基之后,年羹尧的天才军事才能也获得了用武之地,他统率重兵,驰骋疆场,纵横千里,只用了不到一年的时间,以迅雷不及掩耳之势,横扫敌营,平定了青海罗卜藏丹津叛乱。

然后这位大舅哥,就被他的妹夫连锅给端掉了。被妹夫端掉的大舅哥多了去了,被皇帝端掉的重臣更是多了去了。大凡统兵之将,总难免一个功高震主,由此而惹来杀身之祸。但问题是,雍正端掉年羹尧,分明是有点急不可耐了。他45岁登基,次年年羹尧平定青海,还没等到第三年,就下手去端年羹尧,这分明是因为双方的关系已经是势若水火。更离奇的是,雍正居然给了年羹尧92条罪状,你端掉就端掉吧,还要搞这么多的名堂,如此之多的罪名,谁记得住?

再追究双方结怨的因由,事情就更加离奇了。起因是年羹尧打报告祝贺日月双璧、五星联珠,年羹尧的秘书也太粗心,将"朝乾夕惕"写成了"夕惕朝乾"……只是前后颠倒,意思还是一样的。但是雍正不乐意了,他在报告上批道:年羹尧不是一个粗心的人,他有意这么一个搞法,是明摆着不让我这个皇帝朝乾夕惕……

就因为这么点事……猜猜后果有多严重?"年羹尧削官夺爵赐死,其子年富立斩,族亲15岁以上者窜之边荒。"

年羹尧的下场,显然不是几个错别字所导致的。所以后世人拿了放大镜在年羹尧身上找毛病——皇权思想严重的国民,打死他们也不敢在皇帝身上找错,既然皇帝血屠你满门,那肯定是你的不对——错误终于找到了,说是年羹尧居功自傲,任人唯亲,威胁到了皇权——才在青海打了一年的仗,就威胁到了皇权,这皇权也未免太脆弱了吧?

年羹尧立功再大,也威胁不到皇权去。至于说他任人唯亲,那更是无中生有,他身为抚远大将军,统兵前线,任人不唯亲,难道还唯敌不成?所有罪名都只不过是掩人耳目而已,雍正杀年羹尧真正的原因,答案恐怕只在野史中,不在正史上。

还记得民间传言,说雍正是谁的儿子吗?没错,就是这个年羹尧。

民间传说,年羹尧把女朋友乌雅氏的肚皮搞大,又送进宫里,生下了小雍正……这是雍正真正要除掉年羹尧的原因,这个谣言不只是影响到了领导的光辉形象,更重要的是,这个谣言也构成了年羹尧问鼎皇权的法统依据和全部理由……如此说起来,这个谣言多半是年羹尧自己放出去的,目的就是为了夺取皇权。

但是他离皇权太远太远,不具丝毫的民众基础。试想哪一天百官上朝,进去一瞧,坐在龙椅上的不是雍正,而是年羹尧,年羹尧对他们说:"大家别这么吃惊,干吗这么吃惊呢……跟你们实说了吧,雍正是我的儿子,所以这个皇位呢,他坐和我坐是一样的……"百官听了后,会三呼万岁并下跪吗?但是,打掉年羹尧,对雍正来说就意味着自废武功,自断其臂,万一把年羹尧打掉了,哪一个阿哥突然闹将起来,到时候派谁去统兵?

明摆着,年羹尧之死,是雍正的密探统治之下的一桩牺牲品而已。

8.隔墙有耳

或许我们会注意到,雍正皇帝在对待年羹尧、八阿哥和九阿哥事件上,是怀着一种强烈的、无可缓释的仇恨。给年羹尧竟列了 92 条大罪,等于是满门抄斩;而给八阿哥和九阿哥改称为猪和狗,更表明了双方之间的仇恨已经到了无可化解的程度。

然则雍正到底和这些人有何血海深仇呢?

在这里有一个陷阱,有一个雷区,几乎所有史学家都小心翼翼地绕了过去,他们害怕触碰到这个在大内清宫档案里找不到记录的问题,只是因为他们不知道问题的答案。然而,恰恰是这个问题才暴露出了雍正时代政治斗争的所有实质,一旦我们回避了这个问题,也就失去了历史的真相。

大内宫廷秘档是永远也不会记录这样的文字的:因为年羹尧说了些什么,所以导致了雍正对他的切齿痛恨。同样的,八阿哥干了些什么,九阿哥又干了些什么,竟然恨得雍正将他们虐杀,称之为猪狗。这些事情,都没有记录。

唯一靠谱的解释是:正是因为影子侦探的存在,才导致了诸多扑朔迷离的历史现象。

我们还记得,雍正因为一个御史与男演员"相好"而批奏斥骂,这种龙阳之好,是一个人的绝对隐私,雍正足不出户,如何能够知道这种细节性的隐私呢?是因为密探的报告。

同样的,年羹尧也好,八、九阿哥也好,雍正之所以对他们切齿痛恨,那是因为雍正知道这些人的"绝对隐私",所以当雍正在口风上稍微地透露了一点的时候,这些人就会立即大骇,不要说反抗,甚至连辩解的勇气都没有了。

考虑到在当时针对雍正的诸多谣言,那么我们就能够推演出来当时的情形了。

先是年羹尧备受皇家恩宠,赋予了全权经略青海,难免会有人想追问他一个究竟,何以雍正对他如此信任呢?如果这时候年羹尧立即恭恭敬敬地站起来,冲着北京的方向磕头,大哭曰:"臣子无能啊,臣子真的无能啊,圣上这么信任我，可我平定一个小小的青海，竟然花费了一年的时间，我太不忠心了，对皇上太不够意思了……"如果他这样表演一番的话，他的结局肯定是另外一个样子。但是很显然，年羹尧没有能够慎独，听到了人家相问，他很可能哈哈一笑："小样的，你知道个啥啊，跟你说了吧，皇上他妈叫啥名来着……乌雅氏！你再想想我以前的女朋友是谁？没错，就是她，就是乌雅氏……我可真不够意思啊，人家把我的儿子都给生下来了，我却没尽到一点做父亲的责任，往皇宫里一送就不管了，不像话啊，我真是太不像话了……"诸如此类！

说雍正的生母乌雅氏跟年羹尧有一手，除了年羹尧自己，谁会有创造这个消息的原始冲动？可是年羹尧只顾编故事，满足自己的虚荣心，却不知道身边不知有多少耳朵正在悄悄地听着呢，没等他把话说完，秘密报告已如雪片一般，飞往了京师雍正的案几上。你想，谁看了这份报告，不得宰了年羹尧他全家？

也许年羹尧并没有编这个故事——但他肯定编了别的故事，别的让雍正恨不能生吃了他的故事。这故事他只图嘴上痛快，说出来就算完了，结果雍正跟他一翻旧账，他顿时就傻了眼。

八阿哥、九阿哥也是同样，瞧瞧雍正给他们改的名字，一个叫猪，一个叫狗，摆明了是这两人不知哪一天凑在一起，嘀咕了几句什么……而且说出来的话特别的难听，所以雍正才会如此的愤怒。

说雍正使用密探治国，还有一个充足的佐证——雍正在吏治上，其帝王策术透露着强烈的密探气息。

9.严厉惩治清官

雍正在位期间，搞了一场非常奇特的运动，叫作"耗羡归公"，用现在的话就是，严查各级领导干部私设小金库，加强对干部的离任审计。这场运动引发了后世史学家的狂烈吹捧，盖因雍正的吏治政策，恰好符合了国人长久的预期——这次终于动真格的了，贪官们有麻烦了……

实际上，雍正的"耗羡归公"与廉政没有丝毫关系，这只是雍正帝王策术的运用而已。

证据：

雍正七年，上念张文端公小心谨慎，效力有年，所有应追赔银十万两，经部奏请将其子给事中张懋诚解任追赔。上命豁免八万，止追二万，不必解任。

这里说的是张文端老先生，该老先生"小心谨慎"，谨慎的结果是他应该缴还赃银十万两……十万两是个什么概念？把张文端全家连皮带骨敲碎了卖，也赔付不起！所以按照法律规定，父债子还，老张还不起，小张接着还……有关部门把这事报告给雍正。雍正说：算了……十万两银子就算了，马马虎虎缴个两万就行了。

那么这位张老先生，到底是小心谨慎呢，还是贪得无厌呢？如果他是小心谨慎，怎么会一家伙就捞了十万两？如果他是贪得无厌，怎么雍正非说他小心谨慎？

再来说说这位小心谨慎的大贪官，捞走的十万两银子到底是个什么概念。雍正将全国各级领导干部的小金库统统没收之后，自己留下二十万两，用以弥补国库的亏空，其余的再全部按人头打回到各级领导的账户上去，以便执行"高薪养廉"的政策……也就是说，整个国库的亏空才不过二十万两，凑上两个张文端，就能够把账目全部抹平了。可是雍正并不肯追究张文端的过失，很大度地将十万两减为两万两，那么在他的眼里，这个老张到底是清官还是贪官？

实际上，这个老张既说不上清官，也说不上贪官，他只是雍正帝王权术运用之下的一个倒霉蛋而已——而且是一个幸运的倒霉蛋，他毕竟被雍正免除了八万两银子，而别的倒霉官，除了全家跳河，很难找到第二个解决问题的办法。

原来，这个"耗羡归公"，不过是雍正听了山西巡抚诺岷的建议，大力推行的一个古怪办法。该办法先将每个官职定量定价，进行测算，测算之后得出结论，一个巡抚大小的官，一年私设的小金库有多少，一个总督私设的小金库，又有多少，然后按照这个数字，要求各级领导把钱统统交出来。

这个办法好不好？好像挺好的吧？比如说一个巡抚的小金库有十万两银子，那么，每个巡抚上缴十万两银子给朝廷，那朝廷岂不是发了？朝廷确实是发了，雍正上台的时候，库里有存银 800 多万两，托了这条政策的福，存银增加到了 6000 万两。

这条政策确实是不赖……可是，万一碰到哪个傻瓜巡抚压根就不会捞钱，又或是他原本是个清官，根本就没有小金库，那又怎么办呢？好办！是清官，就

中国古代逸史

·清朝逸史·

图文珍藏版

带着你老婆孩子跳河吧。要不然的话,你也跟着贪官学一学,先狂捞上二十万两银子,上缴十万进入雍正的个人账户,其余的你就慢慢花吧!这条政策听起来分明是逼良为娼,逼清官为赃官,雍正怎么会弄出来这么一条怪政策?仅仅是因为——雍正压根就不相信,这世上还有什么清官。就算是有,那也是比贪官更可恶的东西,他这样做的目的,就是要撕掉蒙在清官脸上的遮羞布,暴露出他们那不可告人的隐私和龌龊。

10.洞悉你内心的黑暗

雍正以密探治国,正史上确是有其依据的。

雍正死后,他的儿子乾隆继承大宝,将雍正亲笔批阅的奏章,刊印了整整六大巨本公开出版发行,以让人们知道他亲爹是多么的操劳。可恰恰是这六大本批奏,暴露出来雍正时代一个隐秘的统治体系。比如雍正曾经对一个大臣的奏表,批奏道:汝以朕为可欺乎?汝忘朕即位之时,已年过四十矣,官吏情伪朕尽知之。朕在藩邸时,即知汝名曾列弹章,汝又送朕礼物,冀朕在大行皇帝前转圜。汝此后其小心谨慎,一举一动,不能逃朕之洞鉴也……这个批奏是在说,你以为我好欺负吗?你忘记了我可是临到了 45 岁才当上这个皇帝,容易吗我?我登基以前就盯上你了,知道你干过什么丢人现眼的事儿,你还给我送过礼,想让我在老爸康熙面前替你说好话,你也想一想,当时连我都自身难保……你以后给我小心点,惹火了老子,就灭了你!

再比如雍正对另一个大臣批奏道:朕未见汝之面,但汝名朕久闻之,汝之治绩,深堪嘉尚……意思是说:我从来没见过你,但对你还是非常了解的,你干得不错,还不错,但还要继续努力,不要骄傲。

还曾有一个大臣,惨遭雍正痛骂,吓得魂飞天外,雍正批奏说:汝之惧,朕知之。所云愧悔,朕尚未能遽信,将以汝后所为,观汝真能愧悔否也……意思是说,你心里的恐惧,我明明白白,但你嘴上说后悔,我却担心你可别是死不改悔,要不咱们这样吧,我再观察你一段时间,看看你的表现,咱们再说……

刑部秋审的时候,人命案子都送到雍正的案头,由他终审,恰好审到了一个女人杀死亲夫案,刑部的意思是将这女人千刀万剐,连自己的老公都敢杀,真是太不像话了。可是案子让雍正一审,就立即变了个样。雍正批奏道:此妇因其夫逼令为娼,一时气愤将其夫杀死,不独无罪,且可立坊,以表其贞烈也……这个判决,比之于千刀万剐更符合法律与人性。但是,为什么刑部的官员们就不能察知到如此之多的细节,偏偏他雍正坐屋子里拿眼睛一瞧,就什么都知道了呢?

密探!密探!那无所不在的密探,构成了雍正时代特有的政治风情。正是因为这些密探的存在,所以雍正无所不知,无所不晓。但也正是因为这些密探的存在,导致了雍正对人性美好希冀的彻底破灭。

这些密探蹲在你的屋顶上,躲在你的门后面,趴在你的床下面,藏在你的桌下面……更可怕的是,他们甚至有可能睡在你的身边,与你坦诚相对。你以为自己是处于最安全的地方,就放松了警惕,将自己内心中所有阴暗的、不可告人的、不体面的欲念全部展现了出来……而这些,就成了雍正对你进行评判的最后依据。

所有的人,行走在这个世界上,都要戴上一个假面具。虚伪是人生礼节的第一课,当我们遇到一个讨厌的人的时候,我们决不会对他说出真心话,我们永远也不会告诉他:"我不喜欢你,我讨厌你,你长得好丑,你让我恶心……"即使我们不违心地夸赞别人,也会在真相面前保持沉默。但在私下里的场合,我们就会打开内心,释放出心中所有的不满,所有的怨气,所有的不洁、肮脏与厌恶。

在领导面前,我们会忍受着心里的羞恼,点头哈腰:"是,是,领导批评得对,我下次一定注意……"但等到了极为私隐的所在,我们就会一壶浊酒尽余欢,然后破口大骂:"雍正,你丫个王八蛋,竟然在大庭广众之下扫我的面子,指出我的过错,迟早有一天,老子要让你好看!"

可想而知,雍正广布密探刺听臣属的隐私,最后他听到的,必然是那些在朝堂上对着他拼命磕头的臣属们的无端谩骂。想那些大臣们,一个个起早贪黑,为国为民为自己,稍微有点小小不如意,就会遭到雍正的痛斥,心里是何等地憋火?在朝堂上,就算是打死他,他们也不敢吭一声,但等回到家里,脱光了衣服的时候,多半会指着雍正的老母问候几句……

完了,如果有哪个大臣一时喝多了,就这么冲着马桶骂上几句,你猜猜年羹尧的下场会有多惨——因为大臣们的枕边人,美貌小妾,黄脸老婆,很有可能就是接受了重要监视任务的内部工作人员……

正因为雍正知道大臣们表面上一个个人模狗样,对他毕恭毕敬,实际上心里都是充满了无可解释的怨毒——这世上有哪个老板,不是天天被员工们在背后咒骂,雍正又何能例外?——一次两次,得知大臣们背后诅咒,雍正可能还能保持着几分大度,但随着这种怨毒的迅速扩散,很快他就会发现,越是他信任的、倚重的大臣,咒骂起来他就更欢实。

所以雍正才会那么残酷地虐杀年羹尧满门——看你还敢不敢在背后骂我!所以雍正才会那么恶毒地对待八阿哥和九阿哥——看你俩还敢不敢再在背后说我的脏话。

但是接下来,他发现几乎所有的大臣都在背后咒骂他,雍正反倒为难了。这下可怎么搞,总不能把所有的大臣都杀光了吧? 要不……咱们"耗羡归公",没收你的小金库,再追缴各级领导拖欠的公款,如何?

你们在背后骂我,不让我舒服,我也不让你们有好日子过! 不能合作,那就相互伤害! 一年之内,三品以上大员被抄家灭门者,达数十人。

直到这时,雍正才长长地舒了一口气。现在,你们还敢不敢在背后咒骂我了?

11."血滴子"的秘密

在中国历史上,使用秘密侦探对臣属进行控制的,雍正并非是独一无二的,在这方面集大成者当属朱元璋。而且朱元璋解决了密探工作中的死角。要知道,大凡密探所报告上来的都是当事人的隐私,这些事一无凭二无据,全凭了个自由心证。假如哪个侦探存心使坏,公报私仇,瞪眼瞎说你在背后说了领导坏话,那你咋个辩解法? 你没法子辩解!

这样一来,侦探就等于是控制了大臣们的生杀予夺之大权,要风得风,要雨得雨,要钱大臣得掏银子,要女人大臣也得咬牙把老婆女儿送上,不然的话,让密探诬告了你,你是不可能找到说理的地方的。

但是朱元璋以其天才的创意,解决了这一"灯下黑"的行政管理难题。通常情况下,对每一个当事人,朱元璋会分别派出三批侦探,这三伙人之间相互不知情,都是重复做着同样的情报搜集工作,等到三个调查小组的报告缴上来,朱元璋打开一瞧:哎哟嗬,这下乐子可大了,三份报告完全不一样……那就再派三个小组……如是几番,朱元璋非但能够获知最精确的情报,而且还知道是哪个家伙在中间搞鬼。

因为朱元璋创建了这样一种旨在于以人力资源的无限投入提高情报精确度的良性制度,所以雍正这里绝不会出现假情报,更不可能有公报私仇的事情发生。就以我们在前面提到的天津周人骥的故事来说,我们就能够了解到密探制度的科学性与严谨性:

天津周抚部人骥,雍正丁未进士,以礼部主事视学四川(按:《清秘述闻》作以户部郎中任),三年,操守清洁无苟且。先是,本部堂官荐一仆,其勤敏,至任满,数请先行。公曰:"我即日回京复命,若当随往。"其人曰:"我亦欲回京复命耳。"公惊询,乃曰:"某实侍卫某也,特来伺公。公考试好,某将先期奏闻矣。"公归,果蒙褒旨。公弟人骐为公立传,叙其事甚详。

在这起事件中,侦探以仆人的身份跟随在周人骥身边。三年之久的时间里,就算是周人骥人品再端正,也难免舌头碰到牙齿的时候;更何况是主仆关系,周人骥高高在上,不可能没有发火、训斥或者责骂仆人的时候。尽管如此,但是这个仆人侦探仍然不敢捏造假情报诬陷周人骥,因为他知道在周人骥的身边,至少还有两支侦探力量在活动,只是不知道他们是谁。如果他自己捏造假情报的话,就会被另两伙侦探戳穿,除非这三伙侦探联手作弊,可天晓得那两伙人到底是谁?

所以我们在雍正时代史料中,根本找不到密告们徇私枉法的记录,这甚至让人们怀疑,这些密探是否真的存在。实际上,史学家正是因为看不到类似于大明时代锦衣卫那样横行不法的记载,才会拒绝接受这些密探存在的可能。然而这些密探确实是存在的,千真万确。

12.圣眷深厚科隆多

如果我们承认在雍正时代确曾建立起密探制度的话,那么,我们就必须要面临着这样一个复杂的问题——这样一支神秘力量是由诸多的大活人所组成的,这些人要有一个组织者,负责处理员工的招聘、面试、业务培训、上岗、考勤、晋升与奖惩、表彰与批评、工资发放、补助津贴、人力资源、业务市场、后勤行政、财会出纳、食堂伙食、领导小灶、男主管骚扰女员工、小员工磨洋工闹情绪……

如此庞大繁杂的一个组织体系,是绝无可能隐瞒得住的。

大明时代的朱元璋,就是为了要解决这些问题,不得已把他的密探队伍公开化,建立起了锦衣卫制度。而在雍正这里,史料中却见不到这些事情的记录,甚至连最基本的财务支出都无法找到,这岂不是怪事一桩? 正统的史学家正是依据这一点,才拒绝承认雍正时代有什么密探制度的,除非让他们相信雍正时代的密探都是不食人间烟火,徒手山川,飞檐走壁的剑客奇士者之流……

实际上,雍正时代的密探制度,与大明朱元璋是有着本质区别的,雍正所使用的,是一种公开的密探制度——密折制。

密折制并非是雍正所创建,早在康熙时代就已经成形了。这种制度是授权部分亲信官员,可以用秘密奏报的方式,将消息传递到朝廷,康熙时代获得这项授权的官员有100多人。而到了雍正时代,这支力量扩大了12倍,人数超过了1200人,其范围包括了布政使、按察使、学政等。秘密报告所涉及的范围,几乎是无所不包,从民生、风俗、天气、个人隐私、小道消息、江湖秘闻、官场秘事……统统都要报告。

而这个借助于现行管理体制所建立起来的密探王国,却是在另一个悲剧人物的背景之下出现的。这个人的名字叫科隆多,此人在康熙年代,官职虽然不大,但责任端的不小。他是一等侍卫,步兵统领,掌管着北京城的卫成部队,大致相当于北京军区司令员这么一个职务。康熙病重的时候,只有他一人侍应在身边,诸皇子王公大臣皆不准入内,为了以防万一,科隆多还关闭了北京城门,禁止在外地的皇子私自回京入城,等到康熙一死,他就召集群臣开会,宣布曰:"康熙老头死的时候吩咐过了,以后就让四阿哥胤禛接班了,康熙对胤禛说:'你办事,我放心'……"

那么康熙是在什么情况下,吩咐雍正接班的呢? 科隆多解释说:"是这个样子的,康熙老头咽气之前,四阿哥胤禛来看望老头三次,但是老头当着胤禛的面,坚决不告诉他这个好消息,等到胤禛走了,老头这才把科隆多和七阿哥叫过去,吩咐这件事的……"

此言一出,天下大哗,一直哗到今天,质疑雍正篡改或是伪造遗诏的声音仍然没有止息。盖因科隆多的这个解释也忒离奇了,离奇到了颠覆常理的程度。噢,这康熙老头到底是什么毛病啊,雍正来了三次,他咬紧牙关不吭声,然后单把这大的事情告诉你科隆多一个人，康熙咋就这么信任你呢？你是康熙他亲爹啊……总之是越描越黑，越说越说不清楚。

无怪乎人们这样怀疑，这科隆多原本就是胤禛的亲信死党，康熙死后，科隆多关闭北京九门，诸王公非传旨不得进入大内——康熙都死了，谁还有这个资格传旨啊——这摆明了是一场宫廷政变。但是由于雍正没有留下相应的记录，比如说他的日记：……今天是我最高兴的日子，因为我发动了一场宫廷政变……史学家认为，没有这个记录，就说雍正搞了宫廷政变，是极不严肃的，不科学的，不符合实事求是的精神的，所以我们只能暂且将这件事撂下，再看看科隆多又干了些什么。

科隆多迅速飞黄腾达，升任总理王务大臣，升任吏部尚书，升任一等公，升任保和殿大学士，兼任理藩院尚书……然后他就被雍正干掉了。

史书上说，科隆多从将雍正推上皇位，到雍正将他打翻在地，再踏上一只脚，让他到死也未能翻身，只不过短短的五年时间。而且他的霉运始自于在雍正即位的第三年，朝廷上热烈讨论如何宰杀年羹尧一家的时候，他力排众议，建议保留年羹尧的三等公爵位，科隆多由此而失宠，迅速从朝廷上搬家去了畅春院的小黑屋子里，到死也不允许再出来了。

你说这个雍正，人家提出来的意见，你接受就接受，不乐意接受就扔一边去，咋就反应这么激烈呢？再说起来，科隆多好歹也是雍正的亲信，被雍正称为舅舅，在雍正登基之前，少不了他的指指点点，那时候科隆多就算是指着雍正的鼻头骂娘，雍正也只能赔笑脸听着……但科隆多好歹也军区司令员的身份，官场上的规矩还是懂得，断不至于当着雍正的面骂他娘亲，而且雍正这个人的秉性，他还是知道的，如果雍正的心眼太小，睚眦必报容不下人的话……

《澄怀园语》云："世宗宪皇帝时，廷玉日直内廷，上进膳，常承命侍食。见上于饭颗饼屑，未尝弃置纤毫。每燕见臣工，必以珍惜五谷，暴殄天物为戒。又尝语廷玉曰：'朕在藩邸时，与人同行，从不以足履其头影，亦从不践踏虫蚁。'"圣人之恭俭仁慈，谨小慎微如是。

上面这一段记载，就是雍正的为人秉性了，这是史学家所公认的资料，大家一致认为，雍正这个人啊，人品真是太好太好太太好了，他对人尊重到了无以复加的程度，就连走路都不肯踩在人影子的头上……那他怎么对年羹尧、科隆多这两个臂助这么狠呢？是不是科隆多也在他的背后说了些什么，被密探报告给雍正了呢？要是这样的话，科隆多少不得也是一个满门抄斩，最舒服的待遇也是会和八阿哥、九阿哥一样被虐死。但是相对于年羹尧的待遇而言，科隆多只是一个囚禁到死，这是相当深厚的"圣眷"了。

13.雍正为何取消密探制度

如果雍正需要一个人，帮助他管理密探队伍的话，那么这个人，必然是科隆多。只有掌握着一支密探队伍的人，才能够获得老康熙的宠信，临死之前还随侍在身边；也只有运用这一支影子般无所不在的可怕力量，科隆多才能够掌握到康熙起居及心理变化的全部细节；也只有在这样一支特别纵队的驱使之下，康熙才会当着胤禛的面，死活不肯吐口传位于他，但是这时候的老康熙已经无力操控情势，最终权力还是落在了雍正手中。

雍正之所以在科隆多对待年羹尧一案上大发雷霆，并非是他刻薄寡恩，而是他无法容忍科隆多这种暧昧的态度。年羹尧那厮明明是自己的大舅哥，却非说他跟自己的老母有一腿，说他是自己的老爹……这么严重的政治错误，科隆多却非要轻描淡写，这明摆着是放水，断断不能容忍。

年羹尧差不多是满门抄斩，那是因为雍正实在无法忍受他。而科隆多却只是囚死于畅春园，那是因为他的错误比年羹尧轻得多。

人性上是没有差异的，距离越是接近，表面上的礼节越是严重，但是内心里厌恶与鄙憎也越是强烈——拿破仑这样说这种人的普遍心理：仆人眼里没有伟人……越是接近大人物的人，就越是清楚地看到大人物的缺陷与毛病，心里就越是缺少尊敬，背后里嘀咕的可能性就越大。如果年羹尧在背后拿雍正的老母过嘴瘾，那科隆多也难免会偶有这种心思的流露……但是显然，雍正并没有接到科隆多在背后骂他娘亲的报告，所以对于科隆多的处罚，也就轻微了许多。

雍正没有接到有关科隆多在背后骂他娘亲的秘密报告，并非是科隆多这人没骂过，最大的可能，是因为科隆多是管理这份报告的当事人。

那么雍正盛怒之下，突然将科隆多端掉，可是他想自己接手这支密探队伍吗？不会的，任何人，也不会再允许这支密探力量继续存在下去。仅仅是因为，这支队伍报上来的每一份报告，都是大同小异，一模一样，清一色骂雍正他老母,雍正又没有受虐狂症,他闲着没事天天听别人骂自己娘亲干什么?

要知道,密探制度是以无限的人力投入作为保障的,在密探国家里,每三个人就有两个密探,每一个人负有监视别人并随时向权力者报告的义务,一个人遭受到惩罚,往往不是因为他做了什么,而是因为他没有报告"坏人坏事"……见到坏人要及时报告……这是密探国家的铁律。

这种制度带来的后果是,没有哪一个密探敢于隐瞒坏消息……如果哪个密探听到年羹尧说自己和雍正的母亲有一腿却没有报告的话,那么他就会在另两份报告中成为同案犯,后果是相当的严重。所以每一个密探,都争相报告大臣们是如何骂雍正的娘亲的。这就导致了雍正天天看到这些辱骂,心里的愤怒与挫折感,那是无法言喻的。

这已经不再是什么行政公文了,这是雍正在自己找骂了。惹事的大臣们在被窝里骂一遍,密探们报告上来等于又骂了一遍,雍正打开一看,嘿,他自己把自己老妈又骂了一遍……受不了,这也太变态了吧?所以这支密探队伍就此取消了,诸多的人员编制、员工招聘、培训上岗、业务考核等全都不需要了。雍正这时候已经知道天下人没一个好玩意儿,全都躲在被窝里骂他的老祖宗,这时候的他,所需要的只是一支有限的密探队伍——密折制由此而建立,在省略了大量的成本开销的同时,也能够及时掌握各级领导干部的私隐坏事。

但事情还没有完。

14.非快刀不足以斩乱麻

雍正在位短短的13年里,基本上处于众叛亲离、孤家寡人的状态之中,他不屈不挠地与各级领导干部们进行着激烈的斗争,单只是一个清理私设小金库,就逼得众多领导干部入狱的入狱、投井的投井,始终是占据着斗争的主动权。

但是雍正先生突然死去,再一次引发了江湖浩大的风波:

朴庵曰:"吾阅《鄂尔泰传》,是日雍正尚视朝如恒,午后忽召鄂入宫。外间宣传暴崩。鄂入朝,马不及鞍,髀骨被磨损,流血不止。既入宫,留宿三日夜始出,尚未及一餐。使非被刺,何所危疑而仓皇至是。观鄂传,雍正为人所杀,绝无疑也。呜呼!胤禛以一帝位逼父杀弟,而己亦卒,不免一死,则是帝王者实不祥之物也。今者真理日明,而残喘之满清朝廷,至死尚作老马恋醉之态,可谓不知审时度势之尤者矣!"

这里摘录的是《胤禛外传》中的记载,这一记载隐含了我们在文章开始的时候所提及的"侠女派""玉女派""红楼派"等诸多派别的不同死法。但实际上,史家更多的是倾向于康熙第八世孙金恒源先生的《正本清源说雍正》一书的观点。该观点认为,雍正的死因主要是他多年勤政之累,深陷于与各级领导干部们的斗智斗勇中不能自拔,搞得精神恍惚、神志不清,就大量吞食药物,结果体内淤毒过量……实际上,这应该是"玉女派"死法的洁本而已。

不论我们是否愿意接受这个"玉女派洁本"的死法,都无可避免地面临着这样一个结论:雍正之死,只是因为他太过于善良了。

如果他也学朱元璋的样子,将密探制度发展到极致,建立起像锦衣卫那样森然冷血的杀戮机构,那么他就省下了无数的心思,何必费那么大的劲,和群臣们斗智斗勇呢? 你说你累不累啊!

但是在老爹康熙屁股后面足足45年的漫长等待,雍正的火性已经被消磨得七七八八了。如果有谁认为雍正对年羹尧、对八阿哥、九阿哥过于残忍的话,那么比较一下朱元璋在杀戮重臣之时、动则以数万人流血丧命的做法,就会发现雍正确实是一个心软的人,他只是忍受不了那些无端的谩骂与侮辱而已。

所以雍正最终没有走上冷血嗜杀之途,他最多只是没收各级官员的小金库,给各级领导干部添点堵罢了。再就是被老百姓骂得实在招架不住的时候,扯个民间学者曾静过来,大家展开一场公开的大辩论,他甚至连曾静也没有杀,更没有枉罪于人。正是这样一个原因,所以他才获得了后世史学家的尊敬。

你无法不尊敬一个心软的人,他完全可以把坏事做到极端,但是他没有。但是他的做法也有一个弊病,那就是越描越黑,越解释就越说不清,所以才会出现了雍正时代那快意江湖的不朽传说——这些传说,至少一半是雍正自己的功劳,由于他和曾静展开思想大辩论,刊印《大义觉迷录》发行天下,于是天下人皆知雍正这厮弑父、逼母、杀兄、屠弟……如果不是在少林寺学得一身惊人的技业,正常人哪来这么大的本事,能干得这么多的坏事?

所有的这一切,都看在一个年轻人的眼里,这年轻人对雍正是蔑视到了骨子里,他认为雍正太软弱,太窝囊,太缺乏血气,如果是他的话……果然很快就轮到了他。雍正死后,弘历登基,立速曾静一家诛杀,禁毁雍正亲撰的《大义觉迷录》,霎时间朝野一片沉寂。

对付流言,就不能跟他慢慢讲道理,非唯快刀斩乱麻,不足以彻底扫除后患。这才是真正的帝王之术。所以,继雍正而后的第六届皇帝乾隆,他绝对不像前任那样,活得窝窝囊囊,死得不明不白。

15.雍正密用和尚参政

雍正秉性不喜华靡,日夜忧勤国事,毫无土木声色之娱。但是,皇宫之中,也有一批雍正的好朋友,他们既不是朝中大臣,也不是宦官阉党,而是得道高僧。这是为什么呢?

雍正一生勤勤恳恳,即使是在盛夏酷暑或寒冬腊月,他都坚持每天深夜批阅奏折,直到三更时分才停歇。他的生活是寂寞和枯燥乏味的,为了消磨空闲时间和排忧解愁,他只好独自饮酒、赏花吟诗。他曾写过这样一首诗来描写自己:

对酒吟诗花劝饮,花前得句自推敲。

九重之殿谁为友,皓月清风作契交。

其实,雍正也有知心朋友,他们之间的私人感情还很深厚。如推行改土归流有功的鄂尔泰,大学士张廷玉等都是他的股肱之臣。雍正还有几个御用高僧,是为他筹谋划策的亲信。传说,在上述诸案中,许多个案的谋划都与这几个和尚有关。

原来,雍正十分迷信,佛教、道教、民间的鬼神他全都相信,尤其对佛教情有独钟。他继位前的府邸就如同一所殿阁重重的寺院,处处供奉佛祖,香烟袅袅。雍正三年,他的府邸改名为"雍和宫",后来成为名闻遐迩的喇嘛寺。他年轻时曾雇人代替自己出家,同时与佛教僧侣来往密切。他当时曾宣扬佛家的出世思想,但只不过是为他积极谋位作掩护。即位后,他仍然继续尊崇佛教,把自己和诸大臣都比作真仙真圣,生来就是为凡间百姓做善事的。

雍正自称"破尘居士""园明居士",还公开招了十几个门徒,经常谈佛说经,甚至干涉佛教内部事务。与此同时,有些佛教僧侣也直接参与政治。其中,西岳华山的住持长老文觉禅师,足智多谋曾被封为"国师",在宫中直接侍奉雍正。雍正处理军机大事，也常请文觉发表意见。他往往能提出一些独到的见解，深受雍正赏识，'成为雍正的心腹。雍正意欲除掉恃功骄横的年羹尧和隆科多两个重臣时，就把他的智囊文觉请来议事。雍正对文觉开门见山地说道："朕有一件大事想和禅师商量。朕自登基以来，隆科多与年羹尧权重骄横，逾越礼法，深恐他们泄露天机，当如何是好？"文觉答道："陛下有所不知，只要师出有名，伺机而动，不怕旁人非议。如若除此二人，只需如此这般，轻而易举。"说着，站起来走到雍正身旁，对其耳语一番，雍正频频点头称是。后来，果然依文觉之计清除了年、隆二臣。文觉从来不公开露面，当众发表意见，但背地里却帮雍正处理了不少难题，虽无官无品，却有权有势，朝内文武大臣都对他敬畏有加。雍正十二年，雍正命其前往江南朝山，所到之处，地方官都以王公规格迎送，仪卫尊严非同一般。

还有一个和尚性音是京师大觉寺的住持，也是雍正颇为器重，并视为知己的人。性音佛学造诣很深，常常语出惊人。雍正即位后，性音到庐山隐居寺修行，四年后圆寂。雍正曾追赠其为国师，赐谥号，并将其著述收入藏经。然而，数年之后，雍正竟削黜其封号，从藏经中撤出其著述，令人大惑不解。据推测，可能他参与了雍正即位前的许多最高机密，其先荣后黜的经历与年、隆二人相似，如此结局并不足为怪。

据说雍正还有一个佛门高足超盛和尚。雍正曾亲自为超盛讲解佛旨，夸奖他听了自己的讲经后，能"直捣三关，洞命妙义"，超过所有同辈僧人。北京卧佛寺重修以后，雍正命他去执掌法席。因系自己耳提面命的高足，自然在密谋大事上，免不了会参与其中，只是无人知晓此中秘密罢了。

至于这些御用僧人参政的详情，因无正史可考，野史又语焉不详，传说则难说可靠，留给后人的则成了一团谜。但是我们可以从中很清楚地看到，雍正采用和尚参政，是为巩固其政权服务的。正是他生性多疑，才不得不用这些在政治上与自己没有冲突、没有利害关系的和尚密谋，以达到打击政敌的目的。

雍正的露水姻缘

雍正，即爱新觉罗·允禛，清代皇帝，雍正是他的年号。初封雍亲王。1722

清朝皇室规矩，皇子夭折，即不叙齿。康熙的血统幼殇很多，当时健康成长的只有康熙·十一年、十三年、十六年先后出世的允禔、允礽、允祉，康熙十七年出生的胤禛就成了第四子，宫里人称他四阿哥。这位四阿哥是位极讲究边幅，开不起玩笑的人。平时标榜理学，不但"不二色"，甚至在美色面前，也视若无睹。康熙四十九年五月初一，皇驾循例离京城驻跸"避暑山庄"。千乘万骑，扈从如云。随行的百官以外，自然还有太子及皇子。康熙皇帝特别重视皇子们的道德修养以及适合他们身份的锻炼。从他们懂事起，就训练他们骑马、射箭与使用各种火器，希望他们能吃苦耐劳，习惯于过简朴生活。

盛夏过后，渐入秋凉。皇帝这时如在热河，定要举行一次大规模的狩猎，名为"打围"。文雅的说法，又叫"木兰秋狝"。木兰是县名，在避暑山庄所在地承德以北 400 公里的地方，这里有座山叫锥子山，林深菁密，水草茂盛，野兽种类很多，是个极好的狩猎地。这块狩猎地是二十多年前，蒙古翁牛特部落的藩王献于朝廷的。因而制定了"秋狝之典"。皇帝是想把狩猎作为一种习武于事的锻炼。

这天，八月底最后一次行围，是在离承德不远的阿格鸠围场。这个围场多鹿，哨鹿声起，应和之声即连绵不绝，林间鹿影闪现，徘徊瞻顾，寻觅公鹿，康熙皇帝停辔端枪，直待母鹿追寻四集，方始开火，枪声划破了寂静的晓空，接着便是一片欢呼声，一头极大的梅花鹿已被皇帝一枪击中，倒在血泊之中。

后驻各队，以枪声为号，一齐策马飞奔，发现鹿影，紧追不舍。第一队的领队是四阿哥允禛，他挑中了角有三尺的一只大鹿，全力追赶。鹿快，他的马更快，追了有一顿饭的工夫，方得下手，第一枪打中鹿头，第二枪打中鹿胸，鹿脚步放慢，不多几步，就侧身倒下。允禛勒住马，回身看时，一名叫恩普的"哈哈珠子"（蒙语男孩）正气喘吁吁地赶了上来。

允禛得意地笑着，指着鹿问："怎么办？"

"砍下鹿角回去登账。"恩普一面取木碗，一面说道："奴才取鹿血来给爷喝。"

很快地，恩普吸来一碗鹿血，允禛将温热的木碗接过来，一口气喝了大半碗，嫌血腥气浓不想再喝了。恩普取下一截鹿角插在腰带上，缓缓向南行去。

行不多时，允禛突然觉得冲动得厉害，心里知道是鹿血的劲道发作了。此时此地，唯有澄心息虑，尽力自制，可是怎么也压不住那一团火，而且跨在马鞍上的两股，有东西梗得难受，非即时松一口气不可。他马上喊恩普，问他附近有没有人家。

恩普摇摇头说："不会有的。"

允禛脸涨得通红，一双眼睛都是红的。恩普大为诧异，凝神细想了一会儿，方始问道："爷可是涨得难受？"

"嗯！"允禛如重释负地答道："涨得一刻忍不得。"

恩普苦苦思索，突有所悟，眉目轩扬地说："有法子了，翻过山，就是园子，我去找个妞儿来替爷出火。"

"园子"就是避暑山庄，"妞儿"自然是宫女。清朝的家法极严，皇子勾搭宫女，亦算秽乱宫闱，会获严谴。允禛直觉地认为恩普荒谬，越发生气。

"你简直是畜生！说出这样话来，可知你心中无父无君，就该捆到内务府，一顿板子打死！"

恩普吓得脸色都变了，自然不敢再作声。而允禛却大有悔意：因为细想一想，此事没有什么做不得。不过话已出口，自己再想转圜，已是万万不能，因而脸上出现一副沮丧神色。

这副神色落在恩普眼里，未免困惑。他想象中所见的应该是怒容，不是这样可怜兮兮的神情，其故安在？仔细一想，恍然大悟。主人的性情，历来是说一套，做一套，为今之计，不管他说什么，只要能找来"妞儿"决不会错。于是，他们上了马，往南直上坡道，策马上岭，山庄在望，顺着坡道疾驰，很快就到了平地。只见草地近处，一片菜畦，然后是一片树林，宫殿还远得很呢。恩普已越过菜畦，在林边一座小屋中停了下来，下马注目，似有所待。允禛双腿一夹马腹，来到恩普面前。恩普请主人稍待，便匆匆走去。

这下允禛心里明白了。他走进小屋一看，里面有张土炕，炕上铺着一领旧草席，此外什么都没有了，不过倒也干净，便在炕沿上坐下来。一坐下来，想到恩普不知会找来怎么样一个人，顿时心猿意马，屁股上像长了刺，再也坐不住，三脚两步走到门口去望，人影杳然，不免怏怏，转念一想，没有这么快的，且耐一耐。想是这样想，却做不到，望了四五次，仍无消息，心里发恨，恩普麻木不仁，莫非不知道这是一刻都忍不得的事？还是这么慢吞吞地，非抽他一顿鞭子不可。

正在生闷气，听得外屋有个很清脆的声音在说："亏你怎么找得这个地方？要说话，那儿都可以说，何必大老远的上这儿来？"

"这儿才好！"是恩普的声音，"这儿是福地，准遇贵人。"

接着只见跟跟跄跄冲进一条影子来，辫梢飞得老高。想必这宫女是让恩普推了进来。

允禛一个念头不曾转定，只听那宫女惊呼道："四阿哥！"

"别嚷嚷！"恩普吆喝，允禛随即眼前一黑，听得外面高声在说："她长得不怎么体面，所以我把门关上。爷就将就着用吧，倘或有人来，别出声，我自会打发人家走。"

雨散云收，允禛身心俱泰，在黑暗里草草扎束停当，心里想，应该有所赏赐，想起荷包里有数十粒金豆子——那是学的皇帝所宠信的文学侍从之臣高士奇的法子，凡向御前当差的太监有所打听，抓几粒金豆子作为酬谢。但手一摸到腰上，立刻有所警觉，她的女伴会问他：金豆子从何而来？这不就牵出了一段没来由的露水姻缘。他将这个念头抛开，摸索着向门口走去。

"四阿哥要走了？"

"嗯！"允禛答应着，停下脚步，他在考虑，怎样叮嘱她两句，不可将在此邂逅泄露。

这宫女不知他的心事，以为是要她去开门，所以加快脚步，到得门口，将板门拉开一条缝，探头往外看了一下，回脸说："没有人。"

没有人不走何待？允禛大步擦身而过，不经意回头一望，不由得大吃一惊。她的脸长得奇丑无比，允禛想起刚才紧紧搂住她的光景，胸中像是吞了一粒老鼠屎似的，一阵阵作呕。他脚步跟跄地往前直奔，恩普从横刺里截了过来。他本来挂着一脸笑容，看到允禛的脸色，不由地愕住了。

"马呢？"允禛问。

"喏，在那边，奴才去牵过来。"

上了马，允禛一言不发，打马往北，恩普知道他的意思，仍旧翻岭回去归队，便紧跟不舍。允禛马上思量，此事传出去，自己就失去竞争皇位的资格，即使能如愿以偿,也留下一个为臣所讪笑的话柄,岂不有伤"圣德"?非当机立断不可。念头转定,随即勒住马,细细瞻望,山雾凄迷,正临峡谷,到了一处需要留神的地方了。

恩普一拎缰绳,策马而前,允禛紧跟着,占了靠峭壁的一面,几乎是并辔而行。恩普紧靠悬崖,用脚跟碰碰马腹想赶在前面,占住路心,不道允禛已一鞭挥了过来。这一鞭子不打人,只打马,打马又不打马股,只打马眼。恩普的马像发了癫症,活蹦乱跳了两三下就将恩普掀得往上一抛,再往下一落,七颠八倒地,好久才落入谷底。也不知恩普心中作何想法,就一命呜呼了。允禛心头一阵宽松,头也不回,循山路一直往前,赶去归队了。狩猎队里摔死一名"哈哈珠子",谁也没有在意,此事该说是天衣无缝了。可是事情就偏偏那么凑巧,那位丑妞被宠幸了一次,偏偏就怀了身孕。这件事可愁坏了避暑山庄总管太监康敬福。眼看着丑妞金桂的肚子一天大似一天,康敬福只有下令,不准在人前走动。可是流言却是不胫而走,都道金桂怀的是四阿哥的种。

其时这件丑闻也可说是奇闻,已经传入深宫,怕惹是非的妃嫔们只是私下闲谈,无人敢公然非议,或者特别去打听。可是传到德妃耳中,情形就不同了。德妃姓乌雅氏,比皇帝小六岁,已经 52 岁了。她是嫔妃中子女最多的一位,共三子三女!长子就是四阿哥允禛。当她得知上述丑闻,气得肝火大发。皇帝因为德妃忠厚识大体,一向颇为敬重,听说她病了,自然要亲视。问起病因,德妃忍不住流泪,请皇上饶恕四阿哥。康熙皇帝没有治罪四阿哥,只是把金桂赏给了允禛。皇帝越来越闹不明白,这个儿子到底是个什么样的人呢?允禛从小喜怒无常,长大成人,性情依旧难以捉摸;平时不苟言笑,讲究边幅,仿佛是个很刚正的人,哪知克制的功夫甚浅,看起来近乎伪君子了。

金桂怀胎 11 个月,终于生下个白胖小子。皇宫里传说金桂怀的是怪胎的谣言才销声匿迹。清朝的家法,皇子皇孙特重母亲的出身,金桂出身低贱,所生之子将来在封爵时就会吃亏。德妃想来想去。疼孙子心切,想出一个移花接木的办法。

中秋赏月,德妃趁康熙皇帝高兴之机,提出把金桂生的孩子交给四阿哥的钮祜格格抚养。"钮祜格格,八旗世家出身,知书识礼,奴才心想,孩子交给她带,将来才会有出息。"

这个理由很正大。皇帝立刻点头答应。德妃大喜,随又谢恩,接着允禛来向父亲磕头。

"我倒要问你",皇帝提出一个令允禛想不到的问题:"你那孩子,在娘胎中怀了11个月才生,你可知道,这有先例没有?"

允禛被问住了,思索了一会儿才想起关于老子的传说,儿子读《史记·老子韩非列传》的考证中说:"老子李耳,其母怀胎八十一载,逍遥李树下,割左腋而生。这是荒诞不经之谈,此外,儿子浅陋,想不起还有什么先例。"

"先例甚多,不过未经记载而已。十月怀胎是指其成数而言,或者指前,或者指后,皆是常事,提前便是先天不足,反之便是先天就有过人之处,你这个儿子,倒不可等闲视之。"康熙道。

"允"字辈之下是"弘"之辈,第二个字用"日"字偏旁。允禛现在的一子名为弘时,金桂所生之子,由宗人府起名弘历。玉牒上的记载是:"雍亲王允禛第四子弘历,康熙五十八年八月十三日子时诞生于王府,母格格钮祜禄氏。"这就是清代大名鼎鼎的风流皇帝乾隆。关于乾隆的出生,野史中还有一种说法,谓弘历系浙江海宁陈阁老之子。那时因雍正没有子嗣,王府中生了女孩,就偷偷与陈家换了个男孩。乾隆继承了帝位以后,一直想弄清谁是自己的生母。于是,有乾隆下江南和进行民间私访就是为了找到生身之母的种种传说。

雍正卸磨杀驴

康熙一世英明,政事顺利,只是太子的事情把他弄得焦头烂额。第一次废太子允礽得了大病,再黜太子时,他虽说是谈笑间处理了事,实际上又怎能不在意、伤心、不得病呢? 他先是右手不能写字,后来心神恍惚;头昏,大病不起。他死时废太子允礽还被囚禁,已经成为一具政治僵尸;允禩在朝中颇得人心,形成一股势力,露骨地谋求皇位;十四子允禵有才有功,正在甘州军营任抚远大将军。他是康熙皇帝选择的继承人。康熙遗诏要以"十四子"为继承人,但不知为什么,遗诏竟变成传位于第四子胤禛。这件事,只有雍正心中明白,如果没有尚书隆科多在康熙帝临死时做了手脚,把"十四子"改为"于四子",他这个皇帝是当不成的。

龙驭上宾，雍正马上令召掌有兵权的抚远大将军允禵回京，实际上是想剥夺他的兵权，但由雍正口里说出来的话却是那么贴情贴理，容不得挑剔。他说："皇考的丧事，若允禵不能亲临，恐怕内心一定不安，为了他，还是让他急速回来吧。"

十冬腊月，天寒地冻，允禵悲愤填膺，催马急行，不几日就来到京城。他不甘心受雍正的摆布，到京不进城，行文奏事处，请示是先拜谒大行皇帝的梓宫，还是先庆贺新君的登极。言辞之间，蕴含着讥讽和挑衅的意味，一腔愤怒不满的情绪溢于纸笔。雍正对此冷眼漠视，像所有成竹在胸的君主一样，此时，他已不必与允禵较量。他命允禵先谒梓宫。

大行皇帝的梓宫，停在景山的寿皇殿，由崇文门进内城，沿王府井大街一直往北走，到景山下马，拾级登山，礼部及鸿胪寺官员早已侍候着。允禵换了缟素，一进寿皇殿，便直挺挺地跪下来，将头直低到胸前，隐隐约约有抽噎声，却好久不抬起头来。突然间一声长号，惊得烛焰闪闪乱跳，允禵大哭失声。这时隆科多已赶到，看到他哭得差不多了，上前扶起十四阿哥。允禵一见是隆科多眼都红了，使劲将袖子一夺，翻手一掌将隆科多打倒在地。胤禛允禵两兄弟终于见面了，真是仇人相见分外眼红。允禵心中悲愤难当，本来江山指日可待，不想今日屈为臣子。允禵牙根紧咬，含愤忍辱远远地给皇兄叩头。他无论如何也不肯向皇帝表示祝贺与亲近。雍正表现出一派大度，他走上前来，可是允禵就是站在原地不动。侍卫蒙古人拉锡见如此僵持状况，连忙上前拉胤禵。允禵血红的眼睛凶狠地瞪着拉锡。兄弟相见的场面终于草草过场。

一离开皇帝，允禵就再也忍受不住了，他大骂拉锡。骂过之后，还觉得不解气，索性一不做，二不休，跑到雍正面前控诉拉锡无礼。他说："我是皇上的亲弟弟，拉锡算什么，只不过是掳获来的贱人，若我有不是之处，求皇上处分我，若我无不是之处，求皇上将拉锡正法！"雍正心里明白，这明着攻诘拉锡，实际是向他抗议。联系允禵回京的举动，雍正已不想再宽恕他。现在允禩已被稳住，要打击的就是允禵。雍正朱笔一挥"传旨！允禵削去王爵，仍存贝子头衔"。事隔不久，因系允禵于遵化，发遣允裪于西北，拘禁允祴于京城，使皇子们分散各地，联络不便，动辄得咎。

雍正初年的政事，得功于隆科多和年羹尧的支持。如果没有这两个人的支

·清朝逸史·

图文珍藏版

持,他要打击皇子势力,巩固地位也就没那么容易。康熙死去的第九天,雍正把佟国维在康熙第一次废太子中获罪失去的公爵赏给隆科多。过了两天,又下令称隆科多为"舅舅"。封爵、尊称及总理事务大臣,是雍正酬谢隆科多扈翼登基之功。同年十二月,任命隆科多为吏部尚书,仍兼步兵统领,掌握京师警卫武力。次年,又命隆科多兼管理藩院事,任《圣祖仁皇帝实录》和《大清会典》总裁官,《明史》监修总裁,还赐他太保加衔,双眼孔雀花翎,四国龙补服,黄带、鞍马紫辔,这时的隆科多,作为"密勿大臣",是雍正在中央的左右手,雍正奖他为"当代第一超群拔类之稀有大臣",宠荣备至。

康熙去世,允禵奉召进京被软禁,青海方面,罗卜藏丹津称兵作乱,气势汹汹,倘或制服不住,便显得雍正调允禵回京是错误的了,而且外患又可能引起内患,所以,雍正心中一直为此事不安,好几夜不能安枕,总觉得非年羹尧不能放心。

年羹尧是康熙三十九年的翰林,放过四川、广东的主考,不过六七年的工夫,便升到二品内阁学士,其时年羹尧刚过三十,真可谓少年得志。他的才华为皇帝所赏识,一半是由于允禛的援引。雍正思索再三,遂朱谕兵部,授年羹尧为抚远大将军。其时,年羹尧对外要用兵青海,对内要防止流放在西宁的允禵出事,另外还要防范地位高于他的延信,三面作战,处境颇为艰苦。雍正明白年羹尧的难处,不过他相信年的才干,要考虑的是如何才能令年肯出死力?

思来想去,唯有恩结。于是降旨特召年羹尧陛见,到京之日,恰好颁发上谕册立皇后,年羹尧的胞妹则封为贵妃。便殿召见,皇帝几乎完全脱略礼教,一再慰劳,继以赐宴。第二天养心殿单独召见,谈起了如何防范九阿哥允禟。

年羹尧说:"如臣有权,随时可做紧急处置,平时曲突徙薪,防患未然,亦可放手去办,无所顾虑。"

"好,我给你一件东西。"

皇帝提起朱笔,写了一道密旨:青海用兵,为先帝生前最后一件大事,如今罗卜藏丹津猖狂作乱,果如先帝所料,非彻底敉平,不足以慰遗志。年羹尧受命料理此事,责任甚重,专为责成,特授非常之权,倘或军前有人作乱,不问身份,便宜处置,事后奏闻。皇帝的意思非常清楚,他想借年羹尧之手杀允禟。

这道密旨一交到年羹尧手里,皇帝立刻发觉,这是做了一件大错特错的事,自己的把柄握在年羹尧手中了。要想收回。却比不给这道密旨更坏！皇帝只有死心塌地去刻意笼络。等年羹尧一回任，立刻派专差去颁赏，貂帽、蟒袍、御笔"福"字与春联，以及鼻烟、安息香之类的什物以外，还有一件御用的四团龙貂皮褂。这是皇上的服饰，年羹尧在谢恩的折子里，自然要说明。及至原折发回，只见"团龙补服非臣之所敢用"这一句旁边朱批："只管用！当年圣祖皇帝有例的。"

年羹尧虽远在边陲，却一直奉雍正之命参预朝中事务，在用人和吏治方面，皇上更是频频与年羹尧相商，对他的意见几乎是言听计从。如江苏按察使、内阁侍读学士葛继礼，被年参奏，降为鸿胪寺少卿；长芦巡盐御史宋师曾是年所保荐。皇上给予年羹尧特殊的甚至是人臣所绝无的荣宠。待年羹尧平定了青海罗卜藏丹津的暴乱后，雍正兴奋异常，他把年视为自己的"恩人"。为了把对年羹尧的功绩流传久远，特谕诸王大臣："对年羹尧这样为国出力的人，不但朕心倚眷嘉奖，朕世世子孙及天下臣民当共倾向感悦，若稍有负心，便非朕之子孙也，稍有异心，便非我朝臣民也。"

隆科多和年羹尧是雍正初年的两根台柱子，但是他们二人之间并不那么和睦。年羹尧以藩邸元老的身份而看不起隆科多。他对皇帝说："隆科多是个极平常的人。"余意尽在不言之中。雍正为了使这两个宠臣不发生摩擦，颇费心机。雍正元年正月初二，年羹尧上奏折请示是否进京陛见。雍正批道："有些事，舅舅隆科多说必得你来商量。"为了使年隆两家联系得更加紧密，就自作主张，把年的长子年熙过继给隆科多做儿子。

雍正二年底，朝廷特召年羹尧陛见。此时，雍正政权羽翼已丰，年羹尧的恩宠看起来也方兴未艾。所以这次奉召陛见，大家都以为是皇帝因为他平了青海之乱，召进京去面致慰勉，等他回到西宁，仪仗必又不同。因而无不以加官晋爵作祝贺。年羹尧也洋洋得意，心想如今是太保，回来必是太傅了。

动身之前，大宴门下幕友，飞觞醉月，逸兴遄飞，唯有首席的一位幕友，与年羹尧介乎师友之间的杨介中独独衔杯不语，既无善颂善祷之语，亦无惜别的表示，不免使年羹尧有怏怏不足之意。忍不住开口问道："临歧在即，岂无一言为赠。"

"我倒是有句话想奉劝大将军，只恐不肯见纳。"

"杨先生这话错了。多少人说我骄恣跋扈,可我不敢自以为是,凡是嘉言,无不拜纳,何以杨先生得认为我会拒谏?"

"既然如此,我可不能不说了!"杨介中一个字一个字地说:"急流勇退。"

此言一出,满座不欢。杨介中对满座的不满之色,佯似不见,"如何?"这样催问一句,颇有自诩先见之意。年羹尧酒意已浓,不免发怒,但正当要形诸神色之际,突然省悟,改容相谢,他说:"容我好好请教!"

第二天一早,年羹尧去访杨介中,请教昨日所说的四个字,何所据而云然。

"大将军请想,年近岁逼,雨雷载途,此时入觐,是不是一件苦事?"杨介中说:"何不等到来春?"

年羹尧恍然大悟。目下并无必须皇帝面授机宜之事,如果异常述职,则以皇帝过去体恤之无微不至,必定会想到时入冬令,雨雷纷飞,正是行旅艰苦之时,命他开春晋京。于此可知,恩眷至少已不如过去之隆。但是他还想拿雍正以前给他的"密旨"做把柄和雍正周旋。杨介中看了这份皇帝亲笔所写的密旨,倒抽一冷气,料定大将军被祸不远了。

雍正对年隆二人,宠异过分,评价过高,征求意见过多,以致他们权势显赫,惹得不少官吏反感,参奏之事不断发生。起初雍正一概置之不理。雍正二年,来喜说雍正:"听用总理事务大臣等之音,所用者皆伊等亲友。"此类言证,均遭雍正呵斥,说他们是无知之论,妄猜君心。但是,为时不久,他就以类似的言论开始责难年隆二人,并不断升起大狱。

年羹尧进京,许多大臣从一大清早便在广宁门外迎接大将军,直到日上三竿方见年羹尧的前导驰到,一拨又一拨,直到近午时分方见年羹尧策马而来,金黄服饰,三眼花翎,四团龙补褂,白马紫缰,在旗帜鲜明的护卫夹拥之下,绝尘而去,根本不理那些红蓝顶子的大官儿。

年羹尧进了宫,以前他觐见皇帝时,里外密布的太监,无不含笑目迎,甚至职位高的太监,还会上前低声寒暄,此时所见,却是个个面凝秋霜,不由得心里有些七上八下。定定神入殿,按规矩行礼,口称:"臣年羹尧恭请圣安!"

"起来!"皇帝的声音很平静,与他以前听到的不同,以前是满面含笑,甚至还欠一欠身子,一叠连声地说:"快起来! 快起来!"皇帝要对他下手了。雍正以不少人参奏年羹尧为由,警告他不要盈满骄恣。年羹尧请求将参折发下,容他一一回奏。

年羹尧跪安退出，虽值隆冬，已是内衣尽湿。隔不多久，太监捧出一个盒子来，内贮藏一道朱谕："有人参奏年羹尧种种骄恣不法，着明白回奏。"后面列的是参款，一共有十来条之多。年羹尧阅后才知道自己已弄巧成拙。

回到私第，年羹尧心绪恶劣，闭门谢客。细看皇帝发下来的抄件。所参罪名，无一款不是可以送命的。心知皇帝意存叵测，事情很严重了。要找一个人商量商量。于是吩咐备轿，微服到了隆科多家。隆科多家有间密室，巧匠精心构筑，能够隔音，室外有心腹守卫，尽可以畅所欲言，而不虞泄密。

"我不知道皇上何以爱之欲其生，恶之欲其死。照这样岂不令天下人寒心？"年羹尧愤愤不平地说。

"只有你我寒心，不相干的人，在他驾驭起来，恩威并用，得心应手。"隆科多叹口气："早知如此，当初不必出那种死力。"

"舅舅的意思是，知道皇上的秘密是不幸之事？"

"大不幸！大不幸！"隆科多说："我也被参了。"

"舅舅尚且如此，我就更不用说了。不过舅舅毕竟是舅舅，何况又是顾命大臣！"

"什么顾命大臣？诸葛亮在白帝城受托孤之命，就注定了他鞠躬尽瘁必死无疑了。"

二人相对，心情沮丧。年羹尧带来的奏折使隆科多惊惶不安。

年羹尧回了西宁。接着，皇帝特派都统禁宗也赶到西宁，专为约束九阿哥允禟，附带调查年羹尧与允禟往来的情形。及至宗回奏一到，皇帝大惊失色，原来年羹尧部属中，同情九阿哥者，不知凡几？倘若允禟有谋反之心，只怕年羹尧亦不能约束。皇帝为此向年贵妃大发雷霆，年贵妃知道大祸不远，而又无法解释，最后是三尺白绫，了却了尘世繁华。年羹尧不杀允禟是一个错误；他接了雍正的"密旨"是他犯的又一个错误。雍正三年四月，命年羹尧交出抚远大将军印，调任杭州将军。三年末下狱责令自杀。雍正初年的台柱子就这样无声无息地被消灭了。他的家庭也因此遭祸，其子年富被斩，其余15岁以上之子，发遣云贵充军，妻系宗室之女，着遣还母家，族人为官者俱革职。家赀抄没入官，其嫡亲子孙将来长至15岁者皆照遣，永不放回，有匿养其子孙者，以党附叛逆治罪,其父年遐龄,兄希尧革职。

隆科多比年羹尧要更了解雍正一些,他早就预料到自己的地位不稳固,在许多事情上都留着后手。雍正将抄家,隆科多早早地把财产分藏到各亲友家和西山寺庙里。他不相信雍正会永远信任他。雍正二年,他主动提出辞掉步军统领的兼职。他感到自己与皇帝的关系已有了变化。不再适合担任这个小官职了。就以辞职争取主动。但即使如此,雍正也容不得隆科多。雍正三年五月二十二日,将隆、年之奸晓示廷臣,主要内容是责备隆科多,说他屡参允䄉,定要将之置诸死地,而包庇鄂伦岑、阿尔松阿、都统汝福,是要把允䄉的人网罗进他的党羽,同年六月,撤销隆科多次子玉柱的乾清门头等侍卫等职。又以庇护年羹尧干扰对年案的审查为由,削去隆科多太保衔及一等阿达哈哈番世职,命他往阿兰善山修城垦地。雍正把隆科多与年羹尧一样看作是植党揽权的奸臣,只是在处理上分别轻重缓急,先年后隆,因此隆得以拖延时日。但是这种日子也没有拖多久。雍正五年十月,诸王大臣议上隆科多私藏玉牒等四十一条大罪,隆科多被永远圈禁,禁所设在畅春园附近,次年六月,隆科多死于禁正所,死后赐金治丧。

雍正轶事三则

对雍正这一历史人物的评价,历来褒贬不一,争论颇多。本文仅从雍正七年的《起居注》中摘取其轶事三例,以说明他的某些思想方法,颇有值得人们深思之处。

1.反对不教而诛

雍正七年三月,湖广巡察王瓒上了一个条陈,主张用严厉手段打击民间的迷信活动,内称:"楚俗信巫上鬼,熟习符水咒术,不畏刑罚。惑世诬民,为害靡尽,请严行禁止。倘有违者,拿究照光棍例治罪。"兵部在议论了王瓒条陈之后,表示完全同意,并上疏说:"应如该巡察所请,照光棍例,为首者拟斩立决,为从者拟绞监候。"四月初二日,大学士马尔赛、张廷玉两人传下了雍正的谕旨,说:"此本内议称:熟习符咒:作奸犯科、惑世诬民者,俱照光棍例治罪,而未曾议及通行晓谕之后再有犯者方照此例定拟,甚属疏漏。从前屡降谕旨,凡有改定科条,俱宽其限期,悉令家喻户晓。如此而犹有不率教者加以严惩,始为不枉。今法司更定律例而不示以遵行之期,则彼无知之人,冒昧而犯重辟,是谓不教而杀,于心忍乎? 且令地方官甚有难于奉行之处,著另议具奏。"限制和禁止迷信活动并不错,但用杀头等严刑来镇压,而且不预先警告给以自新的机会,则是矫枉过正,是不教而诛。特别是对于民间有悠久历史的传统宗教习俗,用这种简单的办法并不能收到如意的效果,而且可能引起极大的反感。所以,雍正批评兵部和王瓒"甚属疏漏",否决这种"不教而杀"的主张,是完全正确的。

2."从俗从宜"的民族政策

封建时代,少数民族倍受压迫,清代亦不例外。以回民而言,所遭屠戮尤烈。雍正时期,有些汉族官吏对回民的风俗信仰、语言服饰很看不惯,总是怀着"非我族类"的小人之见,加之为了取媚满族统治者,曾经多次密折汇报,要求"严加惩治约束"。对此,雍正却别有见地。他在七年四月初七日下了一道上谕,说:"直隶各处皆有回民居住,由来已久。其人既为国家之编氓,即俱为国家之赤子,原不容异视也。数年以来,屡有人具折密奏'回民自为一教,异言异服。且强悍刁顽,肆为不法,请严加惩治约束'等语。朕思回民之有教,乃其先代留遗;家风土俗,亦由中国之人籍贯不同,则嗜好方言,亦遂各异。是以回民有礼拜寺之名,有衣服文字之别。要只从俗从宜,各安其习,初(殊)非作奸犯科、惑世诬民者比,则回民之有教,无所容其置议也。……至于贤愚不一,回民中固有刁悍为非之人,而汉人中能尽无乎? 要在地方官吏不以回民异视,而以治众民者治回民;为回民者亦不以回民自异,即以习回教者习善教。则赏善罚恶,上之政自无不行;悔过迁善,下之俗自无不厚也。"雍正从考察历史来分析现状,承认回民宗教信仰、语言服装的合法性,认为关键在于"从俗从宜,各安其习",这与"作奸犯科、惑世诬民"毫不相干。尽管他的出发点是为了巩固封建统治,但他的思想方法还是正确的。不管你是哪个民族的人,服从清政府的统一管理,"俱为国家之赤子"。假如不服从这个统治,即使是汉人、满人,也是"作奸犯科、惑世诬民者"。换句话说,是否"作奸犯科、惑世诬民",不能以民族来区分,而应以其行动、政治态度来区分。

我国是多民族的国家。这一道上谕,无疑会使清政府在民族政策上少犯一些错误,会避免一些人为激化的民族矛盾。当然,他也曾残酷地镇压满族以外的各少数民族,但这与宗教信仰、风俗服饰并无关系。

3.太阳与灯烛各有其用

有一次,雍正叫"在京大臣官员科道等轮班条奏",目的是"欲广见闻以资治理"。御史汤倓的条奏,被雍正斥为"甚属鄙琐,不可见诸施行"。汤倓一面表示"醒悟悦服",一面又奉承说:"皇上如太阳之光,臣如灯烛之微耳"。雍正针对汤倓的颂扬,发表了一通颇有见识的议论。他说:"尔言不然。太阳与灯烛各有其时,各有其用,不应分别光之大小也。日间太阳能照,至于昏夜则太阳无所施其光。赖有灯烛之光以补太阳之所不逮。天下至广,应务至繁。朕耳目心思所未到之处与不能周知之处,尔等能殚其忠诚智虑,以为赞助匡勷,正如太阳之有资于灯烛也。灯烛之功,岂可少乎?但不可有私意存乎其间耳。倘借奏事之名,以为营私之计,则是燃灯烛于朗日之下,欲以爝火之微与太阳争光,其为暗昧极矣。此则可羞可愧之甚,诸臣所当共以为戒者也。"封建时代,称颂帝王"智烛千里""明察秋毫"者甚多,颂为太阳者亦有之,故帝王所居之地有"日下"之称。雍正并不反对把他比作太阳,而且也以"朗日"自诩,但他认为太阳与灯烛"各有其时,各有其用,不应分别光之大小"。这个看法,对于一个封建帝王来说,也就达到了认识的高峰。特别是他厌恶那种借称颂太阳之名"以为营私之计"的人,更为他的议论增加了光彩。汤倓的谀辞,不但没有招至青睐,反被作为错误典型加以通报,这的确是雍正的高明所在。

雍正残杀同胞兄弟

康熙年间,诸皇子勾结大臣,各树党援,纷争不已。允禛在藩邸即已目睹其害。登极之后,自觉难以高枕无忧,而诸位昆仲也绝不会善罢甘休。为此,他大讲朋党之危害。元年四月首次御门听政,他面对大学士、九卿等官员抨击朋党恶习,并在二年七月撰写《朋党论》一篇告诫臣工,命令印刷800份,自上而下,分发诸王和满汉大臣以及京内外各级官员,使之警惕。

雍正一方面口头、书面讲论朋党之害,一方面把矛头指向诸兄弟。首先对势力最大的政敌、皇八子允禩采取欲擒故纵的手法。允禩颇有才干,被任命为总理事务四大臣之首,封为廉亲王,这是允禛对他进行麻痹。允禩也心里明白,私下向人说:"皇上今日加恩,焉知未伏明日诛戮之意。其目下施恩,皆不可信"。果然,允禩不断受到指责和打击,他的亲信或遭杀戮,或被流放,最后允禩也在幽禁中被害死。

另一较强的政敌、皇十四子允禵,与胤禛是一母所生。年龄较小,在早期的储位争夺中卷入得不深。康熙帝曾称赞他"确系良将""有带兵才能"。康熙五十七年,由于准噶尔进兵入藏并进犯哈密,西线紧张,允禵被任命为征远大将军,主持西部军务,称大将军王,可用正黄旗纛。允禵驻兵青海、甘肃四年,打败了准噶尔,立有功勋。康熙帝病危时,允禵因军务未竣,尚未班师。康熙帝死后,允禵回京奔丧,发现皇位被夺,感到愤懑不平,胤禛斥其"无知狂悖、气傲心高",削其王爵,命他去遵化守护康熙陵墓,实际上等于囚禁。皇九子允禟先被发往西宁,并命年羹尧予以监视,不准其回京,后召至保定害死。皇三子允祉被革爵禁锢。皇十二子允祹也因事革爵。皇七子允祐吓得胆战心惊,唯求苟全活命。皇十七子允礼见风使舵,后来依附雍正,封为果亲王。诸皇子党渐次解决。

乾隆皇帝的奇怪逸事

1.道理不是讲出来的

大清的第五届皇帝雍正卸任,第六届皇帝乾隆出场。

他出场之后的第一件事,就是把曾经和他父亲雍正展开过公开大辩论的知识分子曾静逮来,一刀砍了。跟知识分子吵架,岂有一个赢的道理?最妥善的办法就是肉体上消灭、精神上摧毁,如此才能一了百了。

砍了曾静,乾隆幸福地前往泰陵,也就是雍正的坟头上去瞧瞧。到了泰陵,乾隆望着老爹的坟头,笑道:"爹呀,不是我笑话你,你也太不明事理了,有现成的刀子不用,非要跟人家打嘴仗,看看,现在后悔了吧?天底下人都在背地里嘀咕,说你是年羹尧的种……这下子你可说不清楚了吧?你说不清楚也就算了,横竖你也是个糊涂虫,可如果你是年羹尧的种,那我又算什么玩意儿?"

正在悲愤之时,忽然有侍卫跑来报告:"报告首长,有一个山东的知识分子前来下战书。"

"下战书?下什么战书?"乾隆听得好不稀奇,从侍卫手中接过来一封书信,打开来一瞧,顿时脸色大变。

乾隆皇帝收到的,是什么书信呢?

清乾隆黄印"乾隆宸翰"

以吕化石为材质的黄印"乾隆宸翰",制于清乾隆24年(1759年),是清乾隆诸多宝玺中最为精美的。作者卫承芳,河南人,是清代雕刻名师。作品取材于乾隆南巡时憩游西湖的速人景致,荷花丛中双鹅漫步,池中鸳鸯交颈,水底鱼儿戏泉,花间叶面蜻蜓飞舞,青蛙跳跃,一派生机盎然。荷池岸边的岩石上刻有三处边款其中一处云:"荷塘三十里,四面起清风。鸳鸯飞不去,只在万花中……"

据传,此印材是当年清高宗首次南巡至西天目山,玛祥源寺御笔木刻《心经》一卷,住持感激万分,精心准备了此吕化鸡血石进贡。高宗如获至宝,龙颜大悦,遂敕封为"国宝"。

乾隆皇帝宝玺

这封信是这样写的:

……

兄弟我今天前来,也没什么大事,更不愿意让别人说咱俩的闲话,只不过是兄弟我最近有点小麻烦,跟皇帝你扯一扯:兄弟我姓冯,叫冯起炎,字是南州,以前没事的时候啊,兄弟我曾经去张三姨母家里,哇噻,你猜我看到了什么?一个美貌的小姑娘,跟兄弟我恰好能配成一对。可是呢,兄弟我没本事啊,也不好意思跟人家开这个口。不过呢,这事跟你说一说还是无妨的,那小姑娘名字叫小女,刚刚年满十七岁,恰好到了找婆家的时候,可还没有嫁出去。再猜猜这小姑娘是谁家的?哈哈哈,知道你就猜不着,小姑娘的原籍,是东关春牛厂长兴号张守忭家的二丫头。

还曾有一次,兄弟我去杜五姨母家,哇噻,又看到了一个美貌小姑娘,跟兄弟我那可是天配地合啊,可是兄弟真是没本事啊,办不了这么简单的一件小事。这个小姑娘的名字叫小凤,今年恰好十三岁,年龄是小了一点点……不过那又有什么关系呢?再猜猜这个小姑娘是谁家的?她便是京东城闹市口瑞生号杜月家的二丫头啊。

兄弟的意思是说,如果皇帝你要是不忙的话,派个办事能力强的人出马,骑上一匹快马,用不到天黑,就到达临县了,到了地方就让他打听一下:东关春牛厂长兴号有没有一个叫张守汴的人?到地方一打听,你就知道了,然后呢,让他给我把他家的姑娘送来当老婆,这事就算是办妥了。再然后呢,再让办事的人打听打听,京东城闹市口瑞生号是不是有一个叫杜月的人啊?一问你就清楚了,找到杜月,把他家的小姑娘给兄弟接过来当老婆,这两件事就全办妥当了。

两件事全部办妥当,兄弟我也就心满意足了。不过兄弟把丑话说在前头,兄弟我来是来了,还不清楚皇帝你是不是乐意帮兄弟这个小忙,如果皇帝你要是有别的想法,不乐意帮忙,兄弟我也未必会怪罪于你,这话我也就是随便说一说,你也没必要太当真……

饶是乾隆皇帝天纵英武,看了这封怪信也忍不住要吐血。那么,写这封信的,又是个什么样的人呢?

写这封信的,是山西临汾县生员冯起炎,他听说乾隆将谒泰陵之后,一大早就堵在路上,拿了这封信要跟乾隆套套交情,结果被侍卫们盯上了,认为此人形迹古怪可疑,当场拿下。拿下之后,就发现了这封怪书,于是给乾隆皇帝送去。

这封信,如果不是记录在清官档案里的话,饶是后世人想破脑袋,也未必能够想象得出来。如果我们不把书信的原文附上,很难让人相信这竟然是真的:

臣之来也,不愿如何如何,亦别无愿求之事,唯有一事未决,请对陛下一叙其缘由。

臣名曰冯起炎,字是南州,尝到臣张三姨母家,见一女,可娶,而恨力不足以办此。此女名曰小女,年十七岁,方当待字之年,而正在未字之时,乃原籍东关春牛厂长兴号张守汴之次女也。

又到臣杜五姨母家,见一女,可娶,而恨力不足以办此。此女名小凤,年十三岁,虽非必字之年,而已在可字之时,乃本京东城闹市口瑞生号杜月之次女也。若以陛下之力,差干员一人,选快马一匹,克日长驱到临邑,问彼临邑之地方官:"其东关春牛厂长兴号有张守汴一人否?"诚如是也,则此事谐矣。再问:"东城闹市口瑞生号果有杜月一人否?"诚如是也,则此事谐矣。二事谐,则臣之愿毕矣,然臣之来也,方不知陛下纳臣之言耶否耶,而必以此等事相强乎?特进言之际。一叙及之。

……看完了这封信,乾隆就在雍正的坟头前打起了转,陷入了严重的思考之中。

眼前这桩事,咋个处理法呢? 不理睬这个冯起炎,就假装没收到他的信? 可万一这厮再上访怎么办? 那要不就答应他,派出朝中统兵大将,杀入临县,将冯起炎看中的那两个未成年少女抓来,送他家去给他当老婆……照这么个搞法,那到底是我乾隆是皇帝,还是他冯起炎是皇帝?

琢磨来琢磨去,乾隆终于琢磨出来一个万全之策:干脆把这个冯起炎逮起来,把他送到边关,让他去给边关将士们端夜壶倒洗脚水。

看起来,这是唯一可行的办法了。

圣旨下,山东生员冯起炎发配黑龙江等处,给披甲人为奴。

这个决定,就是乾隆与他父亲雍正的区别了,也正是成熟的帝王策术成功运用:有些时候,是不需要讲道理的,跟冯起炎这种人,你能讲清楚什么道理?

2.道理是宣传出来的

有一件事情,需要我们说个清楚。历史上,"康乾盛世"是相当有名的,老一辈子的人,年轻一代的人,都知道有这么一个盛世之治。可是别忘了,夹在康熙和乾隆之间的,还有一个雍正的时代,相比于康熙的六十一年统治,乾隆的六十四年统治,雍正才不过是十三年的时间,而这十三年里,我们听到的却只是血腥的"血滴子"传说,并无什么"盛世"的味道,这又是个什么缘由呢? 或者我们也可以把话题变一下,何以康熙是盛世,乾隆是盛世,偏偏夹在中间的雍正就不是盛世?

这个问题,恰恰是帝王策术的最高心境,这个心境就是:道理不是讲出来的,道理是宣传出来的。如何一个宣传法呢? 来看看乾隆是如何打造当时的主旋律的。

纯皇少时,天资凝重,六龄即能诵《爱莲说》。圣祖初见于藩邸牡丹台,喜曰:"此子神速过于余。"乃命育诸禁庭,朝夕训迪,过于诸皇孙。尝扈从之木兰,圣祖枪中熊仆,命纯皇往射,欲初围即获熊之名耳。纯皇甫上马,熊复立起,圣祖复发枪殪之。归谕诸妃嫔曰:"此子诚为有福,使伊至熊前而熊立起,更成何事体？”由是益加宠爱，而燕翼之贻谋因之而定也。

这里有个故事说，乾隆年少时候，老头康熙率一帮孙子们去打猎，老康熙大展神威，施展皇家扯淡枪，只听嗖嗖嗖几枪，便将一头性格厚道的熊给挑翻在地。然后康熙吩咐道："孙子们，给你爷爷拿箭射他奶奶个熊……"

于是小乾隆跳下马来，拿弓箭对准那头憨厚的熊一通狂射，射完了，乾隆爬上马背，再一回头，哎哟嗬……那憨熊又爬起来了……于是人民群众交口称赞说：乾隆这孩子有福啊，你看看，要是他下马的时候，那头熊突然爬起来，向他打声招呼：哈喽，给你一记左勾拳……你猜那后果会是如何？

这个故事看明白了没有？没有不要紧，那就再看下一个故事：

江宁燕子矶宏济寺僧默默，于乾隆辛未年恭迎圣驾，上问其年，奏云："一百二岁。"上笑曰："和尚还有二十年寿。"遂赐紫衣，默默谢恩而出。乾隆二十年乙亥竟圆寂矣，方信天语之成谶。

这个故事是说，在乾隆下江南的时候，遇到一个老和尚，就问："你活多大年纪了？"和尚说："小衲年纪还小着呢，才刚刚活了一百二十岁。"乾隆笑曰："你可真敢胡扯，说瞎话连眼睛都不眨一下……我打赌你还能再活二十年。"果然，二十年后，老和尚圆寂了。

老和尚圆寂事件，和厚道熊事件，实际上是同一个故事。同样的故事，后面还有：

相传纯庙于岁暮，偶微行至内阁，见一典籍官，独宿阁中。寒瘦如郊岛，彼不识圣颜也。问何不回寓度岁，对曰："薄宦都门，妻子均未至，重以档案填委，职掌乏人，惧万一疏虞，因留宿阁中耳。"纯庙颇重之，详询其籍贯科分，并志其年貌，于次日召见。某趋入，天颜温霁，知即昨与接谈者。屏营之下，蒙赐一封口函，谕云：

"速持至吏部大堂，但有堂官在，即传旨面交。"某叩头遽出，亦未喻何意。将出东华门，俄腹痛奇剧。僵仆道旁，娄堤挂弗能兴，虑封函关机要，脱迟误干未便也。彷徨无策间，适同官某经过，呼而告之。托其将封函投交万毋误，及部堂启视，乃朱谕，本日如有知府缺出，即著来员补授，于是吏部遵旨诠注，越日谢恩，乃并非其人，问之，始据实陈奏，纯庙喟然曰："语云君相不能造命，其信然耶。"

这个故事,说的是一个运交华盖的典籍官,这厮在内阁辛勤工作不知几许年也,偏偏就是时运不济,始终没能摊上一个外放的肥缺。再这么待下去,眼瞅这老兄就要垂暮年景,以一名副主任科员的级别退休了。

乾隆听说了这个倒霉蛋的故事,就问负责官员管理的吏部,干吗要欺负这个倒霉蛋,不给人家一个肥缺干干? 吏部回答说:不怪俺们……俺们已经尽力了,是这厮时运不好……乾隆如何肯信? 当即就去找那个倒霉典籍官。也难怪这个典籍官时运不济,他在内阁工作了这么多年,居然不认得皇帝,于是两人心情愉快地聊了一会儿天,乾隆就回宫了。

次日,一名内侍拿了封密函交给典籍官,让他马上给吏部送去,不得有误。于是典籍官拿了密函出门,刚刚走了两步,却听哎哟妈呀……他的小腹突然痛如刀绞,痛得这老兄躺在地上,连滚带爬……实在是没办法,只好将密函交给一位同事:拜托,帮我把信送到吏部……

那名同事拿了密函,到了吏部递交上去,打开一瞧,呵呵,只见密函上写着:如果今天有厅局级干部空缺的话,就让送信的人来负责这项工作……

于是送信的同事霎时间由副主任科员晋升到了厅局级的领导干部。升职的次日,该领导到朝廷上叩谢皇恩,乾隆一瞧这人,顿时大惊:"你丫是什么人? 我根本不认识你……那个送信的典籍官哪儿去了?"

新晋领导回答说:"启奏圣上,是这么一回事……那个典籍官,他的肚皮疼,所以我只好就……委屈自己高升了。"

……这三个不同的故事,说的却是同一个道理。

这个道理也就是乾隆年间的旋律了,该旋律是这个样子的:人的命天注定,千万不要瞎折腾。谁要不信非折腾,竹篮打水一场空。舒服享福是乾隆,尔等趁早快认命。趴在地上撅起腚,吾皇万岁要大声。赶紧下地去干活,皇帝老倌吃得凶……总之就是"愚民"两个字。

和气急败坏与民间学者进行学术辩论的雍正不一样,乾隆选择的是另一条更为干脆的策略。

3.乾隆的博弈对手们

雍正差就差在没有搞好舆论宣传工作,说起这个舆论宣传阵地啊,你领导不快点上去趴窝,老百姓就肯定会跑到上面闹轧猛。倒霉的雍正不明白这么一个简单的问题,天真地与民间学者抬杠,结果把自己闹成了夹心饼干,他爹那一辈是"盛世",到了儿子这一辈还是"盛世",偏他没有盛世不说,还被百姓们要求做亲子鉴定。说来说去,这都是雍正咎由自取,怪不得别人。

乾隆吸取了雍正的教训,于是他狠抓思想建设,成就斐然。据《养吉斋余录》上记载,乾隆这兄弟酷爱写诗,是个合格的文青,该文学青年写诗无数,后来他的儿子将这些诗篇杂烩结集出版,总计是41800首诗。

41800首!这是个什么概念?要知道,乾隆总计活了六十四年,扣除吃妈妈奶的四年,就以他狂写诗六十年计算的话,那么,六十年一共是21900天,也就是说他只活了21900天,却写诗41800首,平均一天要写两首诗……一天只写两首诗,不多,不多……可难能可贵的是,乾隆能够坚持六十年如一日,风雨无阻,昼夜不息,把这项工作坚持下去,真是太难得了。

那么,一个当领导的,坚持每天写诗两首,会有什么样明显的社会效益呢?真要是较起真来,这效益可就大了:

乾隆南幸,乘舆出国门,才里许,乡人某荷锸迎观,侍卫出刀于手,斥去之。乡人倔强不少却。一尉持梃挞其颅,乡人负痛而号奔。乾隆惊询何事,以刺客对。大怒命缚交顺天府尹,严鞫论拟。府尹某廉得其情,知乡人实非刺客,且恐兴大狱也。即具摺复奏,略谓乡人某素患疯疾,有邻右切结可证。罪疑唯轻,且无例可援,乡人某某,著永远监禁,遇赦不赦。地方官疏于防范,著交部议处是否有当。伏乞圣鉴训示云。疏上,称旨,即奉批答,著照所奏,妥为办理,钦此。故至今论者韪之,谓能顾全民命。不独乡人感德,即失事之地方官,亦在斡旋之中矣。

这里说的是乾隆南巡的时候,遇到一个颇有山东生员冯起炎风格的老农,该老农听说皇帝打这儿经过,当即光着脚丫子,扛着锄头跑来看稀奇。侍卫拿刀子轰老农滚开,那老农却不肯听劝,一名侍卫看不下去了,就抡起鞭子,耐心地对老农进行说服工作,结果老农发出了惊天动地的惨叫之声,惊得乾隆脸皮变色,六神无主,就问:"咋回事啊,刚才是什么动静啊,那么怕人?"

侍卫回答说:"启奏陛下,有刺客。"

刺客?当地官看不下去了,只好出来解释:"陛下,不是这回事……那个老农啊,他患有严重的癫痫疾病,一到人多的地方就抽风……陛下,我的意思是说,咱们这里这么多的正常人,能不能别跟一个疯子计较?"

乾隆皱起了眉头,这事,该不该听地方官的一句劝呢?还没拿定主意,那边又出事了:

纯庙南巡,江浙耆老妇女,道旁瞻仰,有称皇帝老爷者。前驱卫士将执而治之。纯皇亦惊讶,询之尹文端公。公奏:"南方愚民,不明大体,往往呼天为天老爷,天神地,无不老爷者。"纯皇大笑,扈从诸臣,遂不复言。公奏对敏慧,为廷臣所交推,玩此数语,洵称得体。

这个故事说,在乾隆巡幸江南的途中,调皮捣蛋的不唯是农夫,农妇更是没有闲着,这里就冒出来一个淳朴的农妇,站在道边,向乾隆热烈地挥手狂叫。侍卫大怒,上前将农妇逮住,押到乾隆车杖前:"陛下,这农村老娘们儿乱喊口号……太反动了,必须要严惩。"

"嗯,应该严惩,应该的。"乾隆扭过头来,问身边随行的官员们:"你们说说,这老娘们儿该怎么整治她才好?"

众官员们议论说:"这老娘们儿没文化,就爱往人多的地方瞎嚷嚷,嗓门儿还老高……不过呢,好像这老娘们儿也没什么谋反之心,她只是弄不清楚该怎么称呼皇帝罢了……"

"也有道理。"乾隆点头,谆谆教诲各级官员道:"朕早就跟你们说过的了,群众才是真正的英雄,而你们这群傻帽儿,才是最幼稚可笑的,不信是不是?不信咱们试一试,那谁……去那边田里,把那个正插秧的老农给朕逮来……"

高宗循卫河南巡,舟行倚窗,见道旁农夫耕作,为向所未见,辄顾而乐之。至山左某邑,欲悉民间疾苦,因召一农夫至御舟,问岁获之丰歉,农业之大略,地方长官之贤否。农夫奏对,颇惬圣意。寻又令觇视随扈诸臣,兼询姓氏。群臣以农夫奉旨询问,于上前不敢不以名对,中多有恐农夫采舆论上闻致触圣怒者,皆股栗失常。农夫阅竟,奏曰:"满朝皆忠臣。"上问何以知之。农夫奏称:"吾见演剧时。净脚所扮之奸臣,如曹操、秦桧,皆面白粉如雪,今诸大臣无作此状者,故知其皆忠臣也。"上大噱。

这里说的是乾隆在各级官员的陪伴之下,巡幸河南,逮来一个没来得及跑掉的农夫,审讯过农时收成等问题之后,于是乾隆兴起,吩咐各级官员列队,让农夫把潜伏在他们之中的奸臣揪出来。这下子众官员可吓得惨了,无不是两腿打战,脸皮青紫,这万一要是农夫瞧哪位官员不顺眼的话,那后果……

农夫开始揪奸臣了,他脸色严肃地在官员队伍面前走过,突然他走近一位官员:"你……"那位官员登时昏倒。农夫讪讪地走开,突然面有喜色,向着下一位官员疾冲过去,就听一声呻吟,那官员已经绵软瘫倒在地……就这么折腾一圈,农夫终于结束了他的巡视,回到乾隆面前:"启奏陛下,咱们这里没有奸臣,清一色大忠臣。"

"你是咋知道的呢?"农夫这么快就下了结论,乾隆很是诧异。

"这不是很简单吗,"农夫解释说:"夫奸臣者,白脸也,奸臣都是大白脸,可你瞧咱们这些官员们,一个个肥肥胖胖,红光满面,哪有一个白脸奸臣?"

这些冲乾隆乱喊口号的农夫农妇们,就是乾隆皇帝在这个世界上的博弈对手了。这些竞争对手的水平就是我们看到的这个样子,要不要和这种水平的对手展开公开大辩论? 还是免了吧。乾隆想。还是继续写诗,更来情绪。

4.乾隆的求职简历

与雍正时代的知识分子曾静相比,乾隆时代的山野村夫们无疑要憨厚得多,也容易糊弄。也就是说,乾隆的博弈对手,水平较雍正的对手要差得远去了,跟这样一些愚昧的村夫打交道,再不混个明君盛世出来,那未免太没劲了。但是,这些缺少见识的山野村夫、书生生员,却也不是从天上掉下来的,而是人家乾隆自己精心培养出来的。

乾隆皇帝又是如何为自己培养出如此称心如意的博弈对手的呢? 这个,还是先要从乾隆先生的个人求职简历说起:

性别:男

姓名:爱新觉罗·弘历

出生:1711 年 9 月 25 日

籍贯:北京市长安大街一号雍王府

属相:兔

星座:处女座

血型:B 型

身高:174 厘米

体重:62 千克

职业:皇帝

特长:爱好文学,调戏妇女

社会关系:

父亲:爱新觉罗·胤禛

母亲:钮祜禄氏

有兄弟 10 人,姐妹 4 个,排行老四

心路历程:

0 岁:出生。

25 岁:接替父亲的职位,出任大清国第六届皇帝。

25 岁:逮捕曾与雍正进行过公开大辩论的民间学者曾静、张熙,斩之,宣布其父雍正所撰《大义觉迷录》为大毒草,予以销毁。

36 岁:四川大金川土司莎罗奔将侄女儿阿扣嫁给小金川土司泽旺,并于婚礼中扣留泽旺,接管了小金川,被朝廷通报批评。

36 岁:大金川土司莎罗奔大败清兵,实现了大金川的武装割据。

38 岁:命大学士讷亲为督师、劳改释放人员岳钟琪为四川提督,再命云贵总督张广泗三方配合,平定大金川,不料讷亲、岳钟琪及张广泗三人尿不到一个壶里,三人打得不可开交。于是上命斩讷亲与张广泗。另派大学士傅恒督军,与岳钟琪统精兵 4 万,大败大金川莎罗奔。

38 岁:剥夺内阁处理国家政务的权力,一切权力归皇帝。

39 岁:大金川土司莎罗奔诚恳地承认了错误,乾隆指示:惩前毖后,治病救人……下不为例,恢复莎罗奔领导职位及相关待遇。

41 岁:一下江南。

46 岁:新疆大、小和卓部落反叛,杀了清廷优秀的干部阿敏道。

47 岁:二下江南。

47 岁:颁布《保甲法》,将大中国设为一座大型监狱,百姓为囚犯,自保长、县令而上各级领导官员,统统行使监狱管理人员的权力。

48 岁:任命参赞大臣雅尔哈善为靖逆将军,率满汉兵万余人平定回疆,大、

小和卓逃走,靖逆将军雅尔哈善以贻误军机之罪被处死。

49 岁:大、小和卓叛平定,恢复了回疆的安定局面。

52 岁:三下江南。

55 岁:四下江南。

62 岁:远在俄罗斯的土尔扈特族人在首领渥巴锡的带领下,率领 17 万人发动武装起义,回返故国,历经艰难险阻,经过无数次血战,终于抵达伊犁,部落此时已不足 7 万人。

70 岁:五下江南。

74 岁:六下江南。

85 岁:办理离休手续,正式离休,享受太上皇级别的待遇。

89 岁:卒。

看看乾隆的个人求职简历,只有八个字才足以形容。哪八个字? 跌宕起伏,丰富多彩!

事实上,除了这份求职简历之外,乾隆皇帝还比别人多了一份业绩表单。乾隆有"十大武功"之说,哪十大武功?

第一功:39 岁那一年,平定大小金川之乱。

第二功:45 岁那一年,平定新疆骚乱。

第三功:47 岁那一年,天山北路及伊犁并入中国版图。

第四功:49 岁那一年,平定回疆骚乱,天山南路并入中国版图。

第五功:59 岁那一年,清军深入缅甸之境 2000 里,寻缅军而不可得,后中缅双方谈判,缅军元帅渺旺末不理而去……这个也算一功。

第六功:66 岁那一年,再平大小金川之乱。

第七功:78 岁那一年,平定台湾天地会林爽文之乱。

第八功:79 岁那一年,清军奔袭越南河内,遇伏,官民夫兵万余人死……后越南主动求和,所以这也算是一功。

第九功:81 岁那一年,廓尔喀人入侵西藏,当地官员隐瞒朝廷,暗中乞和……这个也算是乾隆的一大功绩。

第十功:82 岁那一年,清军越过喜马拉雅山,尼泊尔乞和。

公正地说,扣除掉虚报、瞒报、重复统计等难以避免的历史现象,乾隆的这一份业绩表,至少有五成还是真实的。西方学者曾经说过,人的性格就是人的命运,乾隆这个人活得如此有滋有味,热闹非凡,这是否也和他的性格有着关系呢?

5.和尚的老婆们

说起乾隆这个人,他之所以不遗余力地打造以宿命论为基调的主旋律,这是因为他对自己的能力看得比别人更明白一些。那么,乾隆这个人的执政能力和水平,又如何呢?《新世说》上有个故事,说的大概就是乾隆的执政能力了:

高宗南巡,驾次毗陵。一日游天宁寺,闻住持僧某僧不遵清规,因询之曰:"汝有几妻?"僧以两妻对。帝异其言,又询之,则曰:"夏拥竹夫人,冬怀汤婆子,宁非两妻乎?"帝一笑置之。

乾隆南巡图(局部)

这个故事说,乾隆南巡途中忽然听说有一座寺庙,那庙中的和尚生活过得极是幸福,美酒美女,应有尽有。乾隆闻大之喜,立即飞马赶到,到了地方,老和尚迎了出来:"阿弥陀佛,施主多掏点银子吧……"乾隆兴冲冲地问道:"快告诉朕,你有几个老婆?"和尚很是羞涩地回答:"不多不多,小僧就俩老婆……"乾隆更是亢奋:"快把你老婆叫出来,让咱瞧瞧……"和尚回答说:"咱这俩老婆啊,那可不是一般的女人,她们压根就不是人……夏天的时候啊,竹子是我的老婆,为我生枝摇曳;冬天的时候啊,弄一只小暖炉当老婆,给我带来温暖……施主你瞧,咱这不是有了俩老婆吗?"

记载中说："帝一笑置之。"……你置之个啥啊还置之。要知道，国家的最高领导人，出入都是有着极为重要意义的，足迹所到之处，无不是为了国计民生而考虑；等而次之，也是要顾及整个社会上的影响。所以他们所到之处，标志着国家政策的发展与扶持方向……可你瞧这个乾隆，他一听说寺庙里的和尚女朋友比较多，就乐颠颠地跑了过去。你说你跑过去干什么？

总之，乾隆就是这么不注意影响，没有起到一个领导人应该起到的表率作用。最要命的是，乾隆好像还特别喜欢到和尚庙里出乖弄丑，贻笑天下。有一本书叫《退醒庐笔记》，上面专门记载了这样一件事：

清高庙南巡时驻跸镇江金山寺，相传方丈僧某，一日随跸至江干散步，上见江中舟楫往来如织，戏问僧曰："汝知有舟若干艘?"僧从容曰："两艘。"上曰："如是帆樯林立只两艘乎? 汝果何所见而云然?"僧曰："僧见一艘为名，一艘为利，名利外无有舟也。"上为之怡然。后见江干有售竹篮者，问此物何用，僧以藏东西对，上曰："东西可藏，南北岂不可藏乎?"僧曰："东方甲乙木，西方庚辛金，木类金类之物，篮中可以藏之。南方丙丁属火，北方壬癸属水，竹篮决不可以藏水火也。"上为点首者再。谓具此粲花妙古可向众僧说法。会上欲于寺门外照墙上题一额，词臣拟"江天一览"四字，上固短于视者，误为"江天一觉"，立挥宸翰书之词，臣相顾愕眙。僧曰："红尘中人苦于罔觉，果能觉此江天心头一觉，即佛氏所谓悟一之旨也。大佳! 大佳!"于是竟付御匠敬镌之，今此四字犹存。按高庙每因短视贻误。如"西川"之为"四川"，"浒墅关"之为"许墅关"。亦皆当日察视未明，信口误呼所致，唯以出自纶言，臣下即奉为圣旨，竟改"西川"之"西"为"四"。浒关之"浒"为"许"，相沿迄今，一何可哂。是则此"觉"字之误，纵无寺僧释以禅理，词臣亦断不敢以改易也。此一则闻之于王志在先生。萃祥先生邃于医，余家人有疾必延之诊视，辄应手而愈，积日既久遂成忘年交，每暇过从，喜纵谈古今事，娓娓不倦，惜未笔之于书，今大半遗忘之矣。

这里说的是乾隆在和尚庙里露出的大纰漏。他老兄到了金山寺，大概是想和白娘子聊一聊吧? 没遇到白娘子，就气势汹汹地找来庙里的方丈闹事，问人家："你来数一数，现在大江之上，有多少条船?"

方丈笑眯眯地道："陛下，江里边啊，就两条船……不多不少，就两条。"

乾隆大骇，眨眼再揉眼，看着江中往来如梭的无数条游船："……你真的没有数错吗？"

"那肯定没有。"老和尚摇头，断然道。

"可是……"乾隆傻眼了，"莫非我的眼睛……"幸好这时候老和尚说话了："跟你这么说了吧，这江中的帆船虽然多，但实际上只有两艘，一艘叫名，一艘为利……若非是为了名和利，你说这些船闲着没事在江上跑什么啊？"

金山寺方丈这么说话，并非是卖弄玄机、展示智慧，而是语有所指，是在暗中嘲笑乾隆是个近视眼，有眼无珠。饶是乾隆智商不高，可骂自己的话，还是能够听得出来的，于是乾隆胸中怒火大炽，就要找老方丈的茬儿，忽然看到江边有卖竹篮子，乾隆登时乐了，问道："你说，江边卖的那玩意儿，是干什么用的？"

老方丈笑眯眯地道："那是用来装东西的。"

"装东西？"乾隆总算是逮住了话柄："装东西是什么意思？为什么不说装南北？"

老和尚笑曰："这个事吗，施主啊，你真的不知道吗？东方甲乙木，西方庚辛金，金和木，都是可以用篮子来盛装的。可是南方是丙丁火，北方是壬癸水，水和火这两样事物，篮子里能装得下吗？"

乾隆听得云里雾里，知道这老和尚是如此狡猾，把柄是抓不到了，干脆装糊涂吧，也免得再丢人现眼。于是吩咐道："你们大家看，前面有块空白匾，你们都知道我的习惯……我就是喜欢到风景名胜之地乱写乱画，你们看我写上一个到此一游，如何？"

到此一游，那肯定不妥当。于是随行的众人一合计，合计出来四个字：江天一览。写在白纸上，呈送给乾隆。乾隆一瞧就乐了："这四个字好，这四个字好啊，江天一觉……大梦谁先觉？平生我自知……就写这江天一觉了！"

于是乾隆的御笔一挥：江天一觉。这四个大字，龙飞凤舞而成。故事中说，这四个大字，现在金山寺的和尚还保留着呢，一般人不给你看。

故事中接着解释说：弄出这么四个怪字来，不是乾隆学问不够，而是他老人家眼睛近视……为了证明这一点，故事中列举了大量的证据。

第一，乾隆经常把西川，读成四川……现在所谓的四川，就是因为乾隆读错了，地方官闹心，不得已改西川叫作四川，让天下人跟着乾隆一起错。

第二，乾隆把浒墅关，给读成了许墅关，再错下去，结果浒墅关现在也跟着乾隆的改叫许墅关了。

这两个证据,证明的乾隆可不是什么近视眼,这厮就是……不认识字!

上帝啊,乾隆这厮连字也认不得,又怎么写诗呢?

6.陛下有点儿不正经

说乾隆皇帝不识字,这话是没人相信的。不识字人家一天写诗两首?不识字人家一辈子写诗 41800 首?更何况,在这 41800 首诗中,还真有一首轰动天下。

这首诗的灵感,来源于一个大臣,奉了皇命要撰写墓志铭。过去的帝王之墓,旁边照例有一排石头人,这排石头人的名字叫翁仲。可是那个大臣犯了糊涂,一不留神,把翁仲写成了仲翁。写错也就写错了吧,偏偏又被乾隆发现了。这下可了不得喽,乾隆老兄立即诗兴大发,曰:

翁仲如何说仲翁,十年窗下欠工夫。

从今不许为林翰,贬尔江南作判通。

完了,就因为这么一个错误,好端端的一个翰林郎,被打发到江南做通判去了。

这件事告诉我们,乾隆对自己是无限宽容的,对别人,那可就不客气了。说乾隆这人对自己宽容,那也是有史为证的,有一本怪书《睇向斋秘录》,说了这样一段故事:

清高宗(弘历)南巡至广陵,一日对近侍曰:"朕尝闻廿四桥之黄鱼与粽子甲于天下,尔辈出外见之否?"近侍奏曰:"满街都是矣。"上微笑。翌日,御膳房以红烧黄鱼、火腿粽子进,上食之美,但一思内侍之误会,又忍俊不禁。盖所谓黄鱼与粽子者,乃妇人之天足与缠足也。

这个故事说,乾隆下江南的时候,到了广陵,就对身边的侍卫说:"喂,兄弟,听说了吗?二十四桥的黄鱼和粽子,那可是天下知名啊,你们要不要去尝尝味道?"侍卫笑曰:"皇上,黄鱼和粽子,这玩意儿满街有得卖啊。"乾隆咯咯地怪笑了起来,笑得侍卫心里发毛。

这皇上心里在琢磨什么呢?侍卫不明白,就吩咐厨师给乾隆上了两道菜,一道是红烧黄鱼;另一道是火腿粽子。两道菜上来,就见乾隆乐得前仰后合……侍卫被乾隆笑得心里更发毛了,悄悄溜出去一打听,原来人家乾隆说的是黑话,这黄鱼,说的是大姑娘的脚;这粽子,说的是大姑娘裹的小脚……看看,这叫什么皇上,跟年轻的侍卫聊这种流氓话,这岂不是害人家孩子吗!

陛下这个人,真的有点不正经。

7."娼妓门"事件

乾隆时代,文坛曾经爆发了"娼妓门"事件。此事件的起因,始自于大学士纪晓岚劝说乾隆别再瞎折腾,搞什么南巡了,国库都快让乾隆这厮花得空空了。这件事惹火了乾隆,当场撕破脸皮,对纪晓岚破口大骂:"你就一个臭写字的,懂个什么国家大事? 老子看得起你,让你领衔编撰《四库全书》,不过是跟我养一个戏子一样罢了,国家大事你有什么资格插嘴?"

汝一书生耳,何敢妄谈国事! 朕以汝文学尚优,故使汝领《四库》书,实不过以倡优蓄之耳,汝何敢妄谈国事!

被乾隆这么破口大骂,纪晓岚被臊得没脸见人,干脆提笔打了辞职报告。

辞职报告书到了乾隆面前,乾隆又火了:"你敢跟老子玩这个儿? 不就是骂你两声吗,这有什么? 你赶快给我回书房写你的《四库全书》,别惹老子生气……"

《四库》书事正繁,汝安可去? 汝年少于朕甚远,安得言老! 此即诈也。速供尔职,毋烦渎以自取戾。

在这一事件上,受窘的虽然是纪晓岚,但心里最别扭的却是乾隆。盖因他好歹是一个皇帝,却对臣属破口大骂脏话,这事往最轻最轻里说,那也是他缺少了人君之度。所以乾隆心里虽然窝火,但却又死不认错,最后他想出来个损主意,下一次再下江南就带上纪大烟袋了,路上多给纪晓岚几次苦头吃,大家就会忘了乾隆粗口这件事。

《南巡秘记补编》一书中说,乾隆再一次下江南,果然带上纪晓岚一路同行,到了扬州,有一家妓馆,名小迷楼,乾隆到了楼前就走不动了,曰:"朕今夜就在这里……幸御了。"于是就淫卧于小迷楼上……这时候纪晓岚来了。

纪晓岚一瞧,哎呀嗬,乾隆兄弟你行啊,连小迷楼这种地方你都敢来,就不怕染上艾滋病吗……当场就往里闯,侍卫们这时候从四面八方跳将出来,怀着对乾隆的赤胆忠心，阻住纪晓岚，说什么也不让他进去。纪晓岚火上心来，当场挥毫，在门庭上写下洋洋万言：乾隆啊，你身为最高领导，吵着闹着非要南巡，可知道你所行所至，都是有着重大意义的，对各级领导干部都会产生巨大的影响，可是你瞧瞧你自己，还有个人样吗？你自打离开京师以来，非妓院不进，非妓女不亲自接见，你就这么折腾下去吧，迟早有一天你会后悔的……

陛下南巡，所以省方观民俗，于治道关系至巨，而民间瞻仰威仪，观听所系，亦非寻常游览可比。乃自出京至此，唯淫逸是耽，唯漫游是好，所驻跸之地，倡优杂进，玩好毕陈，虽海内承平不妨游豫，而宣淫都市宁非亵尊云云……

写完了，侍卫过来一瞧，乐了，说："纪晓岚，你麻烦大了，皇上早就说过的，你们这些烂文人，就是和妓女没什么两样，你非要找皇上的麻烦，你就等着修理你吧！"

纪晓岚气哼哼地翻了个白跟，掉头回去了。到了自己的房间，他打开自己的日记本，开始写日记。

纪晓岚的日记，是中国文化界的一大奇葩，这葩奇在何处呢？……总之是很珍贵的人文地理及风土、民俗等资料。自打他跟着乾隆南巡以来，每天晚上临睡前，都要写上几页，写到现在，已经写了厚厚的一大沓子。

那一天纪晓岚正挥笔写着，忽然之间眼前一花，笔记本竟然不翼而飞，纪晓岚大诧，东翻西找，却无论如何也找不到。这下子纪晓岚急了，逼迫着他的侍童四下里乱找，却是始终没有能够找到他的日记……

日记本莫名其妙地丢失，纪晓岚的创作灵感顿时萎蔫了，再也提不起精神来写字。就这么过去几天，忽然之间乾隆传旨，命他过去。纪晓岚心说肯定是乾隆这厮恼羞成怒，要杀自己了，杀就杀吧，日记本都丢了，再活下去还有什么意思？

就这样晃悠晃悠地去了，一进门，就见乾隆坐在御座上，正在翻看纪晓岚的日记，一边翻还一边纳闷儿地嘀咕："咿，纪晓岚你这个娼妓……老子这么羞辱你，你咋不在日记本里骂我呢？你要是骂了我多好，正好把你'咔嚓'一刀……你说你连骂人都不会，跟你玩又有什么意思呢？"

文达闷坐逆旅，郁伊无聊，则漫为诗文以自遣。因取出京后所历风景及事实记录之，约已盈寸。一日，忽失所在，呼僮责仆，遍觅不得，正扰攘间而有旨宣召矣,遂入。文达以为严谴且至,则亦昂首不畏。既入,见上色甚和,不待文迭启齿,即曰:"尔诗文之兴大好,所作亦不恶,朕知尔在逆旅中颇能用功,且无怨怫意,尚不失谨厚书生风度,但此后当益自勉,万勿作出位之言以自取咎。"

这时候的纪晓岚,想来是已经无话可说了。他终于明白了,别看乾隆这厮一点正经也没有,就是喜欢往三陪女堆里扎,可是这个人,他的确拥有着可怕的帝王智慧。

8.比"血滴子"更恐怖

纪晓岚的日记无故失踪,却出现在乾隆的手中,这说明两件事:第一件:雍正时代的密探政治,千真万确是存在的。"血滴子"不仅仅是一个传说,更多的是历史上的事实。第二件:这支黑暗的统治力量,已经落入到了乾隆的手中。又或者,乾隆亲自改组了这一支秘密纵队,使之更加具有"战斗力"。

证明这一点的,是乾隆于1757年颁布的《保甲法》。这条法令,以立法的形式彻底取消了中国民众的自由,让中国沦为了一座偌大的监狱,而乾隆本人,就成了这座大型监狱的监狱长。

中国皇权历史由来已久,自古以来就有着皇权不下县的说法。也就是说,皇家的威权,只延伸到县一级,县级以下,老百姓就爱干啥就干啥去,领导们不操这个闲心。为什么领导们只延伸到县一级呢?这是因为皇权过于黑暗了,领导们对群众有着为所欲为的生杀予夺之权,所谓的"灭门知县"一说,说的就是哪怕是官职最小的一个县令,都能够让百姓蹈死无路。

官员拥有着颠倒黑白的可怕力量。《清史稿》中记载了这样一件事:有个叫樊廷柱的人,娶了美貌妻子张氏。可是老樊有福啊,老婆过门后给他生了两个大胖小子,然后老樊就扑棱棱死掉了,丢下老母和两个儿子给老婆抚养。当地有两个小地痞,觊觎樊妻的姿色,于是,就趁樊妻的婆婆与儿子都不在家的时候,突然闯入门来,樊妻知道这两人不怀好意,拿出一把刀,向两个家伙砍去。可是女人的力气终究是过于弱小,被两个地痞夺过刀,按倒在地。樊妻拼命挣扎,头发都被两个地痞扯落了,却仍然拳打牙咬,不肯就范。两个地痞急了,一刀搠在樊妻的咽喉处,樊妻当场毙命,死前喉部鲜血激喷,染红了两个地痞的衣物。

两个地痞带着满身的鲜血，大摇大摆地从樊家出来，邻居家这才敢进去看看情形，发现樊妻已经被杀，就敲锣打鼓地去县令那里报告，并述说了案发的整个过程。

县令听了说："居然有这样的事情啊，强淫人妻，这真是太不像话了，一定要严肃地批评教育才行。"

大众说："县太爷，地痞逼奸不遂，杀死人命，这是触犯国法的啊，不可以只是批评教育的。"

县令说："你看你们这些人……那个被杀的妇人，她有没有小叔子、大伯子啊。"

大众回答："县太爷，樊妻有一个小叔子。"

县令一听就兴奋了起来，当即吩咐道："三班衙役，与我速速出动，将樊妻的小叔子与本官拿来，严刑拷打，秋后问斩，竟敢奸杀亲嫂，这还了得……"

大众说："县太爷，奸杀樊妻的不是她小叔子，是两个地痞。"

县令当时就火了："你们乱嚷嚷什么？你们是县太爷啊，还是我是县太爷啊？"

大众说："当然老爷是县太爷。"

县令说："还是的啊，既然我是县太爷，那本官就是要抓樊妻的小叔子，你们要想抓别人，哼，等到你们当了县太爷的时候再说吧……"

大众一听，这县令也太怪异了，放着凶犯不抓，非要抓樊妻的小叔子，顿时一起鼓噪起来，县令大怒，当场把办公桌一掀，不管这事了……

县太爷生气不管了，这案子就悬在了这里。四年之后，有个河道周铨元担任按察使，到各地检查司法工作，听说了这个案子，当时就生气了，说：这么简单的一个案子，有无数的证人，有凶犯的名姓，怎么就没人管呢？要不我来管一管吧……于是两个地痞终于伏法，樊妻的冤屈也才有了个着落。

在这个案子里，县令几乎是不受任何约束的，可以让死者蒙冤不白，可以放任凶手逍遥法外，甚至还可以冤屈无辜之人，他想干什么就干什么，没人管得了他。这个就是官府对民众的"合法伤害权力"，这也是灭门知县的最典型解说。

官家的权力是如此的恐怖、如此的遂性由心、颠倒黑白，可想而知对于民众的伤害程度有多么的深。所以自古以来皇权不下县，说白了，就是让老百姓也能够稍微地喘上口气。但是乾隆这厮,却连口气都不想让老百姓喘,他居然将灭门县令硬生生地安到了老百姓家的炕头上,这让老百姓还怎么活下去?

乾隆才不管你能不能活下去,他命令,以每十户为一牌,设牌头。每十牌为一甲,设甲长。每十甲为一保,设保长。通过这样一种严密的社会组织层级,就将所有的老百姓统统地关押了起来,以后百姓们只能是低头认罪,抬头喊万岁,老老实实地干活,再也兴不起别的心思。

9.越说越说不明白

现在我们终于明白了,为什么乾隆这厮为人那么的浅薄,从早到晚就想着逛妓院……再就是眼睛近视,执政能力和水平不是一般的差,可是他却荣获了中国历史上最幸福皇帝的称号;六下江南,祸害得民不聊生,可是民众却仍然交口赞誉他是个明君,他到底明在何处呢?

就明在他把全国改造成一所特大号监狱上。随便去监狱里走走,问问哪个犯人敢说监狱长不是"光荣伟大"……除非他不想在监狱里混了!

保甲制度的建立,就意味着密探国家的彻底制度化,在这种国度里,任何人都有义务向各级领导报告自己老婆儿女家属亲人的"不法行为",藉以维系社会稳定的血族亲缘关系将不复存在,社会的道德根基由此将彻底崩塌。

从此人人自危,从此人心变得阴毒——横竖也要被别人密告,还不如抢先下手,将身边的人全部诬为叛逆。乾隆成为一个明君的代价,就是这么可怕。但是话又说回来,乾隆之所以想到了把全国弄成一所大监牢,他自己出任监狱长一职,这也是没法子的事儿。

怎么个没法子法呢? 来看看《清帝外纪》上的一段记载:

高宗生于雍邸,即雍和宫。富察敦崇《皇室闻见录》有《辩诬》云:"俗谓雍正在藩邸时,王妃诞生一女,恐失王眷,适有邻居海宁陈氏恰生一男,命太监取而观之,既送出则易女矣,男即乾隆也。夫以雍正之英明,岂能任后宫以女易男?且皇孙诞生,应由本邸差派太监面见内奏事先行口奏,再由宗人府专折奏闻,以备命名,岂能迟至数日数月方始声报耶? 其诬可知。"

这段文字,堪称中华文明史上一大奇观。这里说,早在乾隆晋升为皇帝之时,就有高级大臣亲自提笔,谆谆教诲广大百姓说:……你们这些不明真相的围观百姓啊,真是太能扯淡了,而且你们可真敢扯啊,居然说什么,上一届皇帝雍正还在的时候,王妃生下了一个丫头片子,到时候老公肯定就不爱自己了……咋整呢? 恰好这时候邻居海宁的陈氏生了一个儿子,王妃就说:"太监啊,你去隔壁老陈家,把他们家孩子抱来我瞧瞧。"……太监去了,把老陈家的孩子抱了来,王妃瞧瞧,说:"你看这孩子还真不错,有鼻子有眼的,还真像个人……快点抱回去吧。"

太监就又把老陈家孩子抱了回去,到了家,老陈家抱过来孩子一瞧……这不对劲啊,抱去的是个儿子,怎么回来的是个丫头片子……

这位大臣苦口婆心地劝说广大百姓:"……百姓们啊,不是我说你们,你们就是群氓……还抱进去的是个儿子,抱出来的是个丫头片子,你这瞎话编出来谁信啊? 你们知不知道,皇宫里生孩子,那孩子还没出娘胎,就有负责的官吏蹲在王妃的床边上,手里拿着个小本认真地记录……有那么多的人盯着呢,就算是想做假,那根本是不可能的。"

……看明白了,乾隆这厮……遇到麻烦了。

像他老爹雍正一样,乾隆一出场就被人民群众要求做亲子鉴定,以前大家认定雍正的亲爹是年羹尧,现在呢,大家则认准了乾隆的亲爹不是雍正,而是海宁的陈大爷——陈老倌。

乾隆之所以绞尽脑汁地把全国改造成一所大监狱,让人民群众们相互监视,目的就是为了不让大家说起这事。这事有什么好说的? 越说越说不明白……事实上,这事还真说不明白,不只是乾隆自己说不明白,就连此后的历史学家们,也说不明白。

10.皇帝们说不清楚的事儿

乾隆一辈子说不明白的事,一共有三桩:

头一桩:他出生在哪里?

第二桩:是谁生的他?

第三桩:……到底发生了什么事?

这头一桩,就有点怪异了,有谁知道自己出生在哪里吗? 何况这种小事,重要吗? 重要,对乾隆来说,太重要了。有什么重要的呢?

乾隆的出生地点,决定着生育他的女人到底是哪一个……万一他真的出生在海宁陈老倌家的隔壁,这岂不是桩大麻烦? 乾隆太明白这一点了,所以他不断地正本清源,写诗写日记,一再声称:我出生在雍和宫啊雍和宫,我出生在雍和宫……

乾隆在《新正诣雍和宫礼佛即景志感》诗中深情地写道:"……到斯每忆我生初……"这是一条证据。

乾隆在《新正雍和宫瞻礼》一诗中幸福地写道:"斋阁东厢胥熟路,忆亲唯念我初生……"跟上首诗一样,是乾隆的自白供述,证明他出生在雍和宫。

乾隆还在一首诗下面批注,曰:"康熙六十一年始蒙皇祖养育宫中……"然后乾隆又在另一首诗下面批注:"余实康熙辛卯生于是宫也……"这个批注有点奇怪,带着强烈的委屈情绪,分明是在说:真的,朕不骗你们,朕真的是生在雍和宫的……

后来又在一首诗下,乾隆将这两个批注叠加在一起,曰:"予以康熙辛卯生于是宫,至十二岁始蒙皇祖养育宫中……"天人交战啊,这么个反复声明,重复论证,给人的感觉就好像是乾隆正遭受着严刑拷打,逼问他的出生地点一样……

后来乾隆还有一句诗,曰:"来瞻值人日,吾亦念初生……"继续声明自己千真万确的是出生在雍和宫。

为了证明自己真的出生在雍和宫,乾隆差不多要拼了老命了。可是没用,没过多久,他就遭遇到了来自社会各界的质疑。

最先质疑乾隆出生地的,是一个司局级干部管世铭,此人看乾隆写诗写个不停,火上心来,也写了一首诗,曰:

庆善祥开花渚红,降生犹忆旧时宫。

年年讳日行香去,狮子园边感圣衷。

管世铭的这首诗,写得四平八稳,气态祥和,但翻译成白话文,却有点闹心,意思是说:

乾隆你丫少瞎蒙,出生不在雍和宫。

避暑山庄真热闹,你丫投胎并降生。

管世铭的意见,受到了皇太子嘉庆的高度重视,于是嘉庆正式宣布:

敬唯皇父以辛卯岁,诞生于山庄都福之庭……

在这里的山庄,指的就是承德避暑山庄;这里的都福之庭,说的就是避暑山庄的都福之庭。而且这样的"声明",嘉庆曾经搞过两次,可见未来一任的大清皇帝,也对此一问题表示了高度的关注。

虽然各位皇帝都在关注,但是关注程度明显的不同,等到后来嘉庆死的时候,还是出现了大纰漏,而且险些酿成国际大事件。

大清帝国的嘉庆皇帝死的时候,大臣们看到嘉庆的遗书中有"皇祖降生避暑山庄"的笔录,就照这个说法向国际社会发表了沉痛的哀悼。正哀悼着,大清帝国的第八任皇帝道光出场,走到龙椅前拿起嘉庆留下来的遗书一看:麻烦了,原来这个说法已经被嘉庆皇帝否定了,又改成了乾隆出生在雍和宫……你说嘉庆这个浑球,你改了告诉大家一声啊,自己偷偷乱改,现在惹出大乱子了吧?

是日,皇家侍卫纷纷出宫,600里快马疯狂上路,狂追已经发往越南及缅甸等各国的嘉庆遗诏,费了好大一番力气,终于把遗诏追回来,等回来道光拿起遗诏来一看,顿时就哭了。

道光哭什么呢?原来,嘉庆把自己曾经发布过的有关乾隆出生在避暑山庄的最高指示,改了一部分,但留下来一部分却没有修改,改过的和没改过的,都已经发送到了各级领导干部手中,让领导们认真学习。领导这么一学,登时全懵了……叵耐乾隆硬是有本事,别人只能在一个地方出生,他老人家可好,同时于承德避暑山庄和北京雍和宫两地出生……佩服,佩服,不服不行啊。

11.超女、傻大姐与丑姑娘

乾隆皇帝到底在哪里出生,这关系到到底是谁生出来的他。民国时期,国务院总理熊希龄经过认真研究,终于研究明白了,就告诉中国大思想家胡适先生说:"小胡啊,你知道吗,乾隆他妈这个谜啊……跟你这么说吧,乾隆皇帝的生母,是一个南方女孩子,智商不是太高,诨名傻大姐是也……"胡适听了,飞赶回家把这事记在日记本上,后来公开发表,史学家顿时乱作一团。

熊希龄这个说法,却也不是瞎扯,更早的时候有一位狂士王闿运,他写了本《湘绮楼文集》,里边提到了乾隆的妈妈。书中说:

始在母家,居承德城中,家贫无奴婢,六七岁时父母遣诣市买浆酒粟面,所至店肆大售,市人敬异焉。十三岁入京师,值中外姐妹当选入宫……

王闿运的意思是说,康熙年间,承德有一个小丫头,出身于贫农家庭,有一天被父母带上去街市买酒买面……再后来,这小丫头闲极无聊,一个人逛到皇宫,正好皇宫举办超女大赛,她跑了过去……结果,就生下了乾隆这个皇帝……

由王闿运肇始,熊希龄加注,胡适记日记……史学家们就这么你抄我,我偷你,道听途说,捕风捉影。等到了抗日战争时期,日本人侵占了上海滩,中统和军统的特务们拎着手枪和汉奸们打成一团,这时候一位叫周黎庵的作家突然出现在特务与汉奸们的队伍之中,抢了大家的风头,发布了他的《清乾隆帝的出生》一文,将这场扒粪运动推至了最高潮。

周黎庵这样说的:大家先别开枪,别开枪……事情是这个样子的,早年的时候啊,避暑山庄里有一支美丽的歌伎队伍,清一色美女啊,每当康熙来的时候,大家就排着队出来献唱……大家正唱得欢实,就见康熙一挥手:"那个谁,说你呢,那个模样最丑的丑老娘们儿,我这里清一色美少女,你怎么混进来的? 肚皮还那么大……你叫什么名字?"

就见美少女的队伍中,忸怩忸怩地走出来一个丑姑娘,腆着个大肚子:"皇上好,咱爹姓李,负责在避暑山庄掏大粪,大家都叫咱李佳氏……"

康熙火了:"别咱咱咱的,你这肚子这么大,是什么病?"

李佳氏羞道:"你真坏,故意问人家这个问题……"

康熙大诧:"不可能吧? 这么多的美少女肚皮都瘪着,你丑成这样……快说,你到底是怎么混进来的? 又是哪个不长眼睛地把你的肚子搞大的?"

周黎庵说,康熙皇帝继续追查下去,乐子可就大了。原来,就是几个月前的时候,雍正跑来避暑山庄打猎,他逮到一头梅花鹿,当场按倒,一口咬开梅花鹿的喉咙,咕嘟咕嘟,狂饮了一通鹿血,再爬起来,只觉得浑身火辣辣的,身体几乎要炸裂开来。这鹿血乃壮阳之物,照雍正这么一个喝法,就好比狂吞了十几粒伟哥,那还了得? 正憋得火烧火燎的时候,恰好一个拾粪的丑丫头背着粪筐经过,雍正不由分说,扑将过去……事情就发生了。

弄清楚了这件事之后,当时康熙就抓狂了……

如果这件事情是真的话,那么,周黎庵先生又是怎么琢磨出来的呢? 这个,周氏的说法也不是捕风捉影,是有确凿依据的。这个依据来自近代作家冒鹤亭提供的证据。那么冒鹤亭又是从哪儿挖出来的证据呢？因为冒鹤亭曾经做过热河都统的幕僚，所以呢，他挖地三尺弄到了这个秘密。

要真是这样的话，那么乾隆在世的时候，拼了老命地告诉别人，说他出生在雍和宫，这事也就不是毫无缘由的了。谁闲着没事天天告诉别人自己的出生地？除非这事有问题。

但是且慢，既然有问题，那么就决不会轻易地弄清楚的。事实上，关于乾隆的生母，历史上至少有五种说法。第一种是王闿运之说，又称超女派；第二种是熊希龄胡适之说，又称傻大姐派；第三种是冒鹤亭、周黎庵之说，又称丑姑娘派；第四种就是乾隆在世的时候，民间舆论坚持认为，他是他娘从海宁陈老倌家里换出来的，所以乾隆其实是个丫头……这个说法，又称丫头派；还有第五种……这第五种说法没什么依据，反正就认准了乾隆是汉人，所以又称瞎说派。

所以有关乾隆的身世，至少存在着五大门派，如果再加上认定乾隆确实是满人的派别，那就更多了，多到了数不过来的程度。

12.谏臣时代的没落

哪怕乾隆把全国改造成一所大监狱，也堵不住老百姓的瞎说之口，所以在舆论阵地上，民间百姓与乾隆的厮杀从未止息过，而且愈演愈烈。

《满清外史》中，记述了这么一段故事：

弘历渔色甚至，傅恒之妻，孝贤皇后嫂也。以椒房戚，得出入宫掖，弘历乘间逼幸之。傅恒妻不敢拒，遂有娠，未几，生一男，即福康安也。傅恒凡四子，其三子皆尚主为额驸，宠眷反不及福康安。而福康安独不尚主，其故可想见矣。

弘历爱福康安甚，屡欲封之为王，使与诸皇子均，而绌于家法，不得如愿，乃俾福康安总师干建军功，以为分封之基础。是以福康安所至之地，必妙简名将劲旅以辅之。他将亦默为迎合其意，故作不胜状，以让功于福康安，已晋封贝子矣。然终不及封王而死。其死也以郡王赠之。

大作家蔡东藩作《清史演义》，还把这段故事狠狠地花哨了一下，故事中说，傅恒夫人来皇宫里参加一个饭局，局中有乾隆，有皇后，为了助兴，大家联诗凑趣。乾隆先来第一句，曰：坤闱设悦庆良辰。皇后来第二句：奉命开筵宴众宾。傅恒夫人来第三句：臣妾也叨恩泽逮。这时候乾隆已经控制不住自己了，曰:两家并作一家春……不由分说,上前将傅恒夫人按倒,就要"一家春",皇后急忙上前相劝,惨遭乾隆暴打……

但是这样的故事,对乾隆的伤害程度太过于微弱了,毕竟,在保甲制度之下,民众基本上已经没有任何对抗的能力。所以乾隆时代,就出现了中国历史上久已绝版的"讽谏之臣"。

乾隆南巡驻跸苏州灵严,灵严有古梅,大逾合抱。时正繁花如雪,乾隆时摩挲爱惜之。内大臣察尔奔泰忽拔佩刀作欲斫状,乾隆大惊止之。曰:"恨其不生于京师圆明园,致圣主有跋涉江湖之险也。"乾隆闻奏默然。于是察尔奔泰善谏之名乃大著于世。

这个故事说,乾隆南巡到了苏州灵隐寺,看见一棵好大好大的树,乾隆正对这棵树表示出亲切的关怀。这时候大臣察尔奔泰忽然冲上前来,作势拔刀要砍树。乾隆惊问曰:"你丫发什么神经?"察尔奔泰大哭曰:"我恨这棵树啊,我恨死它了,你说这棵破树怎么就不长在圆明园呢? 要是长在圆明园,不是省了首长长途奔波劳累了吗?"

陛下大喜。

密探时代的盛世之治,就是这么的令人神往。

乾隆对联难和珅

清朝乾隆皇帝名弘历,在位60年。乾隆年间清朝国力昌盛,人民较为富足,但政治上却越来越腐败,乾隆皇帝的宠臣和珅是个大贪官,不过其人机灵过人,其才倒也敏捷。为此,他当时备受乾隆帝的青睐。

有一年中秋节的黄昏,乾隆皇帝大宴百官于御花园,见明月如银盘一样升起,信口出一上联为"中秋八月中",要百官答下联。众官一听面面相觑,颇有难色。因为稍懂一点对偶底蕴者都知道皇上的这一上联很"险"——五个字中前后含有两个"中"字。一时无人敢献下联。

乾隆见无人能答,脸色开始晴转多云,和珅见状忙不迭站起身作个揖,说微臣愿献丑,下联为"半夜二更半"。妙不可言,以半对中,况且半又是中的近义词,上下联都有俗中见雅的味儿。

乾隆听了龙颜大悦,接着又用手指击了三下桌子道:"朕再出一上联,仅三字'两碟豆'……"此时此刻,乾隆的餐桌上正放着一盆豌豆,大家都以为他说的是手边的豌豆。

其中一个小太监自以为这容易,可乘机讨好皇帝,忙抢答道:奴才有了,下联为"一瓯油"(意为一坛子油)。

乾隆闻言勃然大怒,他手指正前方有两只蝴蝶在翩跹,加重语气道:"是两蝶逗!"。意思是我皇上哪有这么俗气,竟会以豌豆作上联?和珅又凑上去帮那个小太监解围,说万岁爷,刚才这奴才讲的应是"一鸥游"。说时和珅也用手一指,远处有一只飞鸟在翱翔。

乾隆明知和珅是巧舌如簧,因叹服他敏捷的诗才这才饶了小太监的一条命。然而,乾隆自忖:和珅这个鬼才,我今儿个非得难倒他不可,便命令手下备两匹马,他与和珅一人一骑,在御花园内踏花赏月。蓦地,皇帝回头对和珅说:"今天我先出字谜谜底,你与我倒排出谜面来,谜底就为狗熊的熊字,你的谜面须以'今晚花好月圆'为背景,并作一副对联。"

和珅沉思片刻,又说微臣有了,接着吟道"明月高挂云角下,残花双落马蹄前"正是狗熊的熊字。

乾隆剃头唬死剃头匠

乾隆皇帝爱玩,曾六次下江南游玩,有一次路过天津卫。天晚了,就住在龙亭行宫里。清早起来,乾隆问随从太监:"今天是什么日子?"

太监说:"启禀皇上,今儿个是二月二。"

乾隆听了很高兴:"好,今天龙抬头。我要剃头,取个吉利。"于是命太监去找个手艺高的理发师傅来。

太监急急忙忙到一家有名的剃头棚请来一位好师傅,先教了他参拜皇上的礼法,然后才领着他面见皇上。理发师傅行了大礼后,乾隆说:"给朕理发有三条规定:第一不许用臭嘴熏我;第二不许喘大气喷我;第三不许划破我的头皮!违反一条斩立决!"

理发师傅听说给皇上剃头,早慌了神,听了这三条规定,更吓得魂不附体。

想不剃,就是犯"抗旨"罪,要杀头,要剃又怕搞不定皇帝这头,弄不好就惹罪丢了性命。这时,太监给他一把砂仁,让他含在嘴里防止口臭,便催他快剃。事赶上了没有办法,这位理发师傅只得硬着头皮给皇上剃。

那个时候,"剃头"并不是剃个"光葫芦",而是在头中心梳辫子,周围留一圈齐马穗,俗称"留锅圈儿",然后再用剃头刀刮边。这理发师傅越害怕,手就越哆嗦,剃了没两下,心里发慌,手一抖,"哧"地一声在乾隆的后脑勺上拉了一个口子。乾隆猛地一痛,不由得一声喝骂:"混账东西,你要刺杀朕吗?拉出去!"侍卫们立即把理发师傅拉出去砍了头。乾隆把太监大骂了一顿,传旨换一个手艺高的来。

太监也吓坏了,急急忙忙又找来一位理发师傅。乾隆又把三条规定重说了一遍,还加了一句:"要是给朕拉了口子,小心你的脑袋!"这理发师刚听说有人因为没剃好皇帝的头而被斩了,现在听了皇帝也这么说,直把理发师傅吓得脸色惨白,浑身颤抖,差点就尿裤子了。

越是害怕,就越容易出错,这位师傅剃了没两三下,"嚓"的一声,哆嗦的手又在乾隆的脑门子上拉出了一个口子。乾隆更加恼火:"好大胆的贱民,胆敢在朕面前行凶,给我推出去!"侍卫们又把这位师傅推出去砍了头。

这可把乾隆气坏了,他拍着桌子训斥太监:"快去,把他们掌柜的叫来!"

太监更害怕了,慌里慌张地跑进剃头棚,冲着掌柜的撒气发威:"好你个狗崽子,谁叫你派两个废物去给皇上剃头,把皇上脑袋瓜拉了两个口子,直冒血筋儿。皇上急了,传你去,剃好了有赏,剃不好别想要脑袋!"

掌柜的一听,直吓得浑身筛糠抖个不停,急忙跪下磕头求饶:"公爷,我胆小不敢见皇上,您另请高明吧!"

太监骂道:"你敢抗旨不遵!不要脑袋啦!"

掌柜的心想,两位手艺高的都不行,我这两下子更是白搭了。哎,三十六计,走为上策!于是他心生一计,便面带微笑地说:"您别着急,我去,请稍等一会儿,我到后面换件衣服就走。"

掌柜的点头哈腰说着溜到后边,却是脚不沾地一般地逃走了。

这时剃头棚只剩下一个十五六岁的小伙计,他是清河县人,因为家乡闹灾荒,逃难到天津卫求条生路,就在这家剃头棚里学手艺。小伙子一口清河土腔,

畫恒河沙其數爲言讚佛功德不能畢宣
知是義諦莘讚可耳而莘然默交莘倒起
相三十二好八十種義手趺坐堂～洞～
如是具足玉人莘知現前調御是軌所爲
金身而玉玉即金身百千萬化剎～塵～
無分別心皈依法寶清淨供養永以爲好
壬寅清和之月上澣御讚

乾隆帝书法作品

掌柜的给他起了个外号，叫"小怯勺"。别看他说话口音侉，可人聪明勤快，是个机灵鬼儿。

他正在练剃头，拿着剃头刀刮冬瓜皮上的白霜，一刀接着一刀，刮得利索干净。其实，小怯勺早已练好功夫，很想找个头试试身手，可掌柜的就是不让他上座。

太监等了一袋烟的工夫，还不见掌柜的出来，就冲着小怯勺大发雷霆："你们掌柜的怎么还不回来？"

小怯勺笑着说："公爷，实话对您说，掌柜的怕见皇上，恐怕他早就脚底下抹油——溜啦！让我去，中不中啊？"

太监把头摇得像拨浪鼓似的："胡闹！两个手艺高的老师傅都砸了锅，你个小毛孩子能行？你要弄不好，别说你小子性命不保，连我的脑袋也保不住！"

小怯勺一本正经地说："公爷，您别看我年纪小，咱手艺可比他们高着呢！俗话说，有志不在年高，您让我去，准保皇上满意。"

这太监虽不想让他去，但一看这剃头棚里就剩了他一人，又看他那东瓜皮削得干净，心想：掌柜的跑了，正愁没处找人，权且带这个小替死鬼去，唬一把吧，也许他还真行。

他们来到龙亭，乾隆皇帝见是个小孩，马上满脸怒气，刚要斥责太监，小怯勺急忙给乾隆磕头道："皇上万岁，万万岁！您别看我人小，手艺可是顶呱呱呀！大伙都叫我'小神手'，我要是给您剃不好，就杀了我，中不中？"

乾隆见这小孩话说得硬，气消了一半。再仔细一瞧，这小孩个头不高不矮，五官端正，长得很精神，心里又生了三分喜爱，于是就答应让他给剃头。

小怯勺开始也有点儿怕，可心里早打好了谱：俺万一失手，就豁出去，先下手为强，把你的脑袋削下去，拿条小命儿换你皇帝的老命也够本。他这么一想，就不害怕了。再说，小怯勺的基本功练得确实扎实，心沉静下来，手头就麻利，不大会儿工夫就剃完了，刮完脸，梳好辫子。乾隆皇帝好像一点感觉没有，舒舒服服地理了发，整了容。拿镜子一瞧，嘿！甭提多好啦。不由伸出大拇指连声称赞："真不愧是剃头'小神手'！"又转回头埋怨太监："要是早传他来，何至于给朕划两个口子！"太监急忙跪下道："奴才有罪，奴才该死！"

这时小怯勺接过话说："启禀皇上，这咋能怨公爷呀。其实那两位师傅的手艺都比我高，他们害怕，手哆嗦，才伤了皇上龙头！"

乾隆纳闷地问："那你怎么不怕？"

小怯勺回答："您是真龙天子，天下数您最尊贵啦！您叫我剃头，我高兴还来不及，怕啥！"

乾隆听了这番话，前思后想，心说："哎呀！这两位师傅本是忠于我的，只因害怕才给我……错杀了！错杀了，后悔也来不及了，多赏赐些抚恤银两，好好埋葬。"乾隆想罢，便传下旨意，命地方官好生办理去了。

乾隆见这个小剃头的手艺好,有胆量,人也蛮机灵,封为五品随贺官,专门给他理发整容。

乾隆不准官吏剃发

乾隆帝与皇后富察氏共同生活了 20 多年,彼此之间有着深厚的感情。在接连痛失两名爱子之后,富察氏一病不起,很快便病逝了。乾隆本是一位极重感情的君主,20 年相知相爱,一瞬间竟阴阳两隔,他如何不为之伤心,为之哀恸!乾隆为其定谥号为"孝贤",是为孝贤皇后。孝贤皇后的丧事办得极为隆重。一时之间,大清帝国处处素服,哀号之声到处可闻,官僚士人如丧先妣。帝后之丧,终于成为臣民之丧,皇帝的悲痛,正在转为臣民的悲痛。乾隆对自己的皇后去世悲不自胜,对皇后的思念,对嫡子的哀悼,对命运的愤懑,都使他变得暴躁不安,喜怒无常,一大批官僚结果成为皇帝不幸爱情的牺牲品,有的甚至成为孝贤皇后的殉葬人。

清朝祖制规定:国丧期间,文武官员百日之内不得剃头。乾隆以前,这一制度并未得到很好的遵行。像康熙时期,皇后去世,外省连丧也不治,对剃头一事更是无从追究。富察氏去世,乾隆重申这一禁令,并宣布将严格执行,规定:本朝制度,国丧期间,百日以内都不能剃头,如果私自违反这一祖制,立即处斩。当时,许多人对这一成例并不清楚,往往在孝贤皇后去世 27 日服除后剃头,而乾隆皇帝在皇后去世三个月后才重申这一禁令,故不少人奉到上谕,即吓得面无人色。

像奉天锦州知府金文淳、山东沂州营都司姜兴汉就在百日之内向上司请求剃头,上司不谙成例,竟贸然同意了。于是追究起来,金文淳、姜兴汉均被交刑部,乾隆盛怒之下,欲将二人正法。刑部尚书盛安是一位耿直之臣,他调查此案后,大胆为金文淳请命,他对乾隆说:"百日内不得剃头之制,许多人并不清楚,何况金文淳是一个低级官僚,剃头前曾请示过督抚,情有可原,望皇上饶其不死。"乾隆一听便勃然大怒,斥责道:"你竟敢为金文淳游说?"盛安忙叩头分辨:"臣是刑部尚书,刚才所言,只不过尽臣的职责而已,臣并不知金文淳是怎么样的一个人。如果臣枉法行私,蒙蔽皇上,怎么能平允执法,服天下人之心?"盛安这番忠直之言使乾隆恼怒已极,令侍卫将盛安押赴刑场,与金文淳一同处斩。盛安却神色安然,只说:"臣有负朝廷恩德。"盛安走后,乾隆意识到自己所作所为实在太过分,忙令亲信大臣快马加鞭,奔赴刑场,将二人赦免死罪,仍予拘禁。又过些时候,乾隆怒气渐消,将盛安释放,令其在上书房辅导诸皇子,并不无自嘲地说:"盛安都不怕朕,何况诸皇子!"

然而,像金文淳这样能侥幸逃脱严惩者只是极少数。像江南河道总督周学健在孝贤皇后去世27日后剃头,所属文武官员也随之剃头,乾隆下令将其逮捕,并令查抄其家产,对他留下的一切字迹都严格审查。结果在周学健与别人的来往书信中发现他曾收纳贿赂,荐举庸劣之员。乾隆愤恨已极,哀叹自己继位十多年来,不知多少次被人欺骗。于是以违制剃头、婪赃徇私罪,赐令周学健自尽。

周学健剃头案爆发不久,湖广总督塞楞额也因私自剃头被拿交刑部。塞楞额本系满族高级官僚,然而对百日剃头之制也不甚清楚,竟糊里糊涂,在孝贤皇后去世27日后,与湖南巡抚杨锡绂、湖北巡抚彭树葵等自行剃发。现在接到乾隆谕旨,要严格剃头禁令,一个个吓得胆战心惊,坐卧不安。胆小的杨锡绂准备自首,以求皇上能网开一面。塞楞额却不愿意,他是总督,比普通巡抚官高,此事暴露,皇上追究下来,自己必首当其冲,下场肯定比杨锡绂等人更惨。更重要的是,自己是满人,百日内剃头,皇上定会责备自己毫无满洲尊君亲上之心,数典忘祖,罪加一等,即使死罪可免,获罪也难轻饶,恐怕一世功名,竟要毁在这几根头发上!他费尽苦心,也想不出一个好的主意,竟企图阻止杨锡绂等人自首。后来,此事败露,乾隆怒不可遏,大骂塞楞额"丧心病狂",所作所为竟出乎朕的预料之外,令其自尽。杨锡绂、彭树葵因系从犯,被革职。

不过,塞楞额之案也使乾隆重新审视自己的政策,他说:"满族大臣中,竟出现塞楞额这样违制剃头之人,周学健百日内剃头就不足为奇;督抚大员中,出现周学健这样违制剃头之人,金文淳这样的小官僚百日内剃头也不足为奇。"于是下令将金文淳释放,派往直隶修建城池。

乾隆皇帝在孝贤皇后死后重申百日内不准剃头的禁令,就像清军入关之时,下令汉人剃发,凡不剃发者无不处斩一样。乾隆帝还将这一制度载入《大清会典》《大清律例》,制度骤然严格执行,使许多官僚惊慌失措,一时间纷纷触犯法网,沦为狱囚。在办理孝贤皇后丧事中,乾隆对官僚的一举一动都严格监视,略有失误,便视为不敬,严加惩处。如皇后去世后,一些任职地方的官员上奏请求赴京拜谒梓宫,以表白自己的哀痛之情。其实,这不过是表面文章,走走形式而已。然而,出于极度悲伤中的乾隆,竟假戏真做,对那些没有奏请来京的官僚横加指责,对满族官员,尤加痛斥。他说:"作为旗人,受恩深重,一遇皇后大事,自然应该号哭奔丧。"于是规定,各省满族督抚、将军、提督、都统、总兵等高级官僚,凡是没有奏请来京的,均降二级,或销去军功记录。这一命令下达,当时遭到处分者,竟多达 50 余人。

嘉庆皇帝的窝囊人生

1.离奇的奸杀案

在某个镇子里,住着一个以窝赌为生的男子,名叫张辰五。这个张辰五既然是博彩业的大老板,那自然是相当的有钱。当地还有一个李波,嗜赌如命,对张辰五既敬且畏。有一天,张辰五与李波在街上相遇,正在说话,这时候一个美貌的女子从身边走过,张辰五惊为天人,紧盯着那女子,失声问李波:"这是谁家的女人,这么漂亮……我要是能和她睡上一觉……宰了我我都乐意……"李波回答道:"她就是我老婆。"

"你老婆?"张辰五吃惊地看着李波,"瞧你这德行,居然娶了个仙女当老婆……让给我吧。"

李波胆怯地道:"……张大哥,你看你……世上哪有把老婆让给别人的道理。"

"老子让你让,你就得让,不想让也得让!"张辰五蛮横地喝道,"你要是敢不让,信不信老子宰了你……"

李波害怕地道:"就算你宰了我,她不答应也没用啊。"

张辰五就说:"那这样好了,我给你两千钱,把你老婆给我睡一次,咱们就两清了。"不由分说,把一堆铜钱往李波的手里一拍,这桩协议就算是完成了。

李波害怕挨打,不敢拒绝,更不敢把钱还回去,就小声地说:"……我老婆性格刚烈,怕她不肯答应……你先别生气,你等我回去劝劝她,嗯,劝劝她……"

李波回到家里,正不知道该怎么跟老婆说,老婆已经骂了起来:"说过你多少次了,少跟那些不三不四的人来往,你看你今天和什么人在一起？赌场的老板,那是好人吗？值得你那么巴结他？你再这样下去的话,迟早会惹出祸来的!"

李波嗫嚅地道:"老婆你说得对……很对……"耷拉着脑袋出了门,就见张辰五早已是急不可耐地等在了门前:"说好了没有？"

李波吓得连连摇头:"她……不答应……"

张辰五勃然大怒:"这还由得了她了？我的钱都花了,她说不答应就不答应？这还有没有王法？还讲不讲道理了？"骂声中,看李波面有难色,张辰五一咬牙,"啪"的一声,又掏出两千钱来:"行了,他妈的,算老子倒霉,亏透了,你还真拿自己老婆当仙女了？睡一次四千钱,拿老子当冤大头啊？我告诉你,今天晚上我就来,你要是再跟我推三阻四,别怪老子不客气!"说完,张辰五怒气冲冲地走远了。

李波拿着钱,又回家了,老婆一看那么多的钱,起了疑心,问他:"你哪来这么多钱？"李波回答道:"这是张辰五……是我从张辰五那里赢来的。"

老婆却是不信:"你也能赢钱？吹牛吧你,你什么时候赢过钱。"

李波强辩道:"我怎么就赢不了,你看这不是赢来了吗？"

老婆见李波神色诡异,心里知道有事,就悄悄地找了柄小刀,藏在怀里。到了晚上,两人上床安歇,李波翻来覆去,不敢入睡,害怕张辰五真的找来……怕什么就来什么,正在担心着,就听"砰砰砰",外边有人敲门。

张辰五真的来了。

李波吓坏了,急忙爬起来,先摇晃了两下老婆的身子:"老婆,老婆……"老婆装睡,李波就放心地下了地,他刚刚出屋,老婆也悄悄地跟在他后面出来了。可是李波不知道,走到外边开了门,让张辰五进来。

张辰五进来后,就问:"说好了吧,我可告诉你别诓我,否则老子宰了你。"

李波急忙摇头,拉着张辰五走到一边,低声说:"这事……你现在就进去吧,我老婆正在床上睡觉呢,你悄悄摸上去,她肯定会以为是我。然后你就……完事后你悄悄离开,我再回来,她也不知道,你看这样好不好？"

"你他妈……"张辰五骂了半句，就跟在李波的身后，蹑手蹑脚地向屋子里走去。李波的老婆此时正躲在门后，瞥见有男子悄悄走进来，不由分说，上前就是一刀，只听一声痛叫，李波胸前被戳了一刀，当场倒在地上死去。张辰五眼见不好，掉头飞也似的逃了。

杀了人，老婆掌灯仔细一瞧，见躺在地上的竟然是自己的丈夫，顿时吓得呆了，失声地大哭起来。邻居听到哭声，急忙赶来，进屋一瞧……噢，明白了，这女人身上有刀，刀上带血，地上躺着中刀身亡的丈夫，这事还用得着问吗？马上将这狠娘们儿扭送官府吧。

李波的老婆被扭送到官府，细说原委，却是无论如何也说不清楚，她说张辰五趁夜进她的家，她才动刀子杀人，可是张辰五却矢口否认。官府则认准了是这女人与别的男人通奸，被丈夫堵住，这女人心狠，索性一刀捅死了丈夫，现在又想瞒天过海，于是大刑侍候，直打得女人死去活来，却始终不肯招供。

你爱招不招，官府才不管你那么多，将女人问成死罪，打入囚笼，上报请求将这女人千刀万剐，至于女人的奸夫吗……这个事等剐了女人再说吧。

案件报到了刑部，刑部官员一看有女人要挨刀，顿时大喜，急忙批了个立即执行，然后再上报。

报到了一个人面前。这个人看了卷宗，好久好久，才说了一句："好人难做啊。"

"为啥呢？"刑部官员急着剐人，不明所以，就问道。

这个人道："这个案子，真的是简单到了不能再简单的了。你看看这个案子，说女人有奸夫，可这奸夫是谁？连奸夫是谁你都找不到，凭什么硬说人家是为了奸夫而谋杀亲夫？如果这个奸夫存在的话，那根本就无法瞒过别人，可现在你找不到奸夫，只能证明奸夫根本就不存在。"

奸夫不存在，可是女人为什么杀死自己的丈夫呢？女人的供词放在这里，明摆着的事情，这是有人花钱买奸、女人的丈夫卖奸，只是女人抵死不从，才误杀了自己的丈夫……这么刚烈的女子，你们这些当官的却非要活剐了她，你说你们心眼怎么就那么坏呢？

替这个受了冤屈的刚烈女子说话的人，就是大清国第七届皇帝：嘉庆。

如此明显的冤屈之案，居然也能够顺利到达嘉庆的案头，可知他从老爹乾隆手里接过来的是一个什么样的烂摊子。而他所裁断的这个案子,更是一个象征意味浓厚的寓言,标志着嘉庆其人的性格与执政能力。

好人难做! 这句充满了无尽悲凉的话,浸透着嘉庆那酸涩而无奈的心境。

2.嘉庆的个人简历

不考虑实际的能力与水平,单以帝王史上的名气而论,如果说,乾隆是喜马拉雅山脉上的一株大树的话,那么,他的继任者嘉庆就是马里亚纳海沟底部的一只小虾米。乾隆之名,即使是不识字的农家子弟,也多少听说过,而嘉庆之名,即使是在史学家那里,也鲜少有人关注。

康熙是盛世,乾隆是盛世,怎么到了嘉庆,就混成了这么一个没出息样呢? 还是来看看嘉庆的个人简历吧:

嘉庆帝汉装行乐图

性别:男

姓名:爱新觉罗·颙琰

出生:1760 年 11 月 13 日

籍贯:北京圆明园天地一家颙

属相:龙

星座:天蝎座

血型：A 型

身高：170 厘米

体重：54 千克

职业：皇帝

特长：玩心计

社会关系：

父亲：爱新觉罗·弘历

母亲：魏佳氏

心路历程：

0 岁：正式出生。

37 岁：父亲乾隆正式办理了离休手续，嘉庆接班，升职为大清帝国皇帝。

37 岁：湖北、四川、陕西等地白莲教焚香兴兵，群体事件频仍。

40 岁：乾隆逝世，重臣和珅下狱，令其自杀，抄没家产。

45 岁：白莲教叛民平定，前后为时九年。

49 岁：英国舰队 13 艘进泊广东香山，两广总督吴熊光勒令英军立即撤出，英军不睬，朝廷遂将吴熊光革职，充军伊犁。

54 岁：天理教林清密结宫中太监，夜袭紫禁皇城，遭皇子旻宁持鸟枪击退。

55 岁：有河南乡民裹纸燃火而行，称之为捻，白昼行劫，四方胁财，由是捻事开始。

56 岁：西洋传教士兰月旺入湖南，巡抚巴哈布捕之，下狱绞杀。

57 岁：英国遣使来朝，拒行跪拜之礼，嘉庆怒之，革理番院尚书和世泰职。

61 岁：卒。

嘉庆的简历一拿过来，我们就会摇头带皱眉，不妙，不妙，难怪嘉庆会力排众议，坚持为一个受到冤屈的刚烈女子平反昭雪。没别的原因，而是嘉庆这兄弟和那个女子一样，都是处身于一个极为恶劣的条件之下，有内忧、有外患、猛症爆发、痼疾大作……总之是运气糟糕到了不能再糟糕的程度。

到了嘉庆出任大清帝国皇帝的时候，洋人也跑来了，乱民也开始闹事了，官员们也开始狂捞特捞，有恃无恐了。俗话说：时势造英雄，嘉庆倒霉就倒霉在没赶上一个好时候，在他这个时代，即使是把努尔哈赤、皇太极、康熙再加上乾隆，所有的大腕都凑在一起,也没办法干出一个名堂来。

更糟糕的是,刚刚晋升为帝国皇帝的嘉庆,还面临着一个更为可怕的政治对手:权臣和珅。

3.悬在头上一柄刀

公元 1796 年,大清帝国的第六任皇帝乾隆,已经趴在龙椅上足足六十年了。因为他此前曾经说过一句话,如果他也能跟他的爷爷康熙一样在皇位上趴足了六十年的话,那么,他就会离休,将皇位传给儿子……此言犹在耳畔,60 年的大限就已经到了。

于是乾隆皇帝在勤政殿召集皇子、皇孙、王公大臣们,举行了一次皇代会,在会议上,乾隆高瞻远瞩地指出:"为了大清帝国长治久安,永葆活力,我决定正式让位……同时我建议,就由咱们家的老十五、嘉亲王爱新觉罗·颙琰担任大清国的皇帝吧……但是,我虽然让位了,但一颗心还牵挂着家国大事,我仍然渴望着为皇家贡献我的一分力量,渴望着继续发挥余热……我的意思是说:以后的皇帝就是咱家的嘉庆了,但是家国的大事小情,还是由我说了才作数……嘉庆,你没意见吧?"

……归政后,凡遇军国大事及用人行政诸大端,岂能置之不问? 仍当躬亲指教。

扶上马,送一程,所以乾隆虽然让位了,但是嘉庆皇帝还必须"朝夕敬聆训谕"。

这个应该算是早期的垂帘听政了,嘉庆的手中屁大一点的权力也没有,只要他对乾隆稍有拂逆,不要说再继续当皇帝,只怕是他的脑袋都有点不保险。

这个皇帝当的,可真够呛。但是嘉庆没办法,只好咬牙忍住,反正他才 37 岁,而乾隆已经 85 岁了,要是乾隆再活得比他嘉庆年头更长,那才叫见了鬼!

从这一天开始,帝国的皇帝,就生活在了权臣和珅的脚趾头缝里。

关于权臣和珅,受电视剧的影响,我们很容易想到一个满脸肥肉,奴颜媚笑,只知道一味地溜须拍马,经常遭受到名臣纪晓岚、刘罗锅等人修理的这么一个艺术形象。然而历史中真实的和珅,并不是这个样子的。和珅这个人,是有着真才实学的,如果说他的才学不在名臣纪晓岚之下,那也绝非是夸张。

《归云室见闻杂记》一书中,讲了这么一段故事:说的是有一年,乾隆去山东瞎转悠,他乘坐一辆"宝骡车"——由骡子拉着小车,每走十里,就换一次骡子,所以车速疾行如飞。当乾隆坐在骡车上疯狂飙车的时候,和珅就以一名勤务兵的身份,跟在骡车边上,拿两只脚和骡子赛跑。

跑着跑着,乾隆乐了,就故意逗和珅,同他打招呼:"哈罗。"

和珅:"皇上请吩咐。"

乾隆:"……你辛苦了。"

和珅:"皇上辛苦。"

乾隆:"……你现在是什么级别?"

和珅:"报告皇上,我是一名光荣的文员。"

乾隆:"哦,你原来是个小文员……咋不去参加科举考试呢?"

和珅:"报告皇上,参加过的。"

乾隆:"……那你肯定是落榜了,不好好学习,活该……还记得当年的考试题目吗?"

和珅:"报告皇上,题目我记得,是孟公绰一节。"

乾隆:"……文员和珅,把你的答题试卷背给朕听听。"

乾隆让和珅背试卷,不过是戏弄和珅而已,先不要说这世上没几个人能够把自己的考试试卷背下来,更何况,现在乾隆坐在宝骡车上疾行如飞,和珅却是拿两只脚在地上拼命地撵,这上气不接下气的,也没办法背啊。

可是奇怪的事情发生了,就见和珅脸不红,眉不皱,一边疯狂地追赶着宝骡车,一边大声地背诵出自己的试卷来。乾隆越听眼睛瞪得越大,听到最后,他脱口大叫一声:"你有水平啊,这么好的试卷怎么会落榜呢……汝文亦可中得也。"

这就是和珅,但这绝不是和珅的全部。

4.暗算无常死不知

历史上的和珅,绝非是简单的趋炎附势之徒,他不仅有才学,而且还有一个别人比不了的体力优势。此外,他还是一个语言天才,精通满文、汉文、蒙文和藏文。除此之外他还有一个办事能力强的特点,乾隆45年时,31岁的和珅奉命去查办大学士、云贵总督李侍尧贪污一案,从接受任务到弄清楚事实真相,将李侍尧下狱查办,总共不过花费了两个月的时间,其精明干练,当非徒有虚名。

乾隆在后宫里生了一大堆的儿子,外加一大堆的丫头,其中有一个小女儿叫固伦和孝公主,才刚刚5岁的时候,乾隆就有点着急,说:"这丫头多聪明啊,你看那小模样,长得跟朕一模一样,快点找个人嫁了吧。千万可别耽误了……"可怜的小公主才5岁,乾隆就迫不及待地要把她嫁掉,看这大清帝国的办事效率,实在是有点太高了……

5.公主嫁给谁好呢?

乾隆说:"我哥们儿和珅有个儿子,这小伙子不赖,咱们家快一点,别让别的丫头把这小伙子抢走……"于是倒霉的小公主就被乾隆强行塞进轿子里,给和珅的儿子送去了,并赠送了大量的珠宝珍玩。从此乾隆与和珅的关系更加牢固了,他们不再是简单的皇帝和臣子的关系,而是亲家了。

此后和珅用事,权柄显赫。但人家和珅之所以权柄显赫,也非无凭无据的。据《满清外史》一书中记载,就在乾隆正式办理了退位手续、将皇位传给了嘉庆之后,嘉庆进宫来,亲切慰问他老爹乾隆。虽然这时候乾隆已经离休了,但这只是说说而已,至少嘉庆是不敢当真的,所以他进来之后,看到老爹正面南而坐,闭目养神,嘉庆不敢造次,找了个没人的角落,老老实实地跪下去,屁股撅起来冲天,脑袋瓜子贴地,就这么一声也不敢吭,等老头发话。

却见乾隆眼睛也不睁一下,只是嘴巴动来动去,好像是在念叨什么,嘉庆揪住自己的耳朵,拼命地听啊听,却无论如何也听不清。正在焦急的时候,乾隆却突然睁开了眼睛,问道:"都叫啥名啊?"

"啊……"嘉庆一下子傻眼了,乾隆这句问话,没个头也没个尾,连问什么都不知道,这可如何回答?

正在窘迫之中,恰好和珅进来了,接口回答道:"启奏陛下,一个叫高天德,另一个叫苟文明。"

"哦,朕知道了……"乾隆闭上眼睛,继续念叨个不止。而嘉庆却已经是惊得面无人色,扭头看着和珅,那表情一如是见了鬼。自己连老头问什么也不知道,对和珅的回答更是摸不着头脑,这事真是太邪门了……想问又不敢问,只好强忍着满肚子的狐疑,继续趴在地上听老头小声叨咕。

……不知过了多久,嘉庆终于从乾隆的房间里退了出来,他揩一把额头上的冷汗,一把揪住和珅:"和大爷,刚才你和我爹说的都是啥呀?"

"没说啥。"和珅说。

"那你说的那两个人名,高天德和苟文明,又是什么意思呢?"嘉庆问。

"哦,这个高天德和苟文明啊,是白莲教的两个首领,都是非法群众组织的坏头目……"和珅解释说。

"那你咋知道我爹问的是这两个人呢?"嘉庆更不明白了。

"这有什么难的?"和珅笑道,"你看不到你爹嘴巴一直在动吗?只要他的嘴巴一动,就肯定是在诅咒骂人,这老头骂了一辈子人,活得真爽……我是说,你爹他刚才是在施展邪术,念一个非常非常恶毒的咒语,大意是:你不让老子快活,老子就咒死你,咒死你,咒死你……你说这天底下谁敢不让你家老爷子快活?还不是白莲教的两个头目吗?所以你当时只要说出两个头目的名字,准没错。"

嘉庆仰天长叹,治理国家我不怕,可还要猜这种怪谜语……干脆你宰了我算了……

乾隆六十年,虽禅位,然仍有训政事。一日,早朝已罢,独传和珅入见。坤至,则弘历南面坐,颙琰西向坐一小机(每日召见臣工皆如此),坤跪良久,弘历闭目若熟寐然,口中喃喃有所语,颙琰虽极力谛听,终不能解一字。久之,弘历忽张目曰:"其人何姓名。"和珅应声对曰:"高天德,苟文明。"弘历复闭目诵不辍。移时,始麾之出,不再询一语。颙琰大骇愕。他日密问和珅曰:"汝前日召对上皇作何语?汝所对六字,又作何解。"珅对曰:"上皇所诵者西域秘密咒也。诵此咒知所欲死者,必为白莲教中之首领,故竟以此二人名对也。"颙琰由是知和珅亦娴此术,誓必诛之。虽然,之诛固当,独怪弘历已尊为太上皇,而犹效西域奸僧之所为,实不足为后世法矣。

书中说,乾隆诅咒白莲教首领,用的是一种西域的邪术,这种邪术不仅是乾隆会用,和珅也会,这万一要是和珅瞧他嘉庆不顺眼的话……

"和大爷,你就饶了我吧,千万别用咒语咒我……"嘉庆心里说。

6.没咱爷们儿说话的地方

和珅已经成为悬在嘉庆头上的一把钢刀,说不定什么时候,这把刀就会"刷"的一声落下来,到时候嘉庆可就惨了。

早在乾隆宣布将皇位传给嘉庆的前一天,嘉庆正在家里郁闷,突然有人登门,原来是和珅派来的,是要送一件礼物给嘉庆。

什么礼物呢?一柄玉如意。

玉如意这个东西,是古时候最典型的奢侈品,因为这东西吃也不能吃,喝也不能喝,只是有钱人家或是宫禁之中,用来摆放装饰的吉祥之物。玉如意玉如意,这个意思就是玉成好事,诸事如意……当时嘉庆心里就揣摩了起来:"莫非,我和大爷的意思是说……我有可能当上皇帝?"

再一想,不大可能吧?要知道老爹乾隆别的玩意儿未必有,偏偏就是儿子一大堆,自己拼命往前排,也只是排了个老十五,前面还有十四个凶神恶煞一般的哥哥呢,这些哥哥哪一个不是德才兼备?哪一个不是对父皇忠心耿耿的接班人?哪一个不是都在小心翼翼地侍候着乾隆老爹?放着这么多的强势竞争者在这里,就算是摸彩抓阄,这个皇帝也未必落到我的头上,这肯定是我和大爷逗我开心呢。

当时嘉庆想。

然而到了第二天,乾隆宣布任命,竟然撇开前面十四个忠心耿耿的好阿哥不顾,直接任命了老十五嘉庆当皇帝。可想而知,嘉庆当时的心里,对和珅是何等的畏惧。

太可怕了,自己的这个皇帝,居然是和珅任命的。他能够任命自己,也就随时可以撤掉自己。

嘉庆正在心里害怕的时候,突然有大臣扑棱棱一声跳了出来:"启奏陛下,和珅那厮欺上瞒下,横行不法,欺男霸女,为所欲为,咱们把他给法办了吧?"

当时嘉庆勃然大怒,痛斥道:"你是什么居心?竟然敢肆意诋毁我和大爷?谁不知道我和大爷对大清国忠心耿耿,两袖清风,人民群众交口赞誉……立即在我眼前消失,要是再让我听到你说我和大爷一句坏话,当心你的小命!"

然后嘉庆将案头上的奏章全都抱起来,送到和珅面前,说:"和大爷,这是我准备向我爹汇报的一些工作,和大爷你忙不忙? 要是不忙的话替我检查一下,看看有没有什么疏漏……"

"不忙,不忙。"受到重视的和珅眉开眼笑,开始检查起嘉庆的家庭作业来。

正检查着,和珅突然发现嘉庆这小家伙竟然瞒着他偷偷地发出了一道调令,是要调广东巡抚朱珪回京。当时和珅就火大了,立即去找乾隆告状:"陛下,这不行啊,嘉庆这孩子……太成熟了,他怎么可以乱来呢? 怎么可以把朱珪调回来呢?"

"猪龟是只什么动物啊?"乾隆流着口水问道。

史书上说,乾隆到了晚年,记忆力急速地下降。他口渴了,刚刚端起茶杯就忘记了喝水这回事;忽然想起耳朵痒痒,拿茶杯当耳挖勺,顺手就塞进耳朵里……总之,老年痴呆症。

"朱珪可是嘉庆这孩子的老师啊,以前给嘉庆做家教的。"和珅解释说:"要是他也来到京城,和嘉庆两人往朝堂上一站,到时候一唱一和,有说有笑……那还让咱们爷们儿怎么混啊……陛下你快拟旨……"

"拟啥旨啊?"乾隆问,"小嘉庆昨夜是不是又尿床了?"

"拟旨,把朱珪从两广总督降为安徽巡抚,真是太不像话了,咱爷儿俩还站在这儿呢,哪轮到他来说话?"和珅应道。

于是广东巡抚朱珪的官职一日之间连升带降,先是被学生嘉庆晋升为两广总督,马上又被和珅贬为安徽巡抚。

办妥了这件事,和珅又想:不行,我虽然年迈,可还是要为祖国站好最后一班岗,嘉庆这孩子不懂事,太年轻,办事毛毛躁躁,我还是派个忠诚的老干部,替我照顾着他点吧。

7.听师傅劝,吃饱饭

和珅派出了他的学生兼亲信吴省门去嘉庆那里工作,主要的任务就是给嘉庆当秘书,替嘉庆整整诗稿。这个时候的嘉庆,基本上来说就算是死定了。想他一天到晚乱写东西,说不定会在哪张纸片上写句什么。要是让吴省门给"整理"出来,递交到乾隆面前,少不了一个撤职的处分。

无论是后世的史学家,还是当时的有识之士,都认为嘉庆这倒霉孩子,是真的没什么希望了……

却说那吴省门一检查嘉庆的诗,还真发现问题了:

圣人无过额只过,予过诚多愧寸心。

政教不能化民俗,立纲犹未肃官箴。

言多应合身家重,事总因循习染深。

克己省愆唯自责,形端表正勉君临。

嘉庆皇帝写了许多诗,但几乎所有的诗都跟这一首没什么区别,而且这也不能叫诗,最多只是七言检讨悔过书。在这首诗里,嘉庆兄弟深切地自责道:"我错了,我错了……"到底哪里做错了?反正统统都错了……这多半是他的老师朱珪给他出的损主意。想那朱珪既然能够成为嘉庆的家庭教师,引起和珅的忌惮,那史书多少是读过几本的,当然知道历史上的太子诸君,就犹如放在锅里烹煎的肥鱼,不被人吃下肚里的可能,几稀(太稀少了)。

所以那朱珪既然当上了嘉庆的家庭教师,当然要竭尽全力地抱住嘉庆这根粗腿,想尽办法帮这孩子当上皇帝。帝师啊,这是中国文化人最大的荣耀,咱是皇帝的老师……所以那朱珪肯定早就告诉过嘉庆:"阿庆啊,不是当老师地说你,你也太不懂事了,你知道你是个什么职务?你是国家储备皇帝呀,这是天底下最高危最高危的职业了,你看好了,你上面有十四个阿哥,这十四个阿哥不管谁做了皇帝,都没你的好。所以呢,你要想成功地活下去,就必须听为师的一句话,为师告诉你啊,做人啊,千万千万不能说真心话,任何时候真心话一说出来,你就死定了。而说真心话最可能的途径,就是写诗,因为诗言志啊,不管你平时装得多么人模狗样,可一写诗,铁定会有真实的心迹流露,铁定会露馅儿……"

帝师第一课,就是要教自己的学生怎样才能够做到隐藏自己真实的内心,避免让人抓到把柄。所以这朱珪,肯定是教导过嘉庆的:"你要是憋不住非要写点什么的话,那你就照这么个写法:我有错,我有错,我从头错到尾,但是别问错在哪儿,反正我错就是错……只要你照这么写下去,能不能当上皇帝不敢说,但小命至少是能够保得住的。"

可想而知,当吴省门奉了和珅之命,拿着嘉庆的诗稿来挑错的时候,却发现满篇满纸的都是错:"……我有错,我有错,我从头错到尾……"吴省门的脑袋,一定是大了两圈还不止。

嘉庆这厮,真是太深沉了,连写诗都作伪,这让和珅如何下手?

8.吾皇万睡慢慢睡

正当和珅的亲信吴省门蹲在嘉庆身边挑错的时候,嘉庆突然获知了一个绝对的利好消息:乾隆老头咽气了! 是真的咽气了,老头这口气,咽的太是时候了,要是晚咽几天,说不定那吴省门真的会挑出什么毛病来……当下嘉庆欣喜狂奔,飞奔进了皇宫,先照乾隆老头尸体上"哐哐哐"狠踹几脚,然后立即封锁消息,并传和珅进宫。

据《南亭笔记》中说,当时嘉庆假以乾隆老头的名义,召和珅入宫。那和珅不知死活,飞跑了前来,一进殿,却发现嘉庆正坐在一张椅子上,问道:"和大爷,我好歹也是皇帝,你见了我咋就不磕头呢?"

和珅翻了一个好大的白眼,无奈跪下磕头:"吾皇万睡万睡……慢慢睡,我先进去看看太上皇……"

"不急,不急,"嘉庆笑道,"朕命人赶制了一件衣服,给和大爷你穿上……"

"穿衣服?"和珅狐疑地看着太监拿过来的一件怪衣服:"衣服先放这儿吧,等我见过太上皇……"

嘉庆一板脸:"和大爷,你丫敢抗旨吗?"

和珅吓了一跳,只好拿起衣服往身上穿,但是那件衣服做工精细,样式新颖,偏偏就是衣袖不对劲,和珅的手怎么也无法伸到袖子里去,于是和珅只好苦着脸道:"小嘉子……不是,陛下啊,你这衣服的袖子太小了……"

就听嘉庆冷笑道:"不是袖子小,而是你的拳太大了。"

拳太大了,就是说权太大了。霎时间和珅神色大变,"扑通"一声趴在地上,只要求见到乾隆一面。于是嘉庆兴高采烈地站起来,带着和珅进去看死老头。一看到乾隆的尸体,和珅立时放声号啕,哭得死去活来。

完了,他的荣华富贵,他的熏天权势,全在乾隆老头的身上,可是这老头说咽气就咽了气,这让人家和珅可咋整啊。

正悲伤之际,就听嘉庆笑眯眯地在旁边问道:"和大爷,咱爹在世的时候,对你咋样啊?"

"那还用你说吗? 我们哥俩儿的交情……呜呜……"和珅早已是泣不

成声。

嘉庆乐了:"怪不得咱爹死前有话,说一定要让你和大爷陪葬,也好让你们老哥儿俩到了地下,也能够做伴唠嗑。"

"啥玩意儿? 不会吧?"犹如当头一棒,骇得和珅连哭都不会了:"……这……不是说以人为本吗,怎么咱大清国又倒退回了活人殉葬的时代去了? 肯定是弄错了吧……"

没有错,现在说话算数的是嘉庆,以前他说自己有错就有错,没错也是错,现在他说自己没错,那肯定就没错,错了也没错……

嘉庆曰:"皇考弃天下时,遗诏以汝为殉,汝前云誓以死报朕躬,犹忆之否? 皇考待汝不薄,死以身殉,义不容辞。汝今日之死,不过略报涓埃。苟得其所,死可无憾。"因出遗诏示之。

书上说,被嘉庆如此一番逼迫,和珅万般无奈,只好伏地大哭:和大骇,泪坠如断缅,跪奏:"家有老母,奴才死,母无生理。奴才死不足惜,如老母何?"嘉庆笑曰:"言犹在耳,忠岂忘心,汝今日云云,负皇考甚矣。"言已,纵之使去,和危疑惨怛,遂成心疾。

这本书里把和珅描写得实在是不堪,一点儿不像是朝廷重臣,倒有点儿像是遇到强盗劫色的农村老大娘……但不管怎么说,嘉庆再怎么着也不可能当着他爹的尸体掐死和珅,所以这君臣二人,最终还是达成了和解。

而新的冲突,正在酝酿发酵之中。

9.求你别杀我老公

乾隆老头的死,让嘉庆与和珅之间的友好关系,掀开了新的篇章:

和珅与朝贵偶语,必盛称太上皇,嘉庆密侦得之。怒詈曰:"和珅奴才,可恨,蔑视朕躬,不给他一个信,他还做梦哩。"翌日,召见便殿。低声语和曰:"太上皇待你好吗?"和顿首答曰:"太上皇恩典天高地厚。奴才虽死不忘。"嘉庆又问曰:"然则朕待你如何?"和又顿首答曰:"陛下待奴才恩典虽异于太上皇,奴才誓以死报。"嘉庆又曰:"好个誓以死报。"又问:"太上皇与朕孰贤?"和顿首谢曰:"奴才不敢说。"强之,乃曰:"太上皇有知人之明,陛下有容人之量。"嘉庆笑曰:"好个容人之量,你候着罢。"和战栗辞归,汗流浃背,重棉为湿。

这里有《南亭笔记》上的一段记载,记载中说,嘉庆与和珅之间的矛盾日愈尖锐化,日愈不可调和,已经发展到了你死我活的程度。所以嘉庆也学了和珅的招数,在和珅身边安置了密探,随时将和珅的思想动态报告上来。结果很是不幸,嘉庆发现和珅这厮没有换脑筋,不能换脑筋,那就换干部,这是自古以来的管理学铁律。

那就打掉和珅"反皇帝集团"吧。嘉庆动手了。

打掉和珅"反皇帝集团",共分六个精密的步骤:

步骤一:委派和珅及其亲信死党,负责前皇帝乾隆丧葬的一切工作,命令和珅在乾隆棺材前彻夜守灵,不得擅离一步。

步骤二:急调自己的老师、安徽巡抚朱珪入京,有朱老师在,嘉庆心里也就有了主心骨。

步骤三:朱珪朱老师来到京师,就愤怒地控诉了派去镇压白莲教的前线军官们玩嬉冒功,理应严惩,因此撤销了和珅的军机大臣之职务,解除了和珅的兵权。

步骤四:命令和珅必须要趴在乾隆的棺材前大声地哭,不许乱动……这等于实际上剥夺了和珅所有的军政大权。

步骤五:朱珪老师命令给事中王念孙等大臣上书,弹劾和珅对朝廷、对人民犯下的严重的错误……有错误那就好办,三天后,正趴在乾隆棺材板前号啕大哭的和珅,被一群武装人员强行拖到了监狱里……

步骤六:掀起清算和珅的运动,朝廷官员排着长队上书,踊跃揭发检举,就连和珅的亲信们也都反戈一击,重新做人,于是和珅的狼子野心大暴露。暴露的结果,是嘉庆吩咐和珅快点自杀算了,再活下去只能给大家添乱。

干掉了和珅,接着就要干掉和珅的全家,嘉庆这边刚刚发布了命令,突然听说十公主固伦和孝进宫里来了。

听说妹妹来了,嘉庆急忙吩咐请进,问道:"小妹,你找我有啥事?"

十公主放声大哭:"皇帝哥哥,妹妹求你了,别杀我老公,我不要做寡妇……呜呜,求你了皇帝哥哥……"

嘉庆很是纳闷儿:"小妹你起来……你这是干啥呀,你老公到底是谁啊?我连认识都不认识他,又怎么会杀他……"

十公主说:"皇帝哥哥你忘了,我老公就是和珅的儿子啊。"

"啊，还有这事……"嘉庆终于想起来了，就说，"要是这样的话，那你快点带你老公回房间，只要他老老实实蹲在你身边，我绝不会碰他一根手指头……"

嘉庆皇帝说到做到，真的没有碰十公主的丈夫一根手指头，而且抄和珅的家财时，还特意将十公主的私人财物分开，归还给十公主。于是十公主关了卧房的门，和老公蹲在屋子里又是好多年，直到45岁那年，十公主这才幸福地死去。

然后嘉庆踌躇满志，转向了万里河山。但还没等动手，身边又爆发出了一桩千古悬疑怪案，这严重分散了嘉庆的注意力。

10.御膳厨中的武学高手

话说朝廷为了保护皇帝的安全，专门在紫禁城中设立了警卫营。警卫营中的侍卫们，个个都是精选出来的战士，人人身怀绝技，个个身手不凡。这其中身手最惊人的，当属一位额驸。此额驸者，自幼习练流星扯皮腿，命人将十几根粗逾手臂的二尺多长的木桩子一排钉在地上，而额驸躺在地上，拿腿一扫，只听喊哩咔嚓，这一腿下去，能扫断七根木桩。

由是这位额驸在宫廷中名声大振，而额驸感怀于上司的重视，更加注重于技艺的提高，每天躺在地上，发奋苦练。

这一天，额驸正躺在地上勤学苦练，恰好御膳厨中有位厨子，名字叫成得，正提着一桶泔水路过。见额驸躺在地上，一脚就踢断七根手臂粗细的木桩，不禁大为诧异："喂，劈柴的，你这柴劈得也不齐整啊，厨房里没法用。"

"什么劈柴……"一句话险些没把额驸给活活气死，"你长眼睛没有？我这是在练习武术。"

"武术？"厨子成得咯咯地乐了，一边乐一边蹲了下来，"柴禾劈得不好没关系，慢慢劈就会学会的，还说什么武术……咱们能不能别太丢人了？"

额驸都快要被这个厨子活活气死了，他"腾"的一声跳了起来，揪住厨子的衣服："你给老子听清楚了，劈柴是人人都会的粗活……你敢说老子这是劈柴，那你给老子劈一个看看！"

厨子成得翻了一个白眼，说："劈就劈，这有什么大不了的，你看你急成这个样子……"说着话，厨子成得学着额驸的样子，四仰八叉地躺了下来，一抬腿，只听喊哩喀喳，一下子扫断了十二根木桩，"怎么样？比你劈得强多了吧？"

"这……"额驸顿时傻了眼,"……现在这木桩的质量……太差劲了,一碰就断……你再踢这几根试试……"

额驸又拿来几根木桩,用了大力钉在地上,就见厨子成得腿一抬,嚓里喀喳,又是十二根木桩齐齐折断。额驸看得目瞪口呆,说什么也无法相信:"你再试这一次……刚才肯定是碰上巧劲了……"

再试,厨子成得只要飞起一腿,就能够轻易地踢断十二根木桩,比天下第一武学高手额驸多踢断五根,多出了百分之五十的功力。

那这天底下,到底谁才是武学第一高手?

这件事很快在宫廷里传开了,顿时,嫔娥彩女、公主太监,排着长队来御膳房看厨子成得的表演,看到成得的确比额驸能多踢断五根木桩,大家无不欣慰地点头,说:"我早就跟皇上说过的吗,厨子天天踢木桩,肯定会影响到炒菜做饭的本职工作的,这样下去的话,那可不得了,宫里是应该加强职业道德教育,防止炒菜时走神溜号的时候了……"如此议论过一番之后,大家就渐渐地把这事给忘记了,各忙各的去,于是厨子成得继续每天炒他的菜,做他的饭。

又过了一段时间,嘉庆吃饱了无事,忽然兴起,想视察一下警卫营的伙食,就来到了警卫营的厨房,众侍卫们急忙迎驾:"皇上好,皇上吃了没?"

嘉庆亲切地同大家打招呼:"马上就吃,等进厨房大家一起吃……"

正聊着闲天,突然,就见厨房门口闪出一人,目光凶狠,手持切菜刀,正是厨子成得。只见他拿手中的切菜刀向嘉庆一指:"呔,嘉庆你个王八蛋,老子找还找不着你了,你居然自己送上门来了,那正好,吃老子一刀……"不由分说,疾冲上来,劈头盖脸,一菜刀剁向嘉庆的天灵盖。

说时迟,那时快,就听"哗啦"一声,所有的侍卫们全都行动了起来——四面散开,躲开嘉庆远远的。都知道这厨子一脚能踢断十二根木桩,身手高得怕人,大家脑子又没有毛病,谁还敢往他跟前凑?

能躲多远就躲多远吧,反正他劈的又不是自己。众侍卫们心想。

11.凶手潜伏400年

宫中遇险,侍卫逃散,嘉庆所遭遇到的这件奇事,足以让他郁闷一辈子。更离奇的是,当成得瞄准了嘉庆的脑壳一菜刀劈下之时,侍卫额驸却突然窜了上来,他虽然号称天下武学第一高手,但一脚却只能踢断七根木桩,与厨子成得相比要差得远。所以他虽然一把抱住了成得的腰,口中却急忙劝解道:"……有话好好说,好好说,千万别动手伤了和气,不要动手打架……"

让额驸这么一打岔,嘉庆猛地一个激灵,醒过神来,掉头便走。厨子成得还待要追,可是额驸却死命地抱住他的腰不肯松开:"老成老成你消消气,别动手……大家快来帮帮劝劝老成……"

听额驸这么一嚷,众侍卫终于醒过神来,轰的一声涌上前来,七手八脚齐上,有的架住成得的胳膊,有的抬起成得的腿:"老成你别生气,有话好好说……皇上到底咋着你了?跟哥们儿说说,哥们儿保证替你出这口气……""哐"的一声,众人齐心协力,终于将成得掀翻在地,用力夺下菜刀,捆绑了起来。

厨子成得不安心本职工作,乱踢木桩不说,还拎着切菜刀狂砍嘉庆,这下子事情可闹大了。

刑讯。

王公大臣、六部九卿,朝廷所有当官的统统到场,共同参加对厨子成得的审问工作,可是成得却只管垂目而坐,始终是不发一言。大家冲他连吼带叫,连踢带打,折腾了好长时间,才见他突然睁开眼睛,吼了声:"吵什么吵?让老子安静一会儿行不行?"

众官员呆了一呆:"成得,你快老实交代,是谁让你拎切菜刀砍皇上的?"

成得微微一笑:"都这时候了,还扯这些没用的干啥?你们问得再多,老子这里就一句话,这件事功败垂成,真是让人遗憾……如果成功了的话,现在坐在官位上的,就不再是你们,而是老子了。"

"那你的幕后指使人,到底是谁?"官员们追问道。

成得闭上了眼睛:"你猜,猜中了有奖。"

这让大家从何猜起?嘉庆只是哥哥就有十四个,暗中买通成得动手的,肯定是这十四个阿哥中的一个,可到底是哪一个,这谁猜得出来?

从成得劈嘉庆那一刀,直到今天,都快要过去400年了,可是至今也无人能够猜得出。这个幕后主凶,端的是一个了不得的人物,这厮已经潜伏了400年,还是无人能够找得到他。

成得拒不招出幕后主使人,众官员无计可施,只好草草结案,曰:"成得谋逆,按律当诛九族,凌迟处死。"于是众侍卫冲人成得的家中,将成得的两个儿子拖了出来。这时候人们才注意到,厨子成得有两个儿子,老大十六岁,小的才十四岁,都是长得粉白玉琢般的美貌小男生,成得不过是一个厨子,虽然他能够一脚踢断十二根木桩,可最多不过是一个懂得武功的厨子,却又如何能够生得出来如此雪白美貌的儿子?

莫非……这两个孩子另有来历不成? 不管那么多,按照律法,俩漂亮孩子跟他爹一块拖往刑场。

成得的行刑现场惨不忍睹。

……已乃割得耳鼻,及乳,从左臂鱼鳞碎割,欲及右臂以至胸背,初向见血,继则血尽,只黄水而已……

如此这般的残酷毒刑,实在是让人不忍卒闻。行刑过程中,成得上半身的皮肉已经全部剔净,只余根根雪白的肋骨,刽子手正蹲下身,开始对成得的下半身动刀,这时候成得突然说话了:"你还有完没完? 能不能快点儿?"

刽子手吓了一跳,站起来小心翼翼地解释道:"兄弟,是这么一回事,皇上说过了,你死活不肯说出幕后指使人,所以要让你多遭点罪……你没意见吧?"

成得又能有什么意见? 唯有闭目待剐而已。

厨子成得任人宰割,有意见也没办法再提了。但是,嘉庆以酷戾暴毒的手段对待成得,这却激怒了江湖豪杰,遂有北京市大兴县黄村天理教秘密结社,召开会议,要夜攻北京城,决战于紫禁之巅,替厨子成得报此千刀万剐之仇。

有分教,举火撩天禁宫乱,鸣枪飞羽夜心惊。只是因为天理教众夜攻紫禁城,引发了两声枪响,这枪声,隆重地推出了大清帝国的第八届皇帝:道光。

闭着眼睛看世界的道光

1.皇家优秀接班人

早在乾隆五十四年的时候,大清帝国的第七届皇帝嘉庆还只是帝位的候选人之一,排在他前面的有十四个阿哥,就当时的政治斗争格局而言,嘉庆当皇帝基本上是没戏的。所以当时的他,只能是跟在乾隆屁股后面跑跑颠颠,捎带脚写几句自我批评诗。

恰逢秋高气爽、獐肥鹿胖的大好季节，于是乾隆老头心血来潮，就率了皇子皇孙们冲入深山野林，肆意屠杀野生动物。十四个阿哥跟在乾隆屁股后面跑，嘉庆跟在十四个阿哥的屁股后面跑，跟在嘉庆屁股后面的，是一大堆由嘉庆及十四个阿哥生出来的孙子们，这一票人马正在张家湾的山野间横冲直撞，突然，前面闪出一只肥胖的獐子，见了这许多怪人，顿时掉头飞逃。

乾隆发出怪叫，就听四面八方头插树枝的皇家警卫营士兵们全都站了起来，大呼小叫，将那头肥胖的獐子又给轰了回来。乾隆哈哈大笑着，引弓搭箭，就听"嗖"的一箭，没射着。再来第二箭，还是没射着，乾隆乐了："你们看好了，凡是射不中的箭，就是这样一个射法……现在给你们一个机会，看你们谁能射中？"

连皇帝老头都射不中的猎物，余人哪敢胡乱射中？当下十四个皇家阿哥纷纷出马，箭射得满天都是，就是没人能够射中獐子。轮到了嘉庆，他老兄不傻，当然也不肯射中。

儿子们都没射中，那就看孙子们的了。孙子们年龄小，还不到争夺帝位的时候，没那么多心眼，一个个拿箭认真地狠射，可是这帮孙子养尊处优惯了，许多人弓都拉不开，更遑论射中了。看到这情形，乾隆发话了："孙子们，你们谁要是能够射中的话，爷赏他件黄马褂……"此言一出，孙子们更加卖力地射了起来，却仍然无人能够射中。

终于轮到了一个排不上的小孙子，这孙子年龄才不过八岁，就见小东西纵马过来，"嗖嗖嗖"，一连三箭，就听那肥獐气愤愤地叫了一声，四脚朝天，仰面栽头于尘埃之中。再细看獐子身体之上，竟中了三箭。

乾隆看得大喜："这是谁家的孩子？"

嘉庆吓得满头大汗，急忙出列："回皇阿玛的话，这是咱的儿子，名字叫……叫什么来着……对了，叫旻宁，没错，就是旻宁……"

乾隆说："不错不错……让你的孩子起来吧。"

嘉庆就招呼儿子："乖宝宝，快起来，到爹爹这里来……"

可是小旻宁却跪在地上，撅着小嘴一声也不吭。乾隆心下狐疑："你这个孩子……是不是有中耳炎啊……"

小旻宁摇头，表示自己听力正常，却不说话。

乾隆困惑了:"那这孩子是什么毛病呢?"

嘉庆心里明白,就说:"这大概……嗯……也许吧……或者……我的意思是……对不对?"

经儿子这么一提醒,乾隆终于想起来了:"对了,我是答应过孙子们,说谁要是射中了的话,就赏他一件黄马褂……可这荒山野岭,原始森林,也找不到裁缝赶工啊……"

要不,咱们这次就算了? 算了那可不行,皇帝金口玉言,说出来的话,岂有反悔之理? 更何况八岁的小旻宁还跪在地上呢,你不给他件黄马褂,这孙子是决不肯起来的。

那这事怎么个处理法呢……乾隆眼睛一眨,忽然发现有个侍卫正穿着黄马褂,头插树枝,蹲在树后冒充野生动物呢。当下乾隆就乐了:"那个谁……对,说的就是你……过来过来,给朕把你身上的衣服扒下来……"

不由分说,扒下侍卫身上的黄马褂,往小旻宁身上一穿,就见小旻宁往前一迈步,正踩在长长的衣袖上,"啪唧"一声,摔得小东西满脸开花……

这情景看得乾隆咯咯直乐,就命了侍卫抱着小旻宁上马……

这小旻宁,就是大清帝国的第八届皇帝道光。这次狩猎凑齐了乾隆、嘉庆和道光仨皇帝,堪称三皇之会。只不过当史学家兴高采烈地记述这件事情的时候,显然没人料想得到,那件太大的黄马褂,于道光而言恰恰象征着支离破碎的山河,他摆弄不了如此庞大的一个乱局。

不唯是他,没有人能够摆平行将到来的乱世。

2.好傻好天真

就在小旻宁沐浴着乾隆、嘉庆两代帝王的神圣光辉、幸福而茁壮成长的时候,社会上出现了不安定因素:白莲教。

说起这白莲教,那历史实在是太悠久、太悠久了,这个教派是盛唐时代传入中国的基督教——当时叫景教——与摩尼教交融之后的变异体。后来这支宗教于元末时化身为明教,朱元璋正是依靠了这支民间力量,推翻了元人的统治,建立起了大明帝国;而后朱元璋转手将明教彻底灭掉,免得这支宗教里再冒出新的动乱分子。

明教消失之后,余众藏匿于民间,又经过了明亡清兴的这么一段时间,终于成长为白莲教,它崛起于川、陕、楚、甘、豫五省,顷刻之间席卷天下,教众一度多达十数万人。

但这白莲教生不逢时,恰好乾隆刚刚建立起保甲制,将大中国改造成为了一座滴水不漏的铁笼子,虽然此时八旗势力衰弱,但奈不得在这只庞大的铁笼子里,呈棋盘状网格状分布着无以计数的民间武装集团——乡勇。

四川募集乡勇37万人;湖北募集乡勇36万人。这两个省的乡勇加起来,就接近百万之众了,区区十数万人的白莲教,哪里折腾过他们?

眨眼间9年工夫过去,十余万人众的白莲教被乡勇砍得还剩下24000人,这些教民惹不起乡勇,就逃到陕、川、楚三省的交界处,找了个三不管的地盘,安营扎寨,过起小日子来。正过着日子,又跑来了200名教民,个个都是膀大腰圆、身手敏捷之辈,这些人来到之后,受到了根据地父老兄弟们热烈欢迎。却不想欢迎的酒会刚刚结束,这200名彪形大汉突然翻了脸皮,亮出钢刀,不由分说,照准教民兄弟们的脑袋上只管乱砍。

原来,这所谓的200名教民,不过是官兵派出来的神风特工队,领头的是一名叫林清的武学高手。就见这200个家伙一边动刀子杀人,一边于营寨中放火,同时砍开寨门,早已埋伏在寨外的官兵蜂拥而入,将24000名可怜的教民砍得胳膊腿满天乱飞。

这场战役,彻底终结了白莲教在历史上的折腾。扫平了白莲教之后,官兵将战果报至朝廷,嘉庆皇帝看了战报,嘉许曰:"很好,很强大。"命人去国库中划拉划拉,有多少银子统统搬出来,重赏破敌有功的将士们。

皇家赏赐的金银拨到了官兵领导的账户上,统领们看了就说:"金钱乃万恶之源……朝廷竟然给了这么多的银子……要不咱们就别用这些铜臭污染将士们纯洁的心灵了,咱们兄弟把这些钱分了吧。"

于是军方的高层领导们将皇家赏赐瓜分殆尽,一毫银子也没给乡勇们留。再召集乡勇们开会,说:"内战已经结束了,当前最重要的政治任务,是以经济建设为中心……希望你们复员转业之后,回到地方,能够再接再厉,再立新功……"

不过是三两句漂亮话,就把乡勇们统统打发了。这下子乡勇们全都傻了眼,他们为了国家和皇上,卖了老命地和白莲教死拼,不想灭了白莲教之后,连回家的遣散费用都没领到一文,这让大家如何是好?

最愤怒的,当属率200名敢死队彻底剿灭了白莲教的武学高手林清。面对朝廷如此恶搞,林清悲愤地说:"我们好傻好天真,居然上了朝廷的当,替他们砍白莲教……既然朝廷如此对待我们,那我们也没办法,干脆我再把白莲教恢复了算了……"

从此林清加入了白莲教,算是正式参加了革命。然而这时候的白莲教惨遭林清恶砍,早已是不成气候。为了逃避官方的追杀,余下来的教民们改名为荣华会,后又改名为天理教,搬到了一个极为安全的地方——北京市大兴区的黄村,就在当地安全地隐匿了起来。

于是林清经介绍人在前面引路,来到了大兴黄村,见到了天理教的最高领导人:大佬李文成。

李文成说:"林清兄弟,听说你以前是乡勇,是我们天理教的死敌,但是现在你觉悟了,参加革命了,革命不分先后,杀人全凭刀快……你有什么本事,不妨亮出来让我们瞧瞧,我们也好给你安排工作。"

林清说:"我也没啥本事,就是会卖死力气。"

李文成说:"只是会卖死力气,那可不成,现在我们和朝廷的竞争,实质上是人才的竞争,十六世纪啥玩意儿最贵? 人才! 咱们天理教的理念是人人是人才,赛马不相马……林清兄弟,有什么本事你尽管使出来吧。"

林清还是那句话:"俺真没啥本事,就是会卖死力气。"

李文成摇头:"不对呀,林清兄弟,怎么听说你在剿灭白莲教的时候,显露的身手十分骇人啊……要不这样好了,我替你找个对手来,你陪着他练一练吧。"

就见李文成一抬手,一个模样精猛的汉子突兀出现,以凌厉的眼神盯着林清。李文成笑道:"怎么样,林清兄弟,你们两个练练如何?"

林清看了看对方,摇头道:"不用练了,他不是我的对手。"

"什么?"李文成一听林清的话,顿时大笑了起来,"林清兄弟,你是不是吓糊涂了,把话说反了,你应该说……你不是他的对手。"

"没错,"林清摇头,"我并没有说错,他的确不是我的对手。"

李文成捧腹大笑:"林清兄弟,你是真的吓糊涂了……我告诉你他是谁吧,他便是雍正年间的著名侠客甘凤池的嫡系传人，江湖上人称'八尾怪狐'的便是，你当然不是他的对手，不唯是你，只怕这普天之下，也没有他的对手。你可知道，我花了多大的代价才请到他出山的吗？"

林清笑了笑，只是摇头。

李文成冷笑道："怎么样林清兄弟，你现在还敢说大话吗？"

林清笑了："这个人只是浪得虚名罢了，他确实不是我的对手……"他的话音未落，那个"八尾怪狐"已经气愤地狂吼一声，凌空一脚向着林清的脸部飞踹过来，就见林清的身子顺势向后一飘，并不还手。

李文成看得极是惊讶："林清兄弟，你为何不敢还手？"

林清笑道："启禀教主，我是真的有点为难啊。"

李文成冷笑："你杀了我们那么多的兄弟，眼下又有何为难之处？"

林清道："教主，就跟你这么说吧，若是这个人不懂得武术，倒还罢了，我最多不过是踹他几脚，打他一顿，给他个教训就是了。可是他却是习武之人……这事可就麻烦了，我担心一动手，这老兄的性命堪忧啊。"

李文成沉下了脸，道："姓林的，你只管动手好了，加入天理教的人都已经把命交给了教主，既然动手，是生是死，只有听天由命，没人会怪他，也没人会怪你……"

"那好吧……"林清无奈点头，突然上前一步，出其不意地一把抄起"八尾怪狐"，将他高高举了起来。李文成吓了一跳，再看"八尾怪狐"，竟然像小绵羊一样乖乖地任由林清举起，丝毫不见反抗的意图。当时李文成既惊且诧："姓林的……林清兄弟，你先放下他，慢慢动手，慢慢再动手……"

林清摇头："启禀教主，我不能放开他。"

"为啥？"李文成问道。

林清回答道："现在的情形是，放下他，我死；不放下他，他死。"

"这个……"就在李文成的惊讶之中，林清已经放开了手，只听"啪唧"一声，"八尾怪狐"的尸体跌落在地上，众人大骇，上前细看，只见"八尾怪狐"的咽喉之处多出了两个血洞，竟然是林清用手指头戳出来的。

这下子李文成吓坏了，"扑腾"一声跳了起来："林清兄弟……我是说，长官……我们并不是什么非法群众组织，我们都是对大清朝廷忠心耿耿的良民啊，刚才的事儿……只是闹着玩的,嗯,闹着玩的……"

林清道:"教主,你用不着担心,我加入天理教,是真心的。"

"你真的是真心的?"李文成表示严重怀疑。

"是真心的。"林清再次确认。

"那你……这么个搞法,是为了啥呢?"李文成不明白了。

就见林清的脸色变得凝肃起来,突然之间他仰天长啸,壮怀激烈:"月圆之月,紫禁之巅。一剑东来,天外飞仙。我需要天理教的兄弟协助,与我杀人紫禁城中。砍了嘉庆那个狗日的!"

3.决战于紫禁之巅

公元 1813 年 9 月 15 日,皇宫小太监刘全出宫采购。

他出了宫,径直来到了永定门外的一幢宅子前。宅门口有两个模样不起眼的汉子,正躺在台阶上晒太阳。刘全小心翼翼地走过去:"兄弟……让一下路……"这时候突听两名大汉厉吼一声:"天王盖地虎!"

刘全吓得一愣,疾速回答:"宝塔镇河妖!"

两名大汉坐了起来,凶狠的目光紧盯着刘全:"么哈么哈,脸黄什么?"

"脸黄……"刘全两眼发直,"防冷,涂的蜡。"

两名大汉疾跳起来,扑到刘全的面前,掐住他的脖子:"怎么又黄了?"

刘全被掐得直翻白眼:"又又又……又涂了一层蜡。"

两名大汉放开了刘全,与他热烈握手:"亲人哪,终于见到你了……快进屋,领导正等你汇报工作呢……"

刘全这才松了一口气,迈步进了宅院,早有兄弟在里边迎着,带他进了一间屋子。屋子里燃烧着一盆熊熊火焰,林清神色淡定,正坐在一把椅子上:"刘全兄弟,你在敌营十八年,辛苦了……都安排好了吗?"

"安排好了。"刘全回答道:"今夜之时,教中兄弟可兵分两路,一路经西华门,一路经东华门,宫中也有我们的人,负责居中接应,只要天理教的兄弟们攻入皇宫,这皇帝之位,从此就是我们教主的了……"

"好!"林清面有喜色:"那嘉庆在宫中吗?"

"嘉庆?"刘全挠了挠头:"嘉庆前天出差了,说是去承德避暑山庄慰问女文工团的新团员……"

"嘉庆不在宫里?"林清有些失望:"不过也没关系,只要我们攻下皇宫,教主登基,然后发布海捕文书,悬赏花红,不愁嘉庆那流窜犯不被人民群众扭送公安机关……现在我宣布:沙漠风暴作战计划,正式开始!"

霎时间,108 名江湖干部齐刷刷地在院子里列队,按天罡地煞、九宫八卦方位排列,一队由林清亲自率领,攻取东华门;一路由教中另一位武学高手统领,攻取西华门。

正式行动开始了,是夜,皇宫东华门外突然之间杀声冲天,火光明亮,骇得宫中太监忙不迭地闭了宫门,躲在床底下屁也不敢放一个。此时宫中的嫔娥彩女、贝勒太监,听到那惊天动地的喊杀之声,吓得魂飞天外,无不放声号啕,为这恐怖的夜晚平添了几分热闹。

此时宫中尚有一人:嘉庆的儿子旻宁。就是当年在乾隆面前连续三箭命中獐子的小家伙,这一年他恰好 32 岁,正在一间屋子里认真地读书:"大学之道,在明明德,在亲民,在止于至善……啥玩意儿叫至善啊?"还没弄清楚啥叫至善,就听到喊杀声四面而起。霎时间旻宁慌了神,急忙操起弹弓——有分教,这弹弓,乃是旻宁自幼练就的武学绝技,这时候恰见墙头之上,露出几个天理教教民的人头,正要翻墙越入宫中。当下旻宁"嗖嗖嗖"几弹弓,只听得可怜的教民们连声惨叫,纷纷跌落墙下。

关于这段故事,皇家在事后是发布了战报的,战报如下:

道光才艺超迈,而尤娴骑射,所御弹弓,能于百步外瞄准,击飞鸟百不失一二。天理教徒之变,宫门戒严。乱匪已定期围宫,是夜适大雷电,道光亲挟弹弓,巡行各处,见匪已越登宫墙,急发弹击之。无不应弦而倒。

将想翻墙进入宫中的天理教民击退后,旻宁四下里一瞧:不好,宫中的人全都躲藏了起来,就他一个人傻乎乎地待在外边,这外边的人要是冲了进来,他老兄焉有命在?

当下他丝毫也不犹豫,掉头就走,走出两步,耳边忽听一阵风声,猛一抬头,就见一个黑衣人凌空跃到宫殿的屋脊之上,手执一面令旗,正是这次行动的指挥官林清。就见林清挥动手中的小旗,大声命令道:"大家不要慌,不要乱,听我命令,一班向左,二班向右,三班……"

林清只顾发布命令,却不曾想到螳螂捕蝉、黄雀在后,另一位武学高手道光正在屋子下面盯着他呢。当时旻宁就想,看样子,这厮莫不是一位领导?干脆我给他一弹弓算了……伸手一摸弹丸,囊中却是空空如也,原来奔出时过于匆忙,未曾携带足够的弹丸。

没有弹丸,怎么办呢?旻宁眼珠一转,计上心来,伸手从衣服上揪落一粒金纽扣,24K 纯金的,拇指般大小,重愈 3 两 4 钱,拿这金纽扣当弹丸,瞄准了林清,叫一声,"着!"可怜那林清,枉负绝世身手,又如何会想到宫中竟然会有人跟他玩弹弓?只听一声惨叫,那粒金纽扣正中林清的面门,啊呀一声,跌落于尘埃之中。

忍痛一个鲤鱼打挺,林清正要跃起,却忽听刀声霍霍,守护宫禁安全的禁卫军已经赶来了,几十把钢刀稀里哗啦架在了他的脖子上。

林清被逮,这次行动也就彻底失败了,攻入皇城中的天理教敢死队员,统统遭到了禁卫军灭绝人性的斩杀。此次事件中,旻宁的飞弹击贼传说不胫而走,大清帝国的第八届皇帝,已经不再是一个悬念。

4.智商有点靠不住

第八届皇帝终于横空出世,那么这位身负不世绝学的武林高手,其治国的水平与能力,又是如何呢?《南亭笔记》中有一段记载,对道光的执政能力做出了一个公正的评价:

……道光御便殿,召见最亲幸之某旗员,时长昼如年。道光倦甚,因问有何消遣之良法,某对曰:"臣以为读书最佳。"道光曰:"读书固佳,然书贵新奇,耐人寻味。内府群书朕已遍览,不识外间有何妙书足供寓目否?"某率尔对曰:"妙书甚多,即如奴才所见之《金瓶梅》《红楼梦》《肉蒲团》《品花宝鉴》等,均可读之以消遣。"道光闻而茫然。略记其名,颔首称善。明日于军机处见潘文恭公,笑问曰:"闻卿家藏书甚富,如某某等书,谅必购置。"公大惊,伏地叩头不起。道光曰:"第欲问卿借书。何遽至此。"公乃婉奏:"此皆淫书,非臣家所敢蓄。不识圣聪何以闻之。"道光默悟,即降手谕将某严行申斥。

这段故事说的是,道光皇帝没什么文化,偏偏爱好附庸风雅,于是他叫来自己的一个亲信,亲切地问曰:"……朕早就说过的,你要多读书,读好书,不读书没文化的人,会影响到朝廷的执政能力的,你最近在读什么书?"

亲信答曰:"陛下所言极是,臣始终牢记陛下的教导,多读书,读好书……臣最近刚刚读了《金瓶梅》《肉蒲团》等书,端的是让臣子的道德水准和业务水平,得到了突飞猛进的提高……有分教,金针刺破桃花蕊,不敢高声暗皱眉……臣建议陛下也该读一读这两本好书。"

道光听了大喜,马上召集群臣,就要在群众中掀起一场轰轰烈烈的读淫书运动,幸亏被大臣拦住了,不然的话非得出大乱子不可。单从这件事情上看起来,道光这兄弟虽然打弹弓是一把好手,但是他的智商,明显有点靠不住。

证明道光智商不太牢靠的,还有这么一件事:

一日,帝偶思食粉汤,命依所言之制法制之。内务府上言,若依此制法,须另盖一厨房专人司之,须经费六万两,常年费尚须一万五千两。帝攒眉曰:"朕知前门外有一饭馆,能做此汤,每碗只售四十文耳。每日可命太监往购之。"逾数日,内务府复上言,前门外之饭馆已关闭。帝叹曰:"朕向不为口腹之欲,滥费国帑,但朕贵为天子,而思食一汤不能得,可叹也。"

这是《清室外记》中的记载。这里说,道光这厮霉运当头,临到他执政的时候,他爷爷乾隆已经将国库花了个底朝天,他老兄想喝一碗面片汤,内务府敢开出六万两银子的高价,常年维护费用也要一万五千两银子。道光无奈,只好吩咐小太监出门去找餐馆买,可是人家小太监懒得搭理他,应付了一句:"餐馆今天不营业……"就算把道光打发了。

明摆着,这是手下人在玩弄领导。试想一想,如果努尔哈赤想喝一碗面片汤,如果康熙想喝一碗面片汤……甚至是如果嘉庆想喝一碗面片汤,手下人哪个敢这样玩弄领导?

这道光好歹也是一位身负绝技的武学高手,又是权势赫赫的帝王,他怎么把自己混成这么一个惨样呢?还是先来瞧瞧道光兄弟的求职简历吧,或许我们能够窥一端倪。

5.道光皇帝的个人简历

说起道光来,许多国人未必熟悉,但说起他的个人简历来,却是我们从小学时就要学到的必读篇章:

性别：男

姓名：爱新觉罗·旻宁

出生：1782 年 9 月 16 日

籍贯：北京市长安街一号紫禁城撷芳殿走廊东侧拐角

属相：虎

星座：处女座

血型：O 型

身高：177 厘米

体重：61 千克

职业：皇帝

特长：打弹弓

社会关系：

父亲：爱新觉罗·颙琰

母亲：喜塔拉氏

心路历程：

0 岁：出生。

8 岁：亲自参加三皇盛会，三箭命中肥獐，荣获黄马褂一件。

13 岁：成家结婚。

32 岁：与天下第一武学高手决战于紫金之巅，暗发弹丸击之，赢得了此战的胜利。

39 岁：晋级为大清帝国第八任皇帝。

39 岁：叛乱分子张格尔从中亚潜入新疆，掀起叛乱，遭到了全国各族人民的一致谴责。

43 岁：叛乱分子张格尔第二次掀起叛乱，再次遭到了全国各族人民的愤怒声讨和谴责。

45 岁：叛乱分子张格尔第三次掀起叛乱，并再一次遭到了全国各族人民的愤怒声讨和谴责。

47 岁：叛乱分子张格尔第四次掀起叛乱，结果被 6000 名爱国官兵扭送朝廷，地方领导担心张格尔见到道光皇帝时，会发表一些不适当不和谐的言论，遂

图文珍藏版

以哑药灌之。张格尔被押解入京,见到道光,口舌溃烂,口角吐沫,连翻白眼,情状悲苦,道光问其为何一再策动大规模群体事件,张格尔无法回答,遂剐之,以其肉饲犬。

50岁:白莲教再起江湖,更名为天地会,啸聚于广东湖北一带,屡夺徭民之耕牛。徭民怒不可遏,群起而反,杀天地会教众300人。朝廷闻之,派维和部队进驻,杀徭民14人,徭民遂反。

51岁:朝廷维和部队进驻九嶷山,沿途徭民纷纷反叛,击之,杀徭民6000人,广东连州八排徭民闻之怒,遂反叛,朝廷展开心理攻势,言称降者重奖,于是徭民百余人出降,当地局势恢复稳定。

52岁:四川越西夷民叛乱,击之,当地局势恢复稳定。

53岁:英国通商总监拿皮楼致电朝廷,要求通商,朝廷拒之。拿皮楼怒,驱英舰两艘突入虎门,遭到了当地各族人民的强烈抗议,拿皮楼诧异之,遂退兵,不久郁闷而死。

55岁:湖北武岗徭民再叛。击之,当地局势恢复稳定。

57岁:名臣林则徐上书请求禁烟。

58岁:林则徐赴虎门销烟,尽逐英商出澳门。

58岁:英国水手上岸买酒,与当地爱国民众发生冲突,打死居民林维喜,由是中英发生冲突。

59岁:英国国会通过针对大清帝国的战争决议,遣陆军25000人,军舰16艘,由好望角东航,集中于澳门海面,封锁广州,炮轰厦门,北进陷定海,朝廷震恐,遂与英方举行海滩帐篷会议,尽依英方条件,签订《穿鼻草约》。

60岁:英方不满《穿鼻草约》中香港关税仍归中国的协议,召义律回国。道光皇帝闻之怒,正式向英国宣战,一战而失虎门,再战而失广州,道光盛怒,贬窜林则徐于伊犁,以消英人之怒。然英人再度北上,陷厦门,破定海,入镇海,攻破宁波。

61岁:朝廷反攻定海、镇海与宁波,甫与英方接触,三军皆溃。英军遂陷上海,夺取镇江,并扬言拿下南京屠城,朝廷惊惧,不得不求和,遂与英人签订丧权辱国的《南京条约》。

62岁:清廷与美、法通商。

63 岁：与比利时通商。

65 岁：云南回民起兵，击之，当地局势恢复稳定。

66 岁：叛乱分子张格尔之子加他汉等七人掀起叛乱，遭到了全国各族人民的愤怒声讨。

69 岁：卒。时值广东不第秀才洪秀全于广西桂平金田起兵，命林则徐前往击之，林则徐行至半路，卒，至今死因不明。

看看这个倒霉的道光，他在位三十九年，竟然没有一天消停过，不是国内爆发大规模群体事件，就是洋鬼子纷纷赶来凑热闹，正常人碰上这么多的倒霉事，多半会精神崩溃，神志错乱。这诸多事件导致了道光智商直线下降，也是可以理解的了。

6.那些倒霉蛋们

单以治国而论，如果拿下棋来打比喻的话，那么，道光之前大清帝国历任皇帝的对弈对手，都是一群臭棋篓子。首任帝王努尔哈赤、二任帝王皇太极，到第三任帝王顺治，他们的对手都是棋艺最差劲的崇祯，崇祯不只是棋艺差劲，后面还有一个李自成跟他调皮捣蛋。但即使是有着如此强大的优势，爱新觉罗一家也是足足花费了三代人的精力，才赢了这一局。

等到第四届皇帝康熙、第五届皇帝雍正、第六届皇帝乾隆，乃至第七届皇帝嘉庆，他们的对手都只不过是无拳无勇的中国百姓，而且这几个皇帝还拥有着随意制订或改变游戏规则的权力，但即使是这样，也只有康熙和乾隆才混成了明君，混成了盛世，而雍正和嘉庆就不堪提起。

但等到了道光，他面临的却是一局必输之棋，面对着的是前所未有的强大对手，更糟糕的是，他甚至连这个游戏怎么个玩法，都全然无从知晓。

不唯是道光不知道这个游戏咋个玩法，朝廷中的各级领导们也全然不晓得。只有林则徐一个人稍微知道那么一点点，所以林则徐又被称为"睁开眼睛看世界的第一人"。也就是说，一群不懂得游戏规则的人，在世界这个竞技场上，就如同一群瞎子没什么区别，他们上场的唯一价值就是让别人玩他们，他们如果也想玩玩别人，难矣。

但这世上的事情，大凡都有其两面性，不懂得游戏规则的睁眼瞎上了场，固然是沦为别人的玩物,但如果你的对手丝毫也不懂得规则,你也未必落得了个好。

这历史上的第一个倒霉蛋,叫马嘎尔尼。这厮又是什么人呢?

这厮乃第一拨来中国的英国通商特使,此人是在乾隆老头执政时代到来的,引发了朝廷上下的无限亢奋,西洋蛮夷小国来使朝贡来了,哇噻……遂有特使带马嘎尔尼来到龙椅前,吩咐马嘎尔尼趴下,撅腚朝天,脑袋瓜子贴地,谢主隆恩。当时马嘎尔尼大骇,惊问这是个什么缘故?

我方领导也是大骇,原来这蛮夷小国,进化的实在是有点不彻底,连谢主隆恩都不晓得……就给马嘎尔尼详细地解释。解释完了之后,马嘎尔尼连连摇头,坚持要求以平等礼节相互对待,他最多不过是单膝点地,吻一下乾隆老头的手……

中国官员大怒,乾隆的手,还用得着他马嘎尔尼来吻吗?宫里边不知有多少美少女都排不上呢……马嘎尔尼于是被驱逐出境。

中国官员记录这一次两国友好相会曰:"……马嘎尔尼那厮,起初坚不肯跪,不意见了皇帝陛下,吓得两腿一软,'扑通'一声趴地下了……"然后把这个记录以文件的形式传达给各级领导干部和群众,让大家认真学习,这事就算是过去了。

马嘎尔尼溜走了,又来了个阿美士德勋爵。嘉庆皇帝在圆明园等了好久,也没见到这伙洋鬼子进来谢主隆恩,派人一打听,原来是阿美士德那厮膝盖不会打弯儿,不会跪拜,已经被爱国群众逐走。这事又算过去了。

第三个倒霉蛋是英国的商务监督拿皮楼,这厮是一个地地道道的倒霉蛋。他来到中国,指望着说服中国官员实行两国通商,从此清史留名,却不意我朝早有律法,哪怕是敢与洋鬼子说一句话,均以汉奸之罪论处,所以这拿皮楼在海上转来绕去,硬是找不到接待单位。盛怒之下,拿皮楼就想动武,可是未得到国会许可,实力不济,最后竟然活活气死了。

再来一个倒霉蛋,是英国的全权代表义律,这厮倒霉倒也罢了,偏偏他还碰上了"第一个睁开眼睛看世界"的中国人林则徐。说林则徐睁开了眼睛,那是把这位民族英雄和国内浑浑噩噩的臣民们相比较,但对于洋鬼子们来说,林则徐也同样是不懂得国际政治法则,确切地评价起来,林则徐最多不过是个二把刀,人最怕的事情就是遇到二把刀,这义律,已经注定了要倒血霉。

7.林则徐问候维多利亚女王

话说那义律之所以被任命为英国的全权代表,是因为他是一个鸦片贸易的极力反对者。他在英国撰文曰:鸦片贸易"给打着天主教旗号的国民丢脸",他指责鸦片贸易是一种罪行,是大英帝国的耻辱。

义律的表现引起了维多利亚女王的注意,女王说:"要维护我们英国人的光辉正面形象,我建议派义律这个德品端正的年轻人,去跟中国人接触……"

正说着,邮递员跑了进来:"报告女王陛下,有一个中国人给你写了封信。"

"谁写的? 啥信啊?"维多利亚女王打开书信,一看就乐了,"噢,原来是那个'睁开眼睛看世界'的林则徐写来的,这应该是中国历史的第一封外交书信,快瞧瞧林则徐都写了些什么。"

林则徐在他的信中写道:"……天朝之所以臣服万国,当然有想象不到的神威,日后不要说没有预先警告之……"

维多利亚女王看了好几遍,看不懂,就问身边的人:"这封信上,写的是啥意思啊?"

身边的人解释道:"……这封信的意思是说……你英国人给我放老实点,不老实,就灭了你……"

维多利亚女王顿时有点头晕:"……不会吧,中国人怎么会这么乱写呢,这肯定是人家林则徐问候我呢,你们给翻译错了……"

维多利亚女王于是命义律起行,去与林则徐接洽。

义律兴冲冲地赶到虎门,参加了林则徐举办的虎门销烟盛大仪式,这仪式至今还刻在石雕上呢,是大长中国人志气的标志,每个中国人都熟悉得不能再熟悉……仪式完了,林则徐拿过来一沓子文书,递给义律:"签字吧。"

"啥玩意儿呀也不说清楚,就让我签字……"义律打开文书,登时目瞪口呆。

原来那纸文书,是由林则徐亲自拟定的,要求义律担保夷商再也不将鸦片输入中国,又叫保证书。当时义律连连摇头,对林则徐解释说:"你这个担保书我不能签,为啥呢? 跟你这么说吧,按照我们国家的法律,我是没有这个权力的,不仅我没有,就连女王陛下也没有这个权。"

当时林则徐就火了:"你啥意思?难道你不是你们英国的全权代表吗?"

义律解释说:"我是英国政府派来的全权代表,是代表政府来与你谈判的,我不可能代表任何一个英国国民,更没有权力替他们签字,就算是签了,也不作数,因为我们是一个自由国家。"

"少跟我扯什么自由国家,"林则徐怒不可遏:"难道你们国家的百姓,就这样不忠于你们的皇帝吗?"

"我们为什么要忠于女王?"义律大为惊讶,"英国人没有向女王效忠的义务,相反,女王必须要效忠于国民才对。还有,我们英国的商人是没有服从女王命令的义务的,他们不需要听从任何人的指指点点……"

"什么什么……"林则徐震惊了,"天啊,英国人竟然派来了一个奸臣,这可不得了……这厮竟然说他不忠于他们的女王,天啊……这可是灭九族的谋逆大罪,老天爷,快点儿把这个逆贼给本官轰走……"

8.英国来了个大奸臣

刚刚将大奸臣义律轰走,林则徐又把他叫了回来。

林则徐:"奸臣义律,你们英国不法商贩,在九龙悍然打死了我的良民林维喜,你立即给我把杀人凶手交出来,否则这事没完!"

义律:"杀人凶手……不带这样乱讲的,我确实知道贵我双方发生了冲突,但像杀人凶手这种词,是不能乱用的,只有法庭才能裁决当事人是否有罪,我们最多只能说是犯罪嫌疑人……"

林则徐:"法庭?这可巧了,法庭这玩意儿我们大清国不缺,你把凶手交出来,等我坐堂判决他有罪……"

义律:"……就算是这样的话,那你也得先和当事人的律师接触……"

林则徐:"你这个大奸臣,又来胡说,律师这东西在我们大清国是非法的,称之为恶讼师,属于严打消灭的不安定因素……再者说了,那凶手既然打死了人,只能老老实实的低头认罪,岂有一个乱说乱动的道理?居然还敢请律师……真是旷古奇闻,旷古奇闻……"

义律:"……你的脑子……反正咱们俩尿不到一个壶里,还是我自己来吧……"

于是义律断然拒绝了林则徐的引渡要求，自己在香港弄了个法庭，替当事人请了律师，官司打过，五名黑人水手被当庭判决有罪，然后义律将这五名罪犯送回了英国服刑，因为他不相信大清帝国会保证当事人的安全。

这事惹火了林则徐，还要再和义律这个大奸臣理论，可是道光早就忍无可忍了，当即发来电报："林则徐，你脑子进水了吗？跟他一个大奸臣有什么好理论的？"

大清帝国正式宣布，"所有的英国商人甭管好孬，统统赶走。举凡敢与英国商人贸易者，又或是哪怕跟英

林则徐雕像

国佬搭上一句话，一概以汉奸论处……"中国的大门，正式对英国关闭。

消息传到英伦三岛，维多利亚女王跳上马车，飞奔向国会："女士们，先生们，大家好，大清帝国悍然拒绝与咱们大不列颠贸易……我提议，开战！同意的请举手！"

就听"哗"的一声，国会里犹如开了锅，所有的议员们都揪住身边的人，激烈地厮打起来。原来是有一半的议员反对向大清帝国宣战，认为战争是非法的，不人道的，不符合国际公约的；另一半议员则认为像大清国和道光这种原始人，你不打他个鼻眼乌青，他是学不会进化的。

英国国会议员们足足打了三天三夜的架，到了第三天，大家终于打累了，于是当场表决，表决的结果，是271票主张宣战，262票反对战争，战争派只占了微弱的多数。但这就足够了。

鸦片战争由是开始。

宣战决定传达到英国全权代表义律处，义律当时就哭了。他说："你们只知道开战，可是你们知道我们面对的是啥东西吗？你们谁有本事把宣战书给大清

帝国送去……"

事实上，面对着英勇的大清国臣民，义律最终也未能完成将宣战书送达的这项任务。

9.漂流瓶中的宣战书

公元 1840 年，一艘英国人的小火轮船打着白旗，兴高采烈地出发向着中国的福建厦门驶去，准备向中国官方递交宣战书。火轮船行近中国海岸，被炮台上的清军发现，清军当即毫不客气，照小火轮一通猛烈地炮轰，当场打得火轮船上的英国人哭喊连天，泪流满面。

"怎么回事？"英国人互相询问，"莫非是中国方面已经向我们宣战了？怎么就没听说这事呢？如果没宣战，他们怎么上来就开炮呢？如果宣战了，怎么就不跟咱们打声招呼呢？"

大清国就是这样，才懒得跟你打招呼，想开炮就开炮，你不服就过来吧！

英国小火轮快快而退，这封宣战书也就无法送达。宣战书没有送到，也就没法子开战，聚集在九龙海面上的英国舰长们打成一团，再派一艘小火轮船去。小火轮驶去没多久，又被中国方面的炮火轰得烟熏火燎，狼狈不堪地逃了回来。

英国的 16 艘军舰继续吵架，吵过之后，再派出第三艘小火轮船，这次更惨，小火轮压根就没靠近中国海岸，就惨遭中国水勇一顿鱼叉狂戮，硬是给戮了回来。

那这事可咋办呢？宣战书送不到，难道大家就这样打道回府，不对中国发起战争了？要是这样的话，这些英国远征军还不得让国会议员们把他们生吞了？

最后义律想出个妙法，他说："你们不了解中国人，中国人吧……跟你们说也说不清，你们智商太低。就这么说了吧，这封宣战书你是没办法送到的了，那么按照国际公约，咱们也就没办法和中国军队开打。所以我建议，咱们弄个漂流瓶，把宣战书放进去，我就不信了呢，过上个三百年五千年，这封宣战书还漂不到中国？"

众舰长大喜，连声说："妙计，妙计，端的妙计……义律这厮，不愧是中国通，还是他有办法对付中国人……"于是英国人将宣战书塞入漂流瓶中里，投入海中，就算是完成了对大清帝国的宣战，然后众英舰气势汹汹地向着虎门扑了过来。

英国人此来，激怒了中国一位老英雄：关天培。

老英雄关天培要施展诸葛神兵妙计,让这些不开跟的蛮夷洋人,见识见识我上国中华的神威。

10.诸葛武侯神兵妙计

眼见得十几艘英国军舰气势汹汹地扑向前来,民族英雄关天培愤怒了,他跳下炮台,立即命令士兵们列队集合。

士兵们列队了。关天培一看,不行啊,自己这方面的守军太少了,统共才几十个人,还不到英国人的一个零头,哪够人家英国佬打的啊。那怎么办呢?眉头一皱,计上心来。

老英雄关天培当即下令,所有的士兵,列成一队,绕着小山没命地给我跑……

士兵们开始绕着小山狂奔了起来,呼哧呼哧……终于跑了一圈……关天培下令:"继续跑,没完没了地跑下去,谁也不许停下来……"于是士兵们只好继续飞奔,直累得眼睛翻白,口吐白沫,也不敢稍停下来……

镇守虎门的中国守军的正义行动,令英国佬无不愕然变色:"这些中国人在干啥呢?他们咋就不说开炮,干吗要绕着那座小山发癫狂奔?"

"哈哈哈……"关天培仰天长笑:"英国佬,你们这些蛮夷洋人,哪里晓得我上国中华的智慧博大精深?此一招,源自三国时代的诸葛武侯,称之为疑兵妙计,是在敌众我寡时运用的破敌绝招。只要你让那三五十人绕着小山不停地跑下去,敌方就会吓破胆子,以为你这边有着数不清的大队人马,正络绎不绝地从后方开来……遇到这种情形,敌酋岂有一个不抱头鼠窜之理?"

妙计,绝对妙计。英国兵果然看得呆了:"奇怪……好奇怪……这些中国人,脑袋里边都是怎么想的?轰他一炮试试……"

轰!英国侵略者轰出了罪恶的炮弹,民族英雄关天培壮烈殉国。

11.荒唐的战术

杀害了民族英雄关天培,英国鬼子又气势汹汹地奔向广州,还未上岸,就顿时闻风色变。只见广州城头上迎风招展的,是无数件女生的内裤,以及成盆成桶的狗血和粪便,那浓烈的臭味,熏得英国侵略者无不抱头痛哭。真是太痛苦了,打仗你就打仗吧,弄这么脏东西上来,会熏出人命来的……

原来,这些女人的内裤与粪便,都是广州参赞将军杨芳的妙计,杨芳精通国学,知道再可怕的妖术在女生的短裤面前也无计可施,遂星夜发动广州女生,踊跃捐赠穿过的短裤亵衣,要给英国侵略者迎头痛击。

英国侵略者确实被熏得惨了,一个个拿手捂住鼻子,相互商量说:"……中国人这么奇怪……轰他们两炮试试……"只听轰轰几声,就见广州城中,粪便并狗血激喷,短裤与亵衣齐飞……广州城就此陷落。

目睹如此战状,时人有诗赞曰:

杨枝无力爱东风,参赞如何用此功?

粪桶尚言施妙计,秽声传遍粤城中。

12.性情中人龚自珍

鸦片战争中,并不像中国人想象的那样凄惨,事实上,战争一开打,大清帝国这方面就是捷报频传,不断地从一个胜利走向另一个胜利。

最鼓舞人心的战报,当属宁波方面的中国守军。他们发布战报说,"英国女王的妹妹被他们逮到了……"这个消息,令大清帝国的臣民们极度亢奋,白山黑水之间,黄河两岸之地,到处是奔走欢呼的人民群众。只有林则徐极度郁闷,因为他心里明白,宁波方面逮住的所谓的维多利亚女王的妹妹,充其量不过是一个擦皮鞋的洋大娘,这种事蒙得了一时,蒙不住一世,眼见得英国人来势汹汹,只怕是大祸难逃。

眼下的危境,林则徐急切需要才智之士的协助。那么在大清国,谁人可称为才智之士呢?于是林则徐就出门到处去找,进到了一扇门里,刚刚走进去,就听见里边正有人破口大骂:"这些朝廷官员吃得脑满肠肥,可对洋人却无一计,真是丢尽了他们八辈子祖宗的脸……"

骂人的这位兄弟,在历史上赫赫有名。他便是中国历史上震古烁今的天下第一骂人高手,著名的清代爱国主义诗人龚自珍。

龚自珍有句名诗:"九州生气恃风雷,万马齐暗究可哀。我劝天公重抖擞,不拘一格降人才……"这句名诗已经成了固定成语,是个中国人就会背。此外龚自珍还有散文《病梅馆记》,以犀利的笔法揭露了大清帝国对人才的摧残与压制,堪称惊世之作。但是龚自珍写诗、写散文的时候并不多,更多的时候他主要是骂人,而且他骂人不挑不拣,基本上来说是逮谁骂谁,而且专骂朝廷各级官员,所以官员们一见到他无不是脚脖子麻软,后脖颈"嗖嗖嗖"直冒凉气,但听得龚自珍来到,无不是倒屣相迎……你迎接得晚了,他骂死你祖宗三代。

总之,龚自珍,才子也,这是假不了的。

看到林则徐走进来,现场的听众们急忙站起来迎接:"钦差大人来了……钦差大人,兀那蛮夷洋鬼子,还没有消灭殆尽吗?"

林则徐也不回答他们的问话,问:"你们在骂什么呢,这么热闹。"

众人面面相觑,林则徐站了起来,继续说道:"没错,我们在和洋鬼子打交道的过程中,是一错而再错,甚至可以说是笑话百出,丢人现眼。可我们非错不可,非得丢人现眼不可,因为我们在做事情,而且是在做一件史前未有之事,没有任何经验可以借鉴,没有任何人来指点我们,每做出一个决定,我们没有任何比较,根本无从料知此后的结果,只能是摸着石头过河,闭着眼睛捉麻雀,通过不断地试错来了解对手。我们每错一次,都会遭受到如此这般无情的指责,但我们每错一次,我们都了解到了对手一些,除非有一天,我们把所有的错误统统错上一次,否则我们就仍然不足以了解对手,这就意味着我们还要继续错下去,还要继续丢人现眼,继续被别人骂……"

正说着,龚自珍悄悄地站了起来,低着头往外走,有人问他:"老龚,你干啥去?"

龚自珍回答了一句:"我去趟洗手间先……"急匆匆地逃离了现场。

冲着龚自珍逃走的方向,林则徐狠狠地呸了一口,骂道:"龚自珍,如果你再这样只是一味地指责谩骂,却始终不肯为你的国家和民族做点什么的话,那么,我敢保证,到了你子孙后代,不出三辈,一定会出汉奸……"真的让林则徐说着了,龚自珍的儿子龚半伦,竟然领着英法联军,放火烧掉了圆明园……

林则徐回来后,听到英国军舰长驱赶往天津大沽的战报,心下惶急,心说:"……不得了了,这大清帝国麻烦大了,干脆我全民皆兵得了……"

钦差大臣林则徐发布通告,号召全国各族人民行动起来,与英国侵略者展开不屈不挠的斗争。通告上说:但凡有俘获英船一艘者,赏银十万。但凡有破坏英船一艘者,赏银三万。活捉英国大奸臣义律者,赏银五万。提大奸臣义律人头来见者,赏银三万。俘杀一名洋夷白种人者,赏银五百。俘杀一名洋夷黑种人者,赏银三百……

钦差大臣的通告一发布,霎时间洋鬼子们群情激愤,纷纷指责林则徐:"老林,你搞什么搞,你竟然把消灭人的宝贵生命作为战争的目标,你知道不知道以人为本? 你知道不知道战争的目的是什么? 告诉你,老林,战争的目的是为了

·清朝逸史·

图文珍藏版

保护生命,不是为了消灭生命……"

林则徐听得目瞪口呆:"原来我又错了……原来战争的目的不是为了杀人,是为了救人……可这能怪得我吗?中国历史上的战争多了去了,可都是以杀人为目的的,哪里有为了救人才发动战争的……都怪你们洋鬼子,不早就告诉我,害我又弄出了笑话……"

既然犯了错,那就要承担相应的责任。圣旨下:林则徐惹得洋人生了气,闹得友邦惊诧,现解职流放,充军发配到伊犁……

13.这个皇帝好糊弄

出主意把林则徐充军发配的,是朝中著名奸佞之臣穆彰阿。穆彰阿是大清帝国出现的第一位佞臣,和珅不算,因为和珅毕竟是有本事之人,单是文学才能就不在纪晓岚之下。而这位穆彰阿,他的业务能力基本上等于零,但糊弄智商不高的武学高手道光,他却有独到的心法。

也不怪人家穆彰阿糊弄他,替道光皇帝想一想,这厮连《肉蒲团》是一本淫书都不晓得,这般的没有见识,若想不让人家糊弄他,那可就难了。

穆彰阿是军机大臣,闻报英国人越打越凶,不由得慌了神,就出主意道:"陛下,这都是林则徐那厮惹出来的麻烦,人家英国人老老实实地卖他们的鸦片,招谁惹谁了?他林则徐跑了去把人家的鸦片都给烧了,这真是太不像话了,依我看,就把林则徐充军发配到新疆去吧,这样人家洋人才会罢手的。"

"准奏。"道光皇帝笑眯眯地道。

"陛下不可!"另一位军机大臣王鼎跳了出来:"林则徐这个人我是晓得的,他可是中国'睁开眼睛看世界'的第一人,如果说连林则徐都摆不平的事情,别人就更没指望了。更何况,在这件事上林则徐又没什么错,即使是有错,那也是试错,我们不应该就这样将过失全推到林则徐一个人身上……"

道光皇帝听了,笑曰:"王爱卿,你喝多了吧,怎么净说些胡话呢?"

王鼎气得跳脚:"陛下,我没喝多……"

"没喝多下去再喝点……"道光皇帝一挥手,上前几个太监,架住王鼎的胳膊腿,"扑通"一声,从宫殿里扔了出去。

王鼎气炸了肺:"陛下你这个昏……我要尸谏!"

尸谏是古之臣子进谏的最盛大仪式,大臣为了进言,不惜搭进自己一条性命,目的就是为表白自己绝对的忠心。所以历朝历代,哪怕是最昏最昏的昏君,都对尸谏有着明确的制度。这制度就是,一旦有大臣尸谏,朝廷必须要有更高级的官员赶到现场,现场一草一木不得擅动,所有的一切细节必须要报交到皇帝处,哪怕这个大臣的建议是错的,那也要表彰大臣的义烈之心,如果大臣是对的,那么皇帝就必须要公开对尸谏大臣的政绩做出正面的评价。

王鼎知道,除非尸谏,再也没有第二个提升道光皇帝智商的办法了。于是他回到家中,先关上门写最后的奏章,把穆彰阿欺上瞒下的罪行狠狠地一通揭发,然后悬梁自尽了。

王鼎尸谏的消息传出,穆彰阿吓得魂不附体,生恐道光皇帝因此而明白过来,找他算账。于是他飞奔到王鼎家里,欺负王鼎的家属不懂法律,要过王鼎的奏章一瞧,果然是字字句句都在揭发他……当下穆彰阿眼睛一眨,想出来个坏主意,对王鼎的家人们说:"坏菜了,你爹自杀就自杀吧,他怎么可以在奏章里骂皇帝呢?你们知道这是何等重罪吗?可不得了,你们全家都要被拖到法场上,千刀万剐的啊……"

王鼎的家人顿时吓坏了:"穆伯伯,这可咋整,你快点救救我们吧……"

"放心放心,"穆彰阿安慰道,"你们不知道,我和老王是同事,他活着的时候啊,我们的关系那叫一个铁,怎么可能不管你们呢?我替你们想个办法……"

于是穆彰阿把王鼎最后的奏章销毁,自己另行写了一个,拿到了朝堂之上,向道光皇帝汇报。

道光皇帝问:"老穆,老王他是咋回事?怎么好端端的就突然自杀了呢?"

"唉。这事……"穆彰阿叹息又摇头,"陛下,我也没办法瞒你了,老王这个人啊,唉,他是因为老婆有了外遇,偷野汉子了,他一时想不开……"

"你看你看,我早就说过的吗,家和万事兴啊……"道光皇帝说,"老王这个人脑子一根筋,智商太低,难怪他老婆瞒着他偷野汉子……对了老穆,我听说蛮夷奴酋……就是那个叫义律的英国大奸臣,也被充军流放了?"

"有这事?"穆彰阿欣喜若狂。

14.此案至今未破

英国全权代表义律遭到贬斥,和林则徐被充军发配几乎是同一时间,都是在鸦片战争刚一开始的时候,己方政府就迫不及待地动手了。

对于义律的表现,维多利亚女王是说不出来的郁闷,你说这个义律,他居然连宣战书都没给人家中国人送过去,就冲人家轰轰轰乱开炮,他拿自己当什么了?他以为自己是中国人吗?维多利亚女王指责说:义律是"一位完全不遵守指令而努力争取最短任期的人",并因此将义律调到了北美得克萨斯任英国代办。

而林则徐,则愉快地在新疆和各族人民打成一片,他在当地兴修水利,惠泽一方,至今仍然被当地人民奉之为"神人"。

此后大清帝国宛如一只软柿子,任由列强捏弄,而全中国唯一"睁开眼睛"的林则徐,却在新疆吭哧瘪肚地挖河渠。这一日,林则徐正在泥水中劳作,忽有八百里加急快马如飞而至:"林则徐接旨,道光皇帝因为智商过低,现已活活笨死,目前由咸丰出任了帝国皇帝一职,现今皇帝有命,命林则徐疾速启程,速速赶往广西,将太平天国的洪秀全快点消灭,钦此,谢恩。"

于是林则徐立即出发,晓行夜宿,劳累不堪,途中病情加重,卧床难起,人劝林则徐别太焦急,以免累到自己。林则徐曰:"苟利国家生死以,岂因福祸避趋之。"

继续前行,行至广宁行馆。是夜,林则徐突然欠身而坐,大呼曰:"星斗南!"而后溘然而逝。

一代伟人,一代智者,就这样辞别人世。唯其林则徐临死之前所喊的"星斗南"是谓何意,至今无人破解。有史学家猜测说,林则徐是福建人,他喊的应该不是"星斗南",而是胸口疼……

另外,有一本《南亭笔记》中说,林则徐是被人毒杀的。凶手事先将毒药涂于轿子中的扶手把上,时值盛夏,天气炎热,毒气被太阳一晒,蒸发开来,直入林公口鼻,将林则徐毒死。但是这凶手是谁,该书却坚决不肯说。

另有人作《知过轩随笔》说,毒死林公之人,姓伍,叫伍崇曜,此人闻知林则徐再度被朝廷重用,就以数万金为酬,买通了林则徐的家人,用剧毒之药物,研成粉末后掺入蜡烛之中,林则徐每天晚上都要点燃蜡烛,阅读文件,天长日久,被毒烟浸淫入脏腑,因此而死亡。

但无论是前一种说法,还是第二种说法,目前都缺乏更进一步的佐证。所以民族英雄林则徐的死亡事件,目前仍然是一个悬疑,至今未能侦破。